高等学校行政管理专业系列教材

总主编 王骚

市 政 管 理

范广垠 主编

南开大学出版社

天 津

图书在版编目(CIP)数据

市政管理 / 范广垠主编. —天津：南开大学出版社，
2008.9

(高等学校行政管理专业系列教材)

ISBN 978-7-310-03015-6

Ⅰ.市… Ⅱ.范… Ⅲ.市政管理－高等学校－教材
Ⅳ.D035.5

中国版本图书馆 CIP 数据核字(2008)第 143298 号

南开大学出版社出版发行

出版人：肖占鹏

地址：天津市南开区卫津路 94 号　　邮政编码：300071

营销部电话：(022)23508339　23500755

营销部传真：(022)23508542　　邮购部电话：(022)23502200

*

天津市蓟县宏图印务有限公司印刷

全国各地新华书店经销

*

2008 年 9 月第 1 版　　2008 年 9 月第 1 次印刷

787×960 毫米　16 开本　22 印张　2 插页　388 千字

定价：36.00 元

如遇图书印装质量问题，请与本社营销部联系调换，电话：(022)23507125

编委会成员名单

总　序

在现代社会中，行政管理学，或称公共行政（Public Administration），既是一个新兴的社会管理领域，也是一门发展速度非常快的学科。为什么？一个最主要的原因就是现代人类社会需要民主、高效的行政管理。一般说来，人类社会可以分成私人与公共两大领域。就公共领域而言，多元价值的集合使得其行政管理行为更为复杂。行政管理学，或称公共行政（Public Administration）正是探索这一领域客观规律的实践性学科。其目的就是保障社会公共领域的公平、秩序、效率和发展。不论是教师、学生或各级行政管理人员，在步入行政管理领域时首先应该明确地认识这一基本概念的含义。

一

从历史发展来看，公共行政学的产生可以追溯到 19 世纪末期。1887 年伍德罗·威尔逊发表《行政学研究》一文，由此揭开了西方国家行政管理研究的序幕。根据伍德罗·威尔逊观点，在现代人类社会发展过程中，政治的职能是如何保障在多元价值条件下公平地制定公共政策，而如何有效地执行公共政策和保障政策目标的实现则是行政的职能。因此，政治学应该以公共政策为研究中心，分析各种法律、政令的产生、发展和变化。但是，社会政治关系包含着复杂的价值认识，无法进行科学性的研究，而作为研究政策执行的公共行政学则可以不受价值判断的影响，根据科学的方法客观地决定如何高效率地执行公共政策。随着现代社会的发展，公共行政不断地得到新学者们的释义更新和补充，公共行政领域中所包含行政决策因素的这一特征越来越明显，这也就使得伍德罗·威尔逊所阐释的公共行政概念的内涵和外延不断产生一些变化。

从 19 世纪末至现在，行政管理学的发展大体可以划分为三个阶段。19 世纪末至 20 世纪 60 年代是行政管理学发展的早期阶段，即传统的行政管理学。这个阶段主要强调充分体现在自然科学中的理性和技术对于行政管理的作用。20 世纪 70 年代至 80 年代是行政管理学的发展时期。在这一时期，行政管理学获得了突破性发展。这个阶段的行政管理学研究被称为新公共行政学。乔治·弗雷德里克森 1971 年发表的《论新公共行政学》一文是新公共行政学的重要文献。这短短的 20 年之所以能够作为行政管理学的一个发展阶段，是因为学者们开始强调公平、正义等价值对于行政管理的作用，改变了过去只注重强调理性和技术而忽视社会价值的研究取向。20 世纪 80 年代末以来，在"小政府，大社会"，"有限政府"等观念的主导下，社会非政府组织越来越多地担负起公共事务管理的职责，由此也就兴起了所谓的新公共管理运动。随着西方国家新公共管理运动的兴起，行政管理学又从新公共行政学逐步发展到公共管理学（**Public Management**）。公共管理学既保留了新公共行政学强调理性和价值的特征，同时又在方法和内容上进行了大量扩展，采用经济学的理论和方法对行政管理问题进行研究，并且将研究对象由原来的政府部门（**Governmental Sector**）扩大到非政府组织或第三部门甚至是具有公共性的私人部门(**Public Sector**)。

传统行政管理学、新公共行政学、公共管理学分别体现出西方国家行政理学的不同研究途径和范式。不同的研究范式是根据政治、经济、社会环境的变迁而产生的，它们体现了行政管理学研究的进步，同时也推动着西方国家行政管理实践的发展。

从中国历史发展的角度来看，在古代中国封建社会的皇权专制体制下，行政仍是政府管理的重要内容和手段，其中也不乏当今我们可以借鉴的政治文化精华。在中国古代社会的政府管理过程中，郡县行政区划分、税赋、兵役、刑罚、科举、教育、商贸、外交等诸多领域都体现着当时社会背景下的政府管理思想和管理体系，也为当今行政管理学的研究提供了广阔的天地。在 19 世纪末西方行政管理学诞生之初，我国学者也给予了密切关注。1896 年梁启超在《论译书》中就提出"我国公卿要学习行政学"的倡议，并开始翻译有关西方行政管理学的著作。1935 年张金鉴撰写出版了《行政学之理论与实际》一书，被认为是我国的第一部行政管理学专著。同时，各高等院校开设行政管理专业和课程，政府成立行政管理学会，并出版和发行一批行政管理学著作和刊物。然而，由于历史原因，20 世纪 40 年代至 70 年代我国的行政管理学研究基本上处于停滞阶段。

中共十一届三中全会的召开，改革开放和中心任务的转变，既为中国行政管理学的恢复和发展提供了良好的政治条件和社会条件，同时也迫切需要加强行政管理学研究来适应新的社会条件，推动我国政府体制改革和公共管理领域的发展。自改革开放以来，现代中国在经济获得世人瞩目高速发展的同时，也显现出诸多社会公共领域管理的落后与不适应。解决这一问题的首要一点就是规范、系统地研究探索，教育培养新型行政管理人才服务于现代社会。由此，20世纪80年代以来，行政管理学在我国高校得以快速恢复。可以这样说，行政管理学在我国既是一门具有一定历史传统的学科，又是一门正处于蓬勃发展的新兴学科。但是，在现代中国的社会条件下，综合考虑中国古代行政管理传统和现代西方行政管理理念，一个重要问题摆在我们面前，就是如何构建适应中国实践情况的行政管理学体系才能适应社会需求。这也是编写这一套教材丛书的基本出发点。

二

从社会现实需求出发，行政管理学的突出特征是实践性和应用性，即行政管理学研究必须来源于行政管理实践，并为推动行政管理的实践发展服务。自改革开放以来，我国行政管理学的发展明显体现出实践性和应用性特征，这一特征体现为政府体制改革和职能转变与行政管理学发展是一个相互促进、相辅相成的过程。20世纪80年代以来，针对计划经济体制下政府管理存在的问题，我国政府相继进行政府职能转变、行政管理体制、人事制度、公共政策决策、财政制度、行政管理民主化和法制化等诸多方面的改革。行政管理学者对这些问题进行了深入研究，并提出了一系列对策建议，为推动政府体制改革、职能转变和提高政府行政管理水平发挥了重要的作用。相应地，行政管理学本身也得到了快速的发展，行政管理学建制已日趋完善。从现实情况看来，行政管理学日益受到各级政府的支持与社会的普遍关注。国家和各省市都基本上建立了各个级别的行政管理学会；行政管理的有关著作和刊物日渐增多，行政管理学术活动也日趋活跃；设置行政管理专业的高等院校数目日益增多，本科生、研究生的招生规模快速扩大。同时，行政管理专业人才也日益得到社会认可，党政部门、事业单位、大型国有企业甚至是私人企业对行政管理专业人才有着相当大的需求，各级行政管理人员的专业进修教育与实践活动也正在蓬勃开展。2004年国家人事部人才信息中心发布的人才需求信息显示，在第二季度北京市招聘数量排前十位的专业中行政管理列为第二位；在其他省市，行政管理的人才需求也基本在前十名之列。

行政管理实践在推动行政管理学发展的同时，也对行政管理学发展提出了更高的要求。社会主义市场经济体制的建立和完善要求进一步转变政府职能，加快行政管理体制改革的步伐。21世纪以来，我国行政管理领域存在着以下亟待解决的重大问题：如何界定和转变政府职能、理顺政府与社会的关系；如何优化政府的内部结构、提高效能，形成权责一致、分工合理、决策科学、执行顺畅、监督有力的行政管理体制；如何健全政府职责，完善公共服务体系，广泛推行电子政务，强化社会管理和公共服务；如何推进政企分开、政资分开、政事分开、政府与市场中介组织分开，规范行政行为，加强行政执法部门建设，减少和规范行政审批，减少政府对微观经济运行的干预；如何加大机构整合力度，探索实行职能有机统一的大部门行政管理体制，健全政府部门间协调配合机制；如何推进事业单位的改革；如何科学准确地衡量政府及非政府公共部门的工作绩效等等。这些问题既需要行政管理研究者进行深入分析和探索，又对行政管理专业的人才培养提出了新要求。尽快地解决这些复杂的问题，是中国行政管理走上有序、高效，达到社会各界满意的关键环节。未来一段时间内行政管理专业人才培养目标应该重点考虑以下几点：培养能够从事多种实际行政管理工作的应用型人才，他们能胜任一般层次的行政管理实际工作，同时又具备胜任高层级行政管理工作的潜能潜力；他们不仅应能适应政府机关的行政管理工作需要，同时还能对党务机关、国家权力机关以及各种人民团体、社区、企业事业单位的行政管理性工作具有适应能力；他们既要具备良好的政治、道德素养和心理素质，又掌握行政管理的基本理论和专业技能，能够适应我国行政管理改革的变化和发展的需要。

随着行政管理专业的快速发展，行政管理专业教学也遇到诸多问题和困难，其中最突出的是专业教材建设问题。专业教材是专业发展中专业基本课程体系的反映和载体，专业教材的健全与否和质量高低对专业发展和专业人才培养具有非常重要的意义。现代中国高等教育体系中，自行政管理学恢复以来，行政管理教材建设已经取得了较大进展。1987年深圳大学编写了全国第一套行政管理系列教材，1998年、2002年和2003年厦门大学、东北财经大学、南开大学等高校也都相继编写了行政管理专业教材。然而，行政管理教材建设中仍然存在着一定问题。首先，现有教材的系统性不够强，一些教材丛书多则10余本，少则4本，没有将行政管理及其相关内容广泛囊括进来，多数教材丛书主要涉及公共行政和公共政策等主题，对其他相关主题缺少关注。其次，目前的教材多数供研究生、MPA学员使用，缺乏专门针对行政管理本科教学的基础性教材。再次，目前的教材丛书的内容和体例较为混乱，缺乏统一体例，难以适应高校本科基础性教育的需要。在现实中，行政管理专业基本教材建设欠完善，对行政管理专业的进一步发展和人才培养在一定程度上起到了制约的负面作用。现实中有一些行政管理本科生不断在提出这样一个问题：在大学行政管理专业我究竟学到了什么？我学成以后究竟去干什么？当然解答这一问题，对教师说来也是一个非常复杂的工作。这一问题中包含着对行政管理专业教育目的、社会实践领域和教育内容体系的询问。通过教材与教师的指导向学生阐释这一问题是一个重要的教育环节。这就要求教材一定要明确体现出本专业的教育目的、社会实践对象和教育内容体系。因此，组织专家、学者编写高水平的适用教材具有重要的实践意义和理论意义。

三

本套"高等学校行政管理专业系列教材"正是为了推动高校行政管理专业教材建设，为培养应用型的适应新时期行政管理改革与发展的行政管理人才而编写出版，是我们为中国高校行政管理专业教材建设贡献的一份微薄力量。

经过诸多专家学者的努力工作，本系列教材推出 23 本，可分为以下 4 类：

1. 基础核心课程教材，包括：《行政管理学》、《公共政策》、《组织学》、《行政法学》、《政府经济学》、《行政伦理学》、《领导科学》、《当中国地方政府》、《当代中国政府与过程》。这一类教材是行政管理专业知识的基础与核心。

2. 方法论与实践方法课程教材，包括：《公共政策分析的理论与方法》、《社会调查与研究方法》、《公共组织绩效评估——模型与方法》、《统计学》、《应用文写作》。这一类教材是行政管理专业的学生掌握基础核心课程内容，将理论知识运用到实践领域的手段和桥梁。

3. 思想与制度课程教材，包括：《中国行政管理思想史》、《西方行政管理思想史》、《中国古代行政制度》、《西方行政制度》。这一类教材从社会历史发展的角度，展示管理思想与行政制度方面的知识，启发学生智慧，使学生的知识结构更加完善，历史经验与他国经验更加丰富，为实践活动打下雄厚的基础。

4. 实践性管理课程教材，包括：《工商行政管理》、《市政管理》、《中国公务员制度》、《公共部门人力资源管理》、《公共关系学》。这一类教材展示一部分不同的行政管理社会实践对象，为学生步入社会实践领域打好基础。当然这一部分内容只是冰山一角，远远没有展示出行政管理实践对象的全部。例如，公共财政、教育管理、公共消防、公共交通、公共卫生与医院管理、突发事件与危机管理、电子政务等等，诸多领域公共管理知识与技能的教育，为教师和研究人员留下了广阔的教学空间和研究命题。

概括说来，本系列教材体现出以下特点：

第一，教材的系统性进一步增强。现实中政府行政管理事务具有复杂性，涉及多个领域和多种学科，需要行政管理人员尽可能地掌握更多的行政管理知识和技能。因此，与其他专业的教材相比，行政管理教材的种类更多。同时，行政管理的理论知识和技能必须符合行政管理实践的发展才能具有实用性，这就要求教材建设必须与时俱进。因此，本系列教材除了包括《行政管理学》、《公共政策》、《组织学》等核心课程教材外，还根据行政管理实践发展的新要求编写了相应的教材。根据公共部门绩效评估的日益重要性，编写了《公共部门绩效评估》；根据当前行政管理人员公文写作能力不够强的现状，编写了《应用文写作》；根据政府公共关系的处理日趋受到重视，编写了《公共关系学》。

第二，教材形式比较丰富。因为学生对专业知识的理解处于启蒙阶段，因此，本科教学是一件十分艰难且不易取得明显效果的事情，要获得良好的教学效果，就必须要吸引学生的注意力，引起学生的兴趣。本系列教材不仅介绍行政管理的理论知识和技能，还引入了一定量的背景资料、案例。这不仅有助于扩充学生的知识面，而且还能够引起学生的兴趣，提高教学效果。

第三，教材创新性较强。行政管理的理论创新主要体现于学者发表的专著和文章中，但专著和文章不能等同于教材，因为专著和文章主要论述作者自己的观点，逻辑推理较强，且通常是一家之见，而教材则强调对基本和通用理论知识的介绍。然而，教材也不能够与专著和文章的观点脱节，它必须吸收专著和文章中的观点以体现行政管理的最新研究成果。本系列教材就是在广泛吸收国内外最新相关文献和观点的基础上写成的，体现出较强的前沿性和创新性。

第四，教材适合本科教学要求。为了满足本科教学的特点和要求，每本教材都有本章重点和课后练习题。本章重点引导学生从整体上把握本章的内容，课后练习题供学生思考之用，有助于加强对章节内容的理解和把握。

本系列教材主要适用于行政管理专业本科教学，也可适用于公共管理硕士（MPA）专业学位教育的教学，还可以作为相关专业社会办学和培训的教材与参考书，同时也可作为公务员扩充行政管理知识与技能的阅读书目。

本系列教材的编写以南开大学周恩来政府管理学院牵头，邀请了天津师范大学、广东外语外贸大学、山东大学威海分校、西北师范大学、南昌大学、中共天津市委党校等兄弟院校参加。南开大学周恩来政府管理学院参与编写的人员与书目有：王骚、蒋建荣，《应用文写作》；金东日，《组织学》；郭大水，《社会调查与研究方法》；李瑛，《公共组织绩效评估——模型与方法》与《统计学》；蔡声霞，《政府经济学》。天津师范大学政治与行政学院参与编写的人员与书目有：吴春华，《行政管理学》与《中国公务员制度》；赵冬，《公共政策》；仲崇盛，《公共部门人力资源管理》。广东外语外贸大学政治与公共管理学院参与编写的人员与书目有：王达梅，《公共政策分析的理论与方法》。山东大学威海分校法学院参与编写的人员与书目有：葛荃，《中国行政管理思想史》；张铭，《西方行政管理思想史》；赵沛，《中国古代行政制度》；古莉亚，《西方行政制度》；

马春霞，《工商行政管理》；范广垠，《市政管理》。西北师范大学政法学院参与编写的人员与书目有：张文礼，《当代中国地方政府》；周红，《行政伦理学》；孙健，《领导科学》；杜睿哲、齐建辉、张芸，《行政法学》。南昌大学公共管理学院参与编写的人员与书目有：吴光芸，《公共关系学》。中共天津市委党校参与编写的人员与书目有：沈莘，《当代中国政府与过程》。

　　编写教材是一件很累人的事情，对于各兄弟院校参编教师所付出的辛勤汗水以及给予真诚合作，我们表示诚挚的敬意和感谢。任何事物都不可能至善至美，教材编写也一样。对于不完善乃至错误之处，敬请专家学者和广大读者给予批评指正。

　　　　　　　　　　　　　　　　　高等学校行政管理专业系列教材编委会

　　　　　　　　　　　　　　　　　　　　执笔：王骚

　　　　　　　　　　　　　　　　　　　　2008 年 3 月

前　言

由于城市的快速发展和城市间竞争的加剧，城市公共事务管理需要更专业的管理技术和更非凡的管理智慧，传统的经验管理就逐渐为系统科学的管理所取代。因应实践的需要，专门研究城市公共事务管理的市政管理学产生了。近年来，由于我国城市化和城市现代化的发展，市政管理学科受到越来越多的关注，许多高校开设了相关课程，也出版了许多诸如市政学、市政管理学、城市管理等教材，以满足教学与科研需要。市政管理这门研究城市公共事务管理的具体应用学科，是一门正在成长和发展的新兴学科，相关教材建设和学科研究也处在一个发展完善的过程中。我们在充分吸收前人和他人的成果基础上，结合自己的学习、研究和教学体会，编写了这部教材，力争为学科建设做出贡献。

在编写教材的过程中，我们做了如下努力和尝试：

1. 以当今中国转型为背景，反映中国市政管理现实，探讨市政管理的改革与发展；比较中外市政管理体制与历史，汲取成功经验。

2. 在教材编写的视角上，我们采用了公共管理学视角。传统公共行政视角，把城市政府视为唯一的管理主体，排斥其他管理主体的介入。现代治理理论倡导多元主体共治，各种准政府组织、非营利组织、企业组织以及公民个人也可以参与城市公共事务的管理。多元主体共治，是各个主体有限理性与缺陷的必然选择，也是民主发展的必然结果。虽然我国现在和将来一段时间仍然以政府管理为主导，但多元共治是社会发展与治理实践演进的必然趋势。我们不仅跟踪管理理论的新发展，同时也把握政治文化的新导向。

3. 在教材内容的理论性和操作性之间求取平衡。市政管理虽然是具体应用学科，但毕竟不是粗浅的工作手册，应该有相关理论的支撑，这样才能使管理操作成为有头脑有思想的技术活动，也能够培养一些人对学术的兴趣。一味地展开理论，违背了培养实践人才的学科宗旨，所以要做操作性的交代。为此，于第三章集中介绍了一些理论之外，各章也可以见到一些理论陈述。市政管理问题常有常新，不断跟踪研究应该是一种常态。本教材中插入当代市政管理问题为案例，不仅有利于提高分析问题的能力，也有助于提高解决现实问题的能力。

4. 力争建立比较完整的教材体系，同时根据当代城市重点问题安排适当的章节。在第一章绪论部分，厘定了本教材的几个核心概念：城市、城市化和市政管理，同时阐述了研究市政管理的方法和学习市政管理的意义。第二章介绍了市政管理体制和运行机制，主要论及市政管理的制度环境和科学程序。第三章关于市政管理的理论和实践，我们力图通过理论的梳理以加深对实践的理解，并通过实践回顾和反思，改进我们的管理工作。城市建制和城市规划既相区别又相联系，两者可以分别看作全国范围内的和全市范围内的战略布局，不仅划定市政管理的地理和区域基础，更涉及城市未来的发展导向。城市建制和城市规划在市政管理中的战略地位构成了本教材的第四章。城市公共事务的管理包括城市公共服务和城市政府的社会管理，这就有了第五章的公共服务管理和第六章的城市社会管理。第七章介绍了城市公共经济管理。由于城市环境问题越来越受到关注而单列为第八章。第九章的城市发展管理既关系到现在也关系到未来，因而作为本教材的最后一章。在教材内容具体展开时，考虑到公共管理系列教材中有相关内容的陈述，就作了繁简处理，不平均铺陈。

在接到编写任务之后，我们积极组织，精心准备，协同努力，并向王骚教授和其他专家请教，同时参考了大量学界前辈和同行的研究成果。我们所作的努力是否达到预期目标，只有留待读者评鉴了。

写作伊始，根据参编老师的各自特长，作了如下分工安排：

范广垠负责体系设计、内容安排和统修定稿，并编写了第一章、第二章和第三章。事实上，在最初的体系设计和内容安排上，各参编老师都提出了宝贵意见，并请王骚教授和葛荃教授把关。

张乐老师因其扎实的公共管理学和社会学功底而承担了第五章、第六章和第九章的写作重任。

周红老师长于政府体制研究和公共政策分析，她以特有的认真雕琢出第四章和第八章。

孙文平老师游刃有余地撰写了关于城市经济管理的第七章，为教材增色不少。

我们谨以此书献给我们的学生，献给广大的读者，正是你们的阅读和学习构成了我们职业生涯的基础，也正是你们的需要真正成为我们的挑战，使我们会与现实保持接触，并继续钻研理论。由于水平有限，各位老师都是在百忙之中投身教材写作，有些问题的阐述可能还不是很深入，祈望能得到你们的反馈与指点。

　　本书是集体合作的产物，但最后由我统修定稿，因此，本书所有缺点、疏漏乃至错误之处，概由我负责。敬请专家学者和广大读者批评指正。

范广垠

2008 年 4 月 20 日

目 录

第一章 绪 论

本章重点

1. 城市的产生
2. 城市的功能
3. 城市化与城市问题
4. 市政管理的概念
5. 市政管理的特征
6. 市政管理研究方法

有了城市，便有了市政管理，市政管理作为一门学科正在兴起和发展。市政管理（MUNICIPAL MANAGEMENT），也称城市管理（URBAN MANAGEMENT），是公共管理学中专门研究城市公共事务管理的具体应用学科。随着我国城市化的发展以及城市问题的凸显，市政管理引起越来越多的重视。市政管理在城市乃至整个社会的发展中起着重要作用，开展市政管理的学习和研究也就具有了重要意义。

第一节 城市与城市化

随着经济、政治和文化的发展，城市产生了。自有城市以来，城市一直处于动态的发展演变过程中。城市有诸多分类，承载着诸多功能，在社会发展中扮演着重要角色。也正因为如此，才有城市化的突飞猛进。城市问题，是城市化的伴生事物，解决城市问题是各国都要面对的难题。

一、城市

（一）城市概论

城市就是一个世界，而我们生活的这个世界，从许多实际内容来看，也已经成为一座巨型城市。那么城市是什么样的世界？它是如何产生的？它有什么样的功能？它是如何运作的？这些都是每一个生活在城市中的或者想要生活在其中的人们应该思考的问题。从市政管理的角度来看，只有认识城市、了解城市，才能理解城市，并在理解和把握的基础上更好地治理城市。

1. 城市的涵义

城市是一个现代用语，在中国古代"城"与"市"有着不同的含义："城"是指四周围的城墙，"城，廓也，都邑之地，筑此以资保障也"；"市"是指商品交易的场所，《周易·系辞》说："日中为市，致天下之民，聚天下之货，交易而退，各得其所。"随着社会经济的发展，"城"与"市"逐渐成为一个统一的聚合体——城市。不同研究者对城市概念的界定有较大的差异。

法国城市地理学家潘什梅尔说："城市现象是一个很难下定义的现实，城市既是一个景观，一片经济空间，一种人口密度；也是一个生活中心和劳动中心；更具体点说，也可能是一种气氛，一种特征或者一个灵魂。"[1]

美国芝加哥学派创始人帕克在《城市：对于开展城市环境中人类行为研究的几点意见》一文中认为，"城市，它是一种心理状态，是各种礼俗和传统构成的整体，是这些礼俗中所包含、并随传统而流传的那些统一思想和感情所构成的整体"。城市是文明人类的自然生息地，世界史从某种意义讲就是人类的城市史。[2]

《中国大百科全书·社会学卷》对城市的界定为："大量异质性居民聚居，以非农职业为主，具有综合功能的社会共同体。"[3]

《中外城市知识辞典》中对城市所下的定义为：区别于乡村的一种相对永久性的大型聚落，是以农业活动为主体，人口、经济、政治、文化高度集聚的社会物质系统。

由于研究者的视野和研究角度不同，给城市下定义也就有较大困难。本书认为，所谓城市，就是由大量的异质性的非农居民聚集而成，人口相对集中稠密，有一定的规模和范围，工商服务业发达，社会结构复杂的人们生活共同体。

---

① （法）潘什梅尔，《法国》，上海译文出版社，1980年，第18页。
② （美）帕克，《城市社会学》，华夏出版社，1987年，第2页。
③ 中国大百科全书出版社1991年版，第34页。

2. 城市的特征

城市，尤其是现代城市具有以下的特征：

（1）它是一个具有相当高的人口密度的人类聚集体；

（2）它运用自身的优势聚集了不同文化、职业、语言背景的居民，这些居民有着一定的匿名性；

（3）它作为文化载体和传播体，是一个区域的经济、政治、文化、服务中心；

（4）它聚集了各种社团、企业和机构的社会组织，人们的活动趋于专业化，居民的知识水平和专业技能较乡村居民高；

（5）城市的社会契约基础主要是法律、法规；

（6）城市生活方式多样化，时间观念强，相互间竞争激烈。

3. 城市的类型

（1）按城市的规模划分可以分为特大城市、大城市、中等城市和小城市：

①特大城市，指非农业人口达到 100 万以上的城市。

②大城市，指非农业人口在 50 万～100 万之间的城市。

③中等城市，指非农业人口在 20 万～50 万之间的城市。

④小城市，指非农业人口 20 万以下的城市。

（2）按照城市职能属性划分为综合性城市与职能城市：

①综合性城市集多种功能于一身，是政治、经济、文化的中心，也是工业生产、交通运输的枢纽，北京、上海等大都市就是这类城市的代表。

②职能城市类型有工业城市、交通港口城市、旅游城市、商业金融城市等：

工业城市是以工业生产为主，工业在城市的经济、占地等方面有很大的比重，工业城市根据其主导产业的不同又可具体分为钢铁工业城市、轻工业城市和机械制造工业城市。

交通港口城市往往地处交通枢纽，地理位置优越，随着交通运输的发展而发展。根据交通具体情况的不同，又可分为海港城市、铁路枢纽城市、内河港埠城市等。

旅游城市以其优越的地理位置和名胜古迹而著称，在城市的产业结构中占有很大比重。

商业金融城市一般依托优越的交通运输条件、历史影响或其他因素的影响，成为商品的集散地和资金流通的中心。

（3）按照我国城市行政级别划分为首都、直辖市、副省级城市、省会城市、地级城市、县级城市：

①我国目前的直辖市有北京市、上海市、天津市和重庆市。

②副省级市主要是指经济和社会发展的各项计划全部单列，直接纳入国家计划综合平衡的并在制定和执行计划、管理经济上相当于省一级的权限，直接参加全国性的会议的一类城市。目前我国共有 15 个副省级市：广州、武汉、哈尔滨、长春、沈阳、成都、南京、西安、济南、杭州、大连、青岛、深圳、厦门、宁被，其中后五个是非省会的计划单列市。①

③地级市在法律上称"设区的市"，这类城市法律地位在省与县之间，隶属省、自治区领导，在我国多由撤销的地区演变而来，如苏州市、烟台市、保定市等。②

④县级市，法律上称为"不设区的市"，是与县、民族自治县相平行的行政区域。

4. 城市的产生与发展

（1）早期城市

考古发现表明，世界上第一批城市是于公元前 4500 年在美索不达米亚平原上出现的。这些最早的城市包括乌尔（UR）、埃利都（ERTDU）、拉戈什（LAGACH）、启什（KISH）、巴格达、巴比伦等。此后，在尼罗河中下游、印度河流域、黄河—渭河谷地、中安第斯山脉等地区，也陆续产生了当地第一批城市。

（2）古代城市

在我国战国时候，因交换需要市场，城市发展得大而昌盛得多。《史记·苏秦传》记载着"临淄之中有七万户……临淄之涂"。西汉时期，出现了一批人口规模较大的城市，长安是当时最大的城市。北宋的汴梁城是我国封建城市的主要代表。此时商品经济兴起，城市生活旺盛，商业街道形成，由于位于古老运河与黄河的交叉点，它成为商业、交通城镇。15 世纪初叶，全国出现包括南京、北京在内的 33 个大中型商业和手工业城镇。明清城市规模扩大，市政建设加强。北京的人口，在明代接近百万，到清代即超过了百万。城市建筑更为密集，市政设施也日趋齐全。商店、工场、市场、运输、茶馆、旅店、酒楼等应有尽有，

---

① 最初的十六个副省级城市是根据 1994 年 2 月 25 日中央机构编制委员会的发文（中编[1994]1 号），经中共中央、国务院同意成为副省级城市的，其中重庆 1997 年升级为直辖市。

② 地级市和县级市的称谓在文件中正式使用是 20 世纪 80 年代前期出现的。主要源于市领导县体制大范围推行后对省辖市进行分类管理的需要。1983 年 5 月 18 日国家劳动人事部、民政部在《关于地市机构改革的几个主要问题的请示报告》中首次使用"地级市"和"县级市"，同年在国务院有关行政区划批复中正式使用地级市和县级市。此后，地级市和县级市之别广泛体现在机构编制、干部配置及工资待遇、经济和行政管理权限以及司法制度等各个方面。

各行各业配备周齐。①

中古时期的欧洲城市，其外貌、规模、功能与古代城市有很大的不同。意大利首都罗马城，是欧洲最古老的城市之一。罗马帝国时代，罗马城的人口大约为 35 万左右。庞大的帝国境内，各种资源向罗马集中，其顶峰时人口近百万，占地约 200 平方公里。公元 5 世纪，日耳曼人入侵，欧洲商业濒于绝境，欧洲的城市一度衰退。西欧封建秩序的确定使农业生产得以恢复，经济复苏使商业贸易得到发展，区域性贸易以意大利一些城市为中心，形成网络。这些城市，南有威尼斯、热那亚、比萨、佛罗伦萨。西北部有根特、都灵等。中世纪的一些城镇虽然较小，而且始终只能容纳当地人口中很小的一部分，但它们所培植起来的工业与商业的密切联系，加上对艺术发展的重视，的确为后来城市化的大发展奠定了基础。②

工商业的发展催生了城市，但是古代城市的产生过程还具有政治、军事和宗教色彩。有些城市是围绕政治中心而修建扩张形成的；在古代汉语中，"城"是周围用围墙围起来以抵抗侵略和进攻的防御工程；有些城市直接与宗教有关，先是有教堂等宗教设施，后围绕教堂寺庙等兴建了相应的服务设施，如旅馆、饭店等，城市也就产生了。就城市产生而言，人类的生产贸易的需求、政治军事的需求、精神文化的需求是古代城市产生的直接原因。

二、近代城市及现代城市化

（一）近代的城市

近代城市通常指资本主义时代的城市，即 1640 年英国资产阶级革命至 1917 年苏联十月革命期间的城市。近代城市形成和发展的动力是机器工业的发明和使用，是工业革命推动了近代城市形成和发展。近代城市的出现大大改变了人们对城市的认识，使人类社会发展有了巨大的转变，影响至今。工业革命促成近代城市的形成和发展，许多近代城市都打上了工业化城市的烙印。中古城市向近代城市转型过程中工商业的发展和繁荣，为工业革命准备了技术、经验、市场和组织条件。工业革命结束了城市中工场手工业的生产方式，代之以机器大工业的生产方式，使城市中经济活动社会化，工业得到充分发展。工业革命导致经济地理的变化，带动了运河、汽船、公路和铁路运输的发展；工业革命提供了大量剩余产品，开辟了市场，促进了商品流通。这些都为城市的发展提

---

① 李其荣，《对立与统一：城市发展历史逻辑新论》，东南大学出版社，2001 年，第 125 页。
② 张钟汝，《城市社会学》，上海大学出版社，2001 年，第 18 页。

供了有利条件，促进了城市化进程。工业革命中，城市发展之快，变化之大超过了以往任何时期。这个时期的城市发展，称之为近代的城市化。

以英国为例，其工业化大大推动了城市化进程，城市化速度快、比率高，是世界上第一个实现城市化的国家。伦敦的人口到 1900 年，已有 453.6 万人，成为世界最大的都市。据有关资料统计，英国城市人口占总人口的比例 1801 年为 3.8%，1841 年为 48.3%，1851 年为 54%，1861 年为 58.7%，1871 年为 65.2%，1881 年为 70%，1891 年为 74.1%，1901 年为 78%。[①]在美国，1820 年仅有 12 个城市达到 1 万人，超过 10 万人口的城市只有 2 个。到了 1840 年，人口在 1 万人以上的就有 101 个，其中超过 10 万的有 8 个，纽约当时的人口超过 100 万。[②]

（二）现代城市及其城市化

现代城市化又称为都市化。它通常是指伴随人口集中，农村地区不断转化为城市地区的过程。在这一过程中，城市数目增加，城市人口增多，城市规模扩大，城市人口占总人口的比例上升，城市化也是城市文明不断扩张和传播的过程。

1. 20 世纪以来世界范围内的城市化

第二次世界大战以后，各国生产力高速发展，世界进入现代化城市发展阶段。现代城市通过强有力的政权、雄厚的经济实力、便利的交通运输与邮电信息网络、强大而迅速的大众传播媒介和其他先进设施，对周边地区施加重大影响。20 世纪中叶以后，为城市化在全球范围内的推广与基本实现阶段。这个阶段的突出特点是：

第一，城市化速度加快。1950—1960 年，世界城市人口平均每年增长率达 3.5%，高于 1920—1930 年间的 2.2%、1930—1940 年间的 2.4% 及 1940—1950 年间的 2.2% 的水平。发展中国家 1950—1960 年间的城市人口年增长率更高达 8%。

第二，城市人口稳步增长。但在发达国家与发展中国家之间呈现明显差异。在这一阶段，发达国家城市人口总体达到 80% 以上，城市人口增长速度逐渐趋缓，城市化进入自我完善阶段。

第三，人口继续向大城市集中，大城市带开始出现。1955 年，全球前十位大城市中，洛杉矶人口为 516 万，处于第十位；纽约为 1322 万，处第一位。2005

① 李其荣，《对立与统一：城市发展历史逻辑新论》，东南大学出版社，2001 年，第 125 页。
② 康少邦等编译，《城市社会学》，浙江人民出版社，1991 年，第 63 页。

年，全球最大的十座城市中，处于第十位的汉城人口为 1164 万；处第一位的东京人口为 2884 万，分别比 1955 年提高一倍多。1955 年，全球最大的十座城市中，只有上海和布宜诺斯艾利斯两座位于发展中国家，到 2005 年上升到八座。①

第四，发达国家在城市规模继续有所扩大的同时，开始出现"郊区化"现象，即开始了人口从市区向郊外的转移。这种情况的继续导致原先各不相属的城市连为一体，形成许多大城市带。比较著名的包括美国的波士顿—纽约—华盛顿城市带、美国沿五大湖城市带、日本的东京—九州城市带、德国的鲁尔城市带、英国以伦敦为中心的城市带等。

2. 中国的城市化

学术界一般将城市人口占总人口的比重达到 10% 作为城市化的起点，以此来衡量，我国是自 1949 年以后才进入城市化的起步阶段的，和新中国成立的时间大体一致，其时城市人口占总人口的 10.6%。截至 2006 年，中国城镇人口达到 5.77 亿人，城市化水平大致为 43.9%。②建国五十多年来，我国的城市化历程大体可划分为以下四个阶段：

第一阶段（1949—1957 年）。这一阶段正好处在我国国民经济恢复和实施第一个五年计划时期，国家经济和社会发展比较平稳，特别是在"一五"期间，随着国家社会主义建设的全面展开，农村人口被大量地吸收进城市的工厂、矿区，有力地推进了我国的城市化进程。到 1957 年，全国的城市化水平达 15.4%。

第二阶段（1958—1965 年）。1958 年城市人口非正常地急剧上升，从 1958 年的 10723 万人迅速上升到 1960 年的 13073 万人。城市化水平亦从 16.3% 猛升到 19.8%。此后，随着国民经济调整，压缩城市人口，动员进城的人口回乡参加农业生产，到 1965 年，城市人口回落到 10175 万，城市化水平下降到 14%。这一阶段，城市人口比例起伏很大。

第三阶段（1966—1978 年）。在这一阶段，我国城市化总体而言处于停滞不前的状态。特别是在"文化大革命"期间，国民经济遭到很大破坏。这 12 年间，城市非农业人口增长只相当于人口的自然增长，城市化水平由 1966 年的 13.44% 降到 1978 年的 12.5%。

---

① 联合国经济及社会理事会 2005 年的报告显示，全球有 20 个城市的人口超过 1000 万。人口居前 10 位的城市依次为：日本的东京，3530 万人；墨西哥的墨西哥城，1920 万人；美国纽约—纽瓦克地区，1850 万人；印度的孟买，1830 万人；巴西的圣保罗，1830 万人；印度的新德里，1530 万人；印度的加尔各答，1430 万人；阿根廷的布宜诺斯艾利斯，1330 万人；印度尼西亚的雅加达，1320 万人；中国的上海，1270 万人。

② 国家环保总局组织编制，《2006 全国城市环境管理和综合整治年度报告》。

第四阶段（1978—1999年）。中国城市化的恢复始于1978年党的十一届三中全会，党的工作重心重新转移到经济建设上来。乡镇企业的崛起和发展促进了农村人口向城镇流动，从而大大加快了我国城市化进程。全国县改市和乡改镇的数目增多，也使城市人口猛增，新设城镇不仅使城镇土地规模扩大，而且原有居住其上的农村人口也同时改变了性质，变成了城市人口。此外，全国城市经济开发区不断增多，使城市人口和城市面积大幅度增加。

第五阶段（2000年以来），中国城市化的快速发展阶段。从2000年以来，全国大中型中心城市的规模扩张以及与此相应的城市建设加速，城市经济活跃。在上世纪80年代深圳建设和90年代上海浦东开发的经验启迪下，在北京"申奥"、上海"申博"成功后，各大中城市纷纷在自己的发展战略中大大强化了城市化的位置，可以说城市化进程大大加速了。根据国际城市化进程的历史经验，城市化水平在40%—70%之间，是加速城市化时期，而我国目前城市化水平正处在40%这一加速点。在未来10年内，将有1.5—2亿农村人口转移进城，到2020年，我国城市化水平可能达到60%左右。

三、城市的发展与未来

（一）城市的发展趋势

随着全球化的发展，城市在国家经济与社会发展中的作用越来越强。全球化所引起的巨大变革，也引发了新一轮城市革命的蓬勃兴起。城市发展模式不断创新，城市民主化、现代化步伐加快，城市在世界发展进程中的作用越来越显著，并已经成为推动世界发展的巨大力量。在这样的城市变革中，世界城市呈现出一些新的发展趋势。

1. 城市地位不断提升

全球化使得城市在经济和社会发展中的职能发生变化，城市的作用增强。城市是具有完整而先进的社会、经济、文化功能的区域和基本社会单元，城市可以建立完整的产业链条和独立的经济区域，具有完备的基础设施和社会保障与支持系统，有着独特的文化和资源优势。城市由于其集聚效应、规模效应和辐射效应，使得城市在政治、经济、文化等各个领域，保持其先进性、领导性和区域代表性。

在经济全球化和区域一体化的新形势下，城市在国民经济、社会发展和国家涉外活动中，发挥着越来越重要的作用。全世界几乎所有的国家都在赋予地方城市政府更多的权力。国家的一部分管理权力下放到城市以后，拉近了政府与民众之间的距离，有利于听到更多民主的声音。市政府可根据本地实际，有效解决当地居民的具体问题，同时，也可以根据民众的要求和发展特点，制定更为民主、合理、高效的政策和发展战略。

2. 城市成为社会政治、经济、文化协作的网络核心

城市最显著的特征就是集聚。人口、产业、科技、教育等向城市集中，是因为集中带来规模，规模带来低成本和高效率。在大量新要素不断集聚的过程中，城市系统内部不断发生冲突，刺激城市不断变革和持续发展，形成越来越强大的实力、越来越完善的功能和更高的运行效率，这些又形成更强大的吸引力，引发新的集聚。在集聚的循环中，先进代替落后，而且随着扩张和实力的提升，这种变化越来越快，最终形成功能完备的现代化城市。城市发展的规律表明，城市是国民经济增长的发动机，是国家和地区发展的领导者。在全球化网络中，城市就成为全球生产链的重要环节，并作为连接世界的各个节点，传递信息、资源。城市也就成为本地区全球化发展的核心。

（二）城市问题的类型

随着城市规模的不断扩大，城市人口的不断增加，城市化的推进也带来了新的问题，这些问题有些严重影响了城市自身的良性发展，影响了生活在其中的城市人的生活质量，也即是所谓的城市病。其具体表现为交通拥挤、堵塞、住房困难、环境污染、就业压力问题，新城市人群贫困问题，城市犯罪问题，城市居民社会保障问题等。

城市问题多种多样，人们一般根据一定的标准对其加以分类。《中国的城市"病"：城市社会问题研究》一书将中国城市问题分为三类：城市滞胀、城市冲突、城市惰性问题。[①]

1. 城市滞胀问题

城市滞胀指的是城市人口增长水平大于经济、社会所能负担的水平而表现出的发展性问题。它与常见的"城市化过度"的区别在于，后者是指一国范围内的城市发展的不合理状况，而前者则是指城市区域所表现的城市滞胀在时间上的持续性。城市滞胀具体表现为城市人口密度大，住宅紧缺，交通拥挤，就业困难，公共设备短缺等。城市在短期内不能解除由于人口急速集中而导致的滞胀问题。

2. 城市冲突问题

随着城市化的发展，城市社会也变得复杂了。加上政治、经济等领域多方

---

① 谷迎春主编，《中国的城市"病"：城市社会问题研究》，中国国际广播出版社，1989 年，第 17～25 页。

面的原因，城市社会中矛盾和冲突现象在许多方面还是突出和严重的。城市冲突，可分为法律意义上的冲突和文化意义上的冲突两大方面。法律意义上的冲突，如违法犯罪等。这种冲突，需要通过法律程序和专政手段加以解决。文化意义上的冲突，如代沟、城市与乡村的矛盾、传统与现实的矛盾等等。城市冲突，需要通过城市治理和文化建设的有机调节加以引导与缓解。

3. 城市惰性问题

城市惰性，则是与城市发展相悖的凝滞现象，诸如城市的管理体制刚化、效率低下、自我更新能力不足等都是城市惰性的表现。

（1）城市管理体制高度集中与低效率。历史形成的我国城市的行政管辖中心功能和缺乏自觉的市场功能，使我国城市的管理偏重于"条块"集中，形成对外相对封闭的过分集中的城市体制。这种体制的最大弊端在于它产生着阻碍城市自身发展的潜力，城市出现低效化的问题。行政功能的扩散与权力的过分集中影响了城市个性化与内在活力的激发。

（2）城市的官僚主义。城市几乎集中了国家绝大部分领导机构和管理机构，这是城市社会的一个特点。机构庞杂、臃肿导致城市的官僚主义。城市社会权力分配的社会、文化背景相对来说是复杂的，"官"、"民"等级之分明显，机构设置的多头化与重叠性适应着权力观念。这种机构设置和权力观念的相互适应，无论在历史上，还是在现实中，都可能产生着城市低效化的因素——官僚主义。

（3）城市自我更新能力不足。一是经济能力不足，城市经济发展缓慢，用于城市建设的投资比重小。二是更新技术水平较低。三是缺乏更新的要求和适应能力，城市更新的欲望低。而传统的居住观念"宁要中心一张床，不要边远一套房"又在很大程度上影响了城市规划的指导思想，造成发展城市新区或卫星城市的困难。四是城市管理体制一定程度上束缚了城市自我更新能力的形成。

（4）城市老化与"疲惫感"。城市经济的发展，形成了城市社会中新的矛盾：一方面，它促进了城市各方面的发展，给城市带来了活力与生气，另一方面，它所改变的生活方式很大程度上减少了城市人口的自然死亡率，出现城市人口老年化的趋势。同时，城市生活的多样性和快节奏，也在一定意义上产生出城市居民精神的"疲惫"，出现个体心理失调现象。

四、对中国城市未来的思考

越来越多的人选择居住在城市，总是希望提高生活水平和生活质量。高质量的城市生活环境，包括城市生态环境优异、各种基础设施完备、服务完善等等。早期一些思想家对未来城市的设计，正是反映了人们对美好生活的期望。

19 世纪末到二战前，西方城市学家提出了一系列从功能上适应城市现代生产和生活需要的新构想，将功能和秩序作为解决工业化对城市建设和管理的主要手段，取得了一些成效，但没有有效解决所有的城市病。20 世纪 60 年代涌现的对未来城市的设计规划更具人文主义色彩，人们向往"人气、人情、人性的城市"，城市建设如何满足人们的这些需求成了城市管理者的指导思想。在未来城市的规则设计中应充分考虑城市发展与经济发展、人口就业、旧城改造、新坝建设的协调，更多考虑到对居住环境、生活、交通、建设环境的专项规划和设计。

全球正在出现世界性的城市化潮流，正出现继西方后工业化潮流后的世界范围的"城市社会的来临"。世界城市化水平已经超过 54%，中国的城市化正在接近 40%，沿海一些省份已经达 46%，按照西方发达国家城市化的发展经验，城市化每 20—25 年翻一番。在未来的 20 年左右的时间里，中国的城市化水平可能达到或超过 60%，这暗示着中国也将进入城市社会，并朝着后工业社会关系转化，这是人类历史上的一个重大的社会变迁，将有数亿农业人口成为城市人口，这一巨大的社会变迁也是中国社会整体现代化的过程。社会整体现代化其核心是人的现代化，伴随城市社会的来临，完全意义上的城市市民社会的形成将成为必然，这是人的社会化和人的现代化的本质体现。认识这一社会转型的本质属性，并能够超前预见这一社会关系的特殊性质，对于认识中国社会未来的发展具有重大意义。

关键是我们对城市的研究与理解还有进一步深化的必要，如对城市的开放性功能、城市的适应性功能、城市的累积循环因果功能、城市对社会的加速度功能、城市作为地域生产力的集约性功能、城市对区域经济的带动功能、城市对于现代化的形塑功能、城市创造新的生活方式的功能、城市对于个体人文化资本的重塑功能、城市的地理重组功能和城市作为人类的生活方式的创新地的功能等都需要充分研究，并加以利用。但更重要的是，对西方城市化过程中出现的政治、经济、社会和文化问题我们不仅要认识到、体会到，关键是如何防止这类问题的发生。

中国城市化的三大问题与三大对策

就"十五"期间中国城市化的问题与对策，中国经济时报记者专访了国务院发展研究中心发展战略和区域经济研究部研究员、研究室主任刘勇博士。

中国经济时报：中国确定城市化发展战略已有五年，您如何评价这五年的发展？

刘勇：第一，城市化的确成为推动我国"十五"发展的重要力量，它的确起到了重要作用，我们当初的判断是正确的，是符合国际潮流的。第二，在"十五"这五年的城市化发展过程中也确实存在着许许多多的问题。

中国经济时报：主要有哪些问题，我们在制定"十一五"规划时又应该注意哪些问题呢？

刘勇：第一个问题，也是中国城市化最大的问题，那就是土地的城市化快于人口的城市化。也就是说虽然土地非农业化了，但是人口并没有非农业化。实际上城市化就两点，一个是人口向城市集中，职业从农业转到非农产业，这是从人口上说的；第二个是土地的非农业化，即土地由原来的农业用地变为二产和三产用地。

第二个问题就是经营城市的误区。所谓经营城市，说白了就是借钱去搞建设，或者说是卖地去搞建设。这是完全不对的。问题就在于它把城市化仅仅理解为城市建设。城市建设当然是必须的，然而城市建设毕竟是公共产品，过分依赖于非财政性资金是存在风险的。

中国经济时报：这会产生哪些问题呢？

刘勇：经营城市误区造成的典型问题就是开发区在全国范围内遍地开花。开发区遍地开花这是绝对绝对的错误。开发区是重要的，有的城市老城推不动，就搞新城来开发，这是对的，但遍地开花就不可行。

中国经济时报：这确实是个很重要的问题。

刘勇：基础设施的钱从哪里来且不说，城市化和工业化的核心就是集中，而那十二个分散的开发区是分散的，人口离土不离乡，一点经济效益都没有，反而会造成土地大量的浪费。这和工业化中期阶段以及整个工业化过程是相违背的。

中国经济时报：那么怎样来限制这种开发区遍地开花的局面呢？

刘勇：我们应该学习英国土地开发许可证制度，土地开发一定要集约开发。开发商必须到政府划定的地区集中开发，剩下的土地宜林则林，宜荒则荒，不准搞二三产业。所以我的对策就是在中国，在乡、村一级绝对禁止开发，谁要开发就到城镇里去。只有城镇搞二三产业开发，这也是国际惯例。

中国经济时报：在具体的城市化道路选择上，我们是否存在一些问题？

刘勇：有，这就是我要谈的第三个问题。大、中、小城市协调发展是我们确定的城市化道路，但实际上的做法是以小城市为核心。城市化发展方针，即到底是以大城市、中等城市、小城市还是小城镇为主，这是需要思考的。大的方针是不错的，但具体做法是值得反思的。"十一五"规划中，城市群将是核心概念。

中国经济时报：那么在"十一五"期间，我国需要一种什么样的城市化发展模式？它又应该包括哪些内容？

刘勇：城市群是个方向，概念上叫紧凑型城市化道路。这种紧凑型的城市化道路，首先要突出城市群的发展，以城市群为核心，大、中、小城市协调发展。其次，紧凑型城市要有明确的边界，每个城市要有明确的边界，不能无限扩张。最后，政府要控制土地，集中开发。

资料来源：孙汝祥，《访国务院发展研究中心发展战略和区域经济研究部研究员刘勇博士》，中国经济时报 2005 年 09 月 13 日。

第二节　市政管理的概念

市政就是城市的公共事务，市政管理就是对城市公共事务的管理。正确地理解市政管理的概念是本学科的基础工程。本教材从公共管理的视角来界定市政管理的概念，这一旨趣将贯穿教材始终。

一、市政

有了城市，也便有了市政。但是，对于什么是市政，学者们有诸多争议。关于市政，学界有的把"市政"等同于"市政管理"来定义，命名为《市政学》的教材大抵如此。[①]这实际是把"市政"当作"城市行政"的简化理解，或者把"市政"当作"城市公共行政"，已经把管理、管理主体、管理对象包含其中，市政与管理不分。有的学者认为市政就是城市政权，是国家政权的组成部分；还有的学者从政策角度出发，认为市政就是城市公共政策；有的学者从政治和行政管理出发，认为市政是城市行政管理，或是城市中的政治决策和行政执行活动。这些说法从不同的侧面理解市政的内涵，对我们理解市政管理的含义有一定的参考价值。

为使概念清晰，并与本教材冠名"市政管理"相契合，又与中国人的日常

---

① 李燕凌、陈东林编著，《市政学导引与案例》，中国人民大学出版社，2006 年，第 2 页。

语言习惯相符，我们把"市政"作为管理对象来加以界定，不包含管理和管理行为的意蕴，即把"市政"与"管理"分开理解，或者说把"市政管理"作为一个词组进一步拆开分析。"市政管理"作为一门学科，因而也就是一个名词，把"市政管理"作为一个名词，那么，我们就把"市政"作为一个名词性的词素来理解，把市政理解为"城市公共事务"。

最为狭义的市政，是指城市工程技术方面的事，英语 MUNICIPAL ENGINEERING 就是这一意思，诸如城市的给水排水、电灯电话、道路交通等城市工程和物质设施。①这是城市初级形态的市政。夏书章先生以为，中观意义上的市政包括：市政工程、公用事业、园林绿化、环境卫生等。②中国人日常所说的"市政"、"市政建设"等，大概就是这一意义上的使用。

随着城市的发展，市政所指的内容也越来越丰富和复杂，所需管理和调节的范围也不断扩张。广义的市政，是城市管理所须处理的各种公共事务的总称，包括城市政治经济、城市文教卫生体育、城市环境保护、城市人口与社会保障、城市规划基础设施和建设等方面的公共事务。本教材取广义市政概念。

二、市政管理

与市政的含义相对应，市政管理，即城市公共管理：是关于提供城市公共产品和公共服务，处理城市公共事务的一门学科。试图通过各种社会关系和人与自然关系的调整，以解决城市问题、提高城市生产水平并最终提高城市生活质量。

进一步理解市政管理的概念，我们可以从相互关联的三个方面来把握。一是市政的管理主体，即由谁来管理有关的城市公共事务；二是市政的管理客体，即市政管理的内容和对象；三是市政管理方法。管理主体和管理客体的不同意味着不同的管理方法的选择，管理主体、管理客体和管理方法，是三位一体紧密联系的。

至于市政管理主体，我们可以从公共行政学和公共管理学的两个角度加以考量。公共行政学，强调政府对公共事务的管理，政府是公共事务管理的单一主体。而在公共管理学看来，管理主体是多元的，各种政府组织、非营利部门、企业组织以及市民个人也可以参与市政管理。历史地看，市政管理经历或正在经历这两种状态，如果说公共行政学角度定义的市政管理是一种传统形态的话，

---

① 张国祺主编，《市政管理学》，四川大学出版社，1995 年，第 2 页。
② 夏书章，《市政学引导》，中央党校出版社，1994 年，第 18 页。

公共管理角度定义的市政管理就是一种现代形态，更符合社会的发展方向。对于市政管理概念，我们从公共管理的角度来理解，并认为，管理主体是历史的、动态的、变化的，单一管理主体的时代是历史的选择，多元化的管理主体同样也是历史发展的一种必然。就我国而言，政府在城市乃至整个社会的管理中，还将占主导地位，但这并不排斥也无法排斥其他管理主体的介入，政府以一己之能无法更有效地处理更为复杂的市政管理。

市政管理的内容是不断变化的，总体上是不断增多的，在城市化迅速发展、城市人口急剧膨胀的时候，市政管理内容还会急剧扩张。市政管理是对城市公共产品和公共事务的管理，因而不同于私人管理。首先，市政管理以提供公共产品和公共服务，满足市民需求为导向，追求公共利益，这不同于私人管理对利润的追求；其次，市政管理更强调公平和责任，注重管理的合法性，而私人管理更强调效率和竞争；最后，市政管理更经常地面对并处于政治和利益的冲突之中，也是解决冲突的过程，深受政治体制和公众舆论的影响，而私人管理则较少面对这些冲突，对于舆论则是较少地回应。

管理方法上，传统的市政管理以行政方法为主，现代市政管理以经济和法律的管理方法为主，提倡平等协商。现代市政管理，同时强调管理结果的有效性，因而也主张引入市场竞争和企业管理方法。

总之，现代市政管理，强调管理主体多元，权责一致，过程民主，结果有效。这也是与传统市政管理的主要区别。

三、市政管理职能

市政管理职能是市政管理主体在城市公共管理中依法履行的各项职责与功能的总称，指的是市政管理主体在城市地方政治、经济、文化以及其他社会事务的管理中所应起到的作用，是市政管理活动的基本任务和具体内容的统一。

市政管理职能是历史的产物，随着城市的发展而不断变化。市政职能是一种公共性的职能，它不能取代私人领域的管理。市政职能首先与城市地方政府的职责定位有关，即涉及城市地方政府应该管什么，能够管什么，管到什么程度和怎样去管的问题，也涉及我们怎样看待公民社会的问题。当代市政管理既要发挥地方政府的主导作用，也要给公民参与机会，给公民社会的发展以空间。研究市政职能对于划分城市公共权力界限、设置市政管理机构具有重要意义。

（一）现代市政职能以市场经济和民主法治为基本的社会背景，以公共性为价值目标，在此基础上，我们对市政职能做如下分类：

1. 依据市政管理职能作用的领域分为经济职能和社会职能。

各国城市管理，都看到经济的重要而基础的作用，就这一点而言大家都是马克思主义者。经济职能，就是市政管理主体利用经济、法律、行政、协商等手段，调控和服务与经济有关的公共事务，包括对城市产业干预、指导和服务，促进城市物质丰富、经济繁荣、生活丰裕。

社会职能是指维护社会秩序，保障社会生存和发展，提高市民素质等社会公共服务方面的职能，如社会治安、基础教育、环境保护等，着眼于人的安全、健康和全面发展。

2. 依据市政管理职能产生的时代特征，将市政职能划分为传统的市政职能和现代职能。

传统职能指城市发展初期产生并保留下来的职能，虽然其内涵和规模不断变化，但其公共性质变化不大。如治安防御、卫生健康、住房、教育、道路交通、照明供水等。

现代职能是第二次产业革命之后，随着城市文明的发展而逐步兴起，并日益显现重要性的职能，如城市规划、城市环境保护、城市产业振兴、城市区域管理、公共服务等职能，具有战略性、导向性，与城市生存尤其是发展密切相关。

3. 依据市政管理职能服务的指向，可以分为内向职能和外向职能。

内向职能是对管理组织自身的管理和服务，是为满足市政管理组织内部运营需要而提供的人事、财力、物质、资料、信息方面的支持。

外向职能是面向城市和城市之外的社会提供服务，如计划规划职能、调研协调职能、宣传鼓动职能。这关系到城市的可持续发展、竞争力的提升和自身形象的完善，开放时代越显重要。

4. 依据市政管理职能的作用方式，可以将市政职能划分为消极职能和积极职能。

消极职能是指市政管理主体以限制性保护性手段维持一个最低限度的城市社会、经济、生活秩序和生活环境以及居民谋生条件的职能，以防止城市事务向坏的方向发展。如治安、减灾、救灾、市场监督、劳动安全管理、食品卫生等。这关系到公民权利的基本实现。

积极职能指为提供更好的市政服务，而主动采取规划、引导、组织、保护、激励等措施所要履行的职能。如城市土地和自然资源的开发，市民智力和人力资本的投资开发，城市信息、资金和市场潜力开发，城市社区生活服务项目开发等。这关系到公民权利的发展与福利待遇的进一步实现。①

① 白建民、王欣、王薇编著，《现代城市管理》，中国科学技术大学出版社，2005年，第87～88页。

　　市政职能并不是一个单纯的应该做什么、不应该做什么、怎么做的问题，深受政治体制和经济体制的影响。

　　（二）市政管理的含义及其内容，反映出其特征：

　　1. 公共性

　　市政管理由政府主导或政府参与，因而有政治原则和政治方向，各管理主体也有自身利益，所以，市政管理有"阶级性"。但是，现代市政管理更多的是以其公共性及其有效性体现政府的合法性，从而维护政府的政治权力和政治利益。大量的社会职能的管理，淡化阶级职能，是这一趋势的具体体现。公共性作为管理的价值目标，也更符合政治文明和社会发展的要求。在中国，这也反映在"三个代表"思想的内涵中。

　　2. 整体性

　　市政管理是由各个系统、各个要素、各个环节组成的有机整体。包括组织、人事、行为、财政、制度等要素，每种要素包括多种次级要素。市政管理又是一个由决策、计划、组织、协调、控制等多个环节组成的系统过程。市政管理是各个要素和各个环节紧密联系相互渗透的，要使之围绕共同的目标，发挥出整体功效。

　　3. 综合性

　　城市作为政治、经济、文化中心，具有集中、开放、多元、有机等特点，事务复杂。市政管理，既涉及物质，也关于精神；既要稳定城市，更要发展城市；既兼顾各个利益群体，也要解决纷繁的利益冲突；既要调整人与人之间的关系，也要调整人与自然的关系。

　　4. 动态性

　　市政管理不仅是组织、制度、体制等方面的静态结构，更是一个有序的动态过程。城市生活的快节奏、高速发展的科技、不断攀升的民主要求，都使市政管理要频繁快捷地回应社会，并进行灵敏的职能调整。随着科技和社会发展，市政管理的手段和理念，都在逐步调整。市政管理是个历史的动态演变的过程。

　　5. 双重性

　　市政管理，既要贯穿大政方针，维护国家各主体利益，也要具体地代表和反映市民的微观利益，在宏观和微观管理中寻找平衡点。

市政管理的公共管理学语境

　　许多学者认为，公共管理与公共行政是不同的理论范式，有各自不同的范围和特征。陈富荣教授认为传统公共行政学存在以下缺陷：第一，在研究主体上和客体上，把行政管理等同于政府管理，认为政府是管理社会公共事务的唯一主体，看不到非营利社会组织也是公共事务的管理主体之一。第二，价值目标上，认为公共行政的出发点和归宿是提高行政效率，忽视或否认公共行政学对社会公平和社会正义的追求。第三，在管理的指向上，侧重于政府机构的内部管理，忽视对社会公共事务本身的管理。第四，在管理方法上，否认或忽视政府可以采用经济学的、企业的、市场化的管理方法。第五，学科体系不够完整和系统，显得离散，缺乏严密的范畴和概念的逻辑体系。

引自：陈富荣，《公共管理学前沿问题研究》，黑龙江人民出版社，2002年，第13～14页。

陈振明教授认为，公共管理学的特征与公共行政学的区别，可以做如下简要刻画：首先，公共行政主要局限于行政机关特别是官僚机构的研究上；公共管理把研究对象扩大到其他国家机关（立法机关和司法机关）、非营利组织或第三部门甚至私人部门的公共方面。其次，学科基础上，公共行政的学科基础是政治学，尤其以官僚制理论和政治与行政二分为理论基础；公共管理学更多地依赖经济学和工商管理学，大量运用经济学的理论和方法来分析公共管理问题并日益与工商管理学相融合。再次，公共管理学将研究焦点由公共行政学的"内部取向"转向"外部取向"，由重视机构、过程、程序的研究转向重视项目、结果和绩效的研究，这使得战略管理、公共管理的政治环境、项目执行、绩效评估、公共责任制和公共管理伦理这样一些在传统公共行政中没有的或不受重视的主题成为公共管理学的核心主题。最后，公共管理学也涉及大量的公共行政学没有涉及的其他主题，如公共物品、公共选择、集体行动的逻辑、委托—代理、产权、交易成本、交换范式、制度安排与创新、政府失败、准市场、学习型组织、多元组织、认知风格、管理网络、管理工具、成本核算、信息管理系统等等。

引自：陈振明，《公共管理前沿》，福建人民出版社，2002年，第13页。

公共管理的理论和实践源于西方，我们虽不能照搬，但其对中国市政管理的启发是显而易见的。如，在管理的价值取向上，增强市政管理的公共性，并以公平公正作为政府管理的首要价值；在管理主体上，大力培育政府以外的其他市政管理主体；在管理的职能上，加快政企分离，逐步实现政事分离，增强公共服务功能；在管理方法上，学习私营部门的管理经验，提高效率和效益；在管理的方略上，依法治市，推进法制化进程。

第三节　市政管理的研究与学习

市政管理研究是市政管理实践和市政管理理论发展所必需的环节。学习市政管理，不仅有助于从事市政管理实践，也可以培养相关研究的兴趣，掌握市政管理的研究方法，也就具有了理论和现实双重意义。

一、市政管理研究的内容与方法

古老的市政管理是一种原生态的管理，是对城市问题和城市危机的本能的反应和经验性的应对。对这些原生态的管理加以提炼和理论性总结，并对当下的市政管理加以指导，对未来的市政管理加以理性预测，这是作为一门学科所要解决的问题。每个历史时期，城市都会面临新的问题，市政管理始终是个当代问题，需要学科的不断发展。市政管理研究需要适当的方法，适当的方法可以加速市政管理的学科发展。市政管理研究，以期探索市政管理的规律，指导市政管理和城市发展。

市政管理研究，首先要回答研究什么问题，其次回答从哪个角度研究，最后是你使用什么样的研究工具。

（一）市政管理作为一门学科，研究的内容大致如下：

1. 城市与城市化

城市和城市化，是市政管理及其研究的基本背景和主要内容之一。没有城市和城市化，市政管理及研究也就失去了存在的意义。市政管理研究要研究城市的含义、特征、功能，研究世界及中国城市化的历史进程和主要表现，城市问题，以及城市化健康发展的政策选择。城市变化迅速，集中反映当代社会发展状况；城市是现代性所要求的高效率生产基地，同时也应该是幸福生活的场所。对于城市，我们要放在现代化的背景下考察，也要面对后现代学者提出的问题，努力使城市成为生产发达、生活幸福的场所。

2. 市政管理的主体研究

市政管理是人们对城市公共事务进行的一系列的管理活动，这种管理活动是基于公共权力和公共权威而产生的，动用公共资源，也常常动用社会和民间经济、智力资源。管理主体必须具有相应的权威和特定的属性。管理主体身份要经过法律的认可，如城市地方政府；也有的要经过民主程序确定，如市民代表参与管理。

市政管理的当然主体是城市政府。广义的城市政府包括：权力机关、行政机关、司法机关，甚至包括政党组织。狭义的政府，是指城市行政机关。相对于其他机关，行政机关更经常地大量地积极地介入市政管理。

市政管理主体还包括第三部门和公民个人。他们作为管理主体是民主政治的产物。

3. 市政管理客体

如上文所述，市政管理客体，即城市公共事务和公共产品，而如何界定公共事务和公共产品，涉及到管理的合法性和有效性。

4. 市政管理体制研究

市政管理体制是指市政管理机构的设置、地位、职责和相互关系。要研究各个管理机构和管理主体所要承担的职能，及其职能的演变。市政管理体制的核心问题是各机构和主体之间的职、权、责的配置问题和权力之间的关系。

5. 市政管理的过程研究

以市政管理的动态过程为研究中心，是市政管理具体的操作过程和具体运行机制的研究。主要研究：市政管理政策是如何决策执行，如何反馈和评价的，包括采取了什么样的绩效评估的方式和评估指标。

6. 市政管理方法研究

市政管理方法是达成市政管理目标的措施、手段、凭借的工具。市政管理方法，诸如行政的、法律的、经济的、思想教育的以及使被管理者没有申诉权利和机会的暴力手段，要研究这些手段是如何有效实施又如何演变的。

（二）对于以上问题，我们要采用适当的方法加以研究。**市政管理研究方法，主要有以下几种：**

1. 规范研究和实证研究。

关于城市和市政管理，我们都可以采用两种视角来审视研究：一种是应然的视角，构成规范研究；一种是实然的视角，构成实证研究。规范研究和实证研究是城市和市政管理研究的两种基本形式。

规范研究，它是基于一定的价值前提，从某种假设开始逻辑演绎和抽象思辩，逐步形成理论体系的研究方式。市政管理的规范研究着重阐述城市和市政管理的理想状态，是对价值的追问，是本质的探索，具有定性的特点。

实证研究，是通过对一定的事实依据和调查材料进行总结和归纳，形成新的理论体系的研究方法。它阐述城市和市政管理的现实情况和实际过程，具有显著的量化特征，大量采用自然科学的研究方式，具有微观具体、工具性、可验性的特点。

规范研究和实证研究，要相互渗透互为参照，从而防止规范研究走向崇高的虚幻，也防止实证研究的狭隘肤浅和人文精神的匮乏。

2. 历史研究和比较研究

这是市政管理研究经常采用的方法。时间在流动，城市在发展，市政管理体制在变化，我们不能脱离这些历史背景探讨市政管理的基本原理和原则。在梳理历史的同时，我们也要做纵向比较，因为，改善本国的市政管理，就必须借鉴学习他国和地区的经验，在与他国和地区的市政管理体制和管理原则比较、权衡、取舍当中不断完善和进步。

3. 系统研究与具体分析

市政管理是各种要素和各个环节有机组成的系统，必须对系统整体做全面考察和分析，既要考察整体的协调，也要考察系统与外在环境的互动与调适。全面系统分析，是宏观的把握，它不能取代具体微观的研究。对每个环节、每个要素、每个过程的截面解剖和具体考察，可以弥补宏观的不足，增强研究成果的可操作性。

4. 静态研究和动态研究

体制和制度的研究方法，是一种比较传统的常规研究，这种静态的研究，对于理解组织结构和法律制度的特性功能，对于市政管理的组织和制度的完善，具有重要意义。动态研究是着眼于发展过程和行为结果的研究，以求得有效的管理。动态研究要考虑到体制和制度等环境的影响，但根本的在于它是立足于人的研究，立足于对人的把握和理解的研究。动态研究对于推进市政管理的科学化、民主化具有重要价值。

在具体的研究中，往往交叉使用各种方法，只是针对不同的情况方法有所侧重而已。人类社会的未来发展，需要有哲学头脑的科学家，也需要有科学素养的哲学家。对于研究者来说，应当不为自己的知识范围所囿，要努力将哲学的艺术和科学的方法结合起来，对事物进行多方面多角度的探讨。研究方法在不断发展，其内在的精神应当是不变的，这种精神就是科学精神，它表现为"1.进取精神；2.创新精神；3.反对教条主义；4.批评精神；5.概念使用和理论论证尽可能严密和精确"。①

二、学习市政管理的意义

西方 20 世纪初，伴随行政学和政治学逐渐分离，市政管理逐渐成为行政学

---

① 金吾伦、董光壁，《哲学的科学精神》，《光明日报》，1987 年 12 月 28 日，第 3 版。

中独立的研究领域。早期的市政管理的研究，主要从政治学的角度，侧重于对市议会、市政府及其关系的探讨。如《城市政治》（*CITY POLITICS*）、《城市政府》（*CITY GOVERNMENT*）、《城市行政》（*MUNICIPAL ADMINISTRATION*）、《城市政府与行政》（*MUNICIPAL GOVERNMENT AND ADMINISTRATION*）等著作。20 世纪 20 年代后，西方学者开始对城市财政、税收、治安、教育、司法、消防等进行具体研究。20 世纪 30 年代以来，西方市政管理广泛吸收其他学科的成果，逐渐成为跨学科体系。其中，市政体制和市政职能的研究，与行政学和管理学密切相关；城市规划研究，与建筑学和区域经济学密切联系；城市人口和社会研究，与社会学联系紧密；城市经济和公共事业研究，与经济学尤其是公共经济学密切联系。但是，迄今为止，尚未形成公认的知识体系和学科建构模式，反映出市政管理的待成熟性。[①]

中国市政管理，更是晚近的学科，教学科研进展也比较缓慢。1949 年以前，高校曾经开设市政管理课程。夏书章先生从哈佛大学学习回国后，从事市政管理的教学工作，并开设了"市政学"课程，1952 年，全国高校院系调整，市政管理学也在被撤除的科目中，极少的教学和研究的学者也转而从事其他研究工作。1978 年，十一届三中全会纠正了左倾错误，为我国社会科学的发展提供了重要条件，也为市政管理重新起步奠定了基础。20 世纪 80 年代，我国城市科学研究提上议事日程，80 年代中期一些高校开设市政学、市政管理等课程。总体而言，虽然出版了市政学、市政管理、城市管理学等教材，仍尚缺乏公认的权威教材，相关的学术专著学术分量也不够，甚至一些教材体系混乱概念不清。市政管理非常需要进一步的学习研究。

随着我国城市化的发展，越来越多的学者加入市政管理的研究。市政管理的实践，也需要培养大批市政管理人才。学习研究市政管理，探索市政管理规律，对于加快市政管理的现代化，实现市政管理的科学化、民主化、法制化，具有重要的理论和实践意义。

1. 学习市政管理，对于市政管理的实践具有重要意义。

我们处于全球化不断发展扩张的时期，城市是全球化网络关系的结点。经济的一体化，政治、经济、文化的竞争，都促使我们要不断改善市政管理，迎接挑战，加速城市发展。传统的经济体制、市政管理体制、市政职能以及管理方法，都不能适应新时期的需要。学习研究市政管理，对于推进市政管理民主、法制进程，对于提高市政管理效率意义重大。

---

① 杨宏山，《市政管理学》，中国人民大学出版社，2005 年，第 4 页。

2. 学习市政管理，对于城市化的健康持续发展具有重要意义。

城市在现代化的建设中举足轻重，城市创造的效益日益显著，城市化不可逆转。但是，伴随而来的"城市病"亟待解决。我们既要保持城市的经济高效，也要使城市宜居，增强市民的幸福感。学习研究市政管理，促进城市协调发展，为我国城市化进程做出贡献。

3. 学习市政管理，对于培养市政管理的理论和实践人才具有重要意义。

市政管理的理论和研究方法，都有待发展和创新，这是学科建设的需要，也是社会科学发展的重要组成部分。许多市政管理人员缺乏必要的专业学习和培训。市政管理不能仅凭热情和经验，学习研究市政管理，有助于培养造就大批市政管理的应用人才和理论人才。

对市政管理教材名称的解读

当前，我国学者在市政管理的教材建设上，有市政学、市政管理学和城市管理学三种不同名称，三者的根本区别在于对城市公共事务管理主体的理解不同。市政管理学和城市管理学源于市政学。市政学是个老术语，它建立在政府（公共领域）和市场（私人领域）二分法的基础上，强调市政当局对城市公共事务具有垄断性和排他性的管制权。（引自：杨宏山，《市政管理学》，中国人民大学出版社，2005年，第5页）相比之下，市政管理学和城市管理学越来越受到公共管理理论和新公共管理运动的影响，大都认同城市公共事务管理主体的多元化，强调城市的多中心的自主治理过程，倡导将市场和企业管理的理念和方法引入城市公共事务的管理，提升城市公共管理的效率和效益，提升城市竞争力和促进城市可持续发展。我国高校政治学专业、行政管理专业、公共管理专业、城市管理专业都要进行城市公共事务管理方面的教学，不同专业编写教材时对教材名称有所选择。在教材对应的学科专业上，我们以为：市政学主要作为政治学和政治学色彩浓厚的行政管理专业的教材名称，市政管理学和城市管理学主要作为公共管理专业和作为公共管理专业二级学科的行政管理专业的教材名称，城市管理专业自然用城市管理学命名教材。虽然教材名称各异，但在理念和体系上越来越接近。

思考题

一、名词解释

市政，市政管理，规范研究，实证研究

二、简答题

1. 城市的特征有哪些？

2. 城市化的含义。

3. 城市问题及其类型。

4. 市政管理职能有哪些？

5. 学习市政管理的意义。

三、论述题

城市是如何产生的？

第二章 市政管理体制与运行机制

本章重点

1. 市政管理体制含义
2. 我国现行市政管理体制的特点
3. 西方市政管理体制的几种主要类型
4. 市政管理的运行机制
5. 市政管理体制与运行机制的联系与区别
6. 我国市政管理体制改革方向

市政管理体制和运行机制，关系到市政管理的权责分配和市政管理的具体开展。世界各国的市政管理体制和具体运行机制由于政治、经济和文化的原因而有很大差异。我国市政管理体制和运行机制，不能充分适应城市管理和城市发展需要，学习比较市政管理体制和运行机制，改革市政管理体制和运行机制具有迫切性。

第一节 市政管理体制概述

市政管理体制关系到市政管理的权责分配，既是市政管理主体的主要合法性来源，又构成了市政管理运行机制的制度环境。中国市政管理体制渗透了当代中国政治与行政的特色，研究当代中国市政管理体制及其改革，不能脱离当代中国的具体实际。

一、市政管理体制内涵

市政管理体制又称市政体制，或城市管理体制，是国家管理城市的组织体系和相关管理制度的总称，主要是关于市政管理机构的设置、组织机构之间的隶属关系，以及相互间职责、权限的划分。

市政管理体制，在组织和组织关系的规定上，主要有：城市的代议机构、行政机构和司法机构及其之间的关系；城市的国家机构与政党组织和社会团体及其之间的关系；城市行政组织及上下级之间的关系。

市政管理体制的内容还包括市政管理组织的职能结构，规定着市政管理主体及其权限和职责，并以法律、规章、惯例几种形式加以规范。

市政管理体制，是城市政府的组织结构、职能结构的总和。市政管理体制是国家政权的组织形式在城市的延伸，并受国家结构形式的影响，本质上是国家权力在立法、行政、司法之间的分配及相互关系状况在市政管理上的反映，同时也是市政管理权力在国家机构与社会组织之间的配置状况的表现。体现了国家与城市政府、城市政府层级、城市政府与社会团体、社会团体单元之间的职责、权力和利益关系。

良好的市政管理体制，对于协调市政管理力量，提高市政管理效率，推动城市和社会的发展具有重要意义。

二、中国市政管理体制的特性和权责规范

市政管理主体，从公共管理学的角度看是多元的，包括政党和群众组织、立法机关、行政机关、司法机关、第三部门和公民个人。笼统地看，世界各国的公共管理主体大同小异；但具体到现实，由于国家结构和政治体制不同，管理主体及职权有相当大的差异。因此，市政管理体制和市政管理主体及其权限必须放在具体的政治体制和行政体制下考察。经济体制和社会发展状况，也在冲击和影响着政治和行政体制，其对市政管理的影响是深远和多方面的。

研究当代中国市政管理体制，必须考虑到一些特殊情况和重要因素：

第一，中国共产党的领导地位和作用问题。中国共产党是执政党，坚持、加强和完善共产党的领导，是中国政治制度的一大特点和优势。市政管理同样置于共产党的领导之下。随着政治体制的改革深入，党政关系和党群关系也在不断调整，其间的权力配置也在变化，在重视市委在市政管理中领导地位的同时，也要研究如何改进完善这种领导。

第二，从政治体制上看，中国不搞"三权分立"，而实行人民代表大会制度。市人民政府是市人民代表大会的执行机关，又是国务院领导下的行政机关。大量的公共事务主要由市政府来管理，为了卓有成效地管理市政，我们既要研究市政府在整个行政体系中的运行状况，也要研究如何加强市人大对市政府的监

督。

第三，中国正处在完善市场经济的过程中，利益分化，社会结构越发复杂；快速发展迅速变化，也预示着高风险；市政管理客体的不断变化，要求转变市政管理职能；而艰巨复杂的公共事务，政府已无力单独承担，多元主体协商共治成为发展趋势。在这一过程中，政府主导作用不可或缺。

第四，当代中国的"市"比较复杂。从行政建制上看，有省级市、副省级市、地级市、县级市，不同行政层级的市其权限、职责和管理范围差异很大。从管理的行政区域看，包括城区也包括农村。而中国城镇化的发展，更需要市政府坚持城乡统筹规划、协调发展的原则。

中国正处在法制化进程中，使市政管理纳入法制规划是应有之义。各管理主体的权责必须以法律的形式明确，并以法律的形式保证权责一致。我们也应该看到，在公共行政向公共管理的发展过程中，法律也要及时做出调适，为多元共治预置空间。

第二节　西方市政管理体制

西方市政管理体制既是西方政治、经济与文化的产物，也与西方较为发达的城市和较为务实的城市管理相关联。学习西方的市政管理体制，不是照搬西方的体制，而是要汲取能够为我所用的制度设计的经验和原则。

一、西方国家城市的行政地位

城市的行政地位，指的是城市政府在国家所处的行政层级，以及城市政府是自治还是受上级节制。一般而言，城市政府受制于国家结构形式。城市政府的地位，在单一制下与在联邦制中有很大差异。

联邦制国家是由若干政治实体（州、共和国）联合组成的主权国家。联邦制国家各成员政府有相对独立的立法、行政和司法机关，这些机关与联邦政府之间没有隶属关系，它们各自在宪法划定的职权范围内行使权力。各成员政府享有宪法赋予的广泛的自主权和自决权。联邦政府无权直接干预成员政府所辖的地方政府，其中包括各城市政府。由于设立市政府是各成员政府的专有权力，不同成员政府的制度选择不同，使联邦制国家的市政体制具有多样性特征。

以美国为例，其地方政府由各州设立，联邦政府无权管辖。在州下设有县、市、镇和特区，彼此之间没有行政隶属关系。各州在遵守联邦法律的前提下，对地方政府享有全权。州政府通过立法或特许状的形式，授予城市政府高度的自治权。美国城市自治体的建立，须由社区居民提出申请并经过地方公决获得多数居民同意，由州发给特许状。许多州以人口为标准对城市进行等级划分，对人口多的大城市颁发具有更大权力的特许状，人口少的城市则城市特许权相对小些。

单一制国家是由若干行政区域组成的统一主权国家，全国所有地方行政区域和自治单位，都必须接受中央政府的管辖。单一制国家的地方和中央关系不是分权关系，中央政府统辖全国所有地方政府，包括城市政府。城市政府依中央政府的意志和管辖便利而设立，并接受中央政府的统一领导。

法国是高度中央集权的单一制国家。全国分为大区（22 个）、省（96 个）、县（320 个）、区（3350 个）、市镇（约 3.6 万个）。市镇是法国地方政府的基本单位，市镇的规模差别很大，既包括千人的小镇，也包括巴黎、马赛、波尔多等大城市。按照宪法规定，市镇由选举产生的市议会自由地进行管理。然而，这种自由度是有限的，中央政府和省长有权监督市议会的活动。这种监督实际上把由选举产生的民意机构纳入行政体系之中，并使地方政府接受上级政府的监督，从而改变其法律地位。

英国是单一制国家。与法国不同，英国有着悠久的地方自治传统。英国议会 1835 年通过了《市自治团体法》，赋予城市政府以自主权，同时明确中央政府与市政府的关系，使中央政府对市政府的辅助、监督、控制有了法律保障。实践表明，这有利于促进城市社会和经济的发展。许多北欧国家的城市政府也都拥有较大的自主权。[①]

二、西方市政管理体制的几种形式

市政管理体制，是城市政府的组织结构、职能结构和管理方式的总和，是国家政体在城市的延伸，是各国政治和行政体系的重要组成部分。

从国家的政权组织形式上看，西方国家有议会君主制、议会共和制、总统共和制、半总统半议会制、委员会制之分。与此对应，市政体制的具体形式也是多种多样的，有议会市长制、市长议会制、市议会制、市委员会制和市经理制等。

（一）议会市长制

议会市长制的城市，议会地位高于市长，市长和市政府实行议会的最终决

---

① 杨宏山，《市政管理学》，中国人民大学出版社，2005 年，第 60～61 页。

议。市长只有礼仪性的职权，包括主持议会会议、出席重要庆典活动、会见重要宾客、授予荣誉称号等。市政府部门对市长和议会双重负责。日本各城市实行议会市长制，美国部分小城市和少数大城市实行这种市政制，通常称为"弱市长制"（WEAK-MAYOR）。

以日本为例，市政议会制的基本特征是：

1. 市议员和市长分别由市民选举产生，市长不得兼任议员。

2. 市议会拥有编制预算、制定地方性法规的权力。市议会通过的这些文件，市长不同意，可以要求复议，一旦市议会以超过三分之二的多数重新通过，市长必须接受。

3. 市议会拥有对市长任免政府工作部门首长的同意权。

4. 议会对市长和市政府有工作调查权，有权要求市长和市政府提供有关文件或到场作证。

5. 市议会拥有通过不信任案而要求市长辞职的权力。

议会市长制，有利于议会监督市政府的工作，但不适当的监督可能会降低行政效率。

日本《地方自治法》规定，地方公共团体有权处理国防、外交、司法以及有关全国性的事务以外的各种地方事务。日本市政府的职权大致包括以下三类：第一，财产管理权。保护、维护和使用城市公共财产，如地方教育、文化、卫生设施以及公园、广场、道路、桥梁、仓库等公共设施的建设、管理和维修；第二，事务处理权，即处理有关消防、清洁、绿化等地方事务，管理公用事业和市场；第三，行政执行权，即领导城市警察，执行国家法令，负责财政、税收、户籍身份等日常行政管理工作。

（二）市长议会制

市长议会制，市长和市政府的地位高于市议会。法国所有的城市实行市长议会制，市长在每次议会选举后由议员选举产生，市长不仅是议会的议长，也是中央政府的代理人和代表。市长由议会选举产生，但市长一旦任职，议会便无权罢免，只有中央政府有权撤销市长的职务。美国多数大城市也实行市长议会制，通常称为"强市长制"（STRONG-MAYOR）。德国许多城市也实行市长议会制。相比之下，法国的市长有更高的权威和更大的权力。

以美国的市长议会制为例，市长议会制的基本特征是：

1. 市长和议会分别由市民选举产生，市长和市政府工作部门首长不得兼任市议员。市长是城市的行政首脑，负责有效执行法律和规章制度。

2. 市议会有权制定规章制度和当地法律，制定具体的发展规划，对市政府的各类活动进行拨款。

3. 市长有权独立任免市政府工作部门的首长，他们只对市长负责。

4. 财政预算主要掌握在市长手里。市长和市政府的财政部门有预算的起草权和执行权。市议会审议和通过预算，不能增加项目，只能减少项目和数额。

5. 市长有一定的立法权。市长有权向议会提出立法草案，创制规章制度。市长可以对市议会通过的法规和决定行使否决权（除非议会再次以三分之二多数通过）。

市长议会制的优点在于市政府由市长统一指挥，有利于提高行政效率；缺点在于议会制约市长的权力弱，容易引起市长专权并激化政府和议会的矛盾。

就市政职能而言，美国市政职能主要涉及以下几个方面：

1. 治安与消防。这是传统职能之一。警察负责维持城市秩序，防止犯罪活动，缉拿罪犯，指挥公共交通，管理公共场所和公共集会。消防负责防止火灾、爆炸和其他公害。小城市的治安和消防工作往往由同一部门承担，较大城市则分设警察局和消防局。

2. 公共工程。主要包括街道和人行道的铺设和保养，建造下水道和排水沟，清洁街道，处理垃圾，改善公共交通，营建码头、公共汽车站等。

3. 公共卫生和环境保护。主要包括医院的建造维修，医学知识的宣传，监督检查食品卫生，疾病防疫，清理垃圾，防止污染。

4. 公共教育。主要包括中小学教育、职业教育、成人教育，较大的市还设有市立大学、公立图书馆、画廊和博物馆、师资训练设施等。美国的中小学教育主要由学校管理。市政府为学生提供免费或低价午餐，进行健康检查，为有缺陷的儿童设立特别班，为成年人设立夜校，为失业者办职业培训班。

5. 公用事业。主要涉及电力、暖气、饮水和运输等。公用事业可以由市政府自行经营，也可交由私人公司经营，但经营公用事业的私人公司受到市政府的严格管制。

6. 社会福利。美国的社会保障主要由联邦政府和州政府负责，市政府举办一些福利服务，主要包括：建养老院、孤儿院、收容所、流浪汉公寓等慈善机构；对病者、年老者、失业者、低收入者、孤儿给予福利帮助；建造住宅，改善住房条件；提供免费法律援助；提供体育、健康、娱乐设施等。

7. 城市规划。主要包括街道的布局，公园的规划和建造，交通管理，住宅、工厂、事业网点的分布，水管和下水道的铺设和扩展，城市与郊区的关系等。

（三）**市议会制**

市议会制，市议会兼行议事决策权和行政权，市议会就是市政府。英国各城市普遍实行这种市政体制，加拿大多数城市也采用市议会制。以英国为例，市议会制的特征如下：

1. 由市民直接选举的市议员组成市议会。市议会行使立法权、议决权、人事任免权、政府预算权、监督行政权等。

2. 由市议员选举其中的一位为市议长，即市长。议长（市长）任期一年。只有一些礼仪性的权力，包括主持议会会议、出席重要庆典活动、会见重要宾客、授予荣誉称号等。市长在议会表决时一般不投票，但在票数相等时可以投决定性的一票。市长没有决策和指挥等实权。

3. 市议会设有若干委员会，它们既行使议会审议权，又行使行政决策权。议会的委员会分为得设委员会和应设委员会两种。得设委员会是根据法律的人性条款设立的，其设置权由市议会根据需要自由决定；应设委员会是法律规定必须设立的，市议会没有选择的自由。

4. 市议员组成委员会，但议员们精力有限，所以，市议会任免若干行政长官，聘任一些行政职员来处理市政管理的日常事务。行政长官和行政职员与议会委员会对口设置，共同行使行政执行权。

市议会制，维护了议会的权威，有利于对市政管理的监督，有利于减少议决机构和行政机构之间的矛盾。但是，市长没有特权，不能对市政管理实施统一指挥，不利于协调。

英国的市政管理职能可划分为三类：（1）保护性职能。主要是治安和消防、维护生命和生活安全、消除城市危机隐患、消费者保护和残疾人保护等。（2）环境保护职能。如环境卫生、处理垃圾、城市规划等。（3）社会服务职能。如提供生活设施和基础服务设施、城市日常管理、教育、文化、住房、社会福利、图书馆、博物馆、美术馆、公共交通等。

（四）市委员会制

市委员会制，由市委员会兼行市政管理的议决权和执行权。市委员会制与市议会制的主要区别：市委员会的成员并不都是由市民选举产生，也可能由上级政府任命产生。美国3%的小城市采用这种体制。人口在25万～50万的城市只有波特兰市、圣保罗市、特尔塞市采用这种体制，首都华盛顿哥伦比亚特区也采用这种市政体制。人口在50万以上的城市没有采用这种体制。

市委员会制的特征是：

1. 由市民或州政府选举产生市委员，组成委员会。在美国，市委员会委员一般为5人。委员会集体对选民负责。委员会既制定政策，又执行政策，实行集体领导与分工管理。

2. 市长既可以由选民直接选举产生，也可以从委员会中推选产生。市长是委员会主席和市政府代表，主持委员会会议，并在一些重要场合代表市政府。但市长并不比其他委员享有更大的立法和行政权力。有些市委员会制采取轮流主持会议和担任市长。

3. 市委员会任免较为重要的行政长官，如市秘书、市司库、市审计、市检察官等，他们对市委员会负责。

4. 每个委员分别兼任一个或几个行政部门的首长，对本部门的工作享有独立指挥权，有权任免本部门的行政官员，就本部门的工作对市委员会负责。[①]

市委员会制，少数委员集体履行市议会的职责，掌握立法和行政权力。其优点在于人员和机构精简，议决权和行政权统一。缺点在于缺乏统一指挥，往往出现协调困难。

（五）市经理制

美国人口 10000～500000 的城市中，有半数实行这种体制。它假设城市的主要问题是管理问题，而不是政治问题。[②]所以，采取公司治理的方式来管理城市。市议会聘任一位市经理，把行政权授予市经理，市经理对城市公共事务进行专业化的管理。

市经理制有如下特征：

1. 由市民选举市议员组成市议会，市议会行使立法权、议决权和对行政部门的监督权。市议会的人很少，一般为 5～12 人。市议会不直接从事行政管理工作。

2. 市议会公开招聘专业人士任市经理；市经理对市议会负责，执行市议会通过的地方性法规和决议。市经理拥有领导市政府工作的全权，包括：有权任免只对市经理负责的政府各部门负责人；统一指挥和协调市政府的各部门工作；编制预算草案并负责执行；向议会提交地方性法规和决议案等。

3. 市长由议会选举产生或由议长兼任，也可由市民选举产生，市长是荣誉性的职务，没有实际权力，无权干预市经理的工作。

市经理制适应了管理科学化专业化的要求，减少了政治对行政的影响，把"掌舵"和"划桨"相对分离，并通过引入市场竞争机制提高了城市管理的效率和效益。但是，当政治矛盾和城市利益冲突纠缠在一起时，市经理制就难以把握政策方向，难以整合利益。

---

① 杨宏山，《市政管理学》，中国人民大学出版社，2005 年，第 62～68 页。

② （美）戴维·H. 罗森布鲁姆、罗伯特·S. 克拉夫丘克，《公共行政学：管理、政治和法律的途径》，中国人民大学出版社，2002 年，第 123 页。

就美国而言，市政体制有强市长制、弱市长制、市委员会制和市经理制，而其具体职能没有多少差异。

三、西方市政管理体制特征

西方发达国家的市政体制形式多样，即使同一国家也可能存在不同的市政体制，市长和行政机关的职权范围和权力有很大差异：英国的市议会就是市政府，市长只是礼仪性的职务；法国市长作为中央政府的代表，不受议会制约，反而有监督市议会的权力；日本市长和市议会分别由选举产生，市议会对市长有监督权；美国的市长体制就更为复杂。总体上来说，市政管理大都有相当大的自主权。

（一）西方市政体制呈多样化的主要原因

1. 西方各国的国家结构形式不同。联邦制国家，联邦政府无权直接干预地方政府，州政府领导城市，州有权制定自己的市政体制，因而，市政体制各具形态。

2. 西方大都实行地方自治，市议会在自治范围内决定市政体制和市长职权范围，以及市政府的机构设置。

3. 西方各国政治和历史传统不同，英国议会强势，法国中央集权，日本市政体制二战后受美国指导而增加了议会的权力。

（二）体制多样的西方市政体制具有相异于中国的共同特征

1. 城市政府相对独立，普遍自治。

西方发达国家划分行政层级，目的不是为了层级节制，而是为了更好地提供城市公共产品。每个层级分管的事务不同，层级之间分工明确、职责不同，城市政府很少受行政层级节制。西方国家卫星城镇达到一定规模后，就会申请单独设立市镇，不愿意被并入人城市的行政区域，以便保持自治。市政府在宪法规定的权限范围内，享有高度自治权，可以自主决策自主管理。

2. 议会在市政管理中发挥重要作用。

市议会一般有选民选举产生，对选民负责。市议会的主要职权有立法权、议决权、重大人事任免权、财政预算和监督行政，并能够真正地行使这些职权，在市政管理中的作用卓有成效。当然，不同的国家，议会的地位和功能有所不同，相比之下，英美等国的市议会较德法等国的市议会作用更为突出。

3. 引入私人管理，公共产品多中心供给。

20 世纪 80 年代，伴随着私有化、市场化和民营化的浪潮，西方国家兴起新公共管理运动。在公共管理领域，广泛引入私人管理方法和市场竞争机制，并协同民间和私人机构合作提供公共产品，包括城市供水排水、废水废物的处理、供暖、交通、文化娱乐、体育设施等，民间和私人机构都有广泛的参与。从而降低了生产公共产品的成本，提高了城市公共管理的效率。

广州中介机构审批放宽与相关思路

　　广州为加快发展中介机构，将放宽对中介服务业，特别是经济鉴证类中介服务业准入的审批限制，除法律、行政法规另有规定外，新设立的中介机构将实行登记注册制，不再实行前置审批。

　　记者从昨天（6.20）召开的广州市加快中介机构发展工作会议上获悉，广州将通过"四个结合"（即培育发展与加强规范相结合；体制创新与国际惯例相结合；政府间接管理与行业协会自律相结合；整体推进与重点突破相结合）的做法，力争经过三五年的努力，使一批竞争力较强的中介机构脱颖而出，中介市场活跃规范，中介服务业高效发展。

　　根据新的意见，新设立的经济鉴证类社会中介机构应当采用合伙制或有限责任公司制，条件成熟时可积极探索新的设立形式；原有的经济鉴证类社会中介机构应当逐步改制成为有限责任公司制或合伙制。法人、自然人对受委托的经济鉴证类社会中介机构不尽职尽责为其提供中介服务的，可向行业协会或行业业务管理部门进行投诉，相关行业协会或管理部门将按照规定进行处理。

　　省委副书记、广州市委书记黄华华在会上要求，加快发展中介机构，是市委、市政府作出的一项重大决策，事关广州率先基本实现现代化、建设现代化中心城市的全局。现阶段，重点要创造一个公平竞争的市场环境，有关部门要破除本位主义和部门利益至上的观念，打破中介服务的业务分割和部门封锁，按照统一的市场游戏规则和标准，一视同仁对待；创造一个良好的政策环境，鼓励全社会广泛参与，扶持中介机构加快发展，做强做大，迅速发展形成并集中珠三角最优秀的中介机构。

　　资料来源：李美仪，《广州出台新规力争做大做强，中介机构审批将放宽》，南方网，2002年6月21日。

第三节 中国市政管理体制

当代中国市政管理体制历经调整，但仍有不完善的地方。对当代市政管理体制进行诊断，了解其不足，对于正在和将要进行的市政管理体制改革，对于促进中国市政管理发展具有重要意义。

一、当代中国市政管理体制

中国市政管理体制历经曲折，发展至今。当代中国市政管理体制，对 1949 年以前的市政体制有所继承，但在 1949 年以后做了根本性的重大变革，再历经调整，演化成当代具有中国特色的市政管理体制。当代中国市政管理体制主要形式是市人民代表大会制，中共市委在市政管理中是领导核心，市政府及其领导的区县是市政管理的执行机关，青年和妇女等群众组织起中介作用。以下就当代中国市政管理主体及其相互关系、市政管理职能、市政管理体制的特征分别阐述。

（一）当代中国市政管理主体及其相互关系

当代中国市政管理体制主体主要有中共市委员会、城市权力机关、城市司法机关、城市行政机关、市人民团体、民主党派和政治协商会议、居民委员会、营利和非营利组织、市民。

1. 中共市委员会。当代中国，中国共产党处于核心领导地位，对国家权力统一领导。党的领导包括政治领导、思想领导、组织领导。中共市委按照统揽全局、协调各方的原则来处理与市人大、市政府、市政协、市人民团体的关系。市党代表大会每 5 年一次，选举市委委员和候补委员，组成中共市委员会。中共市委是党代会闭会期间的领导机关，中共市委每届任期 5 年。中共市委按照民主集中制的原则展开组织活动，执行中央和上级党委的指示和决议，领导本市的各项工作。中共市委每年至少召开两次市委全体会议，研究政治、经济和社会问题，其重大决策要经过市人大或市人大常委会表决，形成为国家意志。中共市委设有组织部、宣传部、统战部、教卫工委、经济工委、政法委员会、政策研究室和综合办公机构市委办公厅（室）。

2. 城市权力机关。市人民代表大会是国家的城市权力机关，在城市行政区域内代表人民行使国家权力。市人民代表大会由选举的代表组成：直辖市、设区的市人民代表由下一级人民代表大会选举的代表间接选举产生，不设区的市、市辖区的人民代表大会由选民直接选举产生。市人民代表大会行使地方立法权、任免权、决定权和监督权。市的行政机关、司法机关都由市人民代表大会选举产生，对市人民代表大会负责，执行市人大的决策，并接受其监督。市人大常委会是市人民代表大会的常设机关，由市人民代表大会选举产生，在市人民代表大会休会期间行使权力机关的职权。市人大常委会每届任期 5 年。

3. 城市司法机关。我国城市司法机关，包括市人民法院和市人民检察院。市人民法院独立行使审判权。市人民法院审判犯罪分子，解决民事纠纷，维护法治和社会秩序，保护公共财产和公民个人合法财产，保护公民政治、经济、文化权利，保障国家建设顺利进行。市人民检察院独立行使检察权。市人民检察院主要监督市国家机关、团体、公民是否遵守宪法和法律，保证国家法律在本行政区内的统一实施。

4. 城市行政机关。我国各级市人民政府是市人民代表大会的执行机关，是城市行政机关。市人民政府执行市人大及其常委会的决议，对人大及其常委会负责并报告工作，接受市人大及其常委会的领导和监督。市人民政府设立职能机构，依法对市政进行管理，发展市经济、文化等各项事业，加快城市建设和发展，维护城市正常工作、生活秩序，为企事业单位和市民服务。

5. 市人民团体。市人民团体，主要包括市工会、市共青团委员会、市妇联、市工商联、市科协、市侨联、市文联等。市人民团体联系群众，反映人民呼声、维护各界群众的合法利益；为发展城市献计献策，参政议政；市人民团体不直接进行市政管理决策和政策执行，但参与市委和市政府的政策制定和贯彻执行。市人民团体，是党和人民政府联系群众的桥梁和纽带。

6. 居民委员会。居民委员会根据居民居住状况，按照便于居民自治、便于服务管理、便于资源整合的原则设立，是居民自我教育、自我管理、自我服务的基层群众自治组织。居民委员会在调节居民纠纷、街道和小区治安保卫、区域性公共卫生等方面起到重要作用。

7. 营利企业和非营利组织。市营利企业可以通过市场机制，以合同外包、特许经营、合作经营等方式和公营部门合作提供公共产品和准公共产品，这样可以降低公共服务成本，提高公共服务的质量和效率。非营利组织又称第三部门或非政府组织，本质上限制其将净盈余分配给任何监督与经营该组织的人，盈余为组织的宗旨服务；组织在存在方式上，是正规的正式注册的民间组织，具有法人资格，不是政府的附属物；组成上，主要是由自愿人员组成；目的上，具有公益性。随着市场经济的完善和政府职能的转变，非营利组织将获得快速发展，在市政管理中发挥积极作用。

8. 市民。市民可以依照法定权利，通过一定的途径和形式参政议政，表达利益要求，监督政府管理，影响公共政策。市民作为市政管理主体是民主政治的产物，对市政管理的发展具有重要意义。

（二）当代中国市政管理职能

市政府是主要的领导和组织市政管理工作的组织。就广义市政府而言，当代中国市政管理职能包括立法、行政、司法几个方面，并分工合作，共同完成市政管理目标，不断提高市民生活水准，推动城市社会发展。就狭义市政府而言，市行政机关以积极介入的态势，从事大量的具体的市政管理工作。市行政机关的职能，主要包括以下一些方面：

1. 城市规划。是市政管理在地域和发展内容上的宏观、纲领性指导，是城市有序、可持续性发展所必需的科学谋划，是现代城市管理的重要职能。

2. 城市社会公共事务管理。城市社会公共事务的管理包括社会管理、公共服务管理。公共服务管理包括公共事业管理、公共信息管理、慈善事业管理。公共事业管理包括公用事业管理、公益事业管理。

3. 城市经济管理。城市经济管理，包括对公共经济的管理，也包括对私人经济的管理和指导。城市经济管理是整个国民经济管理的重要组成部分，促进和保证社会经济的正常运转。

4. 城市环境管理。是现代城市管理的重要内容，具有高度的综合性和日常事务性。对于改善人类的生存环境，协调人与自然的关系，实现城市的可持续性发展意义重大。

5. 城市发展管理。是现代管理理论和方法在城市管理中的应用，是城市政府通过加强战略规划，改革和创新管理方法，整合人力、物力和文化资源，极大提高城市竞争力，加速城市快速发展。

当代中国市政管理，就具体内容而言十分广泛复杂，它集中工业、农业、商业、财税、金融、城建、民政、卫生、教育、科技、文化、体育、环保、公共安全、司法行政等，具有很强的综合性。市政府不仅要管理好建设好城区，还要管理好建设好下辖的郊区和农村；不仅要抓好城市各产业，还要发展农村经济，统筹兼顾，协调城乡共同发展。

二、中国市政管理体制的改革与发展

当代中国市政管理体制的问题是中国市政管理体制改革的直接诱因。新中国成立以后，中国市政管理体制建立在计划经济体制上，以人民代表大会制度为基本形式。在经济体制和社会体制不断深化的情况下，其弊端也逐渐暴露出来。

（一）政企不分、政社不分。市政府对所有的经济和社会进行直接管理，干涉企业的具体运营，包揽社会生老病死。管不好，也管不了；束缚了企业，限制了市场主体的积极性；过度约束了社会，阻碍了自治的发展。改革开放以来，虽然做了调整，但政企不分、政社不分的现象仍然严重，政府职能错位仍很常见。

（二）职责同构①、条块分割。不同等级的政府，在纵向职能、职责和机构的设置上高度一致。上下级之间没有合理的分工；横向上又各占一块，各自为政，限制了跨部门、跨地区和跨行业之间的合理流动与协作。

（三）机构林立，令出多门。这样必然分工太细、职能不清、职能交叉；有利的争相索权审批，无利的相互推诿；人浮于事，效率低下。

（四）职能越位、错位、不到位。政府往往集游戏规则的制定者、游戏裁判者、游戏者于一身，不该管的管了，有些该管的却没有承担起责任。政治职能强势，经济职能过多，社会职能欠缺。

中国市政管理体制改革，必须依托市场经济体制和逐步多元化的社会现实，改变权力高度集中的状况，在保证政府主导作用的前提下，逐步还权于社会、还权于经济、还权于民。这是市政管理体制改革的方向。具体而言，应该做出如下调整：

（一）按照建设服务性政府的要求，改革市政管理体制。改行政控制型政府为服务型政府：放松行政管制，减少对资源配置的干预，减少对市场准入的审批，放开企业的手脚，盘活社会资源。

（二）加快完善市政管理体制的法制化建设，依法确立市政管理的职能体系。首先要落实市人大及其常委会的职权，真正发挥代议机关的议决作用；尽快制定市组织法，对市制的设置、市政管理的性质等做出明确规定；市政府建立健全地方性法律法规，做到依法管理；市政管理的各个职能部门也要加强制度化建设，以实现市政管理的制度化、规范化。

（三）市政管理机构的职能和机构调整，既要明确各部门的职责，又要加强内部协调。上下级机关既要分工明确，又要工作重点有侧重，决策、执行、监督相对分离，不能决策、执行、监督职权集于一身。

（四）精简机构，提高工作效能。改变其全能型的机构和职能配置，向有限型政府转变。根据精简效能的原则，精兵简政，建立"小政府，大社会"的市

---

① 朱光磊，《"职责同构"的批判》，《北京大学学报》（哲学社会科学版），2005 年 1 月，第 1 期。

政管理模式，加快具体事务性职权的下移，将更多的服务性职能交给市场和社会。减少经济职能的管理部门，加强审计、监督、环保、社会等职能部门。

第四节　市政管理运行机制

市政管理运行机制与市政管理体制不同。市政管理运行机制，包括市政管理的运行过程，是市政管理体制在具体管理活动中的展开，诉求的主要是管理的科学性、规范性，以求得市政管理的最大效率并充分发挥城市的自身功能。

一、中国市政管理运行机制

机制，可以用作指工作原理，也可以指一个工作系统的组织和部分之间的相互作用过程和方式。[①]据此，我们从较为宽泛的意义上来界定市政管理的运行机制。市政管理机制指的是市政管理主体在一定的市政管理体制的框架下分工协作的组织制度、工作制度、管理方式和程序总称。市政管理运行机制是市政管理体制在具体管理活动中的展开，包括市政管理的运行过程。市政管理体制诉求的主要是市政管理权力的平衡与合理配置，而市政管理运行机制是市政管理权力的具体应用，诉求的主要是管理的科学性、规范性，以求得市政管理的最大效率并充分发挥城市的自身功能。市政管理运行机制，主要包括领导机制、协调机制、管理手段。

（一）市政领导机制，规定谁是市政管理的领导者和决策者，按照什么样的程序产生决策。在中国，市政决策的主体主要是中共市委、市政府和市人大。决策过程中，各决策主体都必须按照一定的程序进行。

市政领导在中国表现为中共市委和市人大有公共事务的决策权，中共市委集中市民的公共意志，由市人大及其常委会把中共市委的政策转化为城市权力机关的意志，并由中共市委和市人大领导和监督城市的其他国家机构、企业和事业单位、社会团体和市民实施国家机构意志的组织体制和运行过程。

中国的市政领导机制由两部分组成：一部分是中共市委实行政治领导、组织领导、思想领导的机制，另一部分是市人大及其常委会、市政府把中共市委的领导转化为城市的国家机构意志的领导机制。中国城市的政府、法院和检察院是执行国家法律、中共市委决定、市人大及其常委会的地方性法规和决议的

---

① 《现代汉语词典》，商务印书馆，2002 年 5 月，第 582 页。

机构。

中共市委的领导机制可以分为四个系统：一是由城市的党代会、市委全体委员会、市委常委组成的决策系统；二是由市委的办公厅（室）、组织部、宣传部、统战部等组成的工作系统；三是由城市的国家机构及其工作部门的中共党组、中共市委领导政府工作部门的大口党委、市委政法委员会、中共区县委所构成的领导系统；四是由城市各单位的中共党委组成的基层系统。

城市的中共党代会是中共市委领导机制中的最高领导机构。市党代会选举产生中共城市委员会，中共市委对城市党代会负责，向其报告工作，执行市党代会的决议。市党代会的领导机制表现在审议和通过中共市委的工作报告，确定五年内本市中共党组织的方针和政策；选举产生中共市委；对本市党的领导重大问题做出决议等。市党代会区别于中共市委、中共市常委的领导机制主要体现在决定五年期间中共城市组织的方针和政策。中共市委是市党代会闭会期间的领导机构。中共市委全体委员会议每年至少举行一次例会，根据工作需要可以临时召开会议。中共市委的领导机制主要表现在对任期内的关系全局的问题做出专题性决策，审议和通过年度工作计划，对年度重大问题做出决策等。中共市委全委会选举产生市常委，市委常委会对市委全委会负责，向其报告工作，执行市委全委会的决议。由于市党代会和市委全委会在举行会议期间行使职权，所以，市委常委会承担着经常性领导城市各方面工作的主要职责。

由市委的办公厅（室）、组织部、宣传部、统战部等组成的工作系统承担两项基本职能：一是落实"党要管党"的方针，切实抓好党的自身建设；二是通过各级党委领导下的办公、组织、宣传、统战等部门的工作，对城市的国家机构、市政协、各企业事业单位、社会团体等实现党的领导。

城市的国家机构和重要的工作部门设置的中共党组，其性质是中共市委的派出机构，主要决定其所在机关的当前工作的重要问题，考察和推荐或决定任免干部，领导机关党组织开展工作。市政府大口分别设置市委工作委员会，如经济、建设、教文卫体、社会等工作委员会，它们也是中共市委的派出机关，主要开展工作调查并做出决定，考察和推荐干部，指导市政府部门的党组织工作。中共市委下设政法委员会，是贯彻市委常委会关于本市的司法工作的决定和指示，实现中共市委对公安局、检察院、法院、司法局领导的工作机关。中共市委通过中共区、县委实现对辖区、县的国家机构的领导。

由城市各单位的中共党组织组成的基层系统，是中共市政领导体制的基础。主要功能表现在：一是贯彻中共市委的决定，实现对本单位各方面工作的领导和决策；二是加强自身建设，发挥凝聚和带领群众的作用；三是党员领导干部发挥表率作用，中共党员发挥先锋模范作用。

　　城市的人大及其常委会、市政府把中共市委的决定转化为城市国家机构的意志。这主要体现在：1.把中共的决定转化为地方性的法规、规章或关于本市的重大问题决议。2.城市的人代会审议并通过由中共市委常委会提交的市经济和社会发展计划、年度预算。3.市人大及其常委会审议并选举大部分由中共市委组织部提出的人大、政府、法院、检察院负责干部的候选人；市政府正职首长任免大部分由中共市委组织部提名的市政府工作部门副职首长的候选人。4.市政府向市人大提交的议案中，相当部分的主要议案由中共市委动议并确定原则意见的。[①]

　　（二）协调机制，规定谁来协调，协调什么，以及如何协调的问题。市政管理过程中，是多主体参与管理的过程，是解决利益冲突的过程，并且常常出现职能交叉和同一政策涉及多个部门的问题，所以必须进行组织协调、利益协调、职能协调，从而处理好人与人、人与组织、组织与组织之间的关系。中国市政管理的协调有：1.中共市委常委会承担的政治协调。协调市民群体的利益，协调城市国家机构的关系和工作。2.市人大常委会承担的立法协调。通过制定地方性法规、监督执行法律和上级人大制定的地方性法规等，协调各管理主体实施法律和地方性法规。3.市政府常委会承担的行政协调。通过市政府常务会议决定的贯彻和市长、副市长的分工职权的行使，协调政府部门之间的关系。市长和副市长侧重执行方面的决策和领导，秘书长和副秘书长侧重执行方面的协调和监督。4.市政府及其工作部门的专门协调。主要通过秘书长、副秘书长的分工，协调分工范围内之间的关系，协调市委常委会决议的执行情况。5.市政府各级行政首长的首长负责制内含的工作协调。

　　（三）管理手段，规定了基本管理手段，各种手段的地位及实施方法；规定工作过程的主要环节和一般程序。市政管理手段是引导和规范城市的企业、事业单位、社会团体、市民从事城市公共事务实现市政管理目标的基本工具。市政管理的基本手段有经济手段、法律手段、行政手段、教育手段、伦理手段等。

　　市政管理的经济手段，是以市场经济为基础，以不同的生成要素为作用对象，通过经济数量的变动和通过影响人们的物质利益的方式来调控组织和市民的行为。经济手段有商业银行的准备金比例，商业银行存贷款基准利率，存贷款利率，保险费率，证券交易税率，生产资料的价格，土地使用权的价格，房地产所有权和使用权的价格，土地使用税率，土地增值税率，其他各种税率，

　　① 张永桃主编，《市政学》，高等教育出版社，2006年，第103～105。

财政补贴，财政信贷利息、工资奖金等。经济手段的根本的特征是诱导性，这也是与其他手段的主要不同。它的非强制性和自愿性是与法律手段和行政手段的主要区别。

市政管理的法律手段，是城市的政党组织和国家机构执行国家的法律，在法定职权范围内制定地方性法规，并监督企事业单位、社会团体、公民个人遵守法律和法规，以维护城市社会的公共秩序。法律手段具有告诫性，预先告知哪些行为是允许的，哪些行为是不允许的，哪些行为是禁止的。法律手段具有普遍性和强制性，公民无一例外地必须遵守。法律手段还具有惩罚性，国家机关依法对不遵守法律的行为予以惩处，包括限制使用某些公民权利或某种公民权利的某些部分、名誉处罚、行政处罚、经济处罚、刑事处罚等。

市政管理的行政手段，是城市政府执行上级政府和自身制定的行政决定、行政措施、行政命令等行政文件，依靠行政机构来规范城市的企事业单位、社会团体和公民个人的行为。行政手段由于关涉等级机构和行政权力，避免令出多门，因而具有高效性和统一性。行政手段具有强制性，但是它的强制性必须以法律为依据，否则就是人治的强制。行政手段具有具体性，是针对具体一类或个别情况的。行政手段相对于法律和经济手段，具有更为积极主动的态势，也正因为如此，监督行政权力才显得尤为重要。

市政管理的教育手段，是通过媒体宣传、集体学习、个别教育等途径，使市民自觉遵守法律法规和政策规定。教育手段，是经济手段、法律手段和行政手段的有益补充。教育手段重在以理服人，要防止简单化、以势压人、空洞说教的方式，注重提高市民的分析认知能力。

市政管理的伦理手段，是通过媒体引导、市民讨论、城规民约、民间舆论等形式，通过城市政府与市民对最低伦理道德的维护与遵守，来逐步提高市民的道德水准，促进公共事务的管理。市政管理的伦理手段，具有自律性特征，直接体现了个人的良好修养。但是我们应该看到，良好的法律环境、舆论环境对伦理道德水平的提高具有重要意义。市政管理的伦理手段，要着重提高市民的公共道德和职业道德，形成良好的城市社会风气，提升社区文明。市政管理的伦理手段，体现了管理的人本化发展方向。[①]

传统市政管理主要是以行政命令方式管理城市，当代中国市政管理中特别突出法律和经济的手段。现代市政管理是各种管理方式的综合运用，并越来越向法制化和人本化发展。

---

① 张永桃主编，《市政学》，高等教育出版社，2006年，第106页。

二、市政管理的过程

市政管理的过程是市政管理体系中的执政党、国家机构等市政管理主体围绕城市管理活动的运行过程，由一系列的环节组成，其一般过程为：决策—执行—控制—绩效评估。在这一过程中，每个环节又都有具体的要求，体现市政管理的科学性。市政管理过程是一种管理方法和程序问题，同时也是利益综合和政治介入的过程。

（一）市政管理的决策过程

市政管理决策是城市的政党或政府组织集中选民的公共意志，把它们转化为城市代议机构的地方性法规和决议，以及城市的行政机构或司法机构贯彻法律和地方性法规，对具体的行政事务或司法案件做出决定和判决，从而形成处理城市公共事务的一般规范和集体意见。

市政管理决策过程，又可以分为信息过程、拟定方案过程、方案抉择过程。

信息是决策的基础和依据，获得准确、及时、充分的信息是市政决策的前提。现代市政管理决策的信息主要有三个来源：书面材料和口头沟通所提供的信息、实地调查所获得的信息、通过互联网了解的信息。现代市政管理，收集信息要有：制度化的规范的信息收集渠道，方便、快捷、安全、保密的现代信息收集传输技术，专门分析处理信息的专业机构。在广泛收集信息的基础上，对信息进行加工、分析，提取有效信息并进一步收集信息，弥补信息不足。

与决策相关的人员和机构在获得信息后，了解问题所在，广泛进行政策咨询，确立决策目标，并初步拟定方案。要按照科学的技术设计，拟定多个方案，并对方案进行科学分析预测。

现代决策根本特征就是多方案抉择，不同于传统决策单一方案的设计与抉择。决策者对多个方案进行抉择，要对每个方案进行评估，对可能产生的政治效应、经济效应、社会效应和环境效应进行综合分析，认真做好可行性论证；反复比较权衡，对多目标之间的矛盾，对方案的副作用和可能造成的意外要保持警惕，并有充分的应对措施；在此基础上，选择最优或最为满意的方案。

市政管理的决策过程，尤其是重大决策，涉及多学科和多种技术，尤其需要专家和市民广泛的民主参与，以集中智慧解决问题。

（二）市政管理的执行过程

市政管理执行是市政管理主体执行法律、法规、上级的决定和本市的市政决策等，并监督企事业单位、社会团体、市民执行有关的法律、法规、市政决策，对城市生产和市民生活等进行公共管理、提供公共服务的管理行为。

市政管理的执行，关键要做到目标和手段明确，职责义务清晰，责、权、利相统一，严格考核，公平奖惩。切忌职责不清、职能交叉、多头指挥。

市政管理的执行过程，需要市政管理人员具有良好的政治素质、职业道德素质、业务能力素质、遵纪守法素质和身体素质。政治素质表现为对选民负责与对上级负责的统一；职业道德素质包括对选民的态度、服务质量、工作作风、人际关系等；业务能力包括业务知识、工作能力、技术能力、全局观念、工作质量等；身体素质包括健康状况、体能、智力和心理状态等。对于市政管理人员，应该进行科学合理的职业培训。

（三）市政管理的控制过程

市政管理的控制过程是城市的政党或政府组织为了实现市政决策目标而对市政管理活动进行监测，及时发现偏差纠正偏差的管理过程。

就控制活动展开的时间序列看，控制可以分为事先控制（前馈控制）、事中控制（现场控制）和事后控制（反馈控制）。事先控制往往能够避免重大失误，减少损失。而事中控制和事后控制也是纠偏所必不可少的。

就控制的主体看，包括首长负责制内含的领导控制、专门部门的专职控制、管理人员的自我控制。这些控制是三位一体，缺一不可的。现代市政管理，市民的民主监督也是一种控制方式，甚至是领导控制、专职控制和自我控制问题的最终解决方案。

就控制的内容看，包括：人、财、物的使用状况和协调状况，管理方法是否得当以及有无违法现象，是否实现目标、完成既定任务等。

市政管理的控制，要和奖惩制度和责任制紧密联系，这样才能做到有效控制，及时纠偏。

（四）市政管理的绩效评估

1. 市政管理绩效与评估

市政管理绩效是城市政府实现市政职能，管理城市的公共事务所取得的工作业绩和社会效能。市政管理的绩效评估，或称绩效管理，是市政管理的重要组成部分，对改善市政管理具有重要意义。

市政管理绩效的评估，可以由中立的专业机构来进行，必须有市民的民主参与。市政管理绩效评估，主要包括：对市政职能实现的程度和结果的客观评价、城市政府的工作业绩和社会效能的客观评价。市政管理绩效评估的结果，既是管理人员升迁奖惩的重要依据，也是改善市政管理的重要依据。

2. 市政绩效管理基本要素

（1）明确城市发展战略和绩效计划。

（2）制定市政管理的绩效协议和绩效计划。

（3）市政绩效的监测评估和反馈。

（4）市政管理绩效的正式评估与分析。

（5）公务员的奖惩、培训和发展。

3．市政绩效管理的基本程序

（1）制定市政绩效协议和绩效计划。

（2）监控绩效管理过程。

（3）进行市政绩效评价。①

当前，我国尚未有统一、权威的绩效评估指标体系。遵循科学的程序，构建完整有效的监督体系，公平合理地进行绩效评估是当代中国市政管理的重要课题。

政府上班大道表明了什么

据《法制日报》6 月 28 日报道，山东省枣庄市在 2004 年 10 月建成一条 12 车道的超宽大道，当地群众称之为"政府上班大道"。

该大道在地图上被称为光明大道，是连接枣庄市老城区与薛城区、开发区的一条主要公路。进入 21 世纪后，枣庄市政府认为老城区的办公条件已不能满足实际工作的需求，决定在老城区与薛城区之间建立一个枣庄新城区，把市政府各部门都搬迁过去。同时将原有的 4 车道一级公路扩建为一条双向 12 车道的超宽光明大道。据记者测量，道路最宽处达 102 米。当地交通部门还规定，中间的 6 条车道只能行驶小车，公共汽车、卡车、农用车和非机动车只能走两侧的 6 条混合车道。

记者在现场看到，大道上经常看不到一辆汽车通行。当地群众对此提出质疑：原有的 4 车道公路完全够用，可政府还要建一条超宽路，政府职员上下班方便了，但占的都是农田。据知情者透露，修路占地至少在千亩以上，大部分为租用。

道路属社会公共产品，供社会全体成员平等使用，更何况修建道路用的是纳税人的钱。可在枣庄，光明大道中间的 6 车道成了只能跑小车的特权车道。对经济并不发达的枣庄而言，能坐小车的以政府官员和企业老板居多，普通百姓接触最多的是自行车、公交车，而这类交通工具受到歧视，只能溜

① 李燕凌、陈冬林，《市政学引导与案例》，中国人民大学出版社，2006 年，第 102 页。

边走。加上道路连接政府办公区，百姓称之为"政府上班大道"，真是一个充满嘲讽色彩的轻蔑称谓。

　　交通法规中，并没有限制卡车、农用车使用中间车道的条款，至多一些城市在市区范围对通行时间进行限制。当地交通部门的这一荒唐规定，可能是便于小车通行，甚或是方便领导上下班，但因为没有法律依据，我们无法认定其是正当合理的。

　　"政府上班大道"折射出的是一种特权意识。政府官员作为管理者，在公共领域享有优先权或特权，这是"官本位"社会里的一个思维定势。其实，若将政府部门还原为一个管理实体，它和其他经济实体、法人实体一样，在公共领域的权利和责任是平等的；官员作为一种职业身份，在职务行为中即便考虑到效率因素，所享受的优先权也还是备受社会诟病，比如警车为领导视察开道等。何况在职务行为之外官员也是一名普通公民，无论级别再高，也没有理由为他们上下班设立专门的道路，而禁止别人的通行。所谓"政府上班大道"，实际上侵害了其他公民在公共领域应有的平等权利。

　　引自：萧文，《枣庄"政府上班大道"宽达百米》，载《青年报》，2005年6月30日。

思考题

一、名词解释

城市行政地位，市政管理体制，市经理制，市议会制

二、问答题

1. 市政管理体制与运行机制的联系与区别。
2. 西方市政管理体制对我们的市政管理有哪些启发？
3. 我国市政管理体制有哪些特征？
4. 我国市政管理体制和运行机制有哪些弊端？
5. 市政管理绩效评估的困境有哪些？

三、案例分析

分析以下案例，回答：我国市政管理主体相互关系。为什么会出现市政管理主体行为相互冲突的现象？

黑龙江省民政部门拒绝执行该省强制婚检条例

2005年6月召开的黑龙江省第十届人大常委会第十五次会议对《黑龙江省母婴保健条例》进行了修订，保留了原《条例》中规定的"准备结婚的男女双方应当接受婚前医学检查和婚前健康教育，凭婚前医学检查证明，到婚姻登记机关办理婚姻登记"等内容。而早在2003年10月1日，国务院颁布了新的《婚姻登记管理条例》，将强制婚前检查改为自愿婚检。但此后，各地婚检率直线下降，卫生部公布的统计数据显示，2004年我国婚检率不到10%，个别地方已不足1%。哈尔滨市在实行自愿婚检后，一个区妇幼保健院在短短的5个月接连检出了三个"梅毒胎"。这一状况引起人们对人口质量的担忧。20日，黑龙江卫生部门将新的《母婴保健条例》下发全省各地市县卫生行政部门。

消息传出，好似一石激起千层浪，引起社会各界议论纷纷，有支持的，反对的也不少。群众意见不太统一。

哈尔滨市的李某认为，由于新人的素质参差不齐，尤其是在农村文化知识水平相对较低的群体，很难保证他们能够进行自愿婚检，而强制性婚检就解决了这一问题，有利于下一代儿童的健康成长。

刚刚结婚的哈尔滨市民迟某认为，现在都尊重个人隐私，如果采取强制性措施就相当于公权力对私权力的侵犯，这与我们国家强调尊重人权的现实情况相悖。恢复强制性婚检让人感到相关部门更像是在变相谋利，如果婚检变成公益性的、免费的，自愿婚检的人数自然会增加。关于法规之间的争斗，黑龙江省政府法制办助理巡视员张某认为，《母婴保健条例》是以《母婴保健法》所规定的具体内容，与黑龙江具体实际相结合的结果，只是保留了原有的强制婚检内容，无所谓"取消"或"恢复"，之所以出现如今这种争议，是由于各部门从自身角度对法律、法规的理解不同造成的。

黑龙江大学某副教授认为，宪法具有最高的法律效力，而法律的效力高于行政法规、地方性法规、部门规章，行政法规的效力高于地方性法规、规章。因此，国务院颁布的《婚姻登记条例》的法律效力要高于黑龙江省人大常委会制定的地方性法规，所以黑龙江省《母婴保健条例》不得违背国务院的行政法规。

但黑龙江省人大常委会制定的地方性法规是直接援引全国人大常委会通过的《中华人民共和国母婴保健法》作为立法依据的，《母婴保健法》明确规定：准备结婚的男女双方，应当接受婚前医学检查和婚前健康教育，凭婚前医学检查证明，到婚姻登记机关办理结婚登记。因此应该认为作为行政法规的《婚姻登记条例》及民政部的部门规章《婚姻登记工作暂行规范》与《母婴保健法》有不协调的地方。而在实践当中，婚姻登记机关完全依据《婚姻登记条例》和《婚姻登记工作暂行规范》，而更具有效力的法律却被束之高阁，法律的一些规定得不到有效落实。

有关人士认为，法规"打架"造成有关部门执行难、法律尊严受侵害的问题在各地不同程度地存在，应该引起重视，并应尽快对一些与现行法律不相适应的行政法规和部门规章进行及时修订。

引自：徐宜军、王茜、王建威，《黑龙江民政部门拒绝执行该省强制婚检条例》，载《北京娱乐信报》，2005 年 7 月 25 日。

第三章　市政管理理论与实践

本章重点

1. 城市理论
2. 城市管理理论及其主要组成部分
3. 马克思恩格斯关于城市的思想
4. 中国市政管理的演变
5. 中国市政管理经验和教训

那些帮助我们分析城市问题，或者指导我们如何解决城市问题的理论，都是广义上的市政管理理论。据此，市政管理理论可以分为两类：一类是从地理学、生态学、社会学、经济学或政治学等视角来描述城市及其发展变迁的理论，这些理论通过对城市现象的描述，揭示了城市政治、经济、文化等社会关系，包括人与人和人与环境（自然环境、人造环境、社会环境）的关系，表明城市问题的解决必须调整各种社会关系，我们称这类理论为城市理论。另一类主要建立在城市理论和管理理论的基础上，企图通过公共权力和各种社会权力的介入，以科学方法来调整各种人、财、物之间的关系，实现各种要素的合理配置和功用最大化，以解决城市问题，这类理论直接阐述如何进行城市管理，我们称之为城市管理理论，它是市政管理理论的当然的组成部分。

第一节　市政管理理论的演进

市政管理理论可以帮助我们透过城市现象，深入到城市问题的本质。学习市政管理理论，不仅可以帮助我们分析问题，更是有利于解决问题。做有思想有头脑的市政管理者，就必须学习理论。系统整理市政管理的理论，再现市政管理理论的演进过程，可以在反思过程中提高管理水平。

一、西方国家城市理论的发展

（一）马克思和恩格斯的城市思想

马克思和恩格斯在《德意志意识形态》、《英国工人阶级状况》、《政治经济学批判》、《论住宅问题》、《资本论》等著作中，结合生产关系和阶级关系以及革命策略论及城市问题，为我们理解城市化进程提供了重要的理论工具。

关于工业化城市的历史地位。马克思、恩格斯在《共产党宣言》中指出资本主义的生产方式的一个重要特点就是使城市取得优势地位："资本主义使乡村屈服于城市统治。它创立了巨大的城市，使城市人口比农村人口大大增加起来，因而使很大一部分居民摆脱了乡村生活的愚昧状态。"[1]可以看出，马克思、恩格斯把城市看作是资本主义生产方式发展和文明进步的基本成果。同时，马克思、恩格斯认为城市人口的聚集促进了工人们作为一个整体阶级的形成并促进了工人的发展，大城市成为工人运动的发源地。

关于城乡对立。马克思和恩格斯在不少论述中，肯定了城乡分离作为劳动分工的合理性、必然性，是历史的进步。"城乡分离"也等同于"城乡对立"，认为城乡分离又不可避免地带来某些负面效益，造成"城乡对立"。城乡对立首先是个人劳动方式的对立，其次是生产方式的对立，表现为财产、交换、政治关系等方面的多重矛盾。在城乡对立中，城市始终处于主导和统治地位。并提出了消灭城乡对立的若干方案。[2]

关于城市性与城市革命。城市性即城市属性或城市特有的生活方式。马克思和恩格斯多次谈到城市生活的特点，认为城市是有机的独立体，不是众多家庭的简单相加，城市的重要特征是："政治机构的建立、两大阶级的分化、人口和生产资料的集中等。"[3]城市也就成为无产阶级与资产阶级争夺政权和进行专政的主战场。

关于住宅问题。在《论住宅问题》中，恩格斯在分析资本主义国家的住宅状况后指出："这种住宅缺乏不是现代特有的现象……它几乎是同等地伤害到一切时代的一切被压迫者。"[4]恩格斯主要从市中心的级差地租和低收入住宅的无利可图分析了当时住宅缺乏情况。地理位置好、各个资本相继投入集中的土地

---

① 马克思、恩格斯，《共产党宣言》，人民出版社，1964年，第28页。
② 高鉴国，《新马克思主义城市理论》，商务出版社，2006年，第49~52页。
③ 高鉴国，《新马克思主义城市理论》，商务出版社，2006年，第58页。
④ 恩格斯，《论住宅问题》，选自《马克思恩格斯选集》，人民出版社，1972年，第459页。

能够产生超额利润，因而市中心地价大幅度上升。但是原先建筑在这些地皮上的房屋不能提高和实现这种价值，开发商和金融资本家千方百计通过置换、购买旧物业，重新开发，以获取房产和级差收入。市中心的工人住宅租价远远低于最好利润限额，于是低收入者的住房被拆除，代之为商业和公共建筑，工人住宅从市中心被排挤到郊区。恩格斯以剩余价值和阶级斗争学说作为分析城市住宅问题的主要理论依据，认为房东和承租人、工人和资本家都是一种交换关系，尽管交换的物品或对象有差异，但其遵循的原则和条件都是所谓的"等价交换"，本质上是一种剥削与被剥削的关系。在解决住宅问题上，恩格斯主张推翻资本主义生产方式，消灭一切剥削，才能改变住宅缺乏的现象，体现出其激进的政治立场。

（二）古典人类生态学

人类生态学理论是 20 世纪初社会科学家借用自然科学领域生态学的术语、理论和方法来研究人类社会，尤其是城市社会所形成的一个学派。在这些社会科学家看来，人类社会与动植物生态世界有着许多相似之处，因此可以发展形成社会科学领域的人类生态学理论。

1. 社区的生态性质

人类生态学家认为，各种生物，包括人类，是生命网络，具有共生性。

帕克（PARK.R.E.）等认为，人类是群生群居的动物，无法单独生存，相对来看，人是弱小的，他不仅需要一定的环境保护他、供他居住，还需要同类伙伴的协同合作。人彼此联系相互依赖，各自发挥自己的功能。人类社会的这种依存关系受制于他们赖以生存的环境所能提供的资源。人类生态学家以研究人类的共存关系与环境之间的适应性为己任，其研究方法主要是首先识别区域的边界，比如通过住宅、人口密度等特征来识别城市的边界，然后研究这一城市中的人口数量和类别，研究不同人口群体之间关系和他们对城市生态体系的功能贡献。生物的栖息地，人类生态学家称为"社区"。每个社区有明确的结构和边界，生物群体相互依存，各物种各群体与他们赖以生存的资源之间要保持一定的均衡关系。[①]

人类生态学家认为，生物各群体之间，各种生物的个体之间，存在竞争性。

物质依赖资源而存在，但在一个社区内，其资源总量是有限的，客观上存在物种需求与满足需求的供给不足的可能性。当社区内资源出现匮乏时，物种之间为争夺资源展开的竞争就不可避免。在竞争中，"区位"（POSITION）本

---

① 蔡禾主编，《城市社会学：理论与视野》，中山大学出版社，2004 年，第 2～4 页。

身就是重要的资源，并且关系到能否有利于接近或直接获取资源。占统治地位的区域，影响其他区位，并形成一定的结构。在城市中，最佳区位就是市中心。城市中心占据城市的统治地位，中心区的功能定位直接影响其他功能区的定位。由此看来，城市的空间结构，体现出社会的结构。

帕克认为，人类生态由生物层面和社会层面构成，如果只关注生物层面的竞争，就太过于狭隘。生物层面，关注人类是否适应环境和适者生存的问题，而社会层面建立在生物层面的基础上，是一个以习惯、规范、法律、制度为基础的结构，是关乎人类的智慧、道德、心理的社会文化层面。这是与动物相区别的层面。生态学家要研究人类社区生物层面的秩序，也要研究社会层面的秩序，研究生物均衡和社会均衡得以维持的过程，研究一旦生物均衡和社会均衡被打破，从一种相对稳定秩序向另外一种相对稳定秩序转变的过程。

2. 社区的生态过程

古典人类生态学家关注社区的空间及其形成过程。他们大致从以下视角探讨社区空间的形成：

交通与社区过程。社区过程指的是人口和空间的运动状况。麦肯齐（MCKENZIE,R.D.）以交通形式为分析工具，将美国人居住生活的历史分为三个阶段。第一阶段以航运为主要交通形式，人们主要居住在航线附近。1850年前90%的美国人居住在密西西比河以东，45%的美国人居住乡村。居住受自然地理条件影响，不同居住地基本处在分割状态下。第二阶段是铁路交通的出现。铁路使人们摆脱了航道的限制，可以在更广大的地区居住生活。铁路从东向西发展，导致人口向西运动。这一时期，农业增长，人口迁徙，城市增长。但是，这一时期的城市增长，是农业扩展的产物，城市主要产生发展于农产品易于交易的地方。第三阶段是汽车和公路系统的出现，给人们的居住和生活带来更大的影响。城市和城市，城市和周围的乡村建立了更为密切的联系，人们的生活可以进入更为纵深的地区。相对分割的村、镇、城市现在成为超级社区的一部分。这是大都会增长、人口集中的时期。①

经济活动与社区过程。麦肯齐重视交通对社区的影响，但他最终把经济活动看作是人口和空间运动的决定力量。麦肯齐也像其他城市社会学家一样，把制造业为主的工业发展看作是城市增长的主要原因。相对于制造业，麦肯齐更强调商业发展对集中趋势的影响，城市的分布是商业模式决定的，商业的集中是城市人口增长的首要原因。但麦肯齐也指出，商业的质量、价值的标准化和

---

① Mckenzie, R. D, The Metropolitan Community ,New York ,Russell & Russell, 1967, P50—65.

连锁店的发展是造成离散的因素。另外，服务业、高等教育、旅游业发展也是集中趋势和城市增长的因素。

3. 城市的生态模型

城市生态学家试图从空间关系揭示城市中人与人、制度与制度之间的相互关系，并以模型反映出来。伯吉斯（BURGESS,E.W.）的同心圆说、霍伊特（HOYT,H.）的扇形说、哈里斯（HARRIS,C.D.）和厄尔曼（ULLMAN,E.L.）的多核心说最具代表性。

（1）伯吉斯的同心圆说。伯吉斯是第一个用人类生态学理论来建立城市发展和空间组织模式的学者，构造了城市生态的"同心圆理论"。在伯吉斯看来，每个城市都由不同的环状空间带组成。作为整个生态布局中心的是同心圆最核心的地带，一般来讲是城市的中心商业区，在这一地区，聚集了满足城市基本需要的同时具有优势力量的部门，通常是一些获利较高、用地紧凑的部门，如商业、金融部门。中心地区地价高，所以主要是商场、银行、专业商店、高层商务中心等。

围绕中心商业区是若干环状地带。紧靠中心商业区的地带称为过渡地带。这一地带屋主不愿投资维护他们原有的建筑物，以待商业中心扩张时向外搬迁。也有的是因为无力向外搬迁，只好居住在陈旧的建筑区。过渡地带是贫民窟或退化区。"这是些贫困、堕落、疾病集中的地区，内部还有犯罪和恶习"。[1]

过渡区的外围是一个由工厂的工人和商店职员组成的第三圈地带，也称工人住宅区。住房较简陋，但离工厂较近并接近中心商业区，往返方便且交通费用较低。

第四圈地带称为高级住宅区，以白领工人、中产阶级和职员、小商人为主，他们居住在高级公寓或独门独院的住宅中。

第五地带是往返区，上层社会和中上层社会人士的郊外住宅座落在这里。另外还有一些小型卫星城市，住在这里的人大都往返于市中心和居住地。

城市的扩展是内层的每一个地带向相邻的外层地带入侵，扩展自己的地盘，最后达到替代。但同心圆的结构没变，只是城市占地范围越来越大。每一地带的职能机构和居民密度与该地区离商业中心的距离成反比。显然，城市同心圆结构，反映了城市的政治经济关系。

（2）霍伊特的扇形说和哈里斯与厄尔曼的多核心说

霍伊特认为城市由于自身的复杂性，其结构也不像同心圆那么单一。一般

---

[1] （美）帕克著，宋俊岭等译，《城市社会学》，华夏出版社，1987，第55页。

来说，工厂在城市的生态结构形成中起着很重要的作用，但是工厂的分布并不是环状围绕中心商业区，而是从城市中心向外放射出去，从中心到边缘形成一个扇形结构。城市中的低收入者一般居住在与工厂相邻的地区，他们或住在贫民窟，或住在城市边缘地区的"村舍"，或住在有钱人迁走后留下的旧房子里。有钱人搬到远离工厂的地方，这些地方多半在城市的边缘。白领工人和中下阶层者则住在邻近城市中心的商业区的地方。这样，整个生态结构由若干个扇形结构所组成。扇形说没有把每个部分的发展看作是均等的向各个方向的扩张，而是有些部分会向某一方向扩张，从而形成扇形的放射状。

哈里斯和厄尔曼的"多核心说"与前两种的不同之处是：把城市中职能机构和居住的区位设置与环境资源联系在一起。强调某些设施的形成与该地方是否存在维持其设施存在的条件相联系。例如，中心商业区需要便利的交通，工厂与水源相联系。多中心说也不承认只有一个以中心商业区为核心的说法，在他们看来，城市中满足某种需求的机构聚集在一起，从而形成不同的中心或核心。相互协调的机构才会形成相互联系的空间生态，不相协调的机构则会在空间上分离，如污染工业和风景区则是相分离的。他们认为，决定城市核心的分化和城市的分异有四个过程：各种行业以自身的利益为前提的区位过程；产生集中效益的过程；相互间因利益得失而产生的离异过程；地价房租影响某些行业处在理想位置上的过程。这四个过程相互作用，历史原因的影响和局部地区的特殊性使城市区位呈多核心状态。①

（三）新正统生态学

古典生态学理论在 20 世纪三四十年代受到批评，一些学者认为：古典生态学的经验研究不能证实人类行为的哪些方面是纯粹生物性的，哪些方面又纯粹是文化的；古典生态学理论过分强调和重视生物学因素在社会中的作用，忽视社会的因素，特别是文化、情感、象征等的作用；城市空间成长的模式是多样的，不是伯吉斯的理想的单一模式。一些学者在批判继承古典生态学理论的基础上，建立了新正统生态学。

1. 霍利（HAWLEY,A.）的人类生态学理论

霍利认为，古典生态学理论关注的社会现象的空间分布，不是真正的生态学理论框架，而是地理学的东西。生态学应该关注的是社区功能，关注人类是如何通过功能分化方式来适应环境的。他认为，组织产生于人与环境互动的过程中，组织是有机体，是自我维持的整体，向与环境的均衡状态演变和调整。

---

① 蔡禾主编，《城市社会学：理论与视野》，中山大学出版社，2004 年,第 14～15 页。

霍利认为，人类的生态组织是相互依存的系统，遵守生态组织的四个原则：

（1）相互依赖原则

古典生态学理论强调竞争是社区生态过程的基本力量，霍利强调任何人口聚居中，在适应环境的过程中，都形成了成员间的相互依赖。相互依赖有两种方式，即共生关系（如功能不同的群体间的互补关系）或共栖关系（如功能相似群体的聚集）。共生和共栖关系，加强了人类的创造力和保护防御能力。

（2）关键功能原则

霍利认为，在人类聚居适应环境的过程中，某些单位总会比其他单位执行更为重要的功能，否则，系统就很脆弱和不稳定。在人类社会早期，从自然资源中获取基本生存资源的活动是关键功能；而现在，关键领域已经从自然领域转移到社会领域，能够把地方系统和社会环境联系起来的功能就是关键功能，企业的生产和公司的贸易就成为关键功能。

（3）分化原则

关键功能的执行引发了另外两个原则：分化原则和支配原则。功能分化的程度随关键功能的生产效率不同而变化，并影响了系统所能支持的人口规模，这就是分化原则。如在工业社会，关键的生产功能效率高，功能分化多，系统就能够支持更大的人口规模。

（4）支配原则

支配原则也取决于关键功能。在系统中，支配地位属于那些对关键功能贡献最大的单位。

霍利认为，一个系统在其组成的单位相互依赖和关键功能的作用下，经过分化和支配，最终走向一种均衡封闭状态。这种变迁的原因在于两个方面，一是内在变化，一是外在变化。内在变化表现为系统中不可替代的自然资源的减少，它们或早或迟进入衰落期或转向以其他资源为基础。外在变化表现为因物理的或生物的环境变化而导致的系统变化。但是，霍利更多关注系统的累积性变迁。累积性变迁是指系统本身由于关键功能的生产效率增长而扩张。系统扩张一方面是支配的活动中心成长，一方面是中心影响的范围扩大。

2. 邓肯（DUNCAN,O.）的生态复合理论

1959 年，邓肯将自然、生物、社会三者之间的关系称为"生态系统"，生态系统范围大到整个世界，小到一个社区。他认为，生态系统是由四个关联的变量组成的功能相互依赖的复合体，这四个变量是人口（POPULATION）、组织（ORGANIZATION）、环境（ENVIRONMENT）、技术（TECHNOLOGY），简称为 POET 生态复合体。

邓肯认为这四个变量是相互作用的，但人口和组织一般被认为是依变量，而环境和技术是自变量。邓肯比较强调环境和技术的变化对作为整体的生态复合体演化的重要性。他认为，当环境和技术发生变化时，人口和组织能力也会相应发生变化，从而带来作为整体的系统的扩张。[①]

（四）文化生态学

古典人类生态学和新正统生态学，都没有对文化给予足够的重视。然而，离开文化就不能真正了解人类社会，人类社会生活与文化息息相关。传统生态学忽视文化对空间的适应作用，它们把物质空间看成是一种非文化的自然现象，社会体系都被看成被动的、顺从的空间适应者。这些传统的城市生态理论，没有解释为什么一些非经济用地在经济力量作用下完好地保存下来了，尤其是非经济用地在变成经济用地后，却趋向于恢复为非经济用地。另一方面，传统生态学理论也没有说明为什么一个社区需要经济用地，也需要非经济用地。

费雷（FIREY,W.）于1975年出版了一部名为《波士顿中心区的土地利用》的专著，为文化生态学的创立奠定了基础。乔纳森（JONASSON.C.）、库波（KUPER,L.）等人也进行了城市案例研究，这些研究证明：一方面土地利用模式不符合同心圆或扇形理论；另一方面，城市土地经常被用于经济目的，同时也用于非经济方面的用途。为进一步认识城市及其他社区，文化生态学做出了重要贡献。

文化生态学最重要的观点，就是首先要把社区看作一个真正的社会体系，具有各种不同的功能需求以维护社区的同一性。政治、经济、军事、文化都对空间有需求，为保证社会体系的完整，这些需求都要在一定程度上得到满足。文化生态学认为，社区一个重要的需求就是文化价值的象征。一些独特的居民区、公墓、古代公共建筑、神圣的教堂、陈旧的居所等，往往具有文化象征意义，对城市产生重大影响，对保持城市的凝聚力具有重要意义。城市遗产的保护，还可以增加城市的经济收益。

文化生态学第二个理论观点就是要保持社区功能的完整，保证社区的整体效用与社区各子系统局部效用的协调。贫民区无疑是社区功能畸形的表现，是社区整体功能的损失。

文化生态学对于城市土地利用和规划有很大的指导意义，对于协调经济用地和非经济用地的比例，具有说服力。

---

① Duncan, O, Social organization and ecosystem, in R. Faris(ed), Handbook of Modern Sociology, Chicago: Rand McNally, 1964, P 75.

（五）城市性理论

早期社会学家，通过乡村—城市的比较，探讨城市的特性。迪尔凯姆、齐美尔、帕克等的研究具有代表性。如表 3—1①所示：

表 3—1

作者	乡村式非城市类别	城市类别	城市性
斯宾塞（SPENCER）	军事社会（MILITARY）	工业社会（INDUSTRY）	
迪尔凯姆（DURKHEIM）	机械团结（MECHANICAL SOLIDARITY）	有机团结（ORGANIC SOLIDARITY）	高度发达的社会分工,高度广泛的社会依赖
藤尼斯（TONNIES）	礼俗社会（GEMEINSCHAFT）	法理社会（GESELLCHAFT）	少有认同性,情感中立,墨守成规,片面交往
韦伯（WEBER）	传统的（TRADITIONAL）	理性的（RATIONAL）	以功效和回报为基础的理性的行为,拥护变化
贝克（BECHER）	神圣的（SACRED）	非神圣的（SECULAR）	
默尔（MAINE）	等级的（STATUS）	契约的（CONTRACT）	
莱德菲尔德（REDFIERD）	民俗（FOLK）	城市（URBAN）	
库利（COOLY）	首属群体	次属群体	
	其他	非农业（NON AGRICULTURE）	
	史前的（PRE-LITERATE）	文明的（LITERATE）	
	原始的（PRIMITIVE）	文明的（CIVILIZED）	

齐美尔在《大都会和精神生活》一文指出，现代社会中，人们精神生活的特点包括：复杂与老于世故、理智性、时间观念、标新立异的冲动和漠然的态度等，这些是由于城市大量人口活动带来的高度刺激和金钱的作用。帕克作为

---

① 蔡禾主编,《城市社会学：理论与视野》,中山大学出版社,2004 年,第 63 页。

芝加哥学派的代表，以芝加哥为例，研究城市的一些通病，如各种精神病症，冷漠的人际关系，种族、阶层间的隔离，家庭组织及观念弱化，反社会行为等。美国社会学家沃思的《作为一种生活方式的城市性》一文具有重要意义，基本建构起可操作性的城市性理论体系，结束了城市性研究零散的局面。

1. 沃思（WIRTH,L.）的城市性理论

沃思认为，对城市的界定，从人口、职业、物质条件、政治组织形式等界定是片面的，不能从特殊地点和历史条件限制的文化影响来界定，也不用城市的物质限制来界定，应该用足够的因素来描述城市，才能把这个城市与那个城市相区别。城市性可以理解为一种生活方式，表征人类联系的具体性，由此，城市就是不同的异质个体组成的相对大的、相对稠密的、相对长久的居住地。人与人之间的社会行为、人与组织之间的社会行为、组织与组织之间的互动行为构成了作为一种生活方式的城市性。对这种城市性或者城市生活方式的描述，可以从以下几个方面进行：

（1）从生态学角度：如城市生活所产生的许多技术机构、技能和组织只在需求极大的城市才能成长和繁荣；城市青壮年的比例较大，还有外国移民和其他特殊人口，城市是人群和文化的大染缸；城市人口出生率下降；以上特征和城市的土地使用模式、房屋交通状况等都和城市生活模式相互影响。

（2）从组织的角度：如首属交往被次属交往所代替，亲属关系纽带减弱，家庭意义各功能降低，邻里关系消失，社会整合的传统基础被破坏；高度专业化机构产生，白领阶层人员数量庞大；城市居民的收入和生活成本均比较高，公共设施众多，人们需耗费掉自己的大部分收入；虽然各种自愿组织迅速发展，但在经济地位等基本因素方面，个体与自愿组织的联系并不紧密。

（3）从个性及态度的角度：个性紊乱和精神崩溃，自杀、越轨、犯罪、腐败和无序现象在城市比在农村更严重；社会控制典型地通过正式的组织进行，人与人之间的沟通处于初始水平，即在普遍的或大众利益的基础上进行。①

2. 甘斯（GANS,H.）对城市性的新解释

甘斯认为，沃思提出城市性理论以来，美国的城市已经有了很大发展和变化，沃思所言说的城市与其说是城市，不如说是工业化的城市，他把城市和民俗社会对立起来，而不是和乡村对立起来。沃思的观点表达了一种生态学的传统，把人类的某种生活方式与特定的居住地类别（物理空间）联系起来。对此，甘斯提出异议，认为并没有可以被独立指示出来有别于其他城市的生活方式。

---

① 蔡禾主编，《城市社会学：理论与视野》，中山大学出版社，2004年，第66～68页。

生活方式不用地域去解释，而是可以用在该地域上的居民特征（包括阶层特点和生命阶段）来解释。

甘斯的注意力放到了城市居民的特征上，他把内城的居民分为以下 5 种：四海为家者；单身者或无嗣者；种族村民；受剥削者；陷入困境者和落泊者。甘斯认为，四海为家者，常常就是单身者或无嗣者，他们包括学生、艺术家、作家、音乐家和娱乐人员等。种族村民在内城或内城附近，以他们习惯了的乡村生活方式生活着。这几类居民的生活方式与居住地是分离的，与沃思所说的城市性也是分离的。四海为家者，甚至发展出独特的亚文化，除了与邻里有表面的交往外，对其他一切均不感兴趣。

甘斯还对外城和郊区的生活方式进行了研究，发现搬到郊区居住的居民生活方式没有什么改变，郊区本身也没有创造什么新的生活方式。这与沃思城市性与地理之间的关系没有绝对的联系。甘斯认为，生活方式是阶层和生命阶段的结果，而不是由城市的居住地造成的。

3. 城市性的文化解释

杜维（DEWAY,R.）认为，许多社会学家，包括沃思，倾向于用人口的规模、密度等指标来定义和解释城市生活，但是人口和文化是不可以割裂的。虽然如此，人口和文化这两个因素对人类行为和态度的影响在分析上是不同的，是可以分开的。人口分析序列是沿农村到城市为一个发现序列，文化沿史前的——文明时代的、原始的——文明的、主观的——客观的、神圣的——世俗的为一个分析维度。从文化的维度可以区分城市与乡村的基于知识、信仰和情感的社会文化事务。

科罗德·费舍（FISCHER,C.）的代表作是《朝向亚文化的社会理论》，他的关于城市性的亚文化理论引起重要反响。费舍认为，人口越多、密度越大，越会带来竞争和社会亚系统的产生，每个人也都会带来他们自己的文化，因此，大城市拥有围绕职业、种族、休闲和其他清晰特征组织起来的亚文化。大的地方趋向于有大的亚文化，这反过来支持了制度的形成和稳定，并对其他的亚文化产生影响。当大的亚文化影响小的亚文化时，非规范行为就会减少；而小的亚文化影响大的亚文化时，非常规行为就会增加。总体而言，城市化程度越高的地方，反传统行为发生率就越高。

（六）社区权力理论

任何一个社会，任何一个人群聚居的地方，资源都是有限的，人与人之间为资源而产生的利益冲突不可避免，这就需要运用政治权力来协调成员之间的关系，影响社会和经济生活。

1. 社区权力模式

社区权力模式基本可以分为三类：精英控制模式、多元权力模式、其他权力模式。

（1）精英控制模式。

林德夫妇（LYND,R.S. AND LNDY,H.M.）最早对社区权力进行研究，他们认为，民主程序和政府机构均为商业所控制，城市官员在政治上被商业控制团体利用。亨特提出了与林德夫妇不同的结论。

亨特认为，地区权力结构是多层次的：

最高层，包括工商业、金融业所有者，大公司的高层管理者。

第二层，包括政府官员、银行副总裁、公关人员、律师、承包商。

第三层，包括民间组织负责人、报纸专栏作者、电视台评论员、政府中下层官员、选定的组织执行者。

第四层，专业人士，包括校长、教师、人事经理、高级会计师等。

亨特认为，城市权力结构有两个特点，一是经济领袖统治，二是极少数人控制着公认的社区合法组织的正式职位。

维帝奇和本思曼（VIDICH,A.J AND BENSMAN,J.）认为，掌握权力的人不仅通过他们个人能量和他们所掌握的资源来维护自己的影响力，也会通过满足社区的一般需求来维护其影响力，至少要避免反对他们霸权的有效动员。

梅塞尔（MEISEL,J.）认为，精英核心要素是：意识，即自觉意识到精英的存在和自身在其中的位置；凝聚力，即个体成员的行动必须与群体利益相一致；共谋，即成员必须有信息交流，共同的策略必须演变，以增进群体利益。精英是一个有意识的建构过程。

米歇尔斯（MICHAEL,M.）、帕累托（PARETO,V.）和莫斯卡（MOSCA,G.）等倾向于认为大众是落泊的、无能的、不愿也不能管理自己，不论社区还是社会，仍然会出现官僚集团，最终导致少数精英的统治。

（2）权力多元论

多元论认为，权力不是一个小群体控制，权力嵌入多种多样的群体中，每个群体都有自己的权力中心。

戴尔（DAHL,R.）认为，在城市中市长对所有的问题决策都有重要影响，其他领导只是在各自不同的领域发挥作用。并认为，多头政治会出现在现代的充满活力的多元社会。

维尔德斯基（WILDAVSKY,A.）认为，多元权力既存在于小城镇，也存在于大城镇。精英之间存在竞争，即使在高度同质化的社区也存在冲突。

罗杰斯（ROGERS,D.）认为，多元的权力与高度工业化、人口众多、人口的异质性、不同的经济体系和利益群体等社会特征有关。强调工业化、城市化、科层化等对多元权力的影响，强调这些结构的差异对社区权力多元化的分配有着重要影响。

（3）其他社区权力分配模式

罗斯（ROSSI,P.H.）把权力模式分为金字塔型、委员会型、多元分布型、无定形型。金字塔型和委员会型的决策权力倾向于集中，多元分布和无定形型权力分散。权力分散不是源于工商业和专业人士占据了社区内的重要位置，而是源于越来越多的职业分化，越来越多的职业团体影响到社区权力的分布。社会结构越来越多样化、差异化，不同的阶层和团体有不同的利益需求和政治倾向，要求有不同的政治团体代表他们的利益并参与影响决策。

安格尔、戈德里奇认为，权力结构要考虑两个变量：一是政治权力在市民中间分布的广度，一是社区领导的思维方式和意识形态的集中、分歧和冲突的程度。竞争的大众和精英可能导致权力的分散和冲突，共谋的大众和精英则导致权力的集中。[①]

2. 社区事务、权力与参与

罗斯、米勒（MILLER,D.）等社会学家认为，社区中不同种类的社区事务对应着不同的权力体系和决策参与者，由于各个社区都有类似的政治事务、经济事务、教育事务等，因而不同条件背景下的社区完全可能出现类似的权力行为模式。

亨特认为，社区的权力主要存在于社区内部，社区内部各层关系是和谐的。但是，大多数学者认为，社区政治经济权力越来越受到外部社区系统的控制，宏观社会政策会影响社区的决策。帕森斯在他的社会系统论中就提出社区内部和外部关系；沃伦指出，地方社区正在受到社区外部的影响，社区内部凝聚力和自治程度日渐减弱。

一些社会学者认为，社区参与是分享权力的方式，社区居民的积极参与能够使居民保护自己的利益不受不负责的政策的侵害；也会有效遏制当权者的腐败；还能够使居民更正义、更宽容、更熟练地自治，积累社会资本。也有一些学者认为，居民参与有副作用，不适合于决策参与。居民参与受到职业、受教育的程度、家庭收入、性别、种族等的影响。其中，教育对参与的影响最大，女性对参与较为冷漠，黑人，特别是亚裔参与较少。

---

① 蔡禾主编，《城市社会学：理论与视野》，中山大学出版社，2004年，第81～86页。

（七）城市符号互动理论

乔治·米德（MEAD,G.H.）在《心灵、自我与社会》一书中指出，人的外部行为和内部的主观意识是一体两面，都是在社会的行为过程中产生和显现出来的，他强调必须从社会互动的过程中理解人的内在活动和外在行为，而所有的互动都是由符号这个中介决定的，人生活在符号世界中，处于具体的符号情境中。个体力图使自己对符号的理解同他人一致，从而产生并维系人类之间的交往互动。人类能用符号定义环境中的客体，也能用符号定义自己、将自己视为客体，人有着充分的主观能动性。

布鲁默（BLUMER,H.）指出，符号互动论建立在三个理论假设基础上：第一，人类对事物所采取的行动，是以他们对这一事物赋予的意义为基础的；第二，这些意义产生于互动过程中；第三，这些意义通过自我解释过程得到修改。[①]

值得一提的还有莉恩、洛夫兰德的关于城市形象的理论和阿林斯基的关于社区的理论。莉恩、洛夫兰德认为，城市形象主要是社会性的、文化性的，城市形象发挥两种功能：一是影响着人们对城市生活的理解；二是塑造着城市生活自身。阿林斯基认为，社区的人文地理、社会网络和文化维度构成了本地社会结构的综合特征，彼此相互渗透。社区不是完整的社会系统，而是被整合进更大的结构和组织中。每一个社区的生活方式、生活形态都是由更大的社会背景中某些影响因素塑造的，要有效地应付那些大规模破坏社会秩序的因素，必须将多个社区组织的力量联合起来。在阿林斯基看来，个人受城市的社会与经济结构的影响，但个人亦能够积极主动地、有意识地修正与改变环境，社会结构是互动的，而不是僵硬的、不可变通的或预先决定的一套框架。

城市符号互动理论的主要观点是：

（1）符号互动理论的基本原则是人类行为以事物所含的意义价值为基础。城市环境不是纯自然的环境，而是一个符号环境。城市人对城市外部环境的反应，对自我的认识，以及相互之间的交流互动，都依赖于对所处的城市环境所具有的符号意义和价值的理解。人理解环境并利用其构建自身。理解城市人的行为，不仅要看物质环境，也要考虑城市人对场所的理解和解释。

（2）20世纪60年代，欧文·戈尔曼（GOFFMAN,E.）将社会机构比做舞台，认为人们都在这里登台表演，表演要顺利进行下去，表演者就必须和观众合作。戈尔曼的戏剧论激发了研究者去探索城市中的漠视规则行动者为保护个人利益所采取的策略。城市互动符号理论者反对结构主义的观点：主要团体、

---

① 蔡禾主编，《城市社会学：理论与视野》，中山大学出版社，2004年，第100页。

本地社区和传统机构在城市舞台上扮演关键性角色。城市符号互动论认为，城市人生活中的匿名状态使个体奉行不介入准则。但是，城市人为实现自己的利益，会在公共领域这个临时性的、非固定性的和非制度化的情境中扮演自己的角色，他们采取相应的策略行动，遵循公共领域的理念和准则，产生出可以预测的有序的行为，个人也有能力管理在公共场合中的身份。

（3）城市符号互动论认为，城市人在社会参与的过程中，寻求富有意义的认同。认同过程需要将自我融进场所中，并要意识到城市的场所可以为角色及身份构建提供机会，也可以为社会团体提供空间边界。认同过程包括对空间暗含的认同产生依附感，并利用领地来宣称社会团体的联结纽带及边界。"家庭领地"形成的限制性及保护性环境，它使个体能安全地避开公众的注意而从事广泛的活动。人们不仅构建出家庭领地以维系亲密感和私人关系，还发展另外三种领地：

①公众领地——个人可以其根据公民权而获得的自由，如公共娱乐设施和休息场所；

②互动领地——社会团体可以非正式地规定其场所，如在海滩上；

③身体领地——包括个人的身体及个人宣称的私人空间，如在电梯或人群中。①

（八）社会网络理论

20世纪以来，社会交往越来越频繁，人类社会已经超越了传统的孤立的"部落"社会状态。研究复杂的城市社会时，传统的结构功能的分析框架已经不足以分析城市社会现象，社会网分析应运而生。

1940年，英国结构—功能大师拉德克利夫·布朗首次使用"社会网"的概念，他将"社会网"界定为"实际存在的关系网络"。1954年，巴恩斯首次把社会网的概念从隐喻转化为具体实际的分析研究。20世纪60年代和70年代，社会网理论不断发展、影响不断扩大。

社会网分析者研究城市社区，将社区研究从地域研究发展到关系研究，突破传统社区研究受邻里地域和社会团结偏好的影响，他们认为城市社区最本质的东西是关系而不是地域或规范。他们将研究的重点放在个体的社会关系上，而不是通过研究内在化规范、个体行动来研究社区问题。他们关心的中心问题是：网络中的关系类型是如何影响到成员间的资源流动的。

社会网分析者认为，城市居民的人际关系与交往虽然随着工业化、城市化

---

① 蔡禾主编，《城市社会学：理论与视野》，中山大学出版社，2004年，第101～102页。

和现代化在变化，如远亲、邻居等交往减少，但朋友交往增多等，但人际关系没有普遍衰败，城市居民仍然有普遍的亲密的关系网络。这些关系一部分由直系亲属组成，是广泛支持性的紧密联系的网络；一部分由朋友、邻里和同事组成，这部分的关系是伙伴式的、疏松的、特殊化支持的，与其他社会圈子相关联的。社会网分析者同时认为，不同的关系提供不同的社会支持，如经济支持、情感支持、信息求职、服务性帮助等。

社会网络分析拓展了对城市问题的研究视角，同时也对城市人的流动、求职、社会支持等有了崭新的认识。

（九）消费社会学

长期以来，以马克思为代表，注重从生产领域出发研究社会冲突和社会问题。20 世纪 70 年代，卡斯特则从消费领域出发研究当代城市社会。卡斯特认为，城市社会学有两个研究对象值得肯定，一是空间，一是集体消费（COLLECTIVE CONSUMPTION）。空间只是一个物质要素，是一个存在的实体，是一个合理的研究对象，集体消费应该成为城市社会学的另一个重要的研究对象。卡斯特把消费品分为两类：一类是可以在市场上买到被个人单独占有的私人消费品，比如日常吃穿用的商品；一类指不能被分割的产品和服务，如交通、医疗、休闲设施等。政府对集体消费品供给的干预本质上是服务于私人资本的，政府的这种干预使政府管理功能最大化，政府深入到人们的日常生活领域，同时也使城市问题政治化。

桑德斯认为，由于政府对生产领域和消费领域的干预，这两个领域形成了不同类型的政治，即生产政治和消费政治。见表 3—2。[①]

表 3—2　二元政治理论模型

	生产政治	消费政治
阶级基础	阶级利益	消费部门利益
利益调整模式	社团主义	竞争主义
政府干预层次	中央政府	地方政府
主导的意识形态	资本主义（私人产权）	公共部门（公民权利）
政府理论	工具主义（阶级理论）	不完全二元主义（利益群体理论）

桑德斯认为，随着政府的干预，阶级地位不再是得到物质生活机会的唯一

[①] 蔡禾主编，《城市社会学：理论与视野》，中山大学出版社，2004 年，第 160 页。

标准，资源分配不仅以市场为基础，同时也根据政府权力的行使的政治逻辑来分配。桑德斯认为，消费团体围绕着住宅、教育、福利等消费项目而形成消费政治集团，这些消费团体的矛盾逐渐成为社会分化的主要因素。桑德斯认为，消费不断膨胀，越来越多的人不是直接购买服务，而是购买商品来进行自我服务，从而实现桑德斯所说的消费从社会化模式向私有化模式转化。消费模式的转化，对社会产生重要影响：这种转换带来有利于穷人的再分配，如低收入者不再被迫为那些他们并不常用而富人却获利甚多的服务和公共设施纳税；人们通过购买行为从市场上获得一定的自主权，打破了政府福利系统强加给他们的服务和保护。

（十）城市空间的政治经济学

城市空间政治经济学的创始人是法国的理论家列菲弗尔（LEFEDRVE,H.），在他之后，主要有罗维斯（ROWEUS,S.）、斯科特（SCOTT,A.）、哈威（HARVEY,D.）等。

列菲弗尔认为，传统的城市理论所支持的城市规划是建立在否定空间的内在的政治前提上的，忽视了城市的社会关系、经济结构及不同团体之间的政治对抗对空间的影响。政治被看作非理性的，是外部强加给空间的。传统的城市规划，是一种技术干预，是把城市空间和城市规划当作纯粹的科学来研究。列菲弗尔认为，城市现象不是纯客观的事实，而是资本主义制度下的社会关系，空间的生产类似于任何种类的商品生产。空间生产过程中的基本矛盾是剥削空间以谋取利润的资本要求和消费空间的人的社会需要之间的矛盾，是利润与需要之间的矛盾，交换价值与使用价值之间的矛盾，这种矛盾表现为政治斗争。在资本主义发展的新阶段，城市斗争的关键是争取摆脱资本主义组织对日常生活的控制，使人民大众管理空间及空间为人民大众服务。

哈威认为，在资本主义条件下，城市这个人造环境的生产和创建是在资本控制和作用下的结果，是资本发展需要创建一种适应其生产目的的人文物质景观的结果。资本主义下的城市化过程是资本的城市化过程。城市化过程是资本积累的过程，城市化负载了资本主义的逻辑，也负载了资本主义的矛盾。

在列菲弗尔、哈威等看来，物质空间本身属于一种生产要素或自然资源，是生产力和生产关系的物质载体，也是资本主义生存和发展的条件之一；社会空间包含着特定社会关系，不能脱离物质空间和社会空间的有机统一来认识和理解社会互动。[①]

---

① 高鉴国，《新马克思主义城市理论》，商务出版社，2006，第 112 页。

（十一）"城市经理人"理论

帕尔的"城市经理人"理论，不是从单纯的空间出发来研究城市，而是把城市的社会—空间作为有机系统，并把这一有机系统产生的生活机会分配的不平等以及由此引发的社会冲突作为分析重点。帕尔认为，城市由于其分配稀缺资源的独特功能和过程，使城市可以成为独立的研究对象。城市提供的各种设施有特定位置和空间属性，城市资源的独特性就在于它的空间属性。但是，城市资源的不平等分配不是由空间和区位决定的，而是那些在社会系统中占据重要位置的个体，即城市经理人的个体行为的结果，是他们决定着不同类型的城市稀缺资源在不同人群中的分配，由此导致不可避免的冲突，问题在于这些冲突是否可以演变为有意识有组织的政治斗争。帕尔早期研究中认为，城市经理人包括地方长官、住房部门的官员、议会议员、地产商、城市规划着、建筑协会代表等；帕尔后期研究中，更加关注国家在资源投资、生产、分配中的重要作用。

（十二）城市化理论

城市化理论，是关于城市形成与发展的理论。城市化理论把城市化看作是人类社会发展的必然趋势，这一理论主要研究城市化的路径、城市化的水平和程度、城市化的模式和结构、城市化的动力机制、城市化的发展方向等。这一理论包含的内容庞杂，所使用的研究方法复杂多样，学者根据其研究的具体内容，而分别使用定性和定量的方法。这一理论，包括对城市化进程的描述性理论，也包括对城市化的解释性理论。城市化理论认为，城市化表面上是乡村向城市的演变过程，实质上是农民、市民、政府等这些城市化的主体为寻求利益最大化，而"在技术、资金、制度、区位等因素的刺激下寻求交易成本和生产成本最低的经济活动和地理区位，从而决定了要素流动的方向、方式以及城市化的必然性"。①

（十三）世界体系与城市重构

沃勒斯坦认为，16 世纪以后，随着资本主义生产方式的发展和对利润的追求，以西欧为中心开始形成"世界性经济体系"，这就是"资本主义世界经济体"。资本主义从一开始，就不是在单个资本主义国家内出现的，而是作为一个世界性的体系出现的，它由中心区、半边缘区、边缘区三个部分组成。与以前世界上出现的政治帝国体制不同，它更是一种经济联系型体系，它有一个自成一体的经济网络，而没有一个统一的政治中心。沃勒斯坦认为，处于世界体系各个

---

① 周英，《城市化模式选择：理论逻辑与内容》，《生产力研究》，2006 年第 3 期。

不同位置的行动者 (包括边缘国家、半边缘国家和核心国家) 之间进行一系列的经济交换和政治关系, 核心国家正是在这样的背景下获得发展。核心国家的资本家在边缘地区寻求产品市场以及原材料和廉价劳动力的来源, 在这种不平衡的关系中, 核心国家受益, 边缘国家承受各种不利条件。边缘国家和核心国家的城市化性质的巨大差异是这一不平衡的直接体现。

二战以后, 资本主义进一步发展, 并形成新的国际分工。在资本主义全球经济的转变中, 城市越来越紧密联系, 并进行经济、政治、社会进一步的重构。

城市经济重构表现在: 城市的产业调整、中心商务区的发展、劳动力的转移、服务业及其他职业的的扩张、城市外围地区 (郊区) 的企业扩张等。在经济重构的每一个方面都有与之对应的政府行为, 政府有时起到中介作用, 有时直接介入。在城市的经济和政治的重构中, 家庭生活、社区空间和社区文化也受到影响, 城市生活越发处于一种不稳定的环境中。宏观发展和微观变迁就是这样形成相互联结的网络。

二、西方城市管理理论的发展

城市管理理论是在城市理论和管理理论发展的基础上形成的。这些理论, 在面对城市问题时突出了技术干预的作用, 更多强调的是以科学的管理克服城市弊病, 提高城市生活质量和生产效率。现代城市管理中, 涉及城市管理的理论众多, 我们以为以下四个主要的理论构成城市管理理论的主体: 城市规划理论、新公共管理理论、治理理论、城市企业和区域竞争力理论。一些相关的理论在以后章节中有进一步论述的, 在这一节只做简单介绍。

(一) 城市规划理论

城市规划理论, 是关于城市各项基础设施的部署与建设, 处理城市各项基础设施内部关系的理念与方法的总称, 是根据 定的社会发展目标而对城市的物质要素进行空间和时间上的调整。城市规划理论, 关系到城市的框架和活动场所的建设与管理, 关系到城市硬件的发展与协调, 并为其他的城市活动打下基础。城市规划理论是城市管理的基础理论, 并成为城市管理的主体理论之一。

(二) 新公共管理理论

20 世纪 70 年代末, 英国首相玛格丽特·撒切尔进行一系列的改革。改革坚持市场取向, 减少政府干预, 使英国的行政改革取得了一定成就。20 世纪 80 年代初, 美国里根政府发动了放松管制, 建立对管理过程和管理结果负责的新体制。克林顿政府继续推进政府职能市场化改革, 引入竞争, 降低行政成本, 以企业家精神重塑政府, 使政府机构成为以绩效为中心的组织。对于这场改革运动,英国公共管理学家胡德在《一种普适的公共管理模式?》一文中,提出新公共管理概念并概括了新公共管理的精髓。另一位公共管理专家费利耶,在《行动中的新公共管理》一书中指出新公共管理的四种模式及其特征:

1. 效率驱动模式。这是新公共管理最早出现的模式,20 世纪 80 年代处于主导地位,目前受到越来越多的挑战。这种模式以追求效率为核心,试图用商业部门管理的技术和方法来改造公共部门的管理。

2. 小型化和分权模式。这一模式的重要性在不断增加。这一模式主张准市场机制替代计划成为公共部门配置资源的主要方式;主张从科层管理向合同管理转变;主张从"命令—控制"型管理向自主管理模式的转变;强调战略联盟之间的协作,推动公共部门的组织结构向分散分权的扁平化模式转化;主张从标准化的服务向灵活多样的服务系统转型。

3. 追求卓越模式。这一模式与 20 世纪 80 年代追求卓越浪潮有关,也在一定程度上反映了强调组织文化重要性的人际关系管理学派对公共管理部门的影响。其主张摒弃高度理性化的管理,强调价值、文化、惯例和精神象征对组织成员的影响。

4. 公共服务取向模式。这是一种最不成熟但蕴涵无穷潜力的模式,反映公私管理理念的融合,强调采用私人部门的质量管理的思想实现公共部门的公共服务使命。①

(三)治理理论

20 世纪 80 年代,西方政府开始了重塑政府运动,治理理论作为一种新的公共管理的理论流行起来。治理理论主张多元治理主体之间进行对话、协商和合作,倡导"更少的统治,更多的治理",主张政府力、市场力、社会力的协调互补,以最大限度地利用各种社会资源促成公共目标。

(四)城市企业、区域竞争力理论

美国经济学家波特认为,一国的产业国际竞争力取决于四个基本因素,即生产要素,需求状况,相关产业和支持性产业,企业的结构、战略和竞争程度。另外有两个辅助因素,即机遇和政府作用。"波特引入了衡量企业运行效果的竞争力理论。同样,它也可以被用来衡量国家、区域、城市或企业集群的竞争力。"②竞争力理论引入"全要素生产率"的概念,比生产力包含的内容要多。克莱斯和盖泊特认为影响城市经济竞争力的要素包括经济因素(生产因素、基

---

① 赵成根,《新公共管理改革——不断塑造新的平衡》,北京大学出版社,2007 年,第 12~14 页。

② (荷兰)曼内·彼得·范戴克,《新兴经济中的城市管理》,中国人民大学出版社,2006 年,第 35 页。

础设施、区位条件、经济结构、城市生活设施）和战略要素（政府效率、城市战略、公共—私人合伙制、公共机构的灵活性）。[1]它不同于古典经济中的比较优势，从比较优势到竞争优势是一个从静态（基于生产要素如土地、气候等）的优势到动态（受管理者和政策制定者影响的竞争环境）的过程。这样，要提高城市的竞争力，就要进行包括管理在内的多种有形和无形资源的开发，并积极参与竞争。

大拆大建，城市的伤痛与遗憾

城市建筑像树的年轮，记载城市的历史；城市建筑像一本书，积淀城市的文化。在相当一部分城市，不管老街、老巷、老院、老房有多久的历史，注入过多少地域风情，沉淀了多少人文精神，一概重新规划建设，文物部门确定的历史文化遗产也不能幸免，致使一些历史文化名城在大拆大建之后，少了最能代表自己城市特色的历史街区，多了各地风格雷同的现代新区。割断历史文化的血脉，历史名城也就失去了时间厚度，失去了自己的城市个性。

超大规模、超大范围改造旧城，使相当多刚刚建成十几年甚至几年的主体结构和使用功能完好的建筑被拆除，造成建筑生命周期过短，许多城市建筑寿命平均下来甚至不到 30 年，仅为设计寿命（50 年到 70 年）的一半。大规模拆迁导致被动性住房需求过快增长，造成社会财富巨大浪费，更是人所共知。

大拆大建造成巨大的能源、资源浪费和环境污染。在各类房屋建筑存量急剧增加的同时，建筑能耗直线攀升。建筑运行能耗占我国能源总消费量的比例已由上世纪 70 年代末的 10%上升到目前的 26.7%，加上施工生产环节的能耗，建筑能耗总量超过社会总能耗的 46%。去年，我国消耗了占世界产量 36%的钢材和 50%的水泥。一些大城市建筑内空调能耗占到高峰电力能耗的 60%左右。由此带来的环境问题十分严重，建筑用能排放的温室气体已占全国总量的 25%，北方城市冬季煤烟型污染指数超过世界卫生组织提出最高值的 2—3 倍。

大拆大建还助长了"乱拆乱建、强拆强建"的违法行为。一些地方政府为了"政绩工程"、"形象工程"，纵容或变相纵容开发商乱拆乱建、强拆强建。野蛮拆迁让开发商降低了成本、缩短了工期、挣了大钱，成就了部分官

---

① （荷兰）曼内·彼得·范戴克，《新兴经济中的城市管理》，中国人民大学出版社，2006 年，第 37 页。

员的政绩，却成为部分被拆迁户的噩梦。

大拆大建的旧城改造房屋拆迁模式，其实质是"毁祖宗房，吃子孙饭"，其内在动力是"经营城市，以地生财"。地方政府将划拨土地上的房子拆掉，将几十年的土地使用权出让给开发商，而开发商再将几十年的地租一次性分摊到购房人身上。这种"不计成本，大拆大建，以地生财，透支未来"的城市建设思路，背离科学发展观，已经成为建设和谐社会、节约型社会的羁绊。

引自：李忠辉，《大拆大建，城市的伤痛与遗憾》，载《人民日报》，第16版，2005年9月23日。有删改。

三、中国市政管理理论的演变

解放以后，我国开始了独立自主发展城市的过程。理论上不断总结，并在学习西方城市管理理论和汲取实践经验教训的基础上，形成了自己的市政管理理论。中国的市政管理理论，反映出中国对城市物质要素调节和社会关系调节的努力。

1. 城市更新运动

我国城市更新运动与发达国家相比起步较晚，发展过程中历经调整。建国后，我国城市旧城改造规划的总的思想是：充分利用旧城，更新对象主要是旧城居住区和环境恶化地区。特点是：依靠国家投资，资金匮乏，速度缓慢，建设标准低。1978年以后，随着社会、经济的改革与发展，城市更新有了重大发展和转变。城市产业结构由"二、三、一"变成现在的"三、二、一"，旧城区成为第三产业集中的黄金地段，土地利用和人口分布也进行了合理调整；城市更新的目标由过去单一的城市物质环境的改善转向对增强城市发展力、实现城市现代化、提高城市生活质量、促进城市文明、推动社会进步的关注。近年来，随着城市理论研究的不断深入，我国城市更新理论发生了以下变化：（1）由单一的城市更新规划走向综合系统的规划。（2）更新程序由过去的封闭式走向开放式。资金来源上，有国家、地方政府、企业、海外华侨等多种渠道。（3）更新方式由急功近利的急剧的突发式转向谨慎稳妥的渐进式，做到更新重建与保护相结合。（4）城市更新意识由过去的短暂式转向更新的持久与持续。①

2. 城市规划和城市建设理论

新中国的城市规划理论是从1952年向苏联专家学习开始的。由于因袭苏联

---

① 姜杰、彭展、夏宁主编，《城市管理学》，山东人民出版社，2005年，第46页。

的体制，当时经济发展规划是由国家计划部门做出，城市规划部门的责任是"国民经济计划的继续和具体化"，此时的城市规划主要是集中精力从事图上作业，研究总体布局，协调各项工程设计。城市规划成为一种狭隘的认识：研究修马路、建房屋等各项工程建设。20 世纪 80 年代，随着计划经济向市场经济的转变，城市规划在方法上有了很大的改变，但是重心仍然是只注重物质环境设计，不研究社会发展依据。1986 年之后，国家出台了新的"城市规划编制办法"，赋予了城市规划许多新的内容，使城市规划的观念和方法向科学化、系统化迈进。如今，我国城市规划大致分为三种形式：总体规划、分区规划和专题详细规划。总体规划是对城市的性质、规模、环境和发展方向的纲领性设计，处于战略地位。分区规划主要是对城市的土地、人口、公共设施、城市硬件方面的分配做进一步的安排。详细规划是总体规划的进一步落实，其内容包括：对房屋建筑、市政园林、公共设施等近期规划项目作出大比例的布置；对总体规划中的远期目标进行安排；对近期内的城市基础设施的新建、扩建和改建项目进行统筹规划；对详细规划中的建设项目注意轻重缓急，有计划地进行建设。总的来说，这一时期的城市规划仍然是停留在远景目标的勾画上，重结果轻过程，总体规划和详细规划对接性差。20 世纪 90 年代以后，城市规划出现了一些新的趋势，规划注意追求法律保障、重视统一规划、规划思想从设计为主导转向以管理为主、重视规划的实施过程、城市规划突出以人为中心理念等，更新了城市规划理论。[①]这一时期，人与自然和谐、绿色城市、生态城市等理念也开始融入城市规划理论。

3. 中国特色的城市经济理论

十一届三中全会以来，我国进入了以经济建设为中心的历史时期，中国的城市经济也反映了中国的基本国情、历史发展和社会主义经济制度的要求：（1）中国城市经济是市场经济，公有制为主体，多种所有制共同发展，非公有制经济是我国经济的重要组成部分。（2）地区经济和城市发展不平衡，我们要分析失衡的原因。城市经济要逐渐缩小差距，实现协调发展。（3）调整城市经济结构，合理发展一、二、三产业，提高国有资产的控制能力。

4. 城市化理论

城市化是一个国家或地区走向现代化的必然趋势。我国城市化道路历经曲折，城市化理论也在不断学习中完善，并用于指导我国城市建设和发展。

（1）城乡一体化理论

---

① 姜杰、彭展、夏宁主编，《城市管理学》，山东人民出版社，2005 年，第 47～49 页。

城乡一体化理论是我国对城市化的最早认知，于 1960 年产生。当时认为：城市化是资本主义的特有产物，不是社会发展的必然产物，城市化会导致城乡差距和"城市病"蔓延，社会主义要实现城乡一体化，而不是加大城乡差距的城市化。这一认知影响了我国城市化的推进。近年来，在关于如何解决城乡差别的问题上，人们开始对城乡一体化进行了新的解读。有的认为城乡一体化既是社会经济过程，又是城乡关系发展的终极目标。也有的认为，城市和乡村是统一体，生产要素可以互相流动相互融合，各种资源可以合理高效配置。城乡一体化，就是实现城乡政治、经济、文化、环境和生态一体化，以实现城乡共同发展共同进步。

我国早期的城乡一体化理论是对西方城市化的反思，近来的城乡一体化理论则是对我国城市化进程中的城乡差别问题的反思和应对，并指出城乡间的互动是城市化发展的动力之一。

（2）城市发展重点论

城市发展重点论，描述的是城市化模式以及城市化中的城市、城镇之间的结构，讲的是城市化是单城市还是多城市的结构，以及各紧密相联的城市、城镇之间的关系如何。

①小城镇重点论

这一理论主张重点发展小城镇，城镇工业是实现工业化的一条捷径，伴随着乡镇工业而出现的小城镇是有中国特色的城市化道路。大力发展小城镇为特色的城市化道路，是中国现阶段现实且比较令人满意的选择。

②大城市重点论

持这种观点的人主张重点发展大城市，认为大城市比中小城市具有更明显的经济效益，可以通过大城市来辐射并带动中小城市的发展，认为重点发展大城市符合城市化的客观规律。

③中等城市重点论

抱有这种观点的人认为，中等城市兼有大城市和小城镇的优点，重点发展中等城市，可以避免发展两端带来的弊端，中等城市既可以带动小城市，又可以促进大城市的发展，实现经济效益、社会效益和生态效益的统一。

④多元化理论

持这种观点的人认为，大城市论、小城市论和中等城市论，都有一定道理，我们应根据国情，走大中小城市发展并举的道路，因地制宜选择多种城市发展模式。

⑤城市群理论

这一理论深受西方大都市区理论的影响,用以描述中国城市发展状况。1987年,周一星在借鉴西方都市区界定指标的基础上提出"都市绵延区",并发现当时中国存在两大都市带:长江三角洲和珠江三角洲,并认为辽中南、京津唐、山东半岛、福建沿海等地区已经出现大都市雏形。至此,城市群理论开始在我国传播。[①]我国城市群也由一系列核心城市和周围的城市乡村联结而成,是大城市的自上而下的城市化扩展与自下而上的乡村城市化的结合,促进了城市和农村资源的流动和整合。

⑥城镇体系与协调发展论

大中小城市与小城镇协调发展的理论在世界上首次由我国提出。该理论在21世纪初由中国政府在十五计划中确定。中国各地区城镇发展状况不同,差异大。大城市区域发展确实明显,主导了城镇职能变化方向;中小城市一般具有地方性的经济、社会和文化基础,有自己的工商贸易,长远看具有专业性、稳定性、综合选择性特点,比大城市更适合居住,更有人情味和亲切感;小城镇主要以地方为基础,具有灵活性、创新性,利用工业发展的速度很快,是城市发展的基础。这一理论的主要内容是:以大城市为城市群中心,辐射周边中小城市和小城镇;保持中小城市和小城镇的经济特点和文化特色,大中小城市和小城镇协调发展;从全局和战略上把握,合理开发利用大中小城市和小城镇的资源,形成合理的城镇体系布局。这一理论的核心就是要逐步消除二元经济结构,扭转城乡差距和地区差别扩大的趋势,促进城乡共同发展,走向城乡一体化。这一理论强调城市区域间联系的重要性,力图改变单个城市的发展模式。

5. 城市可持续发展理论

可持续发展是当今世界影响最为广泛的发展理论和发展战略,最初由西方发达国家提出。20世纪90年代,可持续发展的理念在中国的环境保护战略中体现出来,并制定了世界上第一部国家级可持续发展战略规划《中国21世纪议程——中国21世纪人口、环境与发展白皮书》,可持续发展就必须建立可持续发展的经济体系、社会体系以及可以持续利用的资源和环境体系。可持续发展理论坚持以人中心,优先发展为前提;把经济发展放在重要地位,逐步提高市民的最低生活标准和生活质量,缩小贫富差距;全面考虑经济、社会和环境因素,给予生态环境以足够的重视;注重调节城市人口和经济增长,注重调整城市产业结构和产业布局;注重城市规划,加快城市基础设施建设;加强环境监督,及时防治控制污染。努力把我们的城市建设成为规划布局合理,配套设施

---

① 姜杰、彭展、夏宁主编,《城市管理学》,山东人民出版社,2005年,第52～53页。

齐全，生活方便，环境清洁幽雅，居住舒适的城市。可持续发展是一个巨大的系统的社会建设工程，需要以政府为主导的全民运动。

四、市政管理理论的评价与认识

市政管理理论也是一个发展的过程，甚至是从错误向正确方向发展的过程，其对城市现象理解的视角和深度都在不断变化和发展。每一次市政管理理论的质的发展，都会对市政管理和城市发展产生重要影响。我们不必追随每一个理论，但是，我们不能无视理论给我们提供的分析问题的视角和方法，正是在实践提出紧迫要求和理论给我们提供的点滴启发中，认识深化了，管理水平提高了。

市政管理理论，在市政管理主体、管理对象和管理方法上，都在不断提出新的见解，不断深化认识。市政管理理论由浅入深地发展，逐步从描述城市现象到揭示现象的社会本质和蕴涵的社会关系，市政管理也在注重调整物质关系的过程中向兼顾调整社会关系转变。

中国市政管理理论，在有西方经验和理论值得借鉴和学习的同时，仍然经历了一个曲折的发展过程。我们发现，理论过程受到实践进展的影响，同样也受到政治、经济和各种社会关系的影响。中国市政管理理论，描述有余而解释不足，研究方法单一，分析框架不完整，其理论深度和实践意义也就大打折扣。中国市政管理理论，还面临学习之后的创新问题。既然这些问题没有解决，那么也就成为我们在理论上要努力的方向。

以循环经济模式建设生态城市

目前，建设生态城市成为不少地方的发展目标，但这些建设大多偏重于自然生态系统方面的内容。国内对生态城市的研究也大多集中在生态学和城市规划等单一子系统，而系统地从循环经济角度对生态城市建设进行研究的很少。笔者认为生态城市应以循环经济模式来进行建设，其内容包含了基础设施、工业、农业、能源、消费以及建筑物等各个方面，其最终目标是建设循环型经济和循环型社会的生态城市。

所谓循环经济，是一种按照自然生态系统物质循环流动方式为特征的经济模式。发展循环经济，就是要以循环经济的理念作为指导思想，把清洁生产、生态工业、生态农业等措施整合起来，形成一套系统的战略，以此来调整城市空间结构布局，调整和优化经济结构。通过城市各子系统及其内部的物质循环使用，实现"低开采、高利用、低排放"的最佳结果，把经济活动对自然环境的影响降低到最小程度。一句话，就是把循环经济与生态城市结合起来，赋予生态城市真实可靠有效的循环经济的可持续发展的内涵，使生态城市不再是一个空洞抽象的概念。

建设循环经济生态城市，要遵循的原则是：优先减量，其次再利用，最后进行再循环。所谓减量，也就是减少进入生产和消费的物质量；再利用目的是延长产品和服务的时间强度；再循环则是通过把废弃物重新变成资源后再次循环利用。

唯有遵循上述原则，才能最大限度提高资源和能源的利用率，从而使经济活动对自然环境的影响降低到最小程度。

循环经济生态城市建设绝不是短期可以达到的目标，大体可划分为三个阶段：第一阶段属于循环经济起步打基础阶段；第二阶段属于大规模建设形成生态城市体系阶段；第三阶段属于生态城市体系完善健全阶段。其每个阶段，都不能跨越。在生态城市建设过程中，要按照循环经济理念，逐步完成工业、农业和社会生活三大循环体系的建设，以城市中的物质流、能量流和信息流将三者有机地结合起来，从而建立循环经济生态城市运行体系。在工业循环体系建设中，要贯彻优先内部循环的原则，同时要与农业和社会生活循环体系密切联系。只有三大循环体系相互联系、相互补充、相互促进，才能通过三大循环体系的交叉组合构建形成全市的完整的循环经济生态城市体系。

引自：孙国强，《以循环经济模式建设生态城市》，载《人民日报》，第9版，2002年8月12日。

第二节　市政管理实践

世界各国市政管理有各自的经验，总体上看，我国市政管理还处在市政管理前现代化阶段，学习先进的市政管理经验和方法，加快我国市政管理改革，既是城市发展的需要，也是中国公共管理改革与发展的重要组成部分。

一、西方国家市政管理经验

总的来说，城市发展水平与管理水平具有正相关的关系，西方一些发达国家的近现代市政管理更具科学性和合理性。由于西方的法治传统和社会文化传统，市政管理也表现出法治特征和民主色彩。除此之外，西方国家的还有许多具体的管理经验值得我们学习借鉴。

1. 高度重视城市规划

城市规划考虑到城市的自然、社会、经济、政治和法规整体情况，从宏观社会经济角度出发，通过人类理性的运用，以技术干预人类行为，配置优化社会和自然资源，引导城市健康发展。鉴于城市规划的重要作用，发达国家在市政管理中将规划和建设结合起来。英国的城乡规划法规定：各郡编写战略结构规划，在战略结构规划内编写局部规划。以保证理想规划得以逐步实现。英国在城市规划过程中，有技术力量雄厚的咨询服务公司和开发公司，有城市规划专家，也有经济学、社会学、管理学、法律等方面的专家始终参与城市规划，力求城市规划的准确性和科学性。新加坡严格执行规划，一旦确立就不能更改，不允许临时动议和首长工程。①

2. 政府引入企业管理方法

英国和美国分别在 20 世纪 70 年代和 80 年代兴起了新公共管理运动，政府管理引入市场机制。如英国，对公共服务进行私营化改革，减少公共服务部门的规模和人员；将一些公共部门的服务合同出租，同时将公共部门置于市场竞争之中，从而刺激了公共部门加强管理、降低成本、提高效率。新西兰是新公共管理的激进代表，不仅将国有公司进行公司化、商业化、民营化改造，而且进行政府职能和管理机制变革，如决策和执行相分离，以顾客为导向，增强公共服务者之间的竞争；引入绩效合同和经理制等。新西兰在经济上放松管制，进行经济政策、税收和财政体制改革等。新西兰的改革，取得了巨大的经济效益，并塑造了政府执行者的思维方式。

3. 积极维护城市文化和特色，稳步推进旧城改造

一些文化历史名城，如巴黎，在改造旧城区过程中，老城区禁止建设高层建筑，新建筑必须与所在地区的建筑风格相吻合，从而使巴黎保持了古建筑的历史风貌，也保持和传承了巴黎历史文化，巴黎在古典与现代的结合中散发出独特的文化魅力。

4. 市政管理社会化、分权化

欧美国家，生活福利以及其他公共设施的建设与运行都是作为独立的行业出现在城市的管理体制中的，专业化程度非常高。职工日常的生活起居也是社

---

① 姜杰、彭展、夏宁主编，《城市管理学》，山东人民出版社，2005 年，第 63 页。

会负责提供服务，组织只是定期交纳一些物业管理服务费等，企业没有自己的房产管理部门。社会化分工，带来了高效率。

市政管理的分权表现在两个方面，一是政府内部分权，地方和基层政府承担大量的管理工作，并具有相当的自治权。一是政府向社会分权，将由社会解决的问题归还社会，实现"小政府、大社会"的政府管理模式，政府主要扮演掌舵的角色。[①]

5. 努力保护生态环境质量，提高市民环保意识

西方在工业化阶段也曾饱受环境污染之苦，后工业化时代，欧美国家都十分重视环境保护工作，调整人与自然的关系，保持生态平衡，并创造优美的生活和工作环境。节约用水、环境绿化、保护野生动物、禁止乱砍滥伐等做得非常出色。由于长期的教育和培养，市民也具有良好的环保意识。

6. 市政建设资金来源多元化

西方国家的市政建设资金来源渠道多元，一是政府投资，投资重点是城市基础设施；二是企业，以及源于驻地企业的特别税，用于一些具体项目的建设；三是社会个人、组织和团体的投资。市政建设资金的多元化，缓解了财政紧张状况，加快了城市建设和发展。

7. 依法治市，严格管理

西方法治传统的国家，能够严格依法办事。为了强化管理，严管重罚也是经常采用的方法。对于不讲公共卫生、公共场所吸烟、乱放车辆和杂物、乱抛垃圾等行为予以严厉罚款。

新加坡规定随地吐痰罚款 500～1000 新元，为了保护城市美观和整洁，每5 年建筑物必须粉刷一次。[②]

二、市政管理实践比较

1. 中国与西方国家市政管理实践比较

由于城市发展阶段不同、政治体制和经济体制不同，我国市政管理与西方市政管理从管理内容到管理手段和模式，都表现出不同的特点。

20 世纪 80 年代以前，西方发达国家已经建立起以政府为主导、营利企业、非营利企业、市民等多元主体参与的城市治理模式，形成了政府管理机制、市场运行机制、社会机制在市政管理上的整合。20 世纪 80 年代以后，由于全球

---

① 姜杰、彭展、夏宁主编，《城市管理学》，山东人民出版社，2005 年，第 64 页。
② 姜杰、彭展、夏宁主编，《城市管理学》，山东人民出版社，2005 年，第 66 页。

化进程加快，全球性事务增加，也由于高福利政策带来的财政负担和经济效率下降等问题，西方国家开始进行改革，重新调整城市政府—社会—市场的关系，掀起了新公共管理运动，以适应全球化进程，并保持经济稳定发展。西方国家在新公共管理运动中，寻求政府与市场结合、集权与分权结合、正式组织和非正式组织结合，整合各种资源，促进城市公共管理。

中国改革开放以来，随着经济体制改革的不断发展，市场经济逐步成熟，行政体制也在不断调整。在加入 WTO 后，政府改革加快。适应市场和经济发展要求、适应全球化进程，是政府改革面临的紧迫课题。在改革中，市政管理体制也逐步走出全能政府的困境，向有限政府转变，在政府与市场、政府与社会、政府与非营利组织、政府与市民的关系中探索寻找政府的合适的位置，而不是完全代替市场体制和其他组织的功能。

中国市政管理在管理的方法上，也开始发生重大变化。市政管理在传统的民本文化中开始吸收民主文化的精髓，虽然这一进程是逐步的、渐进的。市民法制意识大为提高，市政管理上的人治现象受到相当程度的抑制，但法制化进程有待进一步推进。近年来，政府管理也开始尝试引进企业管理的一些方法，改善市政管理，提高城市的竞争力。在当代先进技术的运用上也花了很大的力气，办公自动化、数字政府在提高政府效率上也起到了一定的作用。

中国市政管理在体制改革、方法学习创新的同时，努力转化政府角色，逐步回归到裁判员、教练员的角色，而不是兼做运动员。这样，在市政管理中才可能既指导工作，又努力保持公正；既减轻了负担，又可以集中力量抓宏观管理，提高效率，更好地监督权力失控。

中国与西方国家的市政管理有着不同的经历和特点，可以看出，我们的市政管理具有转型的特点，仍处于快速的变化和发展中，尚没有形成成熟的管理模式。在向西方学习的同时，市政管理的中国特色仍会体现在静态的市政管理体制和动态的管理过程中。

2. 中国市政管理过去与现在的比较

与西方市政管理实践相比，我们还有差距，需要进一步的学习和不断的进步。然而，我国市政管理纵向比较，则可以看出我们已经取得了重大变化和若干进步。

在管理主体上，从单一的政府主体向政府主导、多元主体参与的格局发展；在管理对象上，从干预经济和简单的市政工程等的管理向广泛提供城市公共物品、管理公共事务方向发展；在管理的方式上，从单一的行政命令向以经济方式、法律方式、行政方式综合运用发展；在政府职责上，从宏观和微观的全面渗入向宏观规划与调控为主方向发展；在管理的理念上，民主法制、保护环境、保护地方历史文化、实现可持续协调发展等思想和观念较以前已有很大进步。

社会在进步，城市在发展，在物质和精神层面上我们都要做出更多的努力以改善我们的市政管理。我们相信：中国市政管理的发展势头会持续下去，在政府、社会组织和市民等多方努力下，市政管理会出现快速发展过程。

2020 年北京空间咋布局 两轴—两带—多中心

未来的北京将是什么样呢？《北京城市总体规划（2004 年—2020 年）》为我们描绘了这样的格局：在"两轴—两带—多中心"的城市空间结构布局的基础上，形成"中心城—新城—镇"的全新市域城镇结构。

"两轴"是指沿长安街的东西轴和传统中轴线的南北轴，"两带"是指包括通州、顺义、亦庄、怀柔、密云、平谷的"东部发展带"和包括大兴、房山、昌平、延庆、门头沟的"西部发展带"。在规划修编的前期研究《北京城市空间战略发展研究》中，"两带"的最初定位是"东部发展带"和"西部生态带"。而在最终的城市规划中，东部、西部都被称为发展带。北京市城市规划设计研究院副院长施卫良介绍说，这种调整更符合科学发展观，明确了东西部将利用各自资源优势发展，并都将确立生态优先的原则。

"多中心"则指在市域范围内建设多个服务全国、面向世界的城市职能中心，这也是本次修编与上版规划的一个重大区别：改变了原来"单中心"的城市布局，解决由于中心城功能过度聚集而带来的诸多压力和城市问题。但是，这并不意味着新规划是对旧规划的否定。市规委总规修编办主任谈绪祥说，"单中心"的城市布局是符合当时发展阶段的规律的，也是一个必然的选择，城市规划也是不能过于超前的。

此外，城市空间布局的调整还包括积极推进环渤海地区的经济合作与发展，特别是在产业布局、交通等方面加强与天津市、河北省的协调与合作。

中心城是北京政治、文化等核心职能和重要经济功能集中体现的地区，其范围是上版总体规划的市区范围，即市区中心地区和环绕其周围的 10 个边缘集团，以及绿色隔离地区，再加上回龙观和北苑北地区，面积约 1085 平方公里。

新城虽然同卫星城一样，都有疏解中心城人口与功能的作用，而且是在原有卫星城的基础上，但是新城并不是卫星城的"新叫法"。谈绪祥形容它们最本质的区别是：新城与中心城是兄弟关系，形成市区与多个新城相联系的城市形态，具有相对独立性，各自承担不同城市职能；而卫星城与市区的关系则像儿子与父亲，它承担由市区延伸的部分功能。

新规划中规划了 11 个新城，分别是通州、顺义、亦庄、大兴、房山、昌平、怀柔、密云、平谷、延庆、门头沟。根据城市发展的需要和目前的发展基础，通州、顺义和亦庄是近期重点建设的新城。

新规划中称，保证党中央、国务院领导全国工作和开展国际交往的需要，调整优化中央行政办公用地布局。根据分散与集中相结合的原则，通过土地置换整合，形成组团式、相对集中的布局模式。规划将对部分土地进行预备和控制，为可持续发展预留空间。

对于一直是城市功能最集中的中心城八区，新规划也对它们的功能进行了明确定位：东城区是北京市政治中心主要载体，全国性文化机构聚集地之一，传统文化重要旅游地区和国内知名的商业中心；西城区是国家政治中心主要载体，国家金融管理中心，传统风貌重要旅游地区和国内知名的商业中心；崇文区是北京体育产业聚集区，都市商业区和传统文化旅游、娱乐地区。宣武区是国家新闻媒体聚集地之一，宣南文化发祥地和传统商业区；朝阳区是国际交往的重要窗口，中国与世界经济联系的重要节点，对外服务业发达地区，现代体育文化中心和高新技术产业基地；海淀区是国家高新技术产业基地之一，国际知名的高等教育和科研机构聚集区，国内知名的旅游、文化、体育活动区；丰台区是国际国内知名企业代表处聚集地，北京南部物流基地和知名的重要旅游地区；石景山区是与门头沟新城共同构成城市西部发展带的重要节点，是城市综合服务中心之一，同时也是文化娱乐中心和重要旅游地区。

引自：《2020 年北京空间咋布局，两轴—两带—多中心》，HTTP://FINANCE.NEWS.TOM.COM。

思考题

一、名词解释
社会网理论，城市性理论，城市符号互动理论，城乡一体化理论
二、辨别与分析题
1. 城市理论与城市管理理论之间的关系与差异。
2. 就我国某个城市的状况，分析我国城市生态现状。
3. 以某个社区为例，说明我国现在城市的社会关系网络状况及其演变。

4. 市政管理中要调整人、财、物之间各种关系，你认为最重要的是要调整好什么关系？

5. 我国市政管理中尚存在哪些不足？

三、论述题

论述新公共管理运动对市政管理的影响。

第四章 城市建制与城市规划

本章重点

1. 城市行政建制
2. 中国市制的突出特点
3. 中国市制的主要内容
4. 城市规划与城市规划管理
5. 近代以来主要的城市规划理论与思想
6. 城市规划的编制、审批与管理
7. 城市规划管理面临的变革与挑战

城市建制和城市规划既相区别又相联系，城市建制可以看作对全国范围内的城市布局的规划，城市规划则是针对具体城市的各种活动与活动场所做出的计划与管理。两者都关系到城市的综合发展与协调，并为其他的城市活动奠定基础。

第一节 城市行政建制

在中国，城市建制对于城市的发展具有非常重要而特殊的影响，不仅影响到城市的政治和行政地位，甚至影响国家资源在城市间的分配使用。城市建制是国家对于城市管理的一种宏观调控。了解城市建制的演变，还有助于理解城市管理权力在城市间的具体运行。

一、城市行政建制概述

（一）城市行政建制的含义

城市行政建制制度，又称城市行政区划体制，简称为市制。作为一级行政区划，至少具有三个基本内容：一是行政区域，即城市行政区域管辖范围，有确定的边界，一定规模的人口和面积；二是行政单位，指城市行政区域政权机构，包括权力机关、行政机关和司法机关，它构成城市型行政区的行政中心；三是行政建制，包括城市型行政区的行政级别与行政隶属地位。

（二）城市行政建制与城市规划的关系

我国《城市规划法》第三条规定："本法所称城市，是指国家按行政建制设立的直辖市、市、镇。"城市的法律涵义，是指直辖市、建制市和建制镇。城市规划必须按国家行政建制设立的市、镇来制定和实施，在城市规划区内进行建设。

我国已经跨入城市化的进程中，整个社会进入全面的转型期，由此我们面临一系列社会结构性的矛盾和挑战。进行行政区划调整以适应我国社会一系列的变革已成为历史的必然，这种社会转型需要城市规划的介入。在市场经济条件下，城市规划已不再是单纯的物质规划，行政区划的规划已经成为城市规划的重要内容。行政区划调整本身就是适应社会转型的重要社会规划，城市规划与行政区划、城市行政建制的调整要相互协调，才能相互促进。从这个意义上讲，城市规划包括了城市的行政建制。

二、中国的市制

中国的市制，又称行政区划体制。它涉及到建制市的历史沿革、设市标准、市的行政地位、设市模式等问题。

（一）建制市的历史沿革

建国初期，起临时宪法作用的中国人民政治协商会议《共同纲领》中拟定，市与省、县作为地方行政区划建制。

1949 年 12 月 2 日和 1950 年 1 月 6 日，中央人民政府委员会、政务院又先后通过颁布了《市各界人民代表会议组织通则》和《市人民政府组织通则》，对市的行政体制作了法律的规定。通则中规定了市的组织机构、行政隶属关系、职权等内容。

1954 年 9 月 20 日、21 日，第一届全国人民代表大会第一次会议先后通过了第一部《中华人民共和国宪法》和《中华人民共和国地方各级人民代表大会和地方各级人民委员会组织法》,《中华人民共和国宪法》规定了中华人民共和国的行政区域划分;省、直辖市、县、市、市辖区人民代表大会在行政区域内行使的职权;市权力机关和执行机关的职能等。

1954 年的《中华人民共和国宪法》和《中华人民共和国地方各级人民代表大会和地方各级人民委员会组织法》颁布后曾多次修正,有关市制的变化有:1978 年五届人大一次会议第三次修正了对市辖县的规定,确立了市领导县体制的法律地位;1986 年六届人大第五次修正后的《中华人民共和国宪法》及根据宪法修订的《中华人民共和国地方人民代表大会和地方人民政府组织法》中授予省会城市和国务院批准的较大城市以立法权。

现行的《中华人民共和国宪法》和《中华人民共和国地方人民代表大会和地方人民政府组织法》对于直辖市、市、市辖区以及镇的行政区域划分及其政治、经济、司法等各项制度,都有了明确的规定,市制有了完备的法律地位和法律依据,形成了法律上的省级、地区级、县级三级行政区划建制的市制以及属于城市行政区系列的镇制。

(二)现行市制的机构与职权

据现行《中华人民共和国宪法》和《中华人民共和国地方人民代表大会和地方人民政府组织法》规定,"市人民行使政权的机关为市人民代表大会(或市各界人民代表会议)和市人民政府。在市人民代表大会闭会期间,市人民政府即为市的行使政权的机关"。《中华人民共和国宪法》第 53 条规定中华人民共和国的行政区域划分为:"(1)全国分为省、自治区、直辖市;(2)省、自治区分为自治州、县、自治县、市;(3)县、自治县分为乡、民族乡、镇。直辖市和较大的市分为区。自治州分为县、自治县、市。自治区、自治州、自治县都是民族自治地方。"

由此可见,我国行政区划主要是三级制:一级政区即省、自治区、直辖市,二级政区即自治州、县、自治县、市,三级政区即乡、民族乡、镇。直辖市和较大的市可以设区。而市制在此也列入了国家的根本大法。根据《宪法》规定,地方各级人民代表大会是地方国家权力机关,地方各级人民委员会(即地方各级人民政府)是地方各级人民代表大会的执行机关,是地方各级国家行政机关。

据《中华人民共和国宪法》和《中华人民共和国地方人民代表大会和地方人民政府组织法》规定,直辖市、市、市辖区人民代表大会行使的职权是:(1)在本行政区域内,保证宪法、法律、行政法规和上级人民代表大会及其常务委员会决议的遵守和执行,保证国家计划和国家预算的执行;(2)审查和批准本行政区域内的国民经济和社会发展计划、预算以及执行情况的报告;(3)讨论、决定本行政区域内的政治、经济、教育、科学、文化、卫生、环境和资源保护、民政、民族等工作的重大事项；（4）选举本级人民代表大会常务委员会的组成人员；（5）选举市长、副市长，区长、副区长；（6）选举本级人民法院院长和人民检察院检察长；选出的人民检察院检察长，须报经上一级人民检察院检察长提请该级人民代表大会常务委员会批准；（7）选举上一级人民代表大会代表；（8）听取和审查本级人民代表大会常务委员会的工作报告；（9）听取和审查本级人民政府和人民法院、人民检察院的工作报告；（10）改变或者撤销本级人民代表大会常务委员会的不适当的决议；（11）撤销本级人民政府的不适当的决定和命令；（12）保护社会主义的全民所有的财产和劳动群众集体所有的财产，保护公民私人所有的合法财产，维护社会秩序，保障公民的人身权利、民主权利和其他权利；（13）保护各种经济组织的合法权益；（14）保障少数民族的权利；（15）保障宪法和法律赋予妇女的男女平等、同工同酬和婚姻自由等各项权利。

　　直辖市、市、市辖区人民政府行使的职权是：（1）执行本级人民代表大会及其常务委员会的决议，以及国家行政机关的决定和命令，规定行政措施，发布决定和命令；（2）领导所属各工作部门和下级人民政府的工作；（3）改变或者撤销所属各工作部门的不适当的命令、指示和下级人民政府不适当的决定、命令；（4）依照法律的规定任免、培训、考核和奖惩国家行政机关工作人员；（5）执行国民经济和社会发展计划、预算，管理本行政区域内的经济、教育、科学、文化、卫生、体育、环境和资源保护、城乡建设事业和财政、民政、公安、民族事务、司法行政、监察、计划生育等行政工作；（6）保护社会主义的全民所有财产和劳动群众集体所有的财产，保护公民私人所有的合法财产，维护社会秩序，保障公民的人身权利、民主权利和其他权利；（7）保护各种经济组织的合法权益；（8）保护少数民族的权利和尊重少数民族的风俗习惯，帮助本行政区域内各少数民族聚居的地方依照宪法和法律实行区域自治，帮助各少数民族发展政治、经济和文化建设事业；（9）保障宪法和法律赋予妇女的男女平等、同工同酬和婚姻自由等各项权利；（10）办理上级国家行政机关交办的其他事项。

　　按照《中华人民共和国宪法》和《中华人民共和国地方人民代表大会和地方人民政府组织法》的规定，市权力机关和执行机关在职能方面与县级以上其他行政建制是一样的（民族自治地方有自治权）。但在组织制度上市与省县有所差别：（1）人大任期时间不一样，同级建制市的任期短。省人民代表大会每届任期四年。而相当于省级的直辖市、相当于自治州级的设区市、市与县、乡、民族乡、镇的人民代表大会一样，每届任期两年。省、直辖市、县、市、市辖区的人民代表大会会议每年举行两次，交通不便的省可以每年举行一次。（2）政府组成人员数量不一样，同级行政建制，市的人员多。规定：省、直辖市 25～55 人；市 9～25 人，人口特多的市至多不超过 45 人；县 9～21 人；人口和乡、镇特多的县至多不超过 31 人；市辖区 9～21 人。（3）政府任期不一样，同级建制行政区划单位中市的任期短。省人民政府每届任期四年，而直辖市、设区的市和市辖区都与县、乡、民族乡、镇一样任期两年。从当时实际情况看，直辖市与省、设区的市与自治州、市与县在机构设置和行使职能方面确实有所不同。

（三）中国市制的突出特点

民政部区划地名司司长戴均良在《中国市制》①一书中，根据新中国市制法律地位的确定、政策法律规定的调整和设市实际情况的变化，将我国的市制特点分析总结如下：

1. 市制由多层次的行政区划建制构成。

从法律上划分，包括直辖市、省辖设区的市、不设区的市及自治州辖市三个层次。1998 年底全国有直辖市 4 个，省辖市 627 个，自治州辖市 37 个。从行政等级上划分包括省级市、副省级市、地（州）级市和县级市四个等级，到 1998 年底，有省级市 4 个（四个直辖市），副省级市 15 个（在行政区划统计中归为地级市），地级市 212 个，县级市 437 个。所以，我国市制的构成可以概括为"三层四等"。

地级市即指行政地位相当于地区和自治州的市，主要是省辖设区的市。在分称"地级市"和"县级市"之前，省辖市有三种类型，一种是由省直接领导的市，一种是由地区（专区）代省、自治区领导的市，一种是自治州领导的市。其中省直接领导的市一般规模较大，并多分设市辖区，这类市即是地级市的主体。推行市领导县体制以后，地级市不仅设有市辖区，而且还领导县。1983 年以来地级市的数量增幅较大，由 144 个增加到 1998 年的 227 个（含 15 个副省级市）。新增的地级市大多数是地改市，少数是县级市升格而来，227 个地级市中设区的市有 222 个，只有 5 个地级市不设区，即浙江省湖州市、广东省中山市和东莞市、海南省三亚市、甘肃省嘉峪关市，其中湖州市不设市辖区但领导县，其他 4 市不设区也不领导县，俗称"直筒子"市。

县级市是指行政地位相当于县，包括省辖县级市和自治州辖县级市。县级市不设市辖区，从直接行政领导关系看，县级市一般由地区、地级市代管，自治州辖市则由自治州领导。改革开放以前，县级市一般是从县域范围内分出一

---

① 戴均良，《中国市制》，中国地图出版社，2000 年，第 63～88 页。

个或几个乡镇设市而来，也就是常说的"切块设市"。那时，我国县级市发展缓慢，一定时期内比地级市还少，如 1975 年全国有地级市 96 个，而县级市只有 86 个。改革开放以后，加快了设市速度，改革了设市模式，特别是 1983 年以后撤县设市越来越多。到 1998 年底全国共有 437 个县级市，比改革开放前的 1977 年增了 347 个，其中 80% 是撤县设市而来。

副省级市是从计划单列市发展而来的，广州市、武汉市、哈尔滨市、沈阳市、成都市、南京市、西安市、长春市、济南市、杭州市、重庆市、大连市、青岛市、深圳市、厦门市、宁波市共 15 市的行政级别定为副省级。由于我国《宪法》和《组织法》没有规定，因此在行政区划系列中仍列在地级市之中。在省的统一领导下赋予比其他地级市更多的管理权限，同时，中央在机构设置、干部配备、工作部署等方面也与一般地级市有着不同的政策规定。

2. 当代中国市制兼具城市管理和区域管理的双重性，市既有自己的直属地盘市区，又管辖下级政区。

我国建制市的设立一般是从县域析出，20 世纪 80 年代以前设立的各类城市中的绝大多数都是由此而来，俗称"切块设市"。过去城市建制的一般特征是指管辖城市地区的市政当局，其职责行使的地域范围很小，限定于市区。这种模式是西方国家市制的主要模式，如美国有 19000 多个市政府，各市政府只管自己"脚下"的一小块城区。旧中国的市制也是这种模式，市管辖的范围大的百十平方公里，小的几平方公里，也就是城区和郊区。新中国成立初期市制也是城区型模式，城市政权管辖范围也是城区和郊区，少数城市管辖有较大范围的农村地区。1958 年开始，我国市制发生了大的转变，传统城市型行政区划建制开始向城市型与地域型相结合模式发展，直辖市和一些较大的市（即地级市）开始大范围地实行"市领导县"体制，市政权除直接管理城区外，还通过所辖县管理广大农村地区。虽然 1961 年以后市管县体制有所回落，但直辖市和少数较大的地级市一直坚持这一体制。1978 年的宪法修正案把市领导县体制写进了《中华人民共和国宪法》，这就从法律上确立了市制实行城区型与地域型相结合的行政区划建制模式，一般称为广域型市制。此后，市管县体制越来越多，特别是 20 世纪 80 年代初期开始逐步全面推行，到 1998 年底，全国 4 个直辖市全部领导县，227 个地级市中既不设区也不领导县的只有 4 个。

所以，无论是直辖市、地级市，还是县级市，都改变了传统市制只管辖城区的特征，变成兼具市和省或县双重职能的行政区划建制，这是当代中国市制的又一重要特征，也是它与传统市制的一个重要区别。

3. 市建制比同级别的行政区划建制拥有更多的管理职权，在行使职能、机构设置等方面与同级行政建制都有些区别。

市制的双重职能特征决定了市政权比同级的省、县政权或地区机构要担负更多的管理任务。如就直辖市与省相比，直辖市既要直接管理市区经济社会事务，又要领导所辖县的工作，而省对全省经济社会事务的管理都是通过下级行政建制来实施，对省会所在的城市市区的管理由省会城市政府承担。虽然省管辖的范围一般比直辖市大得多，但由于省县之间有个中间层，省直接领导的下级政区单元一般在 10 个左右，大的省份约 20 个，而直辖市直接下辖的区县一般在 20 个左右。所以，直辖市政府直接承担的管理事务常常比省政府要多一些。再如地级市与地区，地级市既要管理市辖区，又要领导所属县（包括代管的县级市），而地区一般不直接管理所在地的城区，只领导各县（市）的工作。县级市与县相比，差别没有直辖市与省、地级市与地区那么明显，但由于经济发展水平高于县而管理的事务也就比县多。

城市地区管理较之农村地区管理，一般情况下事务多，任务重一些。城市人口密集，工商业发达，经济社会关系和结构较之农村要复杂得多。同时，城市管理不仅要有各种政区通用的政策法律，而且要有适合于城市特点的管理规定和办法。所以，与同级行政建制相比，对市政权在职能权限、机构设置等都有某些特殊的政策规定。如在立法方面，赋予了省会城市和一些较大城市部分立法权，其他同级行政建制没有这个权限。根据《中华人民共和国地方各级人民代表大会和地方各级人民政府组织法》规定，省、自治区的人民政府所在地的市和国务院批准的较大的市的部分立法权包括三个层次：（1）市人民代表大会，"根据本市的具体情况和实际需要，在不同宪法、法律、行政法规和本省、自治区的地方性法规相抵触的前提下，可以制定地方性法规，报省、自治区的人民代表大会常务委员会批准后施行，并由省、自治区的人民代表大会常务委员会报全国人民代表大会常务委员会和国务院备案"；（2）市人民代表大会常务委员会，"在本级人民代表大会闭会期间，根据本市的具体情况和实际需要，在不同宪法、法律、行政法规和本省、自治区地方性法规相抵触的前提下，可以制定地方性法规，报省、自治区的人民代表大会常务委员会批准后施行，并由省、自治区的人民代表大会常务委员会报全国人民代表大会常务委员会和国务院备案"；（3）市人民政府，"可以根据法律、行政法规和本省、自治区的地方性法规，制定规章，报国务院和省、自治区的人民代表大会常务委员会、人民政府以及本级人民代表大会常务委员会备案"。

1984 年 12 月 15 日，国务院批准的有立法权的较大的市有：河北省的唐山市、山西省的大同市、内蒙古自治区的包头市、辽宁省的大连市及鞍山市和抚顺市、吉林省的吉林市、黑龙江省的齐齐哈尔市、江苏省的无锡市、安徽省的淮南市、山东省的青岛市、河南省的洛阳市、四川省的重庆市共 13 个市。此后，又有宁波、淄博、邯郸、本溪、徐州、苏州等市也先后被批准为"较大的市"。

再如在经济社会事务和行政管理方面，国务院赋予计划单列市和副省级市相当于省级经济管理权限，这是典型的代表。同时，就其他地级市和县级市而言，在建设项目审批、基建投资规模、金融机构的设置与融资管理等方面，地级市比地区，县级市比县拥有更优惠的政策。在市政建设方面，市比县提取的财税比例要高，市可提取财政收入的 7%，而县只能提取 5%。在机构设置方面，市比同级的省、州、县要多一些。目前省、自治区政府工作部门机构一般为 53 个左右，自治州为 32 个左右，较大的县 30 个左右，中小县 24 个左右，而直辖市有 61 个左右，大城市 55 个左右，中小城市 37 个左右。1999 年初，国务院《关于地方政府机构改革的意见》要求进一步精简压缩地方机构，规定省、自治区政府机构减至 40 个左右，人口较少的省、自治区减至 30 个左右；自治州减至 25 个左右，较大的县减至 22 个左右，中等县减至 18 个左右，小县减至 14 个左右；直辖市减至 45 个左右，大城市减至 40 个左右，中等城市减至 30 个左右，小城市减至 22 个左右。少数经济特别发达、规模较大的镇，可以按照现代城镇管理模式确定机构。也就是说副省级以下的大城市机构设置与省、自治区机构设置数量相当，小城市机构设置数量与较大的县相当，比中小县多，发达的镇比乡多。之所以这样规定，是我国城市管理的特点和任务决定的。

4. 与西方一些国家的市制相比，中国设市标准较高，条件比较严格，市建制的行政属性特征突出。

中国的市制是一种行政区划建制，市的设立、撤并、管辖范围都由中央政府决定，而不是像西方国家那样由居民公决后申请批准。西方国家的市制一般是实行地方自治制度。因而设市标准较低，市的设立也比较容易，几千人甚至几百人通过公决就可以设一个市。由于各国国情不同，设市的规定也不一样。英国现代市制形成于 19 世纪初期，以 1835 年英国议会通过的《市自治法》为标志，该法对自治市的成立作出了规定，市的成立要在民选议会的基础上向国王申请特许状。美国联邦宪法对地方政府没有规定，市的建立由各州批准，当有一定数量的居民愿意组成市法人时，经过地方公决获得大多数居民的同意后向州议会提出申请，州议会批准后由州政府发给特许状，特许状实际上就是成立该市的法律依据。市特许状的内容包括：（1）市政府管辖的地域疆界；（2）市法人的宗旨、权力、职能、权利与特权；（3）市政府的组织与职权。意大利、德国等也都是市自治制，大的有数百万人口，小的只有几百人，但成立的程序相同，都是居民公决后申请批准，法律上大小市平等。这些国家市的机构设置都比较简单，特别是小市的市政官员大多为兼职人员，一般只发给一定的职务补助，没有专门工资。所以市的数量多少、规模大小对国家的财政影响不大，大约也是西方国家设市比较容易的一个重要原因。

中国市制作为一种行政区划建制，如同其他地方行政区划建制一样，设一个市就要设立市党委、市人大、市政协、市政府及各局委办机构，四大市领导班子和各办事机构的行政事业编制少的一两千人，多的数千人甚至上万人，其工资来源主要由财政负担。正因为如此，中国设市标准越定越高，人口指标从新中国成立初期的 5 万人提高到 10 万人及现在的 10 万人以上，从无经济指标到经济指标不断提高，表明中国设市要求是比较严格的。

（四）中国市制的内容

设市标准、设市模式和市的行政地位是市制的重要内容。制定什么样的设市标准，推行什么样的设市模式，对于城市的发展有着直接、广泛而深远的影响。

1. 设市标准

现代意义上的市建制都有一定的模式或形式，都有一定的标准，而且很多国家是以法律的形式进行规定。通常所说的设市模式主要是从地域上划分为切块设市或整建制设市，其实设市模式还应该包括设立市的方式和市的外部关系，也就是市在国家地方行政体系中的不同地位和角色。我国从创立市制之初就有设市标准的规定，国民党统治时期几次颁布的《市组织法》及其修正案也有具体的设市标准。总括起来看，旧中国的设市标准主要是人口指标，最初是 5 万人以上可以设市，后曾降至 1 万人，但 1 万人的市是指县辖市。（戴均良语）

建国以来，我国的设市标准经历过多次调整：

1950 年 6 月 13 日，中央人民政府政务院发布《关于统一全国各级人民政府党派群众团体员额暂行编制草案》，其中规定的设市标准为"凡重要港口、工商业发达、大的矿区，而人口在 5 万以上者（郊区农村除外），得呈请中央人民政府政务院批准设市"。当时还将全国的市在编制上划分为特、甲、乙、丙、丁5 等，凡所辖人口 150 万以上者为特等市，100～150 万者为甲等市，50～100万者为乙等市，20～50 万者为丙等市，5～20 万者为丁等市。

1951 年 12 月 7 日，中央人民政府政务院发布《关于调整机构紧缩编制的决定（草案）》，从精简机构的目的出发，提高了设市标准，规定"凡人口在 9万以下，一般不设市"，特殊情况须报政务院批准。

1953 年 3 月 12 日，政务院发布的《关于改变大行政区辖市及专署辖市的决定》指出，凡属数县以上范围的物资集散中心，或工矿、国防要地，或与发展少数民族地区建设有密切关系的专署辖市，可参照人口情况，改为省辖市，由省人民政府直接领导，或由省人民政府指定该市所在地区之行署或专署领导监督。不属以上范围及原为县城的专署辖市一律撤销。

1954 年颁布的《中华人民共和国宪法》第五十三条对市、镇行政地位做出规定。1955 年 6 月 9 日国务院颁布了《关于设置市、镇建制的决定》，明确规定市是属于省、自治区、自治州领导的行政单位，聚居人口 10 万以上的城镇可以设市，聚居人口虽不足 10 万，但是重要工矿基地、省级地方国家机关所在地、规模较大的物资集散地或者边远地区的重要城镇，并确有必要时也可以设置市的建制。

1963 年 12 月 7 日，中共中央、国务院发布《关于调整市镇建制，缩小城市郊区的指示》，虽然设市标准原则上没有变化，但在标准掌握上比以前严格，撤销了一批不符合条件的建制市，对市的郊区范围作了必要的缩小。

1983 年 5 月 18 日民政部和劳动人事部向国务院上报了《关于地市机构改革中的几个主要问题的请示报告》，提出了撤县改市和撤销县并入市的标准：①总人口在 50 万以下的县，驻地非农业人口 8 万以上，年工业产值 2 亿元以上的可以整县改市；②总人口在 50 万以上的县，驻地非农业人口占全县总人口的20%以上，年工业产值 2 亿元以上的可以整县改市；③对少数民族地区、重要工矿区、旅游区或边远地区，以及在一个地区内一个市也没有的，设市条件可以适当放宽。

1986 年 2 月 3 日民政部正式向国务院上报了《关于调整设市标准和市领导县条件的报告》，国务院于 4 月 19 日以国发〔1986〕46 号文件批转各地试行：①非农业人口 6 万以上，年国民生产总值 2 亿元以上，已成为该地经济中心的镇，可以设置市的建制。少数民族地区和边远地区的重要城镇，重要工矿科研基地、著名风景名胜区、交通枢纽、边境口岸，虽然非农业人口不足 6 万、年国民生产总值不足 2 亿元，如确有必要，也可设置市的建制。②总人口 50 万以下的县，县人民政府驻地所在镇的非农业人口 10 万以上、常住人口中农业人口不超过 40%、年国民生产总值 3 亿元以上，可以撤县设市。③总人口 50 万以上的县，县人民政府驻地所在镇的非农业人口 12 万以上、年国民生产总值 4亿元以上，可以撤县设市。④自治州人民政府或地区（盟）行政公署驻地所在镇，非农业人口虽然不足 10 万，年国民生产总值不足 3 亿元，如确有必要，可以撤县设市。这一次的设市标准除降低人口标准外，较之过去有几个明显的变化：一是在设市标准中首次明确规定了综合经济指标；二是在设市模式上首次出现整县改市的新模式；三是在建制布局方面作了调整，对少数民族地区，边远地区和地区、自治州行政驻地放宽了设市标准，有利于市的合理布局、全面发展。

1993 年 2 月 8 日，民政部向国务院上报了《关于调整设市标准的报告》，国务院于 1993 年 5 月 17 日以国发［1993］38 号文件批转试行新的设市标准：①确定以"人口密度"作为分类指导的依据；②增设新的经济和城建指标，加强了整县改市的全面考察；③提出了不同类型设市地方的非农人口标准；④明确了不设市的规定：财政补贴县和国家、部、省确定的重点扶持的贫困县原则上不设市。比起 1986 年的设市标准，这一次的标准更全面、更科学、更合理。如对"非农业人口"和"具有非农业户口的人口"的区分，以人口密度分类规定标准，增加了若干经济指标、市政基础设施指标等，使设市标准更趋完善。

2. 现行的设市标准

现行设市标准是 1993 年 3 月国务院批转的民政部《关于调整设市标准的报告》，即国发［1993］38 号文件，主要规定了设立县级市和地级市的标准。

（1）设立县级市的标准：

①人口密度 400 人/平方公里以上的县，达到下列指标，可设市撤县：

Ⅰ.县人民政府驻地所在镇从事非农产业的人口（含县属企事业单位聘用的农民合同工、长年临时工，经工商行政管理部门批准登记的有固定经营场所的镇、街、村和农民集资或独资兴办的第二、三产业从业人员，城镇中等以上学校招收入的农村学生，以及驻镇部队等单位的人员，下同）不低于 12 万，其中具有非农业户口的从事非农产业的人口不低于 8 万。县总人口中从事非农产业的人口不低于 30%，并不少于 15 万。

Ⅱ.全县乡镇以上工业产值在工农业总产值中不低于 80%，并不低于 15 亿元（经济指标均以 1990 年不变价格为准，按年度计算，下同）；国内生产总值不低于 10 亿元，第三产业产值在国内生产总值中的比例达到 20%以上；地方本级预算内财政收入不低于人均 100 元，总收入不少于 6000 万元，并承担一定的上解支出任务。

Ⅲ.城区公共基础设施较为完善。其中自来水普及率不低于 65%，道路铺装率不低于 60%，有较好的排水系统。

②人口密度 100～400 人/平方公里的县，达到下列指标，可设市撤县：

Ⅰ.县人民政府驻地镇从事非农产业的人口不低于十万，其中具有非农业户口的从事非农产业的人口不低于 7 万。县总人口中从事非农产业的人口不低于 25%，并不少于 12 万。

Ⅱ.全县乡镇以上工业产值在工农业总产值中不低于 70%，并不低于 12 亿元；国内生产总值不低于 8 亿元，第三产业产值在国内生产总值中的比例达到 20%以上；地方本级预算内财政收入不低于人均 80 元，总收入不少于 5000 万元，并承担一定的上解支出任务。

Ⅲ.城区公共基础设施较为完善。其中自来水普及率不低于 60%，道路铺装率不低于 55%，有较好的排水系统。

③人口密度 100 人/平方公里以下的县，达到下列指标，可设市撤县：

Ⅰ.县人民政府驻地镇从事非农产业的人口不低于 8 万，其中具有非农业户口的从事非农产业的人口不低于 6 万。县总人口中从事非农产业的人口不低于 20%，并不少于 10 万。

Ⅱ.全县乡镇以上工业产值在工农业总产值中不低于 60%，并不低于 8 亿元；国内生产总值不低于 6 亿元，第三产业产值在国内生产总值中的比例达到 20%以上；地方本级预算内财政收入不低于人均 60 元，总收入不少于 4000 万元，并承担一定的上解支出任务。

Ⅲ.城区公共基础设施较为完善。其中自来水普及率不低于 55%，道路铺装率不低于 50%，有较好的排水系统。

④具备下列条件者，设市时条件可以适当放宽：

Ⅰ.自治州人民政府或地区（盟）行政公署驻地。

Ⅱ.乡、镇以上工业产值超过 40 亿元，国内生产总值不低于 25 亿元，地方本级预算内财政收入超过 1 亿元，上解支出超过 50%，经济发达，布局合理的县。

Ⅲ.沿海、沿江、沿边境重要的港口和贸易口岸，以及国家重点骨干工程所在地。

Ⅳ.具有政治、军事、外交等特殊需要的地方。具备上述条件之一的地方设市时，州（盟、县）驻地镇非农业人口不低于 6 万，其中具有非农业户口的从事非农产业的人口不低于 4 万。

⑤少数经济发达，已成为该地区经济中心的镇，如确有必要，可撤镇设市。设市时，非农业人口不低于 10 万，其中具有非农业户口的从事非农产业的人口不低于 8 万。地方本级预算内财政收入不低于人均 500 元，上解支出不低于财政收入 60%，工农业总产值中工业产值高于 90%。

⑥国家和部委以及省、自治区确定予以重点扶持的贫困县和财政补贴县原则上不设市。

⑦设置市的建制，要符合城市体系和布局的要求，具有良好的地质、地理

环境条件。

⑧县级市不设区和区公所，设市撤县后，原由县管辖的乡、镇，由市管辖。

（2）设地级市的标准：

市区从事非农产业的人口 25 万人以上，其中市政府驻地具有非农业户口的从事非农产业的人口 20 万人以上；工农业总产值 30 亿元以上，其中工业产值占 80%以上；国内生产总值在 25 亿元以上；第三产业发达，产值超过第一产业，在国内生产总值中的比例达 35%以上；地方本级预算内财政收入 2 亿元以上，已成为若干市县范围内中心城市的县级市，方可升格为地级市。

这个设市标准是新中国成立以来历次规定的设市标准中系统性、科学性和可操作性最强的一个标准，对近几年设市城市的发展起了极大的促进作用。与 1986 年的标准相比，这个标准首先更好地体现了分类指导的原则，首次按"人口密度"分类确立指标，找到了比较切合我国实际情况的分类办法。其次，比较全面地完善了指标体系，增加了撤县设市考察全县情况的指标，增加了经济指标项目，完善了人口指标，考虑到了非农业人口增长的实际情况。再次，制定了地级市标准，使地级市的设置走上了规范化的轨道。最后，提高了撤镇设市标准，调整了设市模式的发展方向。

总体上看，现行的设市标准比 1986 年的设市标准更完善、更系统，是我国市制产生以来要求最全面的一个设市标准。现行设市标准对推动我国城市的发展，尤其对撤县设市和撤地设市起了极大的促进作用，使建制市的设置基本适应了经济发展，特别是城市化发展的要求。但随着经济社会的发展，这个标准也逐步暴露出一些问题，需要进一步修订完善。

首先，指标体系还不够完善，对设市所必须具备的因素体现不够。主要体现在三个方面：一是有些指标过时了，如工农业总产值指标和工业总产值指标存在着重复计算的问题，难以真正反映出一个地方的经济实力，同时这两个指标与国内生产总值指标有着较强的相关性，没有必要同时采用。工业总产值占工农业总产值的比例指标过分强调了工业生产在区域经济发展中的作用，也难以准确反映一个地方经济结构非农化的水平。二是有的指标不全面，如国内生产总值指标只有全县总量的要求，没有人均产值的指标，这样人口大县很容易达到这个指标，而人口少的县达到总量的要求相对要难一些。三是缺少设市时所必须考虑的定性条件。设市关系到其本行政区域乃至更大范围的长远发展，除了要有明确的定量指标外，还必须辅之以必要的定性条件，以保证设市城市的长远发展。

其次，地级市设置标准过于简单，分类指导不够。小城市发展成中等城市，中等城市发展成大城市，是城市发展的客观规律。同时，从经济发展和行政中心建设的要求出发，也需要增设一些地级市。但现行地级市的设置标准比较单一，没有区别对待，如地改市和独立的县级市升格在区域经济发展和区域行政管理中所起的作用有所不同，因而设置地级市的标准也应该有所区别。再如，东西部地区人口状况和经济发展水平差异很大，东部地区人口密度高、总量多，一个地区总人口一般有五六百万，市区非农业人口 25 万人很容易达到；而西部地区人口密度小、人口总量少，一个地区总人口多的二三百万人，少的不足一百万，市区非农业人口达到 25 万人比东部地区难得多。另外，就县级市升格为地级市而言，人口多的县级市一般经济总量大，而人口少的经济总量也少，用同一个标准衡量也不科学。

再者，撤县设市标准在新形势下明显偏低。1997 年底全国 1675 个县中，按照现行设市标准的全部经济指标审核，各类达到设市标准的县共有 803 个，占 47.9%。从统计资料看，现行标准中的经济指标普遍低于全国各类县的平均水平，如 400 人/公里以上的县，其国内生产总值平均值为 29.3 亿元，远远高于 10 亿元的标准。可见现行设市标准，尤其是经济指标明显偏低，在一定程度上已起不到对设市工作特别是县级市发展的调控作用，客观上造成了个别地区设市过热的问题。

所以，从客观形势发展变化和现行标准存在的问题看，有必要再次修订设市标准，进一步提高设市标准的科学水平。

3. 设市模式

市制与省制、县制相比，是一种新的行政区划建制，但却是最有活力、发展前景最为广阔的建制。中国城市的设置模式指建制市设置的空间组织形式。主要有以下几种：

（1）切块设市模式。即以县城或县（白治县、市）中心以外的重要工矿区、交通枢纽、风景名胜区、边境口岸及其近郊为区域设置市，与原来的县（自治县、旗、市）分割为 2 个县级以上行政区。这是改革开放前中国设市的主要模式。如四川省的宜宾市、内江市、南充市均是解放后析宜宾县、内江县、南充县城区设市，而原有三县仍存，市主要管辖城镇型区域，县主要管辖乡村区域，这就是传统的城乡分治的二元结构。与此相同的还有很多，如河南安阳市，解放后以安阳县城区及近郊设置；江西上饶市析上饶县城关镇设置，原县仍并存。

（2）多中心组合模式，即一个市含有若干个城市（城区），各城市建成区之间有大片农村相隔。这种模式主要用于分散的工矿区、林区，如山东省淄博市、东营市，安徽省淮南市、淮北市，黑龙江省伊春市；或因几个市合并成一个市而采用，如河北省张家口市（宣化市）、秦皇岛市（山海关市），江苏省淮安市（淮阴市、县级淮安市），浙江省台州市（椒江市、黄岩市），安徽省黄山市（屯溪市、县级黄山市）；近年来随着大量的县（市）改为市辖区形成新的多中心组合市，如北京市、天津市、上海市、重庆市、南京市、杭州市、宁波市、武汉市、广州市、佛山市、江门市。

（3）整县改市模式，指将整个县改为市，或几个县整块合并为市，也包括撤销市外围的县并入市。这种模式自改革开放以来普遍采用，一改过去切块设市为主的模式，变城镇型的城乡分治的市为地域型的城乡合治的市。例如，四川省的都江堰市、彭州市、广汉市，均分别由原灌县、彭县、广汉县改市而来。辽宁的金县改金州市，山东的曲阜、浙江的萧山、河南的登封、河北的黄骅、山西的汾阳、江苏的常熟、安徽的巢湖、江西的上饶、福建的晋江等均是由整县改制而来的县级市。再如，湖北的黄陵县、新洲县撤县建区，整县并入武汉市，成为武汉市的黄陂区、新洲区；四川的温江县、新都县撤县建制并为成都市的两个区；重庆直辖后，原江北县、巴县撤县建制并为重庆市的两个区，以上均属于撤县为区、整体并入中心市的情况。几个县整块合并为市的有六盘水市，由六枝、水城、盘县三县撤县建市。这种设市模式自 20 世纪 80 年代出现以来，在城市发展过程中有一定积极意义，在一定程度上有利于解决和克服过去切块分割模式带来的问题和弊端，如过去切块模式产生的城乡分割矛盾，市县并立一城之中带来的管理不便等，而且这种区域型的新模式为新市市区布局的进一步发展留有较大空间。但这种模式最大的弊端是使市的概念变得模糊不清，与国际公认的城市本质相悖，在人口统计、城市化水平的评价、工农业产值以及有关数据的统计上带来很多、很大的麻烦，而且上述数据统计的层面不同或统计得不准确，容易产生诸多假象，如虚假城市化水平、虚假城市规模等。

（4）市领导县的模式，此种模式是由一个中心城市领导若干个县，即以经济相对发达的中心城市带动周围农村的城乡合治型的建制模式。此种模式是由一个中心城市领导若干个县，其实质是把一级城市政府变为辖县的一般地域型政府，或是将省的派出机关——地区行政公署转变为省县之间的一级政权。这是一种以经济相对发达的中心城市带动周围农村的城乡合治型的建制模式。此种模式建国初期即出现，而大规模地推行则始于 20 世纪 80 年代。此种模式的产生方式大致有两种类型。一是划拨。这种方式是将中心城市周围的部分县划拨给中心城市领导。这些县原来属某一个地区或者分属某几个地区，或一个地区撤销后，全部划归邻近的原无行政隶属关系的中心城市领导。还有一种情况则是在县改市的基础上，将新设的一些县级市升格为地级市，然后划拨一些县归其领导。如四川省，1976 年将原属温江地区的双流、金堂二县划为成都市领导，1983 年温江地区撤销，又将温江地区除什邡、广汉二县外的其余 10 县划归成都领导。1983 年，江津地区撤销后，将该地区所属 8 县全部划归重庆市领导。山东省将原属昌潍地区的平度、胶南、胶州三县和原属烟台地区的即墨县划归青岛市领导。二是地市合并。这分两种情况。一是将同名且各不相属的地市合并，撤销地区改为市领导县体制，这种情况的同名地市中的"市"原本就是地级市，并不归地区管辖，但地区行政公署又大多驻在该市，造成一城之中地、市机构并存且各不相属的情况。如江苏省的苏州市和苏州地区，地区行政公署驻苏州市，但不辖苏州市，而辖无锡县、吴江县等 8 县。类似的还有浙江省的温州市与温州地区，安徽省的芜湖市与芜湖地区，河南省的开封市与开封地区，广东省的佛山市与佛山地区，广西壮族自治区的南宁市与南宁地区、桂林市与桂林地区等。另一种情况则是同名地市中，市归地区管辖，这种情况中的"市"情况较复杂，有地级市，也有县级市，大多为县级市。如河北省廊坊地区与廊坊市，辽宁省铁岭地区与铁岭市，四川省雅安地区与雅安市，1998 年设立的资阳地区与资阳市等，其中的市均为县级市。这类情况实行市领导县体制则先将县级市升格为地级市，同时撤销地区，将地区所属县（市）并入升格的地级市。而河北省的石家庄地区与石家庄市则不同，石家庄地区辖石家庄市，但石家庄市是河北省省会，显然是地级市，这是 20 世纪 80 年代之前由于河北省省会几经变化而形成的特殊情形（天津由直辖而后为河北省省会，后又直辖，是引起这种特殊情况的主要原因）。但这是个别现象，多数地辖市均为县级市，"专辖市"、"地辖市"的称谓历来是与现在所说的县级市相对应的。地区辖同名市的还有江苏省扬州地区与扬州市，镇江地区与镇江市；江西省九江地区与九江市，上饶地区与上饶市；安徽省安庆地区与安庆市，阜阳地区与阜阳市；河南省许昌地区与许昌市，商丘地区与商丘市；湖南省岳阳地区与岳阳市，湘潭地区与湘潭市；湖北省宜昌地区与宜昌市；四川省南充地区与南充市；陕西省咸阳地区与咸阳市，延安地区与延安市；甘肃省天水地区与天水市等等。上述均是地市同名的现象，地区所辖同名市均是县级市。实行市领导县制，如前所言应先将县级市升格为地级市，撤消地区更名为市。而前面所说同名地市不相辖的情况则不单是将地区更名为市，因为同名地级市早就存在，也不单是原地区内部发生变化，因为同名市本不属地区管辖，而是撤销地区，将原属县（市）并入同名地级市。例如，浙江省的温州地区撤销地区，全部并入温州市，再如苏州地区与苏州市、宁波地区与宁波市也均如此。

　　需要补充说明的是，上述资料所列情形是发展变化的，一些地区所辖的县级市在 20 世纪 70 年代末和 80 年代初由县级升格为地级,脱离了地区而转为省辖, 便又新出现了地市同名不相辖的情况, 其后再实现地市合并。如湖南岳阳市, 原属岳阳地区, 为县级市, 升格为地级市, 又与地区合并。与县改市不同, 市管县模式并不是增设新市, 而是在市的建制模式上产生了变化, 形成一种新的地域型的市, 这一点与整县改市相类似, 不过比整县改市所设置的地域型市的行政区域更大。与整县改市模式一样, 市管县模式在一定时期中曾起到过积极作用, 但也同样暴露出许多弊端, 对于此种模式的具体评价, 此处不详述。

（三）市的行政地位

市的行政地位是指在国家的行政区划级别中所处的等级和行政隶属关系。我国目前的建制市分为 4 个层次, 即直辖市、副省级市、地级市和县级市。

直辖市是指由中央政府直接管辖, 其行政地位相当于省一级的市。目前我国有 4 个, 即北京、上海、天津、重庆。

副省级市是 20 世纪 90 年代在原有建制市的行政等级中新增加的一个层次。副省级市的行政隶属关系仍属原所在的省, 但行政地位高于地级市, 略低于省级, 故称副省级市。

副省级市是在 20 世纪 80 年代计划单列市的基础上产生的。

计划单列市是指国民经济和社会发展计划在国家计划中单列户头, 由国家直接下达计划, 具有相当于省一级的计划决策权和经济管理权的有重要地位的中心城市。

1984 年, 重庆实行计划单列, 第二年武汉开始计划单列, 随后先后确定了 14 个计划单列市, 依次为重庆、武汉、沈阳、大连、广州、西安、哈尔滨、青岛、宁波、厦门、深圳、南京、成都、长春。但计划单列市只是享有相当于省一级的某些经济管理权限, 并没有相应的行政权力, 其行政地位也无明确规定。随着社会经济的发展和改革的不断深化, 计划经济向市场经济转轨, 原计划单列的含义逐步淡化, 计划单列市在实际运行中省市之间的权限划分和利益分配出现了诸多矛盾。

1993 年, 中央决定, 除重庆、深圳、大连、青岛、宁波、厦门仍保留计划单列外, 其余 8 个省会城市不再实行计划单列。

1994 年 3 月, 中央为了进一步发挥中心城市的作用, 由中央机构编制委员会发出通知, 将广州等 16 个城市的行政级别定为副省级。这 16 个城市包括原来的 14 个计划单列市, 另增加杭州、济南。

重庆于 1997 年直辖后, 目前我国共有 15 个副省级市。

副省级市在我国地方行政体制中是一个新的层次, 是行政改革产生的新生事物，目前，它的法律地位并不明确，即没有相关的法律给予确定，按照宪法规定，严格地讲它不能算作一级独立的行政层次，因为宪法第 30 条规定的中国行政区划中并没有这一层次。其未来地位和发展趋势如何，有待于在进一步改革中加以确定。此处列出介绍，仅因其目前在我国市级行政区划中是一种客观存在的事实。

地级市是指其行政地位相当于地区（原称专区）或自治州一级的市，建国之初称为省辖市，其行政隶属关系直接归省管辖，1983 年正式称为地级市。

县级市是指行政地位相当于县一级的市，过去曾经叫"专辖市"、"地辖市"，属地区管辖，地区撤销后，一部分归省辖，一部分归地级市、副省级市等代管。1983 年正式称为县级市。

为什么要争做直辖市

行政级别的提高，会给这个城市发展带来巨大的推动力。一个典型的榜样就是重庆，1997 年，重庆市被国家批准升格为直辖市。重庆市直辖 6 年，国内生产总值增长 1.7 倍，地方预算内财政收入增加 2.9 倍，固定资产投资增加 3.1 倍，农民纯收入和城市居民可支配收入增加 1.4 倍，城镇化率增加 9.9%。重庆未来 10 年需投资 15 万亿。届时重庆的 GDP 将达到 5000 亿元。

人们在为重庆未来 5000 亿的 GDP 惊呼时，也有这样的疑问：重庆未来 10 年需投资的 15 万亿元将从何而来？重庆市政府负责人告诉《中国经济周刊》，有四个渠道：一是中央财政投入，包括中央国债、转移支付、税收返还等，约占 15 万亿中的 10%；二为市政府的财政投资，也占 10%；三是各类银行的商业贷款，约占 40%；四为企业投资，也占 40%，包括企业发行债券、股票，吸引外资内资等。很显然，从很大程度上讲这要得益于重庆是直辖市。重庆直辖后，大批好项目好投资争先来落户。目前重庆已超过 10 年前的上海，有人发出感叹：重庆如果不直辖，肯定要比上海发展晚 20 年以上。

升格为直辖市，真有如此大的魔力吗？行政级别的提高这种政治上的优越性到底如何地作用于经济？"直辖可以增大城市的自主权。"民政部规划处杭处长肯定地说，"这种自主权可以提高城市经济建设的决策速度，使得城市'经营'能够在更大程度上因地制宜，可以在更大的限度内开发城市所蕴涵的经济潜能，激活其发展潜力。政府每年会拨给省、直辖市、计划单列市一部分资金用于城市各项发展，这也是直辖的一大好处"。

目前我国四大直辖市已带起三大经济圈。中心城市作为区域经济的"龙头"，必定要对周边地区发挥重要的辐射作用。这既是区域经济发展的需要，更是自身长远发展的需要。我国四大直辖市在经济发展的过程中，充分发挥自身辐射作用，已经形成了环渤海经济圈、长江三角洲经济圈以及渝西经济走廊等。

中国传统的地方行政区划，主要考虑的是如何加强中央的控制和维护国家的统一。20世纪80年代改革开放以来，经济因素开始成为决定性的价值标准。1983年以后，中央相继批准一批城市实行计划单列，成为特区城市和特区省；1997年，重庆成为第四个直辖市，显然也是经济主导的行政区划变革的案例。

中国行政区的经济功能，目前相当大程度上寄托于地方政府的经济行为。但在促进区域经济增长的同时，也产生了许多负面效应，影响最大的当属地方保护主义。它使得行政区成了阻隔经济一体化进程的"看不见的墙"。不同的地方经济利益，也使行政区域经济和实际经济区域经常处在不一致的状态，进而产生日趋激烈的冲突，比如，"珠三角"、"长三角"的发展都无法回避行政区划的影响。党的十六届三中全会明确提出，要深化地方行政体制改革，合理划分中央和地方经济社会管理的事权，理顺政府职能关系，减少行政管理层次。行政区划是国家结构的重要组织形式，地方行政体制的重要组成部分，适应客观形势的要求进行相应改革是很正常的。

全国人大研究室特约研究员、国家行政学院教授杜钢建则强调，直辖对于城市发展的促进不仅表现为经济发展，而是一种综合体现和全面促进，成立直辖市不是仅仅满足一个地方经济的要求，这里面有经济、政治，甚至人力等诸多复杂的因素，不仅是城市发展的需要，而且还必须符合国家的宏观战略。专家们指出，对于城市的发展而言，直辖并非万能，但却提供了一种可能。

引自：《谁会成为中国第五直辖市》，网易新闻中心，WWW.NEWS.163.COM，2004年9月6日。

第二节　城市规划管理

城市规划是保证城市合理地进行建设和城市土地合理开发利用及正常经营

活动的前提和基础，是实现城市社会经济发展目标的综合手段。城市规划在市政管理中居于战略地位，也正由于其重要地位和重要作用而发展出一系列的规划理论和规划方法。

一、城市规划的内涵

1. 城市规划。对于城市规划（URBAN PLANNING），目前学术界尚无统一的界定，有代表性的观点主要有以下几种：

（1）城市规划是一种决策行为，其目的是解决城市中各种物质要素在空间布局与时间序列上的各种矛盾，使其各得其所，有机联系，以取得良好的经济、社会和环境效益。

（2）城市规划是一定时期内城市发展的目标和计划，是城市建设的总体部署，也是城市建设管理的依据。

（3）城市规划是政府干预城市发展的一种手段，由于是有意识的干预，因而也就是实践（即行动）。

（4）城市规划的工作对象是城市社区，其手段是对城市物质环境的布局与设计，其目的是满足全社会的现实需要和促进全社会的发展与进步。

我们认为，城市规划是根据城市经济社会发展目标和生产力布局的要求，对城市各项建设所做的综合性的部署，是一定时期内城市发展的蓝图，是各级政府指导城市合理发展、建设和管理的重要依据。城市规划的根本作用是作为建设城市和管理城市的基本依据，是保证城市合理地进行建设和城市土地合理开发利用及正常经营活动的前提和基础，是实现城市社会经济发展目标的综合手段。

2. 城市规划具有下列基本特征：

（1）综合性。城市规划是一项系统工程，它涉及多个规划部门的参与和通力合作，它需要地理学、工程学、管理学、社会学、经济学等多学科的支持，它需要兼顾城市经济、社会、环境多重目标间的协调与权衡。

（2）前瞻性。城市规划是对未来城市各项建设的总体设想，是指导城市建设的蓝图，其目的是使城市各项建设与未来城市经济社会发展、城市居民生活需求相适应。城市规划要综合分析影响城市发展的各种限制性因素与非限制性因素，统筹规划，全面协调，使城市自身对社会经济的发展变化具有较强的适应力。

（3）权威性。城市规划是城市各项建设的综合部署，它的制定和实施必然会涉及政府各个部门，城市规划范畴中的若干问题，如城市性质定位、城市规划的确定、城市各类用地分配，都是重大的公共问题，只能由作为公权力机关的城市国家机构来制定和监督执行城市规划，与此同时，为确保城市规划的执行，必须实现城市规划的法制化。

（4）动态性。城市规划本是一个动态的过程，永远没有"完工的一天"，这是因为城市在城市体系中的地位是动态的，城市规划的理论和技术是动态的，城市建设的材料和工艺是动态的，所以城市规划作为一个专门行业的法规，也应是具有弹性的。例如高度控制，如果一个地区控高为 18cm，那么这一地区的楼高多半会出现 18cm 一般齐的现象，这对城市来说是一种悲哀，因为我们参观城市都希望看到错落、起伏。如果建筑都一样高，那对城市的风景线无疑是一种破坏。

（5）特殊性。每个城市都有其特定的地理位置、社会经济发展水平、历史渊源与文化积淀，在进行城市规划时，要因地制宜，努力体现城市的特色，打造独特的城市品牌和形象，这不仅有利于城市经济的繁荣和市民生活水平的提高，也有利于城市旅游业的发展。

二、近代以来的城市规划思想与理论

城市作为产业聚集的平台，作为满足生产和生活需要的复杂系统集成空间，决定了城市的发展离不开城市的规划。城市规划中包含了人类对理想的居住空间和生活方式的选择，所以随着城市的发展，技术的进步，人类对新的生产方式和生活方式的不断选择，决定了城市规划理论和规划思想的不断发展。

（一）近代以来城市规划的基本理论

1. 霍华德的田园城市理论（GARDEN CITY）

田园城市是为解决工业革命所带来的城市问题而设想建设的一种新型城市。19 世纪末英国社会活动家霍华德提出了田园城市的概念，他在著作《明日，一条通向真正改革的和平道路》中认为应该建设一种兼有城市和乡村优点的理想城市，他称之为"田园城市"。田园城市实质上是城与乡的结合体。1919 年，英国"田园城市和城市规划协会"经与霍华德商议，明确提出田园城市的含义：田园城市是为健康、生活以及产业而设计的城市，它的规模能足以提供丰富的社会生活，但不应超过这一程度；四周要有永久性农业地带围绕，城市的土地归公众所有，由一委员会受托掌管。

霍华德对他的理想城市作了具体的规划，并绘成简图。

他建议田园城市占地为 6000 英亩（1 英亩=0.405 公顷）。城市居中，占地 1000 英亩；四周的农业用地占 5000 英亩，除耕地、牧场、果园、森林外，还包括农业学院、疗养院等。农业用地是保留的绿带，永远不得改作他用。在这6000英亩土地上，居住32000人，其中30000人住在城市，2000人散居在乡间。城市人口超过了规定数量，则应建设另一个新的城市。田园城市的平面为圆形，半径约1240码（1码=0.9144米）。中央是一个面积约145英亩的公园，有6条主干道路从中心向外辐射，把城市分成6个区。城市的最外圈地区建设各类工厂、仓库、市场，一面对着最外层的环形道路，另一面是环状的铁路支线，交通运输十分方便。霍华德提出，为减少城市的烟尘污染，必须以电为动力源，城市垃圾应用于农业。霍华德还设想，若干个田园城市围绕中心城市，构成城市组群，他称之为"无贫民窟无烟尘的城市群"。中心城市的规模略大些，建议人口为58000人，面积也相应增大。城市之间用铁路联系。霍华德提出田园城市的设想后，又为实现他的设想作了细致的考虑。对资金来源、土地规划、城市收支、经营管理等问题都提出具体的建议。他认为工业和商业不能由公营垄断，要给私营企业以发展的条件。

霍华德于1899年组织田园城市协会，宣传他的主张。1903年组织"田园城市有限公司"，筹措资金，在距伦敦56公里的地方购置土地，建立了第一座田园城市——莱奇沃思（LETCHWORTH）。1920年又在距伦敦西北约36公里的韦林（WELWYN）开始建设第二座田园城市。田园城市的建立引起社会的重视，欧洲各地纷纷效法；但多数只是借取了"田园城市"的名称，实质上是城郊的居住区。霍华德针对现代社会出现的城市问题，提出带有先驱性的规划思想；针对城市规模、布局结构、人口密度、绿带等城市规划问题，提出一系列独创性的见解。田园城市理论对现代城市规划思想起了重要的启蒙作用，对后来出现的一些城市规划理论，如"有机疏散"论、卫星城镇的理论颇有影响。20世纪40年代以后，在一些重要的城市规划方案和城市规划法规中也反映了霍华德的思想。

2. 格迪斯的进化城市理论

生物学家格迪斯1915年出版《进化中的城市》。格迪斯倡导区域规划思想，认为城市与区域都是决定地点、工作与人之间，以及教育、美育与政治活动之间各种复杂的相互作用的基本结构。这些思想对大伦敦规划和美国田纳西流域规划产生影响。他主张在城市规划中应以当地居民的价值观念和意见为基础，尊重当地的历史和特点，避免大拆大建。格迪斯还视城市规划为社会变革的重要手段，运用哲学、社会学和生物学的观点，揭示城市在空间和时间发展中所存在的生物学和社会学方面的复杂关系。城市规划工作者应把城市现状和地方经济、环境发展潜力与限制条件联系在一起进行研究，再作规划。他的名言是

"先诊断后治疗"，由此形成了影响至今的现代城市规划过程的公式："调查——分析——规划"，即通过对城市现实状况的调查，分析城市未来发展的可能，预测城市中各类要素之间的相互关系，然后依据这些分析和预测，制定规划方案。

3. 昂温的卫星城市理论

卫星城（SATELLITE TOWN）是指在大城市郊区或其以外附近地区，为分散中心城市（母城）的人口和工业而新建或扩建的具有相对独立性的城镇。它是一个经济上、社会上、文化上具有现代城市性质的独立城市单位，但同时又是从属于某个大城市的派生物，因其围绕中心城市像卫星一样，故名卫星城。按其与母城的关系分为完全从属型、半独立型与独立型。通常，与母城相距较近的卫星城市，居住职能强，依附性强；距离较远的，工业职能强，独立性强，人口规模也大，有时甚至可达到中等城市规模。按霍华德田园城市思想，卫星城市距母城不论远近，均应以绿带包围，与母城在地域上相分隔，但实际上两者间常因发生膨胀而连成一体。

卫星城市理论是从英国霍华德的"田园城市"理论发展而来，根据霍华德的设想，1919 年英国规划设计第二个田园城市——韦林时，即采用了卫星城镇这个名称。20 世纪 20 年代，英国建筑师 R. 昂温为伦敦地区制定咨询性规划，提出大规模地把伦敦的人口和就业岗位分散到附近的卫星城镇去。当时，所以采用卫星城镇的名称，主要是因为田园城市已被用于泛指城市"开阔的郊区"或"田园式市郊区"；其次，也为了表明韦林之类城镇同伦敦在经济上有紧密的联系。以后，卫星城镇一词便流传开来，并被广泛运用，有时还被用于称呼大城市边缘那些规划良好的工业郊区。20 世纪 30 年代前后，伦敦郡议会又用过"准卫星城"一词，指的是伦敦郊区仅具有"卧城"性质（即只作为生活居住之用）的居住区。在 P. 艾伯克龙比 1944 年主持编制的大伦敦规划中，为疏散人口，计划在伦敦外围建设 8 个城镇，最初也称为卫星城镇，以后通称为"新城"。

自 1924 年在荷兰阿姆斯特丹召开的国际城市会议上提出建设卫星城市以来，得到各国响应。英国政府于 1946 年制定"新城市法"，把在特大城市外围建设新城的设想，作为政府计划予以实施。日本在 1956 年公布"首都圈建设法"，强调在东京 100 公里范围大规模发展卫星城。第二次世界大战后，先是英国、瑞典、苏联、芬兰，后是法国、美国、日本等国都规划建设了许多卫星城镇。近 30 年来发达国家在大城市外围建设的卫星城镇，具有代表性的有：斯德哥尔摩的卫星城魏林比，巴黎外围的赛尔基—蓬杜瓦兹等 5 个新城，华盛顿的卫星城雷斯登，东京的卫星城多摩等。我国在 20 世纪 40 年代末，在上海城市规划中已提出在市区周围建设卫星城镇的设想。50 年代末上海、北京等城市的总体规划中都考虑了卫星城镇的规划和建设。上海城市规划中建设的第一批卫星城镇有闵行、吴泾、松江、嘉定、安亭和吴淞。70年代上海市由于建设石油化工总厂而发展起来的金山卫卫星城，住宅和公共设施配套齐全，建设效果较好。

4. 佩里的邻里单位理论

这是适应现代城市因机动交通发展而带来的规划结构的变化，改变过去住宅区结构从属于道路划分为方格状而提出的一种新的居住区规划理论。1929年，由美国规划师佩里首先提出邻里单位这一概念，它针对当时城市道路上机动交通日益增长，车祸经常发生，严重威胁老弱及儿童穿越街道，以及交叉口过多和住宅朝向不好等问题，要求在较大范围内统一规划居住区，使每一个"邻里单位"成为组成居住的"细胞"，并把居住区的安静、朝向、卫生和安全置于重要位置。在邻里单位内设置小学和一些为居民服务的日常使用的公共建筑及设施，并以此控制和推算邻里单位的人口及用地规模。为防止外部交通穿越，对内部及外部道路有一定分工。住宅建筑的布置亦较多地考虑朝向及间距，该理论对20世纪30年代欧美的居住区规划影响颇大，在当前国内外城市规划中仍被广泛应用。二战后，在此基础上发展成为"小区规划"理论。

5. 克里斯泰勒的"中心地"理论

德国地理学家克里斯泰勒（W·CHRISTALLER）通过对德国南部城市的深入考察和理论研究，1933年提出了著名的中心地理论，率先论证了城市体系对城市规划的影响。"中心地"指的是在一个城市体系中，大、中、小城市都有各自的经济中心作用，较大城市的经济中心作用包含着较小城市的经济中心作用。每个城市的规划，既要看到本市的经济中心作用，又要看到与其他城市的分工协作关系。这一理论提示了城市的主导产业对城市规划的决定性影响。

6. 伊利尔·沙里宁的城市有机疏散理论（THEORY OF ORGANIC DECENTRALIZATION）

芬兰建筑师伊利尔·沙里宁为缓解由于城市过分集中所产生的弊病而提出的关于城市发展及其布局结构的理论。沙里宁认为卫星城确实是治理大城市问题的一种方法，但他认为并不一定需要另外新建城市来实现这样的目的，对于大城市而言，通过它本身的定向发展，使其进行有机的疏散同样可以达到目的。沙里宁在他的《城市——它的生长、衰败与未来》（THE CITY——ITS GROWTH, ITS DECAY, ITS FUTURE）一书中对有机疏散论作了系统的阐述。他认为今天趋向衰败的城市，需要有一个以合理的城市规划原则为基础的革命性的演变，使城市有良好的结构，以利于健康发展。沙里宁提出了有机疏散的城市结构的观点。他认为这种结构既要符合人类聚居的天性，便于人们过共同的社会生活，感受到城市的脉搏，而又不脱离自然。有机疏散的城市发展方式能使人们居住在一个兼具城乡优点的环境中。

沙里宁认为，城市与所有生物一样，都是有机的集合体。他认为，如果机体中的部分秩序遭到破坏，将导致整个机体的瘫痪和坏死。为了挽救今天城市免趋衰败，必须对城市从形体上和精神上全面更新。再也不能听任城市凝聚成乱七八糟的块体，而是要按照机体的功能要求，把城市的人口和就业岗位分散到可供合理发展的离开中心的地域。有机疏散论认为没有理由把重工业布置在城市中心，轻工业也应该疏散出去。当然，许多事业和城市行政管理部门必须设置在城市的中心位置。城市中心地区由于工业外迁而腾出的大面积用地，应该用来增加绿地，而且也可以供必须在城市中心地区工作的技术人员、行政管理人员、商业人员居住，让他们就近享受家庭生活。很大一部分事业，尤其是挤在城市中心地区的日常生活供应部门将随着城市中心的疏散，离开拥挤的中心地区。挤在城市中心地区的许多家庭疏散到新区去，将得到更适合的居住环境。中心地区的人口密度也就会降低。

有机疏散的两个基本原则是：把个人日常的生活和工作即沙里宁称为"日常活动"的区域，作集中的布置；不经常的"偶然活动"的场所，不必拘泥于一定的位置，则作分散的布置。日常活动尽可能集中在一定的范围内，使活动需要的交通量减到最低程度，并且不必都使用机械化交通工具。往返于偶然活动的场所，虽路程较长亦属无妨，因为在日常活动范围外缘绿地中设有通畅的交通干道，可以使用较高的车速迅速往返。

有机疏散论认为个人的日常生活应以步行为主，并应充分发挥现代交通手段的作用。这种理论还认为并不是现代交通工具使城市陷于瘫痪，而是城市的机能组织不善，迫使在城市工作的人每天耗费大量时间、精力作往返旅行，且造成城市交通拥挤堵塞。

有机疏散论在第二次世界大战后对欧美各国建设新城，改建旧城，以至大城市向城郊疏散扩展的过程有重要影响。20世纪70年代以来，有些发达国家城市过度地疏散、扩展，又产生了能源消耗增多和旧城中心衰退等新问题。

（二）现代以来城市规划的思想宣言

现代以来，城市规划思想和规划理论演变的过程中，代表现代规划思想具有里程碑意义的是1933年的《雅典宪章》、1977年的《马丘比丘宪章》、1981年的《华沙宣言》和1992年的《环境与发展宣言》、《21世纪议程》。

1.《雅典宪章》（1933年）

在20世纪上半叶，现代城市规划基本上是在建筑学的领域内得到发展的，甚至可以说，现代城市规划的发展是追随着现代建筑运动而展开的。1933 年在雅典召开了第四次国际现代建筑会议（CIAM），会议主题是"功能城市"，会议发表了《雅典宪章》。

《雅典宪章》在思想上认识到城市中广大人民的利益是城市规划的基础，因此它强调"对于从事城市规划的工作者，人的需要和以人为出发点的价值衡量是一切建设工作成功的关键"，在宪章的内容上也从分析城市活动入手提出了功能分区的思想和具体做法，并要求以人的尺度和需要来估算功能分区的划分和布置，为现代城市规划的发展指明了方向，建立了现代城市规划的基本内涵。

《雅典宪章》的思想方法是建立在物质空间决定论的基础之上的。这一思想认为，建筑空间是影响社会变化的工具，通过对物质空间变量的控制，就能形成良好的环境，这样就能自动地解决城市中的社会、经济、政治问题，促进城市的发展和进步。在这一思想引导下，20 世纪 50 年代以前的城市规划的方式主要是物质空间规划（PHYSICAL PLANNING）。

《雅典宪章》最为突出的内容就是提出了城市的功能分区。它认为，城市活动可以划分为居住、工作、游憩和交通四大活动，提出这是城市规划研究的"最基本分类"。宪章中阐述到："城市规划的四个主要功能要求各自都有其最适宜发展的条件，以便给生活、工作和文化分类和秩序化。"功能分区在当时有着重要的现实意义，它主要针对当时大多数城市无计划、无秩序发展过程中出现的问题，尤其是工业和居住混杂导致的严重的卫生问题、交通问题和居住环境问题等，而功能分区的方法确实起到了缓解和改善这些问题的作用。另一方面，从城市规划学科的发展过程来看，《雅典宪章》所提出的功能分区也是一种革命，它根据城市活动对城市土地使用进行划分，对传统的城市规划思想和方法进行了重大的改革，突破了过去城市规划追求图面效果和空间气氛的局限，引导了城市规划向科学的方向发展。《雅典宪章》也存在着一些不容忽视的问题，但这是由于历史局限性造成的。（1）机械的功能分区，牺牲了城市的有机组织，使复杂、丰富的城市生活走向单一化、简单化，与人类的需求背道而驰。（2）城市规划是描绘城市未来的终极蓝图，并在这种终极状态下平衡各类用地，这显然与不断变化的社会经济不协调。

2.《马丘比丘宪章》（1977 年）

20 世纪 70 年代后期，国际建筑协会鉴于当时世界城市化趋势和城市规划过程中出现的新内容，于 1977 年在秘鲁的利马召开了国际性学术会议。与会的建筑师、规划师和有关官员以《雅典宪章》为出发点，总结了半个世纪以来尤其是二战后的城市发展和城市规划思想、理论和方法的演变，展望了城市规划进一步发展的方向，在古文化遗址马丘比丘山上签署了《马丘比丘宪章》。

该宪章申明：《雅典宪章》仍然是这个时代的一项基本文件，它提出的一些原理今天仍然有效，但随着时代的进步，城市发展面临着新的环境，《雅典宪章》的一些指导思想已不能适应当前的形势的发展变化，因此需要进行修正。

（1）《马丘比丘宪章》首先强调了人与人之间的相互关系对城市和城市规划的重要性，并将理解和贯彻这一关系视为城市规划的基本任务。"与《雅典宪章》相反，我们深信人的相互作用与交往是城市存在的基本依据。城市规划……必须反映这一现实。"《马丘比丘宪章》摒弃《雅典宪章》机械主义和物质空间决定论的思想基础，宣扬社会文化论的基本思想，它认为，物质空间只是影响城市生活的一项变量，而且这一变量并不能起决定性的作用，而起决定性作用的应该是城市中各人类群体的文化、社会交往模式和政治结构。从人的需要和人与人之间的相互关系出发，《马丘比丘宪章》提出了一系列的具有指导意义的观点。

（2）《马丘比丘宪章》在对 40 多年的城市规划理论探索和实践进行总结的基础上，提出《雅典宪章》所崇尚的功能分区"没有考虑城市居民的人与人之间关系，结果是城市患了贫血症，在那里城市建筑物成了孤立的单元，否认了人类的活动要求流动的、连续的空间这一事实"。宪章提出："在今天，不应当把城市当作一系列的组成部分拼在一起考虑，而必须努力去创造一个综合的、多功能的环境"，并且强调，"在 1933 年，主导思想是把城市和城市的建筑分成若干组成部分，在 1977 年，目标应当把已经失掉了它们的相互依赖性和相互关联性，并已经失去其活动和涵义的组成部分重新统一起来"。

（3）《马丘比丘宪章》认为城市是一个动态系统，要求"城市规划师和政策制定人必须把城市看作为在连续发展与变化的过程中的一个结构体系"。20 世纪 60 年代以后，系统思想和系统方法在城市规划中的运用，直接改变了过去将城市规划视作对终极状态进行描述的观点，更强调城市规划的过程性和动态性。《马丘比丘宪章》在总结一系列理论探讨后，进一步提出"区域和城市规划是个动态过程，不仅要包括规划的制定而且也要包括规划的实施。这一过程应当能适应城市这个有机体的物质和文化的不断变化"。

（4）《马丘比丘宪章》提出公众参与对城市规划的极端重要性，"城市规划必须建立在各专业设计人员、城市居民以及公众和政治领导人之间的系统的不断的互相协作配合的基础上"，并"鼓励建筑使用者创造性地参与设计和施工"。

3.《华沙宣言》（1981 年）

1981 年国际建筑师联合会第十四届世界会议通过的《华沙宣言》确立了建

筑—人—环境作为一个整体的概念，并以此来使人们关注人、建筑和环境之间的密切的相互关系，把建设和发展与社会整体统一起来进行考虑。

《华沙宣言》强调一切的发展和建设都应当考虑人的发展，"经济计划、城市规划、城市设计和建筑设计的共同目标，应当是探索并满足人们的各种需要"。从这样的前提条件出发，"改进所有人的生活质量应当是每个聚居地建设的纲要"。宣言将生活质量作为评判规划的最终标准，建立了一个整体的综合原则，从而弥补了《雅典宪章》以要素质量进行评价的缺陷以及《马丘比丘宪章》对整体评价的忽视。

《华沙宣言》继承了《雅典宪章》和《马丘比丘宪章》中的合理成分并加以综合，提出"规划工作必须结合不断发展中的城市化过程，反映出城市及其周围地区之间实质上的动态统一性，并确立邻里、市区和城市其他构成要素之间的功能联系"。它沿用了《马丘比丘宪章》中的内容甚至是语言，认为"规划是个动态过程，不但包括规划的制定，而且包括规划的实施"，并强调规划实施过程中的实施效果的检测，"任何一个范围内的规划，都应包括连续不断的协调，对实施进行监督和评价，并在不同水平上用有关人们的反应进行检查"。只有这样，城市规划才可能在原有基础上得到发展。

《华沙宣言》同样强调了城市规划过程中公众参与对于城市规划工作成功的重要性，提出"市民参与城市发展过程，应当认作是一项基本权利"。通过广大市民的参与，可以"充分反映多方面的需求和权利"，从而使城市规划能够实现为人类发展服务的职责；另一方面，只有公众参与了规划的编制和决策过程，才会对规划的实施具有责任感。因此，宣言中提出，为了达到规划的目的，"规划工作和建筑设计，应当建立在设计人员同有关学科的科学家、城市居民，以及社区和政界领导系统的不断地相互配合和共同协作的基础上"。

《华沙宣言》在强调人和社会的发展以及规划和建筑学科作用和职责的同时，尤其关注环境的建设和发展，强调对城市综合环境的认识，并且将环境意识视为考虑人和建筑的一项重要的因素。在对环境问题普遍关注的 20 世纪 80 年代，《华沙宣言》顺应了历史的潮流，并且进一步强调了对环境进行保护的思想在城市规划发展过程中的重要意义。

4.《环境与发展宣言》和《21 世纪议程》（1992 年）

1992 年在巴西里约热内卢召开的世界环境与发展大会通过的《环境与发展宣言》和《21 世纪议程》的中心思想是：环境应作为发展过程中不可缺少的组成部分，必须对环境和发展进行综合决策。宣言和议程还针对可持续发展问题展开讨论，确立了可持续发展是当代人类社会发展的主题。

《21 世纪议程》中明确提出："……可持续发展包含了社会、经济和环境的因素……"，并要求各国政府"做到在寻求发展时统筹考虑经济、社会和环境问题，确保经济上有效益，社会上做到公正和负责任，又有益于环境保护"。针对许多国家的决策体系中存在的问题，议程特别强调在制定政策、规划和实施管理时，应当将经济、社会和环境因素综合在一起，不能分裂开来，"既考虑环境，又考虑发展"，并应当"把重点放在各方面的相互作用以及共同作用上"。要改进规划和管理体系，要"将政策手段用作规划和管理的工具，在决策中揉进效率的标准，并应定期检查和调整这些手段，以确保其继续有效"，同时建立起"一体化的环境与经济制度"，在规划和实施的过程中有可能充分运用法律、市场和政府的协同作用来实现可持续的发展。

总之，从 19 世纪末开始，现代城市规划学作为一门有特定研究对象的学科创立以来，城市规划经历了理想主义、功能主义到二战后的人文主义与现代主义结合，注意充分满足居民住房、教育、娱乐、家庭生活等多方面的需求。20 世纪 60 年代以来，现代城市规划观念又经历了一次新的变革：重视社会经济因素与城市规划的结合，对城市结构认识进一步深化，用环境观点规划和建设城市，将城市规划看作是引导城市有序发展的一种手段。如何适应城市居民的各种需求，已成为城市规划的一个主要特征。

三、城市规划管理的内涵和作用

城市规划管理是城市规划的延续和具体化，它是指对城市规划的编制、审批和实施进行管理，主要内容包括城市规划编制审批管理、城市规划实施管理、城市规划实施监督检查管理和城市规划行业管理等几个方面。城市规划管理的作用主要有：

1. 保证城市经济、社会和环境在空间上持续协调发展。

城市是经济与社会发展的载体，是人类社会存在的空间形式。城市规划制定的目的就是为了实现各级政府在一定时期经济、社会和环境发展的目标，为人们创造一个良好的生活和工作的环境。

2. 为城市建设和管理提供了基本的依据。

城市是有机的大系统，为了保证城市的各项建设在空间上协调，在时间上可持续发展，必须通过城市规划，制定出城市发展的综合部署和具体安排，并以此为依据进行建设和管理。

3. 保障了城市规划及相关法律法规和方针政策的贯彻执行。

城市规划管理的目的就是贯彻城市规划和建设的法律法规和方针政策，严格依照城市规划及相关法律法规来进行城市规划和建设的行政管理。

4. 保障城市各项建设纳入城市规划的轨道。

城市规划管理作为一个实践过程，包括编制、审批和实施三个环节。把城市规划制定出来并不意味着就把城市建好了，实施过程中还要受到诸多因素和条件的制约，需要通过城市规划管理协调处理各种各样的问题。城市规划实施管理，是城市规划的具体化，也是城市规划不断完善的过程。

城市染上"色彩病"

据专家们介绍，目前我国的城市"色彩病"突出表现在 3 个方面。

一是很多城市长了一张"大花脸"。为突出与众不同的个性，不少设计师过分关注单个建筑，往往将自己的作品打扮得五颜六色，却不考虑和周边景观色彩的协调性，很多城市逐渐被涂抹成了难看的"大花脸"。专家指出，在不少设计师和开发商看来，具有亮丽外观的建筑比较抢眼，但当城市里到处都充斥着这类建筑时，难免会造成视觉污染。

二是"光污染"和色彩"实验场"倾向严重。随着经济的发展，不少城市、尤其是一些中小城市改变自身形象、打造"标志性建筑"的愿望非常迫切，但在实际操作中却往往缺乏先进理念，为了彰显"现代性"，盲目地贪大求洋或互相攀比，将一些西方国家在城市化初期流行的元素照搬过来，比如过度使用玻璃幕墙等极易造成"光污染"的建筑材料。有专家指出，部分城市甚至有变成城市建筑色彩"实验场"的倾向，需要警惕。

三是千城一面缺乏文化底色。有专家无奈地表示，近些年出差去很多地方，除了在宾馆休息外，都不太愿意到城里走动，"反正走到哪个城市都一样"。此外，城市建筑大量采用人造色彩替代原有的自然石材、木材等材料的颜色。时尚涂料一次次地"抹"去了天然之色，也"抹"去了传统文化的底色。

症结："缺乏规划"加"长官意志"

为何我国城市会频频出现"色彩病"？该如何诊治这些"色彩病"？专家们仔细分析了背后的原因，并给出了一些有益的建议。

一是缺乏统一的城市色彩规划。专家们普遍认为，长期以来，由于缺乏对建筑与环境色彩的深刻认识，我国的绝大多数城市缺乏统一的色彩规划，更谈不上对色彩的规范和监督管理，导致建筑领域的色彩应用比较混乱。

中国美术学院副院长、设计艺术学院院长宋建明教授表示，国内很多建筑自以为是"欧派"、"现代派"风格，但是这种失去了自身历史、文化内涵的设计强调短期时尚，忽略了对本国传统的借鉴，恰恰是"没有根基的风格"，同时也导致大量的中国城市形象陷入"中国人不满意、外国人不认同"的尴尬境地。

二是在城市规划中还存在着"长官意志"。色彩设计背后蕴涵着自然、历史和文化等深厚的内涵，有其规律可循，因此绝不能仅凭某个人一拍脑袋就匆忙决定。但目前国内在城市公共场所的设计规划上还存在着"长官意志"，有时候一条街区的改造甚至取决于某一任领导的个人喜好；而在商业建筑的设计上，又往往是开发商说了算，这种状况应尽快得到改变，应多听取色彩专家的意见。

清华大学建筑学院景观园林研究所所长孙凤岐教授建议，国家建设部应尽快制定统一的色彩设计规范和严格的审核标准，而各级地方政府的负责人也要充分重视城市的色彩设计，"希望每一个市长都能对此心怀敬畏，尤其是旅游城市、文化名城和具有人文特色的中小城镇，一定要把自身传统延续下去，把城市的特色表现出来"。

引自：赵嘉陵、赵晶，《城市染上"色彩病"》，HTTP://WWW.SINA.COM.CN，2006年09月26日

四、城市规划的编制和审批

（一）城市规划编制的内容

根据《中华人民共和国城市规划法》和国家建设部2006年4月1日起施行的《城市规划编制办法》，我国的城市规划分为三种类型：城市总体规划、城市分区规划和城市详细规划。

1. 城市总体规划

城市总体规划是引导和调控城市建设，保护和管理城市空间资源的重要依据和手段，在指导城市有序发展、提高建设和管理水平等方面发挥着重要作用。城市总体规划的期限一般为二十年，同时可以对城市远景发展的空间布局提出设想。确定城市总体规划具体期限，应当符合国家有关政策的要求。城市总体规划包括市域城镇体系规划和中心城区规划。

城市总体规划纲要应当包括下列内容：

（1）市域城镇体系规划纲要，内容包括：提出市域城乡统筹发展战略；确定生态环境、土地和水资源、能源、自然和历史文化遗产保护等方面的综合目

标和保护要求，提出空间管制原则；预测市域总人口及城镇化水平，确定各城镇人口规模、职能分工、空间布局方案和建设标准；原则确定市域交通发展策略。

（2）提出城市规划区范围。

（3）分析城市职能、提出城市性质和发展目标。

（4）提出禁建区、限建区、适建区范围。

（5）预测城市人口规模。

（6）研究中心城区空间增长边界，提出建设用地规模和建设用地范围。

（7）提出交通发展战略及主要对外交通设施布局原则。

（8）提出重大基础设施和公共服务设施的发展目标。

（9）提出建立综合防灾体系的原则和建设方针。

市域城镇体系规划应当包括下列内容：

（1）提出市域城乡统筹的发展战略。其中位于人口、经济、建设高度聚集的城镇密集地区的中心城市，应当根据需要，提出与相邻行政区域在空间发展布局、重大基础设施和公共服务设施建设、生态环境保护、城乡统筹发展等方面进行协调的建议。

（2）确定生态环境、土地和水资源、能源、自然和历史文化遗产等方面的保护与利用的综合目标和要求，提出空间管制原则和措施。

（3）预测市域总人口及城镇化水平，确定各城镇人口规模、职能分工、空间布局和建设标准。

（4）提出重点城镇的发展定位、用地规模和建设用地控制范围。

（5）确定市域交通发展策略；原则确定市域交通、通讯、能源、供水、排水、防洪、垃圾处理等重大基础设施，重要社会服务设施，危险品生产储存设施的布局。

（6）根据城市建设、发展和资源管理的需要划定城市规划区。城市规划区的范围应当位于城市的行政管辖范围内。

（7）提出实施规划的措施和有关建议。

中心城区规划应当包括下列内容：

（1）分析确定城市性质、职能和发展目标。

（2）预测城市人口规模。

（3）划定禁建区、限建区、适建区和已建区，并制定空间管制措施。

（4）确定村镇发展与控制的原则和措施；确定需要发展、限制发展和不再保留的村庄，提出村镇建设控制标准。

（5）安排建设用地、农业用地、生态用地和其他用地。

（6）研究中心城区空间增长边界，确定建设用地规模，划定建设用地范围。

（7）确定建设用地的空间布局，提出土地使用强度管制区划和相应的控制指标（建筑密度、建筑高度、容积率、人口容量等）。

（8）确定市级和区级中心的位置和规模，提出主要的公共服务设施的布局。

（9）确定交通发展战略和城市公共交通的总体布局，落实公交优先政策，确定主要对外交通设施和主要道路交通设施布局。

（10）确定绿地系统的发展目标及总体布局，划定各种功能绿地的保护范围（绿线），划定河湖水面的保护范围（蓝线），确定岸线使用原则。

（11）确定历史文化保护及地方传统特色保护的内容和要求，划定历史文化街区、历史建筑保护范围（紫线），确定各级文物保护单位的范围；研究确定特色风貌保护重点区域及保护措施。

（12）研究住房需求，确定住房政策、建设标准和居住用地布局；重点确定经济适用房、普通商品住房等满足中低收入人群住房需求的居住用地布局及标准。

（13）确定电信、供水、排水、供电、燃气、供热、环卫发展目标及重大设施总体布局。

（14）确定生态环境保护与建设目标，提出污染控制与治理措施。

（15）确定综合防灾与公共安全保障体系，提出防洪、消防、人防、抗震、地质灾害防护等规划原则和建设方针。

（16）划定旧区范围，确定旧区有机更新的原则和方法，提出改善旧区生产、生活环境的标准和要求。

（17）提出地下空间开发利用的原则和建设方针。

（18）确定空间发展时序，提出规划实施步骤、措施和政策建议。

新的《城市规划编制办法》中突出城市总体规划的强制性内容包括：

（1）城市规划区范围。

（2）市域内应当控制开发的地域。包括：基本农田保护区，风景名胜区，湿地、水源保护区等生态敏感区，地下矿产资源分布地区。

（3）城市建设用地。包括：规划期限内城市建设用地的发展规模，土地使用强度管制区划和相应的控制指标（建设用地面积、容积率、人口容量等）；城市各类绿地的具体布局；城市地下空间开发布局。

（4）城市基础设施和公共服务设施。包括：城市干道系统网络、城市轨道交通网络、交通枢纽布局；城市水源地及其保护区范围和其他重大市政基础设施；文化、教育、卫生、体育等方面主要公共服务设施的布局。

（5）城市历史文化遗产保护。包括：历史文化保护的具体控制指标和规定；历史文化街区、历史建筑、重要地下文物埋藏区的具体位置和界限。

（6）生态环境保护与建设目标，污染控制与治理措施。

（7）城市防灾工程。包括：城市防洪标准、防洪堤走向；城市抗震与消防疏散通道；城市人防设施布局；地质灾害防护规定。

在旧《办法》中，对近期规划编制只有一句话，即"近期建设规划是总体规划的一个组成部分，应当对城市近期的发展布局和主要建设项目作出安排。近期建设规划期限一般为五年"。在新《办法》中，对近期规划扩大为一章节，体现了规划编制的"远近兼顾"性。近期建设规划的期限原则上应当与城市国民经济和社会发展规划的年限一致，并不得违背城市总体规划的强制性内容。近期建设规划到期时，应当依据城市总体规划组织编制新的近期建设规划。

近期建设规划的内容应当包括：

（1）确定近期人口和建设用地规模，确定近期建设用地范围和布局。

（2）确定近期交通发展策略，确定主要对外交通设施和主要道路交通设施布局；

（3）确定各项基础设施、公共服务和公益设施的建设规模和选址。

（4）确定近期居住用地安排和布局；

（5）确定历史文化名城、历史文化街区、风景名胜区等的保护措施，城市河湖水系、绿化、环境等保护、整治和建设措施。

（6）确定控制和引导城市近期发展的原则和措施。

2. 城市分区规划

分区规划的主要任务是在总体规划的基础上，对城市土地利用、人口分布和公共设施、城市基础设施的配置做出进一步的安排，以便与详细规划更好地衔接。编制分区规划，应当综合考虑城市总体规划确定的城市布局、片区特征、河流道路等自然和人工界限，结合城市行政区划，划定分区的范围界限。城市分区规划应当包括下列内容：

（1）确定分区的空间布局、功能分区、土地使用性质和居住人口分布。

（2）确定绿地系统、河湖水面、供电高压线走廊、对外交通设施用地界限和风景名胜区、文物古迹、历史文化街区的保护范围，提出空间形态的保护要求。

（3）确定市、区、居住区级公共服务设施的分布、用地范围和控制原则。

（4）确定主要市政公用设施的位置、控制范围和工程干管的线路位置、管径，进行管线综合。

（5）确定城市干道的红线位置、断面、控制点座标和标高，确定支路的走向、宽度，确定主要交叉口、广场、公交站场、交通枢纽等交通设施的位置和规模，确定轨道交通线路走向及控制范围，确定主要停车场规模与布局。

分区规划的成果应当包括规划文本、图件，以及相应说明的附件。

3. 城市详细规划

城市详细规划是以城市总体规划或分区规划为依据，详细规定建设用地的各项控制指标和规划管理要求，或直接对建设项目做出具体的安排和规划设计的规划。城市详细规划可分为控制性详细规划和修建性详细规划两大类。

（1）控制性详细规划是以城市总体规划或分区规划为依据，确定建设地区的土地使用性质和使用强度的控制指标、道路和工程管线控制性位置以及空间环境控制的规划。它对城市新旧区的开发与再开发活动实施引导，防止单个开发建设活动对城市整体产生不良影响。它以土地使用控制为重点，其特点是规划设计考虑规划管理要求，规划设计与房地产开发衔接，将规划控制的条件用简练、明确的方式表达出来，从而有利于规划管理实现规范化与法制化。

控制性详细规划的内容主要包括：

①确定规划范围内不同性质用地的界限，确定各类用地内适建、不适建或者有条件地允许建设的建筑类型。

②确定各地块建筑高度、建筑密度、容积率、绿地率等控制指标；确定公共设施配套要求、交通出入口方位、停车泊位、建筑后退红线距离等要求。

③提出各地块的建筑体量、体型、色彩等城市设计指导原则；

④根据交通需求分析、确定地块出入口位置、停车泊位、公共交通场站用地范围和站点位置、步行交通以及其他交通设施。规定各级道路的红线、断面、交叉口形式及渠化措施、控制点坐标和标高。

⑤根据规划建设容量，确定市政工程管线位置、管径和工程设施的用地界限，进行管线综合。确定地下空间开发利用具体要求。

⑥制定相应的土地使用与建筑管理规定。

控制性详细规划成果应当包括规划文本、图件和附件。图件由图纸和图则两部分组成，规划说明、基础资料和研究报告收入附件。

（2）修建性详细规划是以城市总体规划或分区规划、控制性详细规划为依据，制定用以指导各项建筑和工程设施的设计和施工的规划设计。它是控制性详细规划的深化和具体化。

修建性详细规划应当包括下列内容：

①建设条件分析及综合技术经济论证。

②建筑、道路和绿地等的空间布局和景观规划设计，布置总平面图。

③对住宅、医院、学校和托幼等建筑进行日照分析。

④根据交通影响分析，提出交通组织方案和设计。

⑤市政工程管线规划设计和管线综合。

⑥竖向规划设计。

⑦估算工程量、拆迁量和总造价，分析投资效益。

修建性详细规划成果应当包括规划说明书、图纸。

（二）城市规划的编制组织

城市人民政府负责组织编制城市总体规划和城市分区规划。具体工作由城市人民政府建设主管部门（城乡规划主管部门）承担。

城市人民政府应当依据城市总体规划，结合国民经济和社会发展规划以及土地利用总体规划，组织制定近期建设规划。

控制性详细规划由城市人民政府建设主管部门（城乡规划主管部门）依据已经批准的城市总体规划或者城市分区规划组织编制。

修建性详细规划可以由有关单位依据控制性详细规划及建设主管部门（城乡规划主管部门）提出的规划条件，委托城市规划编制单位编制。

城市人民政府提出编制城市总体规划前，应当对现行城市总体规划以及各专项规划的实施情况进行总结，对基础设施的支撑能力和建设条件做出评价；针对存在问题和出现的新情况，从土地、水、能源和环境等城市长期的发展保障出发，依据全国城镇体系规划和省域城镇体系规划，着眼区域统筹和城乡统筹，对城市的定位、发展目标、城市功能和空间布局等战略问题进行前瞻性研究，作为城市总体规划编制的工作基础。

城市总体规划应当按照以下程序组织编制：

（1）按照《城市规划编制办法》第十二条规定组织前期研究，在此基础上，按规定提出进行编制工作的报告，经同意后方可组织编制。其中，组织编制直辖市、省会城市、国务院指定市的城市总体规划的，应当向国务院建设主管部门提出报告；组织编制其他市的城市总体规划的，应当向省、自治区建设主管部门提出报告。

（2）组织编制城市总体规划纲要，按规定提请审查。其中，组织编制直辖市、省会城市、国务院指定市的城市总体规划的，应当报请国务院建设主管部门组织审查；组织编制其他市的城市总体规划的，应当报请省、自治区建设主管部门组织审查。

（3）依据国务院建设主管部门或者省、自治区建设主管部门提出的审查意见，组织编制城市总体规划成果，按法定程序报请审查和批准。

（三）城市规划的编制要求

根据《中华人民共和国城市规划法》和新的《城市规划编制办法》，编制城市规划的要求有：

（1）编制城市规划必须严格按照《城市规划法》规定的编制权限进行，下级人民政府及其城市规划行政主管部门不能超越权限编制应由上级人民政府及其城市规划行政主管部门负责编制的各类规划。

（2）编制城市规划要妥善处理城乡关系，引导城镇化健康发展，体现布局合理、资源节约、环境友好的原则，保护自然与文化资源、体现城市特色，考虑城市安全和国防建设需要。

（3）对涉及城市发展长期保障的资源利用和环境保护、区域协调发展、风景名胜资源管理、自然与文化遗产保护、公共安全和公众利益等方面的内容，应当确定为必须严格执行的强制性内容。

（4）编制城市总体规划，首先，应当先组织编制总体规划纲要，研究确定总体规划中的重大问题，作为编制规划成果的依据。其次，应当以全国城镇体系规划、省域城镇体系规划以及其他上级法定规划为依据，从区域经济社会发展的角度研究城市定位和发展战略，按照人口与产业、就业岗位的协调发展要求，控制人口规模、提高人口素质，按照有效配置公共资源、改善人居环境的要求，充分发挥中心城市的区域辐射和带动作用，合理确定城乡空间布局，促进区域经济社会全面、协调和可持续发展。

（5）编制城市近期建设规划，应当依据已经依法批准的城市总体规划，明确近期内实施城市总体规划的重点和发展时序，确定城市近期发展方向、规模、空间布局、重要基础设施和公共服务设施选址安排，提出自然遗产与历史文化遗产的保护、城市生态环境建设与治理的措施。

（6）城市分区规划，应当依据已经依法批准的城市总体规划，对城市土地利用、人口分布和公共服务设施、基础设施的配置做出进一步的安排，对控制性详细规划的编制提出指导性要求。

（7）编制城市控制性详细规划，应当依据已经依法批准的城市总体规划或分区规划，考虑相关专项规划的要求，对具体地块的土地利用和建设提出控制指标，作为建设主管部门（城乡规划主管部门）做出建设项目规划许可的依据；应当依据已经依法批准的控制性详细规划，对所在地块的建设提出具体的安排和设计。

（8）历史文化名城的城市总体规划，应当包括专门的历史文化名城保护规划。历史文化街区应当编制专门的保护性详细规划。

（9）城市规划成果的表达应当清晰、规范，成果文件、图件与附件中说明、专题研究、分析图纸等表达应有区分。

（10）城市规划成果文件应当以书面和电子文件两种方式表达。

（11）城市规划编制单位应当严格依据法律、法规的规定编制城市规划，提交的规划成果应当符合《城市规划编制办法》和国家有关标准。

（四）城市规划的审批管理

根据《中华人民共和国城市规划法》，城市规划实行分级审批。

1. 城镇体系规划

全国和省、自治区、直辖市的城镇体系规划，报国务院审批。

2. 城市总体规划

（1）下列城市的总体规划，由省、自治区、直辖市人民政府审查同意后，报国务院审批：直辖市、省会城市和自治区首府城市、城市人口在 100 万以上的城市、国务院指定的城市。

（2）下列城市的总体规划，报省、自治区、直辖市人民政府审批：除国务院审批城市以外设市城市、县级人民政府所在地镇（县城）的总体规划。

（3）下列城市的总体规划，由市人民政府审批：市管辖的县级人民政府所在地镇、市管辖的建制镇。

（4）除县城以外的县人民政府所管辖的建制镇的总体规划，由县人民政府审批。

3. 城市分区规划

城市分区规划由城市人民政府审批。

4. 城市详细规划

控制性详细规划、重要的修建性详细规划由城市人民政府审批，非重要的修建性详细规划，由城市人民政府城市规划行政主管部门审批。

五、城市规划的实施管理

（一）"一书两证"制度

《城市规划法》第 30 条，31 条，32 条中明确规定了建设项目选址、建设用地规划管理和建设工程规划管理，必须由城市规划行政主管部门分别核发建设项目选址意见书、建设用地规划许可证和建设工程规划许可证，简称"一书两证"制度。即"一书"指选址意见书，"两证"指建设用地规划许可证和建设工程规划许可证。"一书两证"制度的确立，统一了我国建设项目的规划管理方式，是保证城市建设按照城市规划进行，保证依法行政的关键，是加强城市规划实施管理的有效手段。目前，这种管理方式在全国已被普遍采用。

（二）建设用地规划管理

建设用地规划管理的基本内容是依据城市规划确定的不同地段的土地使用性质和总体布局，决定建设工程可以使用哪些土地，不可以使用哪些土地，以及在满足建设项目功能和使用要求的前提下，如何经济合理地使用土地。

具体来说，建设用地规划管理的内容主要包括两个方面：

一是城市规划区内的土地利用和各项建设必须符合城市规划，服从规划管理，建设工程的选址和布局必须符合城市规划，设计任务书报请批准时，必须附有城市规划行政主管部门的选址意见书；

二是在城市规划区内建设需要申请用地的必须持有国家批准建设项目的有关文件，向城市规划行政主管部门申请定点，由城市规则行政主管部门核定其用地位置和界限，提供规划设计条件，核发建设用地规划许可证。建设单位和个人在取得建设用地规划许可证后，方可向县级以上土地管理部门申请用地。

1. 建设项目选址定点及选址意见书的核发

（1）建设项目的选址定点

建设项目的选址定点包括两方面内容：一是国家和地方重点项目的选址，如大型水利工程的建设、大型工矿企业的建设、大规模的居民区建设等，其立项、选址和布局必须符合城市规划的要求。各级计划部门在审批建设项目建议书和设计任务书时，应征求同级城市规划行政主管部门意见，城市规划行政主管部门在审批项目建议书阶段和设计任务书阶段，均要参与意见。二是在城市规划区内进行建设需要申请用地的项目、需要扩大原有用地进行改扩建的项目、改变原有用地性质进行建设的项目，都必须向城市规划行政主管部门申请选址定点。

建设项目选址意见书的内容包括两个方面：一是建设项目的基本情况，主要是指建设项目的名称、性质、用地与建设规模、供水与能源的需求量，采取的运输方式与运输量，以及废水、废气、废渣的排放方式和排放量。二是建设项目规划选址的依据，主要有经批准的项目建议书，建设项目与城市规划是否协调，与城市交通、通讯、能源、市政、防灾规划是否协调，建设项目配套的生活设施与城市生活居住及公共设施规划是否衔接与协调，建设项目对于城市环境可能造成的污染影响以及与城市环境保护规划和风景名胜、文物古迹保护规划的协调。

（2）选址意见书的核发程序

①由建设单位提出申请，报送建设项目选址申请书及城市规划行政主管部门要求的其他材料；

②城市规划行政主管部门进行现场检查，审核有关文件，符合城市规划要求的发给建设项目选址意见书，同时提出规划限定要求；

③城市规划行政主管部门进行现场调查后对部分不符合规划要求的，提出调整意见或调整选址要求，经重新调整后符合规划要求的发给建设项目选址意见书，并提出规划设计要求；

④对不符合规划要求的设计项目，由城市规划行政主管部门书面通知报请单位，告知选址不当的主要理由。

2. 建设用地的规划审批及建设用地规划许可证的核发

（1）建设用地规划许可证的适用范围

建设用地的规划审批是城市规划管理工作的核心内容，是规划选址定点工作的具体化，通过建设用地的审批程序，确定并保证建设项目的位置、性质、规模和发展方向等各个方面符合城市规划的要求。

一般来说，建设用地规划许可证的适用范围大体上可分为五个方面：一是新建、扩建、迁建需要使用土地的，如国家重点工程建设需要征用农田、集体土地进行建设的；工矿企业等扩大规模需要使用本单位以外土地的；二是需要改变本单位土地使用性质进行建设的，如原居住用地变为工业用地、办公用地变为商业用地的；三是调整交换用地建设的，如相关或相邻单位为生产、生活方便，交换用地进行建设的；四是国有土地使用权出让、转让的，如国家或地方政府进行土地招标、单位或个人转让土地使用权进行建设的；五是因建设需要临时使用土地的。

（2）建设用地规划审批的程序

①凡是在城市规划区内进行建设需要申请用地的，必须持国家批准建设项目的有关文件，向城市规划行政主管部门提出定点申请；

②城市规则行政主管部门根据用地项目性质、规模等，按照城市规划要求，初步选定用地项目的具体位置和界限；

③根据需要征求有关行政主管部门对用地位置和界限的具体意见；

④城市规划行政主管部门根据城市规划要求向用地单位提供规划设计条件；

⑤审核用地单位提供的规划设计总图；

⑥核发建设用地规划许可证。

（三）建设工程规划管理

建设工程规划管理，是指城市规划行政主管部门通过审查、发证、事后监督等程序与手段，管理城市的各项建设活动，使各项建设工程严格按照城市规划进行。凡在城市规划区内的各项建设活动，无论是永久性的还是临时性的，都必须由城市规划行政主管部门审查批准，实行统一管理。

建设工程规划管理是规划行政主管部门对建设单位或个人在取得建设用地规划许可证后的管理活动，通过核发建设工程规划许可证来实施管理。

建设工程规划管理的程序如下：

1. 建设申请。有关建设单位或个人持法律规定的有关文件向城市规划行政主管部门提出申请建设的要求。

2. 建设申请的审查。城市规划行政主管部门对建设申请进行审查，确定有关建设工程的性质、规模等是否符合城市规划的布局和发展要求；对于建设工程涉及相关行政主管部门业务的（如交通、环保、防疫、消防、人防、文物保护等），则应根据实际情况和需要，征求有关行政主管部门的意见，并进行综合协调；在现有居住区内插建房屋，还应特别注意其四邻的正当权益。

3. 提出规划设计要点。在审查建设申请以后，城市规划行政主管部门应根据建设工程所在地区详细规划的要求，提出具体的规划设计要点，作为进行工程设计的重要依据。

六、城市规划管理面临的挑战和变革

（一）城市规划管理面临的挑战

1. 行政区划调整与城市规划协调。规划的重要意义在于其预见性与前瞻性，但是当今技术革命周期日渐缩短，经济的快速发展牵动城市发展的速度超乎人们的想象，加之近年各省、自治区、直辖市纷纷进行行政区划的调整，撤市（县）建区，撤地建市，撤镇建街道，不少城市的规划因行政管辖界限而受到影响。人们不时发现原有的规划已过时，它需要不断地面对新的形势、新的政策、新的问题。所以城市规划要发挥其龙头作用，跟上时代步伐，适时调整，增强城市规划的应变能力。

2. 城市规划管理中保护与发展的争论。强拆旧城是中国城市的败笔，我们现在的困境是如何在保护和发展中求得妥协的空间，如何使城市在迈向现代化和国际化的进程中保护好自己的城市历史文化遗产，并充分加以利用。这是城市经济发展和城市规划管理的一项重要课题和挑战。

3. 现实中，城市规划信息不全、传导不畅导致大量的人力物力受到损失。

在我国，目前许多城市规划仍设置了密级，这是计划经济历史遗留的产物，我们知道，世界各国的城市规划都是公开透明的。人们如想了解城市的规划，便可到城市规划管理部门，通过一定的程序即可查阅调用。而现在有些地方，居民四处打听拆迁的信息，有些居民因消息不灵，刚刚装修完新房，没几天就拆迁了，这种无谓的投资对家庭和社会都是一种损失。所以城市规划要公开，要避免信息的不流通，这种公开应体现在城市规划管理的全过程，即城市规划的制定、审批、应用与实施、修改、监督等多个方面。

4. 城市规划的审批程序繁杂，使漫长的前期规划工作变成了部门间互相推搡的游戏。城市规划审批之所以复杂，本意是加强工程审批的严密性，使工程建设更加合理化。然而事实并非如此，权力分立的体制造成了国土局只管土地出让，计委只管立项审批，规委只负责"两证一书"，建委只管发放施工许可证，四部门互不通气，这样既浪费了宝贵的建设时间，又无法全面对工程的社会效益和环境效益全面负责。

5. 我国现行的城市规划管理往往缺乏有效的监督机制。在现行的城市规划管理程序上，往往是一个部门承担全程的规划管理职能，如果缺乏一定的监督制度，必然会导致权责失衡的现象。作为行政主体，城市的规划部门是国家行政权的执掌者，如果未能充分有效地依法行使规划管理权力，就会造成行政权力与行政责任的脱节。

（二）城市规划管理的变革

1. 转变政府职能，改革审批制度。政府在城市管理上应突出宏观控制、中观管理、微观监管的职能。宏观上，应加强对城市发展的战略控制，加强总体规划纲要的审查，对于技术性较强的专项规划则应交给社会中介组织，如学会、协会、技术咨询部门去承担。尽可能缩短审批周期，以保证规划的时效与权威。

2. 增强城市规划管理的法制化和制度化。规划公示制度是城市规划管理工作中的一项重要制度，它对城市规划编制、规划实施、规划执法监督检查等工作提出了具体的公示要求，在促进规划行政阳光工作的同时，为城市规划的实施、规划管理工作合理有效地开展提供了重要保证。

3. 贯彻城市规划中的民主参与和透明公开的精神。城市规划是公共事业，它涉及人民的利益，城市是属于人民的，除了军事单位等特例外，城市规划不应保密，制定、审批、实施的全过程都应该贯穿民主参与的精神，听证会制度和规划委员会投票表决是民主参与的方法之一。

4. 城市规划要有一个科学的决策队伍。一个合理的决策圈必须包括四个方面的代表，政府及相关领导者、专家、社会团体和百姓。如仅有政府或相关领导参与决策，这是不够的，个人决策导致失误的实例太多了。凡事交给百姓和社会团体的决策是不行的，他们的意见往往带有局部利益倾向，难以照顾到全局；专家学者往往具有理论知识，但不一定对具体工程的利害关系有全面的把握；所以只有这四方面的人士组成一个决策圈，才能做到规划决策的科学性与民主性。

5. 强化城市生态理论研究及其在城市规划、建设和管理中的实际应用。传统的规划，偏重于人类空间和需求的满足，经常会忽略生态环境的承载力，目前先进国家强调"环境规划"，这是一种新的观念，它是强调从生态环境的承载力或供给力的潜力、机会或限制条件，优先进行"因地制宜"的适宜性分析，去调和而非一味地满足人类需求的一种规划。这种正确的规划理念，才是"兼顾人类需求、顺应自然条件"的可持续发展模式。

重庆主城核心区彻底告别工业烟囱

2005 年 6 月 19 日，随着三声巨响，耸立在长江边数十年之久的重庆新华化工厂和重庆电池总厂的 3 根工业烟囱轰然倒下。至此，重庆市主城核心区——渝中半岛不再有一根工业烟囱，彻底与重污染企业告别。在现场，渝中区区长洪天云高兴地说，随着 5 家重污染企业的全部搬离，重庆主城区的天将更蓝，水将更清，在今天爆破拆除的废墟上，将崛起一片漂亮的住宅小区。重庆直辖 8 年来，工业经济持续、协调、快速发展，2004 年工业总产值达 3210 亿元，比 2000 年翻了一番。驶入新型工业化快车道的重庆，明确提出到 2007 年，将主城区 29 户重点污染安全隐患企业全部搬迁。重庆市委常委、常务副市长黄奇帆说，污染企业搬迁不仅是对主城区 600 万居民环境保护和居住安全的庄重承诺，也是企业自身发展的需要，可为重庆经济社会发展创造新机遇，腾出新空间。

重庆是传统重化工业城市，由于历史原因和地理条件限制，大部分化工企业分布于主城区沿长江、嘉陵江区域。而且有些原本处于郊区的污染企业如今也都处在了城市的中心地带，比如地处江北区的重庆天原化工厂，与城市布局和环境保护不协调。2004 年 4 月 16 日，该化工厂发生氯气泄漏和爆炸事故，造成 9 人死亡失踪，3 人受伤，15 万居民紧急疏散。这一悲剧的发生，加快了重庆污染企业搬迁的速度，2004 年底全市共完成 11 户企业的搬迁，超额完成市政府下达的目标任务，为主城区置换出用地 858 亩，每年减少二氧化硫排放量 136 吨、烟尘排放量 239 吨、废水排放量 110 万吨。按照进度要求，今年将完成 8 户企业的搬迁，截至目前已有 4 户企业实现搬迁。

据初步测算，29 户企业搬迁后，将置换主城区工业用地 2258 亩，每年减少二氧化硫排放量 3943 吨、废水排放量 458 万吨、固体废物 3 万吨、废气 4.2 亿立方米，初步实现重庆主城区碧水蓝天。来自重庆市环保局的资料显示，重庆主城区空气质量满足Ⅱ级天数的比例已从 2000 年的 51.1%上升到 2004 年的 66.4%；今年截至 6 月 1 日，主城区空气质量满足Ⅱ级的天数已达到 117 天，比例为 77%。

"搬迁，决不是污染搬家。"黄奇帆一再强调，"我们一方面消灭主城区污染企业，另一方面对污染企业在新地方进行工艺改造，实现污染物零排放或减量排放，同时优化产品结构，扩大市场份额，最终把企业做大做强。"去年 8 月搬迁到荣昌县的重庆嘉陵化学制品有限公司，淘汰了目前尚未找到污染解决方法的氯化钡项目，引进世界最先进的高锰酸钾生产工艺，产量实现翻番，成为世界最大的高锰酸钾生产企业，全国市场占有率达 80%。走进新厂区，已闻不到刺鼻的气味，见不到滚滚浓烟了。

资料来源：余继军、崔佳，《重庆主城核心区彻底告别工业烟囱》，载《人民日报》，第一版，2005 年 06 月 20 日。

思考题

一、名词解释

市制，城市规划，一书两证

二、辨别分析

辨别分析城市规划与城市管理之间的关系。

三、问答题

1. 中国的市制有哪些特点？

2. 试述近现代以来城市规划理论的演变。

3. 城市规划的作用。

4. 如何办理和管理一书两证？

5. 试述我国的城市规划管理面临哪些挑战和变革。

第五章 城市公共服务管理

本章重点

1. 城市公共服务管理的概念及其涵盖的范围
2. 城市公用事业管理
3. 城市公益事业管理
4. 文化教育管理的重要性
5. 慈善事业管理的特殊性
6. 公共信息管理的重要性

公共服务,是 21 世纪公共行政和政府改革的核心理念,包括加强城乡公共设施建设,发展教育、科技、文化、卫生、体育等公共事业,为社会公众参与社会经济、政治、文化活动等提供保障。公共服务以合作为基础,强调政府的服务性,强调公民的权利。随着中国城市改革的不断深入和市场经济的快速发展,各种社会矛盾、社会问题日益增多,如何适应新形势新要求,提升城市公共服务水平,加强城市公共服务管理职能,已成为各级政府共同面临的一项重大课题。

第一节 公共服务管理概述

城市公共服务管理以实现公民权利,满足公众需求,保护公众利益为目标,公共服务管理包括公共事业管理、公共信息管理和慈善事业管理几个方面。公共服务管理不仅是服务过程,也是公共资源再分配的过程。

一、城市公共服务管理及其相关概念

1. 城市公共事务的内涵。社会事务分为公共事务与私人事务，一般来讲政府只在社会公共事务领域发挥作用。公共事务包括两个方面：一是公共服务，一是社会管理。城市公共服务包括城市公共事业（公用事业和公益事业的总称）、慈善事业、公共信息事业等。[①]

2. 城市公共服务是指城市公共部门面向城市公众提供的公共产品和服务，包括城市基础建设的投资和维护，提供和增加就业岗位，社会保障服务，兴办和支持各类教育、科技、文化、医疗卫生、体育等公共事业，及时公开发布有关社会信息，为社会公众生活质量提高和参与公共事务提供有力保障和创造条件。

3. 城市公用事业是指面向城市大众，有城市社会公众参与为公众服务的各项社会事业，它是关系到全体城市居民的基本生活质量和共同利益的事业，包括城市交通建设、城市能源、通讯、供水排水、供气、供暖等关系城市居民生活的公共项目。

4. 城市公益事业是在社会财富与权利不均的社会形态之下，让社会更加和谐的一种平衡渠道或理想办法；是通过专业社会机构，让社会财富再一次进行更加人道的分配或补偿的一种高度文明的社会事业。包括三个层次：一是指社会上官方和民间组织从事"非营利"活动，包括救助灾害、救济贫困、扶助残疾人等困难的社会群体和个人的活动；二是教育、科学、文化、卫生、体育事业；三是环境保护、社会公共设施建设以及促进社会发展和进步的其他社会慈善和福利事业。

5. 城市公共服务管理是指城市政府主体为实现公民权利，为满足公众需求，以保护公众利益为目标，依据法律、规定和公民诉求，对城市公共事业领域进行项目规划、决策、组织、实施、协调、监督、评估等管理活动；同时也进行城市公用事业和公益事业的兴办和监督，公共信息管理和慈善事业的兴办与监督等公共服务活动。

二、城市公共服务管理的发展

（一）我国政府公共服务的进展

1. 公共产品不断增加，不断满足人民群众日益增长的需求

---

① 李燕凌、陈冬林，《市政学导引与案例》，中国人民大学出版社，2006 年，第 336 页。

政府把发展职业教育放在更加突出的位置，使教育真正成为面向全社会的教育。重点发展中等职业教育，健全覆盖城乡的职业教育和培训网络。深化职业教育管理体制改革，建立了行业、企业、学校共同参与的机制，推行工学结合、校企合作的办学模式。高等教育以提高质量为核心，加快教育教学改革，相对稳定招生规模，加强了高水平学科和大学建设，创新人才培养模式，优化人才培养结构，努力造就大批杰出人才。支持和规范民办教育发展，发挥社会力量办学的积极性。

加快了建设以社区为基础的新型城市卫生服务体系。优化了城市医疗卫生资源配置，重点发展了社区卫生服务，落实经费保障措施，方便群众防病治病。中央财政对中西部地区给予适当支持。启动了以大病统筹为主的城镇居民基本医疗保险试点，政府对困难群众给予必要的资助。做好重大传染病防治工作，扩大了国家免疫规划范围，将甲肝、流脑等15种可以通过接种疫苗有效预防的传染病纳入国家免疫规划。在免费救治艾滋病、血吸虫病等传染病患者的基础上，扩大免费救治病种。仅2006年中央财政就增加支出28亿元，这对于保障人民群众健康、增强国民身体素质具有重大意义。加强了职业病、地方病防治。大力扶持中医药和民族医药发展，充分发挥祖国传统医药在防病治病中的重要作用。为了更好地推进卫生事业改革发展，国务院已经组织力量抓紧制定深化医药卫生体制改革方案，努力解决好广大群众关心的看病就医问题。

2. 政府加大了对城市公共服务的财政投入

以2006年为例，全年中央财政用于科技、教育、卫生和文化事业的支出分别为774亿元、536亿元、138亿元和123亿元，比上年增长29.2%、39.4%、65.4%和23.9%。政府优先发展教育事业，中等职业学校招生规模扩大到741万人，在校学生总数1809万人。高等教育在学人数2500万人，毛入学率提高到22%。城乡医疗救助工作有所加强。中央财政安排51亿元，用于支持地方加强公共卫生服务，艾滋病等重大疾病防控取得明显进展。社区和乡镇综合文化站工程、全国文化信息资源共享工程建设继续推进。文化体制改革进一步深化，文化产业加快发展，对外文化交流更加活跃。全民体育活动广泛开展，竞技体育水平不断提高。社会主义精神文明建设继续加强。①

（二）我国城市公共服务存在的问题

首份中国政府公共服务研究报告——《中国公共服务发展报告2006》显示

---

① 2007年《国务院总理政府工作报告》。

我国目前城市公共服务的主要问题表现在：[①]

1. 公共服务综合绩效偏低

从投入、产出和效果三方面综合评估，我国基本公共服务综合绩效整体处于偏低的水平。从总体来看，基本公共服务综合绩效优秀级别空缺，达到良好的只有北京和上海，天津、浙江、广东、江苏为一般等级。而从八类基本公共服务来看，一般公共服务、基础教育和公共卫生绩效得分普遍相对较高，社会保障、科学技术、环境保护、基础设施和公共安全绩效得分则普遍偏低，使得基本公共服务的综合评分总体也处于较低水平。

2. 公共服务差距在于投入不平衡

我国当前政府公共服务整体呈现出"总体水平偏低、发展不平衡、效率低水平趋同"的基本特征。总体水平偏低，主要表现为对公共服务投入的增长速度落后于总体财政支出增长速度，公共服务发展速度落后于整体经济增长速度，公共服务供给数量和质量落后于公众现实需求。发展不平衡，主要表现为公共服务地区间发展不平衡，东部整体优于中西部；城乡间发展不平衡，农村公共服务严重短缺；各类基本服务间发展不平衡，相对于备受关注的教育、卫生问题，社会保障、公共安全、环境保护等基本公共服务供给不足问题更为严峻。效率低水平趋同，主要表现为各地基本公共服务投入产出相对效率没有明显差异，政府基本公共服务整体属于"投入型"而非"效益型"，地区公共服务差距主要表现为投入差距。

（三）对策：投入型向效益型转变

首先，公共服务是实现社会基本平等和稳定的基础，发挥着重要的社会矛盾"缓冲器"作用，当前应进一步强化政府公共服务职能，树立以公共服务为中心的政府职能观和绩效观。

其次，公共服务是收入分配中最基本的公平对象，其在群体间和个体间发挥着同一"起跑线"或"踏板"的重要作用，因此，要加快推进我国基本公共服务均等化工作。

复次，在我国 GDP 和人均财政支出持续快速增长的同时，要进一步加大对公共服务的投入，特别是要加快推进公共支出结构的优化调整，引导财政资金优先向公共服务领域倾斜。

再次，建立健全公共服务的体制机制，推进我国公共服务由"投入型"逐步向"效益型"转变。

---

① 《中国公共服务发展报告 2006》，社会科学文献出版社，2007 年。

最后，要在在着力解决公众普遍关注的基础教育、公共卫生和社会保障等直接关系"民生"的公共服务不足问题的同时，切实提高各级政府、各部门对环境保护、科学技术、公共安全等领域的重视程度，努力促进各类基本公共服务平衡增长。

第二节　城市公用事业管理

城市公用事业必须面向城市大众，需要城市社会公众参与，核心是为公众服务，它是关系到全体城市居民的基本生活质量和共同利益的事业，包括城市交通建设、城市能源、通讯、供水排水、供气、供暖等关系城市居民生活的公共项目。城市公用事业管理主要涉及城市的基础设施的建设和管理，二者在含义和范围上基本一致，本节也从基础设施方面讨论公用事业。

一、城市基础设施管理概述

（一）城市基础设施

1. 城市基础设施的定义

城市基础设就是为城市生产单位与组织和城市居民提供基本生产、生活条件，保证城市正常运作和发展的各项工程、设施、服务的总称。

2. 城市基础设施的种类

（1）能源设施，包括供热、供电、供气等，为能源动力供应而铺设的管线、管道，以及为此建设的电厂、变电站、煤厂等设施。这是城市生产和人们生活的动力源泉，无此设施，城市正常的生产、生活秩序便不能维持。

（2）供排水设施，包括城市中的自来水、雨水、污水的管道以及为此建设的自来水厂、污水处理厂、泵站等设施。

（3）交通设施，包括城市对外交通基础设施和城市内部交通基础设施两部分，如道路、河道、机场、港口、码头、桥梁、涵洞、客货站、停车场等。

（4）通讯设施，包括邮政、电信、计算机网络等设施。随着我国科学技术的进步和计算机的广泛应用，网络信息传递设施将日益发展，成为城市通讯系统中重要的组成部分。

（5）环保设施，包括城市空气水体净化设施，废弃物、垃圾处理设施，环境卫生设施，环境监测设施以及园林绿化等。城市环境保护设施是维护城市生态平衡，保护劳动者健康，确保生产正常进行的重要设施。

（6）防灾设施，包括城市中的防洪、防火、防震（人防）、控制地面沉降等设施。城市防灾设施对于预防各种可能发生的灾害，提高城市生存质量具有重要意义。

3. 城市基础设施的功能

（1）城市基础设施为城市生产提供必要的物质技术与动力。城市里工业企业集中，各种工业企业特别是大中型企业都依托城市而存在，在城市展开各种生产经营活动。工业生产需要各种外部条件，如水、电、交通、通讯及各种能源的供应等。城市基础设施就是为城市各种经济活动提供外部条件，奠定物质基础的。

（2）为居民生活提供基本便利条件、服务城市人民生活。城市基础设施是城市人民生活必不可少的物质保证。城市的供水排水系统、煤气、民用供热在我国城市已开始普及。城市居民的日常生活离不开城市基础设施，城市基础设施的建设与完善又为提高城市居民生活水平创造了条件。一个城市基础设施质量的高低不仅决定了这个城市的发展，同时也决定了居民的生活质量。

（3）为城市生产和居民生活提供安全保障。城市的各种防灾设施是直接为城市安全服务的，旨在提高城市承受灾害的能力和提高城市居民的安全系数，增加城市居民和城市的安全感。因此，城市的基础设施担负着保护城市安全的重任，在预防和减少各种灾害给城市生产和生活带来的损失方面发挥着巨大作用。

（4）城市基础设施是优化城市环境的保证。随着城市现代化发展，城市环境污染问题越来越引起人们的关注。由于城市工业企业集中，人口聚集，城市环境质量下降。城市环境污染不仅增加工业生产的成本，而且损害广大市民的身体健康。城市的各项环保设施例如污水处理、垃圾无公害处理等设施直接为城市环境优化服务，减少城市环境污染。城市煤气和集中供热的普及，在减少污染物排放，改善城市环境卫生条件方面也起着重要的作用。

（二）城市基础设施管理

1. 城市基础设施管理的概念

政府职能部门对城市交通设施、通讯设施、水电供给设施、环境保护设施和各类灾害预报预防设施进行统筹兴办投资和管理监督的过程，属于城市政府公共服务的范畴。

2. 基础设施管理机构

一般城市对基础设施的管理分配给以下部门进行：城市建设委员会（建设管理局）、市政管理委员会、城市公用事业局、市政工程管理局、环境保护局、园林管理处、环境卫生管理处、交通局、信息产业局、邮电局、电业局、水利局、气象局、地震局等。

3. 城市基础设施管理的任务和目标

适应城市经济和城市现代化的需要，为城市提供必需的物质基础、设备，满足城市居民的日常生活需要，为居民生活质量提高提供应有的物质条件，促进城市资源的合理开发和使用，发挥城市基础设施的整体功能。

（1）根据国家方针政策和本市的实际情况，研究制定城市基础设施发展的战略规划，确定城市基础设施发展的指导思想、战略重点和发展途径。研究制定本市城市基础设施管理的政策措施、法律法规，促进城市协调、稳定、健康发展。

（2）正确处理经济发展与基础设施的关系。市政管理要处理好经济发展与城市基础设施之间的关系，要根据城市总体规划确定的城市规模、性质、功能和发展方向科学规划、合理布局城市基础设施建设，使城市基础设施建设适应城市经济发展的必然趋势和社会进步的客观要求。同时，城市基础设施建设既要与城市经济发展水平相适应，防止脱离实际和经济承受能力，要坚持城市基础设施建设适度超前，防止城市基础设施建设跟不上城市经济发展的步伐。

（3）协调城市基础设施部门之间的关系。由于参与城市基础设施建设与管理的部门比较多，市政府负有协调基础设施各部门之间关系的职责。基础设施各管理部门既要根据本部门的实际情况和行业特点，制定本部门的基础设施规划，又要有区域观念、全局观念，协调好与其他城市基础设施管理部门的关系。打破行政区域和部门之间的界限，统一规划领导城市的基础设施建设管理工作。在城市基础设施规划上，坚持从长计议、长远考虑。在建设上，实行一次规划，分期实施。

（4）对城市基础设施建设实施行政监督。城市基础设施关系到城市的长远发展，保障着城市的安全，不论是政府投资经营的基础设施项目，还是民营投资经营的基础设施项目都必须接受市政府的监督与管理。政府要以对国家和人们负责的精神，严把工程质量关，加强对城市基础设施建设工程的行政监督。抓好工程质量管理，严防城市基础设施建设出现"豆腐渣工程"工程，保障城市人民的生命财产安全。同时要抓好勤政、廉政建设，严肃查处违法、违规行为，为确保工程质量提供强有力的保障。

4. 城市基础设施管理的原则

（1）坚持社会公正优先原则

城市基础设施具有公共性，它的服务对象是城市社会的全体成员，是为整个城市的生产和生活服务的。任何主体都需要基础设施提供的产品和服务，任何主体都不能排除别的主体享受城市基础设施提供的产品和服务。这就决定了城市基础设施管理应该把社会公正放在首位，而不能向市场中的其他企业管理那样以经济效益作为首要目标。但是，由于城市基础设施具有生产性，应该是有偿使用，因此在管理中要兼顾经济效益。但是要注意，兼顾经济效益的前提是社会公正优先，不能主次颠倒。

（2）统筹规划、分期实施原则

城市基础设施应该统筹规划，与城市的生产设施和生活设施相配套，与城市的经济和社会发展相协调。城市基础设施提供的服务具有双重性，既为生产服务，又为生活服务。因此，城市基础设施的建设应该考虑到生产和生活的需要，考虑到现有和将来城市的生产设施和生活设施的情况，正确认识三者之间的比例关系并据此合理规划。另外，城市基础设施具有能力形成的同步性和前瞻性的特点，为了与生产设施和生活设施同时交付使用，要在时间上超前建设，在空间上为以后的城市发展留有余地，这也要求合理规划，把握好时间差和空间布局。

（3）加强设施间的相互协作和分工原则

城市基础设施本身就是一个复杂的综合性系统，并且每个单项基础设施也是一个独立的系统。城市基础设施所涉及的各个部门之间和单项基础设施内部各环节之间互相影响制约。城市基础设施负荷能力的高低、提供产品和服务质量的好坏，同各子系统之间和各子系统内部关系是否协调有极大关系。因此，在管理中必须正确处理它们之间的关系，加强协调与协作，使之发挥综合效益。具体操作中，在建设时要合理计划，在管理中相互合作。

5. 目前我国城市基础设施管理存在的问题

（1）城市基础设施结构性问题

城市基础设施缺乏整体规划和系统协调。基础设施布局不合理、建设质量有待提高。建设资金不足，部分设施年久失修老化。由于我国城市基础设施建设基础薄弱，加之长期对基础设施从理论到实践都不够重视，所以目前来看，我国基础设施仍然显得比较落后，存在着城市交通拥挤、环境恶化、供水紧张这三大制约城市经济社会发展的难题。

（2）城市基础设施的管理问题

管理制度政出多门，法律法规不明确，管理混乱，效率低下，管理体制落后，各自为政。城市基础设施的整体系统和具体环节不够协调，注重能源和道路建设，而对环境治理项目投资不足，给城市的发展和市民生活带来不利影响：

城市基础设施设计布局不够合理，质量不高，建设盲目性较大，规划不强或执行不严，布局混乱，"豆腐渣"工程时有发生，造成人力物力的重大损失；管理比较混乱，产业化程度低，效率不高；建设资金不足，投资渠道有待于进一步拓宽。

6. 城市基础设施管理改革

（1）明确与整合城市基础设施管理机构。建立城市基础设施的专业管理机构、综合机构与协调机构。城市基础设施由各个子系统组成，各个子系统本身又由许多环节和方面组成。从事各个子系统或子系统内部构成部分的专门设施管理的机构就被称为专业管理机构，例如公用事业管理局、市政工程管理局、环境保护局。我国城市基础设施的综合管理机构主要有城市建设委员会和规划建设委员会以及大中城市设置的市政管理委员会，制定相关法规制度和规划方针，组织和协调重大工程设施建设，指导和协调城市基础设施各方面的管理等。城市交通管理委员会便是城市交通管理的协调性机构，把公安、交通运输、工商等部门的负责人纳为成员，以此协调各部门之间的横向联系与合作，对全市的交通进行统一规划、统一部署和统一管理。

（2）认真落实管理机构的职责。城市管理机构确立后，就要用法规制度的形式对其权力职责和权益明确划分，从而避免各机构之间相互扯皮，增加内耗，降低效率。在这个基础上还要强化城市基础设施管理机构的职责，使各管理机构各司其职、各负其责，真正发挥作用。根据国家关于城市发展和基础设施管理等方面的政策和法规要求，结合本市的实际情况，认真研究城市基础设施管理方面的法律法规、方针政策，通过政策制定程序使之合法化。

（3）完善城市基础设施管理的各项法规。城市基础设施的管理也需要运用法律，依法管理。通过立法建立起法律、条例等一系列法规，规定经营者和用户在城市基础设施运行和使用过程中的权利和义务。制定和完善城市基础设施管理的专门法规；草拟和颁布城市基础设施的技术规范和一般标准等。

（4）基础设施投资管理合理市场化。实现其在市场经济下的转型，要把城市基础设施部门有条件地推向市场，在内部实行绩效管理；按照市场需求调节价格，实行有偿使用，获取利润，改变过去负债经营的状况；打破垄断，引入竞争机制，提高服务质量和水平；制定完善管理法规条例、规章制度，把对城市基础设施的管理纳入法制的轨道，促进其良性发展。

7. 当前城市基础设施投资体制主要有以下几种：

（1）政府投资，所有权属于政府，由法人团体按商业经营方式运营。这种方式可以保留政府投资的某些优势，同时又使政府从繁杂的事务中脱身。政府确定目标后，将具体计划的实施交给某些法人团体。法人团体拥有的自主权较大，成本收益透明度高，投资效益较高。采取这种体制的关键是理顺所有者和经营者的关系。

（2）政府管制下的私人投资。对于单位投资额不大的基础设施，如公共交通、电力、电信等，可以由政府授予企业特许投资权，然后对其价格、数量、利润等方面进行一定的管制，如规定价格的上限和企业的盈利标准等。这样既能照顾基础设施的社会效益，又能促使基础设施提供的产品和服务质量的提高。

（3）政府与私人共同投资。这种投资方式主要适用于只有明显外部性而投资盈利较低或风险较大的基础设施，市政府起着引导私人投资的作用。比如，可以采取投资参股，无偿赠款，提供优惠借款、土地和减免税收等方式。

（4）在政府允许的条件和范围内，完全由私人投资。该投资方式仅限于存在直接收费困难而且具有竞争性的基础设施，称之为 BOT 投资方式。这种方式是由政府与私营投资者就某个通常由政府控制、拥有和支配的大型基础设施建设项目签订合同；政府特许该私人投资者建设好基础设施后在一定的时期内拥有和经营这些设施，收取一定的资金来偿还债务，获取利益；特许期满后，基础设施项目无偿转移给政府，政府最终获得所有权和经营权。

二、交通建设管理

（一）交通建设管理概述

1. 城市交通系统

一般由三部分组成：

一是交通工具（车辆、轮船、飞行器）；

二是道路；包括路面和航道、航线；

三是附属的服务设施（公交车站、机场、码头等）。

城市交通是指城市道路包括地面、地下、高架桥、水道、索道等系统的公众出行和客货运输。

（1）城市道路是指乘客、货物可以在不同位置之间移动的空间通道，包括地面、水运、空运等，其网络是政府管辖的范围。

（2）城市道路主要由公路、城市轻轨、城市地铁、河道等组成。其中公路道路由车行道、人行道和分车带几个部分组成，按照规划设计的功能分别主次、协调配合，形成道路系统。

（3）服务设施包括停车场、调度站、加油站、库房等城市道路配套设施，是专门为便利车辆行人出行提供服务的。

2. 城市交通建设管理的概念

城市政府道路建设部门根据法律法规，按照道路规划进行道路设计、维护、改造，并在其过程中进行决策、监督、协调。

（二）城市交通建设的管理机构及职责

1. 管理机构

城市道路建设管理是由城市的建设局、市政管理局、地铁管理处、港务局、民航局和机场管理处等部门组成。

2. 主要职责

编制审批城市道路建设发展规划，制定城市道路具体建设计划和组织实施，进行道路维护和改造，协调各类管线布设和土地占用关系，根据国家和地方法规开展道路执法管理。

（三）城市交通建设管理的内容（以路面交通为例）

1. 在明确道路交通功能的基础上进行合理分工

城市路面道路系统可分为快速道路网和常规道路网。前者包括铁路、高速公路、轻轨交通路网等，后者包括公共汽车、自行车和步行路网等。城市道路建设要功能分明，实行快慢分流、客货分流、过境分流、机动和非机动分流等，开辟步行街、自行车专用车道、公交车专用车道。

2. 确立合理的道路密度，保持路网畅通

城市路面道路要达到合适的密度，密度过小，会影响人们的通行；密度过大，浪费城市稀缺的土地资源。通路网络应该能够覆盖整个城市的生活和生产区域，干道、支线、环路、放射路多种交通形成错综复杂的交通网络。这个网络应当是通畅的，否则适得其反，多种道路的交叉形成拥挤。故而道路建设时应规划好各种通路之间的衔接和协调。

3. 处理好道路节点和交叉段，提高交叉口的通行能力

合理划分通路横断面板块，要使它们的用途之间能够相互协调，降低道路交叉机率和非交通干扰，提升主要道路的通行能力。道路交叉口的选址要科学，并要为以后建设立交桥留有空间；交叉路口之间的距离不应太近，根据国外经验，两个交叉路口之间的距离不能少于一公里；快速车道上不应该建设交叉路口，以避免阻滞，提高通行速度；道路的交叉应该根据交通流量和交通力采取多种方式，如立体交叉、平行交叉等。

4. 处理好行人与交通工具的关系，合理规划道路宽度和运行路线

行人的步行在各种交通方式中是速度最慢的，而且事关人的生命安全，因此要避免和其他交通方式的混杂，防止降低其他交通工具的通行速度。采取的

措施主要有：在混合道路设置人行道规范行人，在道路的交叉口设置交通信号管理，建设过街天桥以便疏通交叉口流量；另外，在商贸区较为集中的地方开设步行街和步行区。

5. 作好各类车站、服务站的布局

一般来说，这些站点的规划布局应该和城市交通体系相配合，与交通枢纽紧密联系，更好地连接车站、机场和港口。在主要干线结合部分建设加油站、停车场，为交通工具提供全方位服务，进行交通工具的修整和维护。

6. 作好城市道路建设与保养

筹集城市道路建设的资金，保证建设资金充足，合理运用 BOT 模式运营获得建设资金；对城市道路建设进行招标和监理、验收，严把城市道路建设的质量关，坚决杜绝"豆腐渣"工程；对道路进行日常维护和大型改造与修整，及时更新道路辅助设施，科学合理地改造旧有道路，按照城市发展的需求扩建新的道路，保障城市经济发展、社会和谐的道路畅通。

三、城市交通管理

（一）城市交通管理的概念

是城市相关政府部门为保障交通基础设施能为城市社会经济和居民生活提供良好的服务，依法利用各种手段，科学合理地组织城市中的人与物的流动和流通的活动过程。

（二）城市交通管理的机构和职责

1. 管理部门

城市公安局的交警机构是城市路面交通管理的主管部门，城市交通局、建设局、农业局是城市路面交通的协管单位。地铁管理处是地铁管理的主要机构，航运管理局或港务局是城市航道船舶交通的管理机构，民航局和机场是飞行器的管理机构。

2. 管理职责

交管部门主要负责：交通安全教育宣传、交通指挥、维护交通秩序、处理交通事故和车辆检验、驾驶员考核与发牌照发证、交通标志、安全设施等的设置与管理。维护交通秩序，保障交通畅通，进行安全法规教育和交通安全违章与事故的处罚等。

（三）城市交通管理的内容

1. 城市机动车管理

对汽车、无轨和有轨电车、摩托车、拖拉机等机械车辆进行核发牌照、规定运行时间、运行方向与路线、确定停靠信号、划分停靠区域、设置道路隔离区域以及实施交通管制等活动。

2. 对非机动车的管理

主要针对电瓶自行车、自行车、人力三轮车进行核发牌照、规定运行时间、运行方向与路线、确定停靠信号、划分停靠区域、设置道路隔离区域以及实施交通管制等活动。

3. 对行人的管理

主要是对路面行人的安全提示和行进安全保障的管理，以及对行人违反交通规则的教育与处罚。

4. 城市船舶航运管理

对城市航道内行驶的所有船舶开业、增减运力和停业、旅客运输、货物运输、运价、收费、运输统计等方面的管理。

5. 城市民航运行管理

审定中外航空公司在国内的航班和不定期飞行时刻，负责城市飞行流量管理工作，承办航空公司在现行航路、飞行高度层的飞行申请；审核报批航路、航线的使用和飞行高度层及机场空域的开放使用；拟定民航空管运行管理程序，统一协调民航空中交通管制工作；组织保障中外专机和重要飞行任务；承办抢险救灾等特殊飞行，参与处置劫机和飞行事故等紧急突发事件，协调配合民用航空器搜寻援救工作。

6. 地铁管理

建立健全管理制度，做好城市轨道交通设施的检查维护工作，确保其正常运行和使用。制定城市轨道交通运营服务规范，为乘客提供安全、便捷的客运服务，制定地铁运营安全和应急细则，保障乘客和地铁的安全。

（四）城市交通管理的原则（以路面交通为例）

1. 交通分离原则

由于不同的运输工具具有不同的运行速度、不同的配套设施，所以有必要在一定程度上对其进行分离，使同一运输工具在同一车道或车道内同一区域内通行，以便加快交通速度，防止不同速度的运输工具互相掣肘。实行交通分离通常采取划线分离、设置隔离墩、修建立体交叉和专用道路以及采取交通信号控制等措施，在空间和时间上分离道路上的交通。交通分离可以分为以下三种：

（1）混合交通。机动车、非机动车、行人和公交车辆在同一车道内行进，这是最基本的一种交通方式，也是最低端的分离方式。

（2）分道交通（又叫并行交通）。指各种交通形态占有同一通行带的特定部分，根据置右原则，中间走机动车，两边走自行车，两侧走行人。各交通形态在同一条道路上占有各自的通行路面，又分为物理隔离和信号隔离。物理隔离是人为设置有形隔离物，将车辆和行人隔开，信号隔离是依据规定，在道路上画出分割符号，如中心线的黄色标示或者反光钉等。

（3）分离交通。不同运输工具与行人有专用道，按不同车型、车速规定运行道路，不同的运输工具有不同的运行车道。一般是由机动车专用道、自行车专用道和行人专用道组成。每条专用道之间不互通，交叉时采取立体结构形式。另一重要措施是实行车辆分离，就是将不同的车种、不同方向和不同车速的车辆进行分离。这是交通分离的高级形式。

2. 交通流量均分原则

不同空间和不同时间内的交通流量是不同的。如果任其自由通行，就会形成流量在某个区域内或某个时间段的过分集中，超出道路的负荷能力，造成交通拥挤。必须对交通流量的分布进行调节，采取多种措施，使交通流量在时间和空间上均匀分布，保持道路的通畅。主要措施有：

（1）时间性交通流量均分。

城市交通最为拥挤的时候多为上班和下班时间，这主要是由于国内城市上下班的时间较为统一所致。因此，可以对上下班的时间进行调整，采取灵活的时间规定。要求不同的区域采取不同的上班时间，错开同一时间内的流量高峰；按照不同的区域对企业公司休息的具体时间做出不同的规定，不局限于周末；夜间货运，城市夜间的交通流量较少，可以充分利用这段时间安排对道路占用较多的货运交通等。

（2）空间性交通流量均分

空间交通流量的分布状况的好坏，一是取决于城市道路的规划建设是否合理，具体是规划建设中安排好干道、支道和环城路、高架、地面、地下等道路的关系，使交通流量有分流空间。如用环路以及干道吸引交通流量，用岔道等离市中心较远的道路分流过境交通流量。二是均分流量的管理措施是否得当。具体措施有在狭窄和繁忙地段采取单向交通，在拥挤的道路上禁止某种或几种车辆通过（禁行交通），禁止自行车等车辆左转弯、用可变交通标志诱导交通等等。

3. 交通连续原则

指在交通过程中，空间、时间、运行管理上和交通参与者本身精神的连续。包括：交通工具的连续，要做好交通的维护工作，减少交通工具在路上抛锚的现象；交通组织的连续，要采取高效灵敏的指挥管理体制，确保交通管理的持续稳定；交通设施的连续，做好交通设施的维护更新，防止标志信号系统的中断造成的混乱。

4. 交通总量削减

交通总量是所有交通参与者及其旅行时间（或旅行距离）的乘积的总和，包括机动车交通量、非机动车交通量以及行人交通量等。这是制定交通政策的主要依据，使交通总量达到最小的办法是尽量减少交通参与者的数量或将交通参与者的旅行时间缩短，当然最好是两者同时减少。要解决这一矛盾，必须双管齐下，除了加快道路建设以外，还要使交通参与者的总量最小，使交通参与者所占用的道路面积最小，使交通参与者使用道路的时间最少。

5. 优先权原则

该原则的广义是指对有利于城市交通状况好转的交通方式在政策上优先扶持，在规划建设上优先考虑，在对道路交通资源的使用上优先。狭义的优先权仅指最后一点，主要有：自行车辆优于转弯车辆通行；在干线道路上运行的车辆优于在支线道路上运行的车辆通行；车辆行至无管制的道路交叉口时只有在右边无车辆驶入路口时才可以通行；铁路和有轨电车在通行时优于其他车辆；一切车辆在守道内通行时优于行人，但在人行道内行人优先；紧急车辆优于其他车辆，如执行任务的警车、消防车、救护车等。

（五）城市交通问题与管理对策

1. 我国城市交通中突出的问题

（1）多数城市公共交通工具数量不足，可选择的交通工具类型单一。公共交通远远不能满足日益增长的城市交通需求，数量较少。我国的城市公交平均每千人拥有的数量远低于国外水平。城市地铁的发展也较为缓慢，全国仅北京、上海、天津、广州、南京5个城市建成地铁投入运行，路线的总和不如纽约的一半，难以在城市客运中起到主导作用。公交的结构也较为单一、落后。多年来，许多大城市的公交只有汽车、电车，90%以上的城市没有轻轨交通。公共交通的结构仍然以传统的公共汽车地面运输为主，难以发挥公共交通的高效。

（2）交通线路混乱。我国城市化进程快速发展，造成的一个城市交通的特点是线路复杂。道路的构成规划性不强、不能形成合理的覆盖网络，而且交通工具和交通方式也是先进与落后并行。混合交通多，道路功能较为混乱，客运与货运、市内与过境、机动车与非机动车等行驶在同一路面上，致使道路通行能力得不到充分发挥，通行速度不断降。

（3）城市道路建设跟不上交通工具的更新速度。我国长期忽视交通投入，把交通当作非物质生产领域，按照先生产、后生活的方式指导投资，导致我国的城市道路交通建设长期滞后。尽管改革开放以来加大了建设力度，但历史欠账太多，建设速度比较缓慢。城市人均占有道路面积较少，与世界发达国家城市相比有很大差距。

（4）交通管理设施老化、陈旧，交管技术落后。我国城市交通管理设施和管理水平不高，大多数城市，尤其是中小城市，尚未建立交通指挥中心、交通监控中心等先进的交通管理设施系统，交通管理停留在人工管理指挥的"点控制"阶段。各种交通设施老化折旧也很严重，需要更新。

2. 管理对策

（1）加快轨道交通建设，优先发展公共交通

通过多种途径加快轨道交通的建设：制定市郊铁道、城市轨道交通和公交专用道系统的一体化公交线网规划；合理确定轨道交通线路的优先顺序；广开渠道筹集资金，加快轨道交通建设。优先发展公共客运交通，提高公共交通的行车速度，使公交网络布局与城市用地开发利用相协调，公交线路布设与城市客流流向相一致。

（2）提高管理科学化水平，更新交管设备和技术手段

主要包括路网车流组织方案预评价模型研制；路网运行状态实时监控技术；路上意外事件的紧急处置手段与实施方案；停车管理对策（各类停车车位规划设计标准、建设与管理责任主体的划分、停车设施布局、公用停车车位收费标准，及其停车管理办法等）。

（3）提高私家车上路限制水准，减少尾气排放

应认真研究交通污染特征和污染预测方法。针对污染源头和已发生的污染，应制定防治和降低污染的措施。对重大建设项目应开展交通环境影响评价，提出防止污染和环境管理措施。

（4）树立正确的交通意识和法制观念

要提高全民遵守交通法规的意识，必须要加强交通法规知识的宣传，加大执法监管力度，使广大行人和车辆驾驶人员能自觉遵守交通法规，以充分地利用现有的交通资源，进一步提高现有道路交通设施的供给能力。

治理北京交通拥堵新思路　让城市踏上时代节拍

堵车算得上是当今北京人最热门的话题了。交通不畅，百姓日常之苦，政府心头之痛。截至 2004 年底，北京市常住人口已直逼 1500 万，达到 1492 万，而截至今年 6 月底，北京机动车保有量已达 240 万辆，仅今年上半年就

新增机动车 17 万多辆，还不算外地在京车辆，这个速度在全国也是少有的。路建多长，车增多快，有人形容叫做"压路机跑不过'切诺基'"。"从 1998 年到 2003 年的短短 6 年时间内，北京机动车保有量迅速增加了 100 万辆，比原来预计 2010 年达到 200 万辆提前了整整 7 年。"北京城市交通逐渐失去应有的整体调节能力，系统脆弱性日益突出，交通压力愈显突出。

北京的道路很宽，怎么还会堵得那么厉害？但是"路宽并不代表路多"。目前北京四环以内的道路占地率只有 17% 左右，而东京、巴黎、纽约等世界大都市都在 25% 以上。世界上许多大都市的汽车拥有量比北京多两三倍以上，为什么交通会比北京畅通？专家认为，相比较而言，北京的车"少"，但是车辆利用率平均是东京、巴黎、伦敦等的两倍以上。也就是说，就在路上行驶的车辆而言，北京的车并不"少"。

转变交通观念：既要修大路，也要通小路，打通中心城区内的交通"微循环"

在北京城市道路体系中，没有红绿灯限制的二环、三环、四环、五环的快速环路是城市路网的骨架。随着机动车规模的迅速攀升，京城交通对环路的依赖程度与日俱增。如何将环路上的车流迅速疏散出去？在几大环路间建设放射状的快速联络线，让快速路由环状变成网状是最有效的途径。按照规划，北京将建成由环路和环路之间的 15 条快速联络线组成的快速路网 280 公里，将以占全市路网体系 8% 左右的总里程，承担起全市近 40% 的交通流量。截至去年底，全市快速路已达 219 公里，占规划总里程的近 80%。

截至 2004 年底，已全面完成了 109 个路口优化渠化，改造 84 处拥堵路段，新建 31 座过街天桥和 14 处公交港湾，优化公交线路 43 条，调整公交站点 129 处。同时，五环路全面取消收费，明显提高了整体路网的效率。在作为历史文化名城的古都北京改善交通，只能从名胜古迹的夹缝中、从胡同老街的空间里，挤出一条条路，来打通中心城区内的交通"微循环"。去年，全市共有 53 处"微循环"道路被疏通，通行能力大大提高。

提升管理水平：推广智能化调控手段，提倡文明交通行为，科技和法规双管齐下

提高交通管理的科技含量和管理水平是缓解交通的重要措施。去年 6 月 1 日，北京城区二环路内 209 处信号灯实现了区域联网，可以依据路面车流量自动调整变换，进行集中控制。根据市交管局测算的数据，联网运行后，控制区域内平均停车次数下降 15%，路口排队长度缩短 15%，系统整体综合效益提高 15% 以上。按照规划，到 2007 年，北京五环路以内所有 1500 个左

右的信号灯将全部实现计算机集中控制，形成一盘棋。北京交通组织的智能化管理面也在不断扩大：路边的电子信息显示屏、市交管局指挥中心的交通广播，提示司机根据最新路况及时调整走向；代替交警处罚的"电子眼"已达 1000 余处。

　　针对施工影响交通问题，制定了《占道作业管理办法》，对施工路段进行网上公示，在重要路段派出管理人员实行交替通行，降低了由此带来的拥堵。人们交通意识淡薄也是造成拥堵的重要原因。去年底以来，北京加强对驾校的管理，增加路考等项目，加大考试难度，使大量新加入到驾驶员行列的人在学习开车时就养成良好的习惯，刚上路就有比较扎实的基本功。

　　建设以地面快速公交和轨道交通为骨干、以地面常规公共交通为主体、以换乘站为节点，遍布全市的现代化公共交通体系，是北京交通的总体构思。北京规划在人流集中的南中轴路等线上，建设 6 条大容量快速公交线路。同时，构建轨道交通网络也在逐年加快。

　　制定治本之策：实施城市空间布局调整，发展公共交通，用发展的办法解决发展中的问题。

　　去年底，国内首条大容量快速公交线单程 5 公里的南中轴路快速公交一线开通并正式运行。载客近 200 人、长 18 米的大型空调客车，在用护栏隔开的快速公交专用道上跑起来一路畅通，乘客们感觉到了一种难得的畅快。《北京交通发展纲要》也已正式出台。北京市交通委员会主任赵文芝说，以一体化的交通体系和以人为本的交通服务，引导和支持北京市发展，为"新北京、新奥运"战略构想的实施提供保障，将是北京交通现阶段发展的总方针。

　　引自：阎晓明，王建新，《让城市踏上时代节拍》，《人民日报》，2005 年 8 月 21 日。

第三节　公益事业管理

　　城市公益事业服务于公众的利益，实质是社会财富的再次分配。公益精神就是愿意为改善"公共领域"而奉献努力的精神。城市公益事业也是中国优良传统的延续，是构建社会主义和谐社会的内在要求。城市公益管理从本质上讲就是对从事城市社区服务、环境保护、公共教育、公共体育、公共卫生、慈善事业等活动的机构团体的监督、协调与引导。

一、文化事业管理

（一）城市文化事业管理的含义

城市文化事业管理是指城市文化行政管理部门依据国家政策、法规和本城市的实际情况，对城市的各项文化事业实施规划、组织、协调、监管、引导等活动的过程。

（二）城市文化事业管理的具体措施

1. 从城市文化的具体情况出发，制定城市文化发展战略。城市文化发展战略是城市文化发展的纲领，其本质在于使文化系统与政治、经济等其他社会系统的发展相协调，并使城市文化促进社会不断进步。因此，城市政府要把文化发展当作一个系统工程来抓，研究城市文化结构、城市文化发展的目标和模式。

2. 城市文化事业机构和活动的指导与管理。城市各专业文化机构和群众文化团体，是城市文化活动的主要承担者和推动者。城市政府及其文化主管部门必须对这些机构及其文化活动进行指导和管理，以保证城市文化的健康、繁荣发展。

3. 城市文化设施的建设与管理。文化设施不仅是城市文化活动的载体和物质基础，也是一个城市文化建设的直观反映，体现着一个城市的文明程度。它主要包括图书馆、博物馆、文化馆、影剧院、音乐厅、青年宫、体育馆、园林名胜以及各种游乐场等。尤其是要加大对非物质文化遗产的保护，发掘民间文化资源，挽救珍贵的非物质文化财富，整理发掘，延续传承。

4. 城市文化市场的管理、监控。随着城市经济体制改革的深入和市场经济的发展，以商品形式向人们提供精神产品和文化娱乐服务的文化市场目前已十分活跃。文化产品对社会影响具有广泛性，城市文化主管部门必须对其生产、经营和行为进行严格、有效的管理和监控。主要途径是根据本市的需要和特点，制定相关的文化法规和管理细则，把文化市场的管理纳入法制轨道。

（三）城市文化事业管理的原则

1. 坚持两为：为人民服务、为社会主义服务；坚持双百方针：百花齐放、百家争鸣。

2. 弘扬民族传统文化，发展现代先进文化。进一步活跃社区文化、校园文化、广场文化，不断满足人民群众多层次、多样化的文化需求。建设好市图书馆，积极发展文博事业，加快市博物馆文物库房的建设和改造，保护好文物和重要人文资源，力争建设有影响的爱国主义教育基地。树立精品意识，在培育特色文化产业的同时，建设一批标志性文化工程、一批基层文化设施、一批文化科技中心，形成比较完备的公共文化服务体系。推动全市文化发展，繁荣娱乐业、电影业、演出业、音像业、艺术培训业、文化旅游业等文化产业，注重城市特色，体现人文内涵，建设个性鲜明的城市文化。

（四）文化事业管理的机构和职责

1. 主管机构与职责

城市文化局，它在市人民政府的领导和上级文化行政部门的指导下工作。市文化局的主要职责是：贯彻、执行党和国家关于文化工作的方针、政策、法规；编制本市文化事业的长远规划和年度计划；指导本市的艺术表演团体的训练和演出，开展群众文化活动；加强文艺职业道德教育，培训文艺专门人才。

2. 辅助管理机构

城市的文学艺术联合会和社会民间文化组织。前者是城市的文学家、艺术家志愿联合起来的群众性文学艺术团休，主要职责是宣传贯彻党和国家的文学艺术力针、政策，团结本市的文艺工作者和爱好者开展文学艺术活动。后者是由城市的文学、艺术爱好者志愿组织起来的文化组织，如城市美术协会、音乐协会、曲艺协会、戏剧协会等。

（五）城市文化管理的方式

1. 法律方式

运用法律规范来规定社会文化生产和生活的各种原则，实现城市文化管理，是市场经济条件下城市文化管理的重要形式和手段。城市文化管理的法律手段主要包括文化立法、文化执法、文化司法等。文化立法是文化法制管理的基础。我国的城市文化法规体系还不够完备，造成在城市文化管理的某些方面"无法可依"的局面。因此，建立完备的文化法律规范体系，是文化立法的当务之急。文化执法是文化法制管理的关键环节，其执法重点是文化市场。妥善地解决各种文化纠纷，保障文化活动当事人的合法权益，保障各类文化活动的正常进行。

2. 经济手段

随着我国市场体系的不断发育完善和市场经济体制的逐步确立，经济手段越来越成为有效的文化管理和调控的方法。财政手段是文化管理的宏观调控手段之一，主要包括国家和所属城市的文化预算支出、财政投资、财政补贴和税收等。价格手段作为调节文化生产和文化消费以及合理配置各种文化资源的杠杆，主要运用和体现于文化市场的管理中。金融手段则运用贷款条件、优惠利率和差别利率等，对文化产业或文化产品结构进行支持或调控。

3. 行政管理

行政手段是指城市文化行政机关通过强制性的行政命令对城市文化活动进行干预和控制的管理方法。在计划经济体制下，行政手段是城市文化管理最常用、最普遍的手段。随着我国经济体制改革的深入和政府职能的转变，城市文化行政机关管理文化活动的行政手段主要在宏观层次和特殊文化市场上运用。

4. 教育手段

教育手段是指通过对城市文化管理对象进行政策、法制、道德方面的教育，引导文化生产者、经营者、服务者从事合法的、符合道德规范的文化活动，同时引导文化消费者进行健康的文化消费。

（六）城市文化事业管理改革思路

1. 权力下放，主管监管，政府不直接参与。我国城市文化管理体制改革的方向是改变集中统一的管理体制，给文化事业单位以自主权。转变城市政府文化部门的职能，进一步取消和下放行政审批权，加强面向社会的宏观调控和依法监管，逐步建立政府领导、行业自律、企事业单位独立运营的文化管理体制和运行机制。

2. 依法管理，规范文化市场。在对文化市场科学定位和分类指导的基础上，以政策指导、法规调整、信息服务、检查监督为主要内容，形成政府宏观管理文化市场的新格局。

3. 文化单位的社会化，事业单位的非行政化。推进文化事业单位的社会化进程，按照市场规律的要求，将一部分文化活动从"事业体制"中剥离，进入产业化运作，使其真正成为独立的法人，面向全社会提供文化产品和服务，在区域经济和社会公益事业发展中最大限度地发挥作用，从而将我国的城市文化管理体制转化为"事业"和"产业。

4. 发展文化中介、评估、咨询机构，发挥文化市场的资源配置作用，加快文化投资主体的多元化。发展文化中介组织和相关机构，规范文化行业组织的行为方式，把不属于政府管理的职能下放给文化中介机构和行业组织，使转变政府职能和发挥行业组织的作用统一起来。

5. 坚持文化发展社会效益优先的管理思路，弘扬中华传统文化精髓，打造各自城市文化品牌，引导社会文化事业全面发展。加大政府对文化事业的投入，同时并重多种文化建设主体参与，以发挥文化生活的社会效益为先导，服务城市居民大众，繁荣文化市场。发掘本市传统文化精髓，结合时代精神打造城市文化品牌特色，为城市的发展奠定坚实的文化底蕴。

二、教育事业管理

（一）教育事业管理的含义

城市政府教育主管部门依据国家和地方法规对该城市的教育体系进行监督、指导、投资兴办、计划、组织、协调的过程。

（二）教育事业管理的基本内容

1. 教育预测

教育预测是城市教育管理过程的第一步。科学的教育预测是在对教育现状进行分析的基础上，发现并掌握规律，然后根据现有情况，寻找提高工作质量、学生质量和教育投资效益的最佳方案，并以此作为制定教育发展战略的依据。可以说，教育预测是作出正确的教育决策的前提基础，是进行有效管理的重要工具和手段。

2. 教育决策

教育决策是教育管理现代化的关键。合理的决策是为了达到一定的教育目的，在预测的基础上对教育管理目标、教育行动方案、教育政策等的选择。一般来说，教育决策往往关系到一个城市教育的前途和命运。因此，它是各级教育行政部门和各级各类学校的中枢部分。教育决策的合理与否，直接关系到整个教育事业的得失成败。

3. 教育计划

教育计划是实施教育决策的行动纲领。教育计划是根据教育决策对教育未来发展的设想和规划，是教育决策的具体化和系统化，是教育决策实施的重要中介环节。教育计划一般围绕着决策的意图和预期的目的，选择工作的指标和程序、步骤和内容以及方法，以使教育系统的各部门、层次相互协调，相互支撑，为保证教育活动的顺利进行提供保证。

4. 教育组织

教育组织是教育管理活动的核心。组织是任何管理活动中都必不可少的环节。教育组织包括教育层次的划分、教育结构的组成、学制的规定、行政机构的隶属等许多方面，其目的就在于使教育系统中的人力、物力和财力发挥最大的作用，使决策和计划能够得以顺利实施。

5. 教育评价

教育评价是教育管理过程的反馈环节，是总结和分析教育管理的经验教训，对已经做过的工作进行质量评价，以便在今后的管理上作中发扬优点，改进不足的重要环节。由于教育评价是一个复杂的活动，尤其是教育质量的科学评价更要考虑许多因素，教育的过程性、时效性给教育评价带来了困难。因此，教育评价不能一味依赖客观指标，还要参考教育的实际社会效益和被教育者的反馈情况。

（三）教育事业管理机构与职责

1. 管理机构

城市人民政府是城市教育管理的领导机关，负责对城市教育事业进行宏观管理、统筹规划和协调。具体的城市教育管理机构则是教育委员会或教育局及其所属的区、县教育局。它是市人民政府管理全市教育事业的综合职能部门，负责管理本市的各级各类学校及其他教育机构，既受同级人民政府的领导，又受上级教育厅、局的业务指导。

2. 管理职责

（1）贯彻执行党和国家有关教育的方针政策、法律、法规，管理、指导、公告、监督本市教育事业（包括学前教育、基础教育、高等职业教育、特殊教育、成人教育和社会力量办学）的各级各类学校和教育机构对党和国家有关教育的方针政策、法律法规的贯彻执行。

（2）编制城市教育长远发展规划，统筹全市教育结构、布局调控和体制改革工作并组织实施。

（3）制定各类学校招生计划，组织实施和监督考试、学籍管理，统筹管理全市教育经费，编制全市教育事业经费的预决算；监管全市教育事业经费的运行，监管全市教育事业国有资产和基建项目，统筹规划并管理本市教育事业所属机构的人事和劳动工资工作。

（4）统筹规划并管理本市各级各类教育的教学基本要求、思想政治工作、品德教育工作、体育卫生工作、艺术教育工作、劳动技术教育工作、国防教育工作、法制教育工作。

（5）管理、指导本市各级各类学校教育教学改革，组织检查、评估各级各类学校教育质量；规划并指导本市教育科学研究和教育教学研究；负责本市教育基本信息的统计、分析、发布；规划并管理指导本市教育现代化信息技术发展工作；负责本市语言文字规范化建设工作。

（四）教育事业管理制度改革

1. 我国目前教育体系存在的问题

长期以来，我国形成了国家集中制定计划、政府直接管理的城市教育管理体制。在这种教育体制下，政府对教育进行集中而直接的管理，对学校管理太多、统得过死，致使学校缺乏活力。而政府的管理主要是通过行政手段，而很少使用立法、信息服务等手段对学校内部事务进行管理。同时，学校的教育经费来源单一，那就是政府财政拨款。这种管理体制和手段曾在集中力量发展国家经济和政治文化建设方面起到有效的作用，但却导致学校对政府的依附程度过深，缺乏办学自主权和自身活力。随着社会经济的发展和改革开放的深入，传统城市教育管理体制对城市教育事业发展的制约日益明显。

2. 教育改革的措施

面对加快改革开放和现代化建设的新形势，各级政府、广大教育工作者和全社会，必须对教育的改革和发展具有紧迫感，真正树立社会主义建设必须依靠教育和"百年大计，教育为本"的思想，采取切实有力措施，落实教育的战略地位，加快教育的改革和发展，开创教育事业的新局面。

（1）教育事业发展的目标

①普及九年义务教育（包括初中阶段的职业技术教育）；大城市市区和沿海经济发达地区积极普及高中阶段教育。大中城市基本满足幼儿接受教育的要求。

②高中阶段职业技术学校在校学生人数有较大幅度的增加，未升学的初中和高中毕业生普遍接受不同年限的职业技术培训。

③通过岗位培训、继续教育和在职学历教育，提高广大从业人员的思想文化素质和职业技能。

（2）改革的具体措施

①改革办学体制。改变政府包揽办学的格局，逐步建立以政府办学为主体、社会各界共同办学的体制。在现阶段，基础教育应以地方政府办学为主；高等教育要逐步形成以中央、省（自治区、直辖市）两级政府办学为主、社会各界参与办学的新格局。职业技术教育和成人教育主要依靠行业、企业、事业单位办学和社会各界联合办学。

②深化中等以下教育体制改革，继续完善分级办学、分级管理的休制。中等及中等以下各类学校实行校长负责制。校长要全面贯彻国家的教育方针和政策，依靠教职员工办好学校。支持和鼓励中小学同附近的企业事业单位、街道或村民委员会建立社区教育组织，吸引社会各界支持学校建设，参与学校管理，优化育人环境，探索出符合中小学特点的教育与社会结合的形式。

③重视和加强德育队伍的建设。加强德育工作是全体教师的共同职责。教师应当把德育贯穿和渗透到教育教学的全过程中，并以自己的楷模作用，促进学生的全面成长。

④完善政策导向，加强学校管理。坚持德才兼备的原则，要严格执行校规、校纪，教育学生遵守行为规范，建设健康的、有活力的校园文化，树立良好的

校风、学风，使学校成为建设社会主义精神文明的重要阵地。

⑤进一步转变教育思想，改革教学内容和教学方法，克服学校教育不同程度存在的脱离经济建设和社会发展需要的现象。要按照现代科学技术文化发展的新成果和社会主义现代化建设的实际需要，更新教学内容，调整课程结构。加强基本知识、基础理论、基本技能的培养和训练，重视培养学生分析问题和解决问题的能力，注意发现和培养有特长的学生。

⑥建立各级各类教育的质量标准和评估指标体系。各地教育部门要把检查评估学校教育质量作为一项经常性的任务。要加强督导队伍，完善督导制度，加强对中小学学校工作和教育质量的检查和指导。对职业技术教育，要采取领导、专家和社会用人部门相结合的办法，通过多种形式进行质量评估和检查。

⑦全社会都要关心和保护青少年的健康成长，形成社会教育、家庭教育同学校教育密切结合的局面。家长应当对社会负责，对后代负责，讲究教育方法，培养子女具有良好的品德和行为习惯。新闻出版、广播影视、文化艺术等部门，要把提供有益于青少年身心发展的、丰富多彩的精神产品作为义不容辞的责任。在城镇建设中，要注意兴建科学馆、博物馆、图书馆、体育馆和青少年之家等设施，要制定和完善公共文化设施对学生开放和减免收费的制度。采取严厉措施，查禁淫秽书刊、音像制品，打击教唆、残害青少年的犯罪活动，优化育人环境。

⑧建设一支具有良好政治业务素质、结构合理、相对稳定的教师队伍，是教育改革和发展的根本大计。要下决心，采取重大政策和措施，提高教师社会地位，大力改善教师的工作、学习和生活条件，努力使教师成为最受人尊重的职业。

⑨改革和完善教育投资体制，增加教育经费。目前教育经费相当紧缺，不仅不能适应加快改革开放和现代化建设对人才的需求，而且也难以满足现有教育事业发展的基本需要。增加教育投资是落实教育战略地位的根本措施，努力增加对教育的投入，确保教育事业优先发展。要逐步建立以国家财政拨款为主，辅之以征收用于教育的税费、收取非义务教育阶段学生学杂费、校办产业收入、社会捐资集资和设立教育基金等多种渠道筹措教育经费的体制。通过立法，保证教育经费的稳定来源和增长。

聚焦新义务教育法，让每个孩子都有学上

2006年9月1日，全国两亿中小学生将在新学期伊始迎来新《义务教育法》的实施，关于学校不能征收杂费、不得设重点班的规定被称为这部新法的亮点。

新《义务教育法》中有一点引起众多学生及家长高度关注，即学校不得被分为重点学校和非重点学校，学校不得分设重点班和非重点班，新法强调义务教育阶段学校的均衡发展，使所有的学生都能享受到良好的、平等的教育。要实现教育资源的均衡，关键是实现学校师资水平的均衡。提到教育资源均衡，很多人关注的是，对于城市和农村、东部和西部地区存在的极大差异，又该如何解决？对此，政府要对资源匮乏的地区有相当的投入，如输送和培训西部地区的教师等，"在这一点上，教育部也考虑了很多方案，会逐步实施，均衡问题终究要解决，但眼前的事，是要让每个孩子都能有学上"。

来源：邢佰英、崔丽，《中国青年报》，2006 年 8 月 15 日。

重新认识民办教育在义务教育中的权利义务

新《义务教育法》对国家强制实施义务教育所做的相关规定，需要我们调整目前社会上默认的关于民办学校在义务教育中权利和义务的认识。

新《义务教育法》第四十二条第一款规定："国家将义务教育全面纳入财政保障范围，义务教育经费由国务院和地方各级人民政府依照本法规定予以保障。"在政府对民办学校实施普遍的公共财政资助以后，如果按照新《义务教育法》第二条第三款"实施义务教育，不收学费、杂费"的规定和《民办教育促进法实施条例》第四十二条第二款"受委托的民办学校向协议就读的学生收取的费用，不得高于当地同级同类公办学校的收费标准"的规定，义务教育阶段的民办学校在接受政府公共财政资助以后，似乎不能再向学生家长收取其他费用。这样一来，大部分的民办学校必将因为入不敷出而难以为继。但如果这些民办学校在接受政府公共财政资助以后，还继续收取其他费用，则似乎又与新《义务教育法》的相关规定存在明显的冲突。

解决这些矛盾，首先要从观念上把民办学校中进行的教育活动分解成两个部分：一部分是与公办学校所开展的教育活动相对应的部分，另一部分是体现民办学校自身办学特色的部分，前者可以称之为"法定教育"，后者可以称之为"校定教育"。正是由于义务教育阶段的民办学校向适龄儿童、少年提供的是符合国家要求的"法定教育"，所以才保证了国家义务教育制度的完整性和统一性。与此同时，民办学校还向适龄儿童、少年提供了体现学校办学特色的"校定教育"，正是这一部分教育的存在，为民办学校体现它的办学自主权提供了现实依据，也为民办学校在获得政府财政支持的同时，还可以自行决定是否还向学生收取学杂费提供了合理合法的观念基础。

对于义务教育阶段的民办学校是否可以举行入学考试这样一个困扰大家已久的问题，解决的关键是正视民办学校在提供"法定教育"之外还提供"校定教育"的现实。把民办学校举行的入学考试理解为为有效实施"校定教育"而对学生的选择，就如学生选择民办学校一样，是体现双方自由意志的相互选择过程，它并不妨碍学生接受义务教育，因为民办学校对适龄儿童、少年提供的义务教育是内嵌于学校教育活动之中的。

来源：吴华，《中国教育报》，2006年11月3日第7版。

思考：在贯彻《义务教育法》中，政府部门的职责是什么？根据义务教育法的精神，如何整合全社会的教育资源，真正实现"义务教育"？

三、卫生事业管理

（一）城市卫生

城市卫生主要包括城市环境卫生、生产卫生和生活卫生三个大的方面。环境卫生指大气、水、土壤、城乡规划建设和生活居住条件等自然和社会环境因素与人体健康的关系；生产卫生指生产劳动场所和生产劳动过程中各种因素对生产劳动者的健康的影响以及职业病防治等各种防护措施；生活卫生指家庭、社会公共场所和日常生活中的各种因素对人们健康的影响，以及除害防病、妇幼保健、饮水饮食卫生、提高城市居民的卫生意识和卫生习惯等措施。

（二）城市卫生事业管理的含义

城市卫生事业管理，指市政部门依据国家有关的法规和政策，通过计划、组织、实施等环节来协调城市卫生系统的各要素，保证城市卫生目标的实现.为城市人民创造一个有利于身心健康的良好的生活环境和工作环境的活动。在城市卫生的三个方面中，随着环境问题受到越来越多的关注和重视，城市环境卫生已成为城市环境管理的专门职责，生产卫生和生活卫生，尤其是医疗卫生，则成为城市卫生事业管理的主要对象。

（三）城市卫生事业管理机构

1. 城市各级政府

政府是城市卫生事业管理工作的最高组织领导和指挥实施机构，其职责是把城市卫生事业管理工作纳入国民经济和社会发展规划，建立健全城市卫生事业管理体制和管理网络，加强城市卫生"软件"和"硬件"的建设。

2. 主管机构是市卫生局，辅助机构是防疫站卫生局是城市人民政府管理全市医疗卫生事业的职能部门，主要职责是贯彻执行国家有关城市卫生工作的方针政策、法律法规；进行医疗卫生和药政工作的管理；对妇幼保健和计划生育工作进行指导等。防疫站是卫生局的派出机构，在城市卫生事业管理中的主要职责是做好除害灭病的技术指导、卫生科学知识的宣传和科研工作，搞好卫生监督，并做好健康教育宣传工作。

3. 爱国卫生委员会

城市卫生事业管理的协助管理机构主要是市爱国卫生运动委员会（爱卫会）。它是市、区人民政府的非常设机构，负责统一领导、统筹协调城市爱国卫生、防治疾病和创建卫生城市工作。它的主要职责是：组织各部门把爱国卫生运动纳入各自规划；协助卫生主管部门加强城市卫生基本建设、卫生宣传、卫生教育和卫生监督管理，动员广大市民开展城市群众卫生工作；深入持久地搞好除害防病工作。

（四）卫生管理事业的主要内容

随着社会的发展，城市公共卫生管理的内容必将更加广泛、更加复杂。但就我国目前而言，城市卫生事业管理主要是对城市医疗卫生、卫生防疫、药政、食品卫生、健康教育等的管理。概括起来主要有以下几个方面：

1. 制定和实施城市卫生战略、政策和行动计划

城市卫生事业管理部门要对城市卫生状况进行分析评价，为制定卫生政策提供依据，然后提出改善卫生状况的目标、目标的重点以及实现这些目标的方针，在此基础上制定城市卫生战略和行动计划，并组织监督实施。

2. 城市医疗事业管理

城市医疗事业管理包括医疗卫生组织、妇幼保健的管理和医疗预防制度的管理。医疗预防制度的管理，包括劳动保险制度、公费医疗预防制度、合作医疗制度和医疗预防的免费制度等。

3. 卫生防疫和突发公共卫生事件应急管理

卫生防疫管理主要是贯彻预防为主的卫生工作方针，应用预防医学的理论和技术开展卫生监督，改善环境、劳动、食品、饮水、学校等各项卫生状况，进行传染病、寄生虫病和地区病、职业病的防治管理，实施国境卫生检疫，除害防病，开展爱国卫生运动，制定、处理突发性公共卫生事件，及时有效地控制城市灾害带来的疾病、瘟疫的扩散，做好灾后防疫治疗的工作。

4. 药事管理

药事管理是城市卫生事业管理部门按照国家的政策法规和防病治病的需要，对药品的生产、供应、使用和进出口进行管理，保证用药的质量、安全与

有效。这部分职责现在主要由食品药品监督局承担。

5. 食品卫生管理

城市卫生事业管理部门为了保障城乡居民的城市饮食安全，对食品的生产和销售进行检查、监督和检验等。

6. 市民健康教育管理

城市卫生事业管理部门要通过专门的健康教育机构和大众传媒对广大市民进行健康教育；监督中小学健康教育课的开设、各级医院的门诊部及住院病区健康教育专栏的设置，以及社区和工作场所健康教育工作的开展。

（五）城市卫生事业管理存在的问题

1. 公共卫生体系不健全，重大疾病预防控制任务艰巨

我国城市卫生工作的基本方针是坚持预防为主，预防控制疾病的发生是卫生工作的首要任务。城市人口众多、经济发展水平存在较大差距，如果不能有效控制疾病的滋生和蔓延，有限的医疗卫生资源将难以有效应对复杂的局面。目前，我国各类城市都设立了疾病预防控制机构，人员约 20 万。但不少机构，特别是基层机构人员素质不高，缺乏高水平的人才；设备不齐全，缺乏必要的检测检验设施。

2. 应对突发公共卫生事件的机制不完善

突发公共卫生事件的显著特点，一是突然发生，猝不及防；二是涉及面广，影响巨大，极易引起社会恐慌，对经济发展、社会稳定和人民生活产生严重影响。2003 年"非典"疫情的蔓延，就暴露了我国公共卫生事业发展滞后，公共卫生体系存在缺陷，应对突发公共卫生事件机制不健全，重大疫情信息监测报告网络不完善，卫生部门敏感性不强，应急救治能力不足等问题。

3. 医疗服务体系不适应群众的健康需求，"看病难、看病贵"问题突出

一是卫生资源总体不足，卫生发展落后于经济发展。卫生资源不足，特别是优质卫生资源严重不足，是长期存在的突出问题。二是医疗卫生资源配置不合理，城市社区缺医少药的状况没有完全改变。城市社区缺乏合格的卫生人才和全科医师，即使城市的一些中小医院也缺乏高水平的医生。大医院的功能应是收治危重病人和疑难病人，目前收治了大量常见病、多发病患者，既造成看病难、看病贵，又浪费了大量的宝贵资源。三是医疗保障体系不健全，相当多的群众靠自费就医。医疗保障体系是社会保障体系的重要组成部分，是维护社会稳定的减震器。目前我国已建立了城镇职工医疗保障体系，但覆盖面太小。国有企业职工基本参加了医疗保险，但私营企业、外资企业中的职工，特别是进城务工的农民大多没有参加。城市下岗职工、失业人员、低保人员没有医疗

保障。四是公立医疗机构运行机制出现了市场化的倾向，公益性质淡化。

4. 医疗卫生管理体制与人民健康需求不适应

国务院一直强调加强城市区域卫生规划，要求地方政府按照经济发展水平和人民健康需求，统筹各地卫生资源，规划建设卫生医疗体系，但这项工作一直做得不好。有的规划难以制定，有的制定了规划也难以落实。现有的医疗卫生资源分别隶属于各级政府、部门、行业和企业，当地卫生部门把主要精力只放在本级所属的几个医院，而且是重扶持、轻监管，难以对全行业实施有效监管。卫生部门对卫生事业发展的内在规律研究不深、把握不准，对在市场经济条件下如何发展卫生事业探索不够，缺乏从国民经济发展、社会全面进步和维护人民健康的全局高度推动卫生事业改革与发展的勇气和力量。对工作中存在的一些问题反应不够敏感，决策不够果断，处理不够坚决，甚至有畏难情绪和等、靠、要的思想。

（六）城市卫生体制改革

1. 推进卫生事业改革与发展的基本思路

我国卫生事业是政府实行一定福利政策的社会公益事业。卫生事业发展必须与国民经济和社会发展相协调，人民健康保障水平必须与经济发展水平相适应。发展卫生事业应该坚持以政府为主导，同时发挥市场机制作用的方针，坚持以农村为重点，坚持预防为主，坚持中西医并重，依靠科技教育，动员全社会参与，为人民健康服务，为社会主义现代化建设服务。卫生改革与发展的总体目标是，建立起适应社会主义市场经济体制、适应我国经济发展水平、适应人民健康需求和承受能力的比较完善的医疗卫生服务体系。

2. 转变政府职能，加强公共卫生管理

预防重大传染病的流行和蔓延，有效应对突发公共卫生事件。为群众提供基本医疗保障，维护人民身体健康。主要包括发展医疗卫生事业，健全基本医疗保障体系，增加政府经费投入，维护公立医疗机构公益性质，既要坚持发挥政府的主导作用，也要注意发挥市场机制的作用。加强卫生行业监管，维护群众就医安全，严格医疗资格准入，配合有关部门加强药品和医疗服务价格监管，纠正不正之风，减轻群众负担。

3. 加快公共卫生体系建设，提高应对突发公共卫生事件能力

突发公共卫生事件应急机制建设，主要包括突发公共卫生事件指挥体系、疾病预防控制体系、医疗救治体系和卫生执法监督体系。政府通过调整财政支出结构，大幅度增加公共卫生投入，加强疾病预防控制体系、应急医疗救治体系和卫生执法监督体系建设。完善功能定位，落实职能责任，健全经费保障机

制，强化信息和指挥系统，加强人员培训和人才队伍建设，做好疾病预防与控制、应急预警与处置、疫情收集与报告、监测检验与评价、健康教育与促进、应用研究与指导、技术管理与服务等各项工作。同时，依法加强卫生监督，健全医疗卫生服务评价制度，完善行政执法、行业自律、舆论监督、群众参与的监管体系，保护群众利益。

4. 深化城市医疗体制改革试点，大力发展社区卫生服务

由政府制定统一区域卫生规划，根据公共卫生服务和居民基本医疗服务需求，确定保留公立医疗机构的数量和规模，负责公共卫生和基本医疗服务，其余的公立医院可引入市场机制，吸收社会资金，改制改造成社会非营利或营利性医疗机构。运行机制要体现公益性质，完善保障措施。政府要控制公立医院的收费标准和收入规模，不鼓励创收。优先发展社区卫生服务的方针，实行政府主导和社会参与相结合，加快社区卫生发展，构建以社区卫生服务为基础的新型城市医疗卫生服务体系。健全社区卫生服务网络，完善服务功能，改革运行机制，增加政府投入，促进社区卫生服务的可持续发展。

5. 切实加强医院管理，提高医疗服务质量

深入开展了"以病人为中心，以提高医疗服务质量为主题"的医院管理活动，加强医院管理，改善医疗服务，规范医疗行为，提高医疗质量，确保医疗安全，提升医院管理水平。要明确发展方向，坚持为人民健康服务的办院宗旨；加强医患沟通，构建和谐的医患关系；建立健全管理制度，严格收费管理，降低医药费用；建立信息公开公示制度，拓宽社会监督渠道；加强医德医风建设，纠正行业不正之风。同时，在全国医疗卫生系统广泛深入开展弘扬白求恩精神，教育广大医疗卫生工作者努力做到"以病人为中心"，"视病人如亲人"，"想患者之所想，急患者之所急"，努力为病人解除痛苦，减轻负担。

四、体育事业管理

（一）城市体育事业管理的含义
城市政府体育主管部门对这个城市的体育系统依据国家和地方法规进行监督、指导、投资兴办、计划、组织、协调。

（二）城市体育事业管理的机构和职责
1. 城市体育事业管理的机构

城市体育局及其附属机构如各类体育运动协会。

2. 城市体育事业管理的职责

（1）动员广大人民群众积极参加体育锻炼，增强体质

了解城市群众体育运动情况，制定群众体育工作规划，配合教育部门抓好学校的体育工作，在上好体育课的基础上，组织实施国家体育锻炼标准，协助工会、妇联积极开展职工和幼儿的体育活动；有计划地开展农村体育运动；培训群众体育活动骨干和中、小学体育教师；指导教育部门举办各种类型的体育训练班；搞好群众体育活动的宣传报导，做好体育资料的收集、保存和基本数字的统计工作，发动和组织老年人的体育活动等。

（2）指导、检查、督促城市的体育训练工作

宣传、贯彻国家体委有关体育训练方面的方针、政策，完成上级体育局交给的各项训练任务；起草城市体育训练工作的规划、计划，制定体育训练的具体实施方案；对所属的业余体校进行业务指导；根据国家和上级的竞赛计划，安排、选拔、组建和训练体育代表队；对专职和兼职的教练员进行业务培训、考核、评定技术职称；会同教育部门，抓好中、小学体育传统项目的规划和布局；检查、评定业余体校重点班的质量，向有关部门输送运动员进行审批，审查优秀运动队的运动员进、出队工作；制定全年训练经费预算，审查训练经费的使用情况；实施奖励运动处及教练员的有关规定，指导城市各体育运动协会及教练委员会的工作。

（3）做好各级各类体育比赛的各项工作，包括承接、承办上级体委举办的体育比赛，组织城市的各类体育比赛，记录比赛成绩；审批和颁布教练员、裁判员的证件等。

（三）城市体育事业改革

当前随着社会主义市场经济体制的建立和国家公务员制度的推行，以及事业单位改革的深化，以往适应计划经济体制和传统管理干部的体制以及城市体育管理体制已经不合时宜，目前正在大力探索新的管理体制改革。

1. 群众体育管理体制改革。各级城市政府及其体育行政部门应以经国务院批准、1995 年 6 月 28 日正式颁布实施的《全民健身计划纲要》为主要内容，逐步建立全民健身管理体制、初步形成市民群众广泛参与、充满发展活力的运行机制，建立起社会化、产业化的市民健身体系的基本框架。

2. 竞赛管理体制改革。体育行政部门应在群众体育普及的基础上，从本市实际情况出发，像北京、天津等市抓足球队改革措施那样，形成各有特色的强项，并逐步在全国、亚洲乃至世界（奥运会上）占有一席之地。

3. 体育场馆设施管理体制改革。体育场馆、设施的发展水平是衡量一个城市体育事业水平的重要指标，加强对体育场馆设施的建设与科学管理是城市体育管理的一项重要职责。各级城市政府及其体育行政部门应重视体育，体育是

城市社会进步的象征、城市综合实力的体现，没有现代化体育设施的城市，是缺乏吸引力的。应逐步建立起科学化、社会化、产业化和法制化的管理体制。

五、城市慈善事业管理

（一）慈善与慈善事业

1. 英文中的"PHILANTHROPY"源于希腊文，表示"善心"、"博爱"之意，"BENEFICENCE"有善行、捐款的含义，CHARITY 表示博爱、善行等意思。中国传统文化里，"慈谓爱之深也"，"善则代表互助与友爱"。中华文化的"仁爱"思想源远流长，"推己及人"的慈善古训比比皆是。无论是西方的"爱人如己"还是中国的"推己及人"，都有一个共同的意思，那就是慈善是一种美德、善行和爱心，是人类基本的道德实践，它不是简单的解释为施舍和恩赐。

2. 慈善事业是建立在社会捐助之上的社会救助事业。真正的慈善事业是现代社会的产物，是一项道德工程。做为一项需要全社会成员广泛参与的公益事业，慈善事业有着自己独特的特色，这些特色使它成为人类社会互助行为在现代社会的基本载体。从社会意义出发，现代慈善事业因具有扶危济困、协调社会发展的内在功能，从而具有了社会保障的内涵。从经济意义出发，慈善事业能够获得官方、企业或团体、家庭或个人的财政支持，从而具有了混合分配的机能。

3. 现代慈善事业的宗旨，即是利用社会力量来救助弱者或不幸者，它在实践中所表现出来的基本特色，可以概括为以善爱之心为道德基础，以贫富差别为社会基础，以社会捐献为经济基础，以民营机构为组织基础，以捐献者意愿为实施基础，以社会成员的普遍参与为发展基础。其中最根本的是道德基础、社会基础和经济基础。

（二）慈善事业管理

1. 城市慈善事业管理的含义

即城市公益与慈善行政主管部门依据国家相关法律和政策，通过计划、组织、协调、实施、监督等环节来协调城市慈善事业系统，促进慈善事业的活动过程。

2. 慈善事业管理及其运作机构

市民政局是慈善事业的主管机构，各种非政府组织、非营利组织和中介机构是慈善事业的组织机构，如各种 NGO、中华慈善总会、红十字会等。

（1）中华慈善总会

中华慈善总会（简称 CCF）正式成立于 1994 年，是经中国政府批准依法注册登记，由热心慈善事业的公民、法人及其他社会组织志愿参加的全国性非营利公益社会团体。由原民政部部长崔乃夫先生、原民政部副部长阎明复先生分别担任了中华慈善总会第一、二任会长。包括广东省慈善总会、北京市慈善协会等组织在内，现在中华慈善总会在全国各地已经拥有 79 个团体会员，他们均为地方慈善组织。

1998 年，慈善总会加入了国际联合劝募协会，成为该组织中唯一的中国会员。中华慈善总会作为中国慈善组织的代表，已经开始成为联系海内外华人和国际友人共同促进我国慈善事业稳步发展的一条新的纽带。截至 2006 年，中华慈善总会直接募集慈善款物共折合人民币 11 亿多元，数以千万计的困难群众得到了不同形式的救助。总会开展了灾害救助、扶贫救济、助医助残、助孤（幼）安老、助学助教等 5 大方面 33 个慈善项目。遍布全国的慈善援助项目逐步形成了规模。

（2）中国红十字会

1950 年 8 月 2 日，在北京召开中国红十字会协商改组会议（实际为新中国第一次全国代表大会），通过了中国红十字会改组事宜。会议明确规定，中国红十字会为"中央人民政府领导下的人民卫生救护团体"，并定名为"中国红十字会"。周恩来总理审阅了改组报告，并亲笔修改了《中国红十字会章程》。2004年 10 月，中国红十字会八届一次理事会选举彭珮云为中国红十字会会长，聘请国家主席胡锦涛为名誉会长。

中国红十字会本着"保护人的生命和健康、发扬人道主义精神、促进和平进步事业"的宗旨，大力开展卫生救护和社会服务，为"改善最易受损害群体的境况"做出了巨大的贡献。现在全国有 31 个省、自治区、直辖市设有红十字会及香港、澳门两个特别行政区分会，共计 82847 个基层组织 2026 万会员。作为国际性的人道主义组织，中国红十字会现在主要从事备灾救灾、卫生救护、推动无偿献血等工作。

（3）中国残疾人联合会

中国有 6000 万残疾人，这些人就是中国残疾人联合会服务的对象。该组织于 1988 年 3 月 15 日成立，作为国家法律确认、国务院批准的各类残疾人的全国性统一组织，它的全国代表大会是其最高领导机构。其下设主席团、执行理事会、评议委员会、专门协会和各类地方组织。残联的章程规定，其资金来源有五部分：社会各界（国内外组织机构和个人）捐赠、政府资助、国际合作项目、创收和其他收入。目前资金主要来源还是残联先申报，然后国家有关部委拨款专项专用。

（4）中国青少年基金会

1989 年在北京正式成立的中国青少年基金会（简称中国青基会）是以促进中国青少年教育、科技、文化、体育、卫生、社会福利事业和环境保护事业发展为宗旨的全国性非营利社会团体。它所实施的项目包括人们所熟知的"希望工程"以及"保护母亲河行动"、"公益信托基金"、"国际青少年消除贫困奖"、"中国十大杰出青年评选"等。

在这些项目中，最重要、最有影响力的是"希望工程"。这是一项被社会广泛关注的公益事业，旨在通过筹款，资助中国农村贫困地区的少年儿童获得受教育的机会。目前全国希望工程累计资助建设希望小学 9000 余所，累计资助失学儿童 250 多万人，援建希望网校 130 所。

（5）宋庆龄基金会

宋庆龄基金会是唯一以国家领导人的名字命名的慈善机构。1981 年 5 月 29 日，中华人民共和国名誉主席宋庆龄逝世，1982 年，在宋庆龄逝世一周年之际，宋庆龄基金会成立。基金会成立后，宗旨集中体现为"和平、统一、未来"六个字，即维护世界和平，促进祖国统一，关注民族未来。

（三）我国慈善事业的发展现状

1. 基本情况

截至 2004 年底，我国已登记注册民间慈善组织近 29 万个，其中社团 15.3 万多个，民办非企业单位 13.5 万多个，基金会 936 个，其中全国性的约 80 余家。涉及经济、文化、教育、卫生、社会福利等领域。但是，与经济和社会发展比较成熟的国家比较，我国的基金会数量少、规模小、作用有限。据中国人民银行统计，我国 48% 的基金会资产规模在人民币 1000 万元以下，38.5% 的资产规模在 1000 万元到 1 亿元之间。只有 13.5% 的基金会资产规模超过了 1 亿元，每年向社会提供的资助在 40 亿元左右。在美国，基金会在 2000 年就已达到 5660 多家，资产总额达 4860 亿美元，每年向社会提供的资助达 290 亿美元。

2. 机构少，力量小，社会影响力不足

目前我国的慈善公益组织大约有 100 多个，而美国 1998 年豁免减免税收的慈善公益机构就有 120 万个。筹款能力最强的中华慈善总会和中国法律援助基金会的年筹款额还不到 8000 万元，100 多家筹款机构的年收入不到 GDP 的 0.1%。慈善公益组织和社会的信息交流不足，接受捐赠的渠道不畅。

3. 专业性不强，财务制度不合理

慈善筹款机构、慈善执行机构职能不清，筹款机构忙着自己做项目，执行机构忙着筹款，右手筹钱左手花，不仅降低了专业性，而且效率低下，我国的慈善组织账目基本上不对外公开，加上监督制约机制的缺失，并容易导致慈善腐败。

4. 慈善理念和慈善行为缺乏

公民慈善观念落后，个人主动性慈善捐赠参与率较低。有研究表明，超过半数以上的国民误认为慈善事业属于政府的救济行为；绝大部分被调查者虽然参加过捐款捐物活动，但主要是通过工作单位、学校、居住街道被动捐赠，并非所有的捐助都出于自愿，"经常主动捐赠"的人数很少；大部分公民对慈善事业以及慈善机构不了解，甚至从未听说过。由于慈善意识普及率低，慈善活动开展不多，慈善事业宣传力度不够，使得慈善组织、慈善理念和慈善行动没有深入人心。

5. 慈善立法滞后

慈善事业的进入、评估、监管、公益产权界定等完整法律框架尚未形成，使一些有意从事慈善事业者只能裹足观望。目前我国的慈善组织基本上还是政府部门的延伸。浓厚的政府色彩，多少会挫伤人们的积极性，因为没有人会喜欢"压力捐赠"。

6. 慈善运作机制不健全

目前我国慈善运作机制不完善，公民即使有心捐赠，但在居高不下的慈善成本面前却不得不退却。首先在国内捐赠过程繁琐，各种条例以及规范让人望而却步。例如按照规定个人捐款五百元可以享受税收抵扣款五十元整，但是拿到这五十块钱居然要花十道手续费。而这样的慈善成本，其实更多折射出的是制度成本。中国企业家未必不懂得散财之道，而是中国的慈善组织在他们眼中缺乏用财之道。

（四）慈善事业改革与完善

1. 加快立法和制度建设步伐，改革慈善事业的准入制度，健全公益财产管理制度、公益机构分类分级监管制度、行业评估制度和信息统计制度，使行业组织的进入和运行有法可依，独立发展。目前迫切需要对公益机构的双重审批、注册的进入制度进行重大改革，在尽可能大的范围内取消公益机构的主管部门审批制，采取直接注册或备案制的进入制度，培育更多的慈善公益组织，由市场优胜劣汰。公益财产和公益机构的财务管理制度也需要尽快出台并实施。多年来，公益组织只能借用企事业单位财务管理制度，在会计科目的核算上牵强附会，给公益机构的财务反映和监督带来诸多不便。慈善公益机构要分类分级管理，慈善筹款机构、慈善执行机构要相互区分，全国性、区域性和社区性公益机构要相互依托发展。要建立全国性慈善信息统计制度，对慈善捐赠进行确认、登记、分类、汇总，是衡量慈善事业发展水平、规范慈善事业发展所必需的。各级政府应规范自己的行为，目前一些地方政府已出现占用、挪用慈善基金会民间捐款的现象，应当坚决制止，并引以为戒。

2. 建立和加强慈善公益组织的行业自律、能力建设及专业化发展步伐，迅速提高慈善公益组织的整体素质。公益组织的公信力是一个有实际影响力的指标，关系到公益组织吸引公众的筹款能力。公信力的加强要通过行业自律，特别是要通过专业分工、相互监督、相互依存来实现。现阶段要继续大力培育一批国字号的公益筹款机构，进一步突出并规范它们引导行业发展的主导能力和风范，形成与合乎规范并接受资助的慈善执行机构的相互合作和相互监督。同时，要大力发展基层社区性慈善公益机构。它们直接面对基层的问题和需求，针对性和快速反应能力较强，而运作成本相对较低，能够将慈善行动的价值延伸到社区，满足社区慈善的需求。

3. 在税收及财政政策上对慈善事业有所倾斜。利用税收杠杆，通过对慈善公益捐赠减免税收，以实现对公益事业参与者的税收照顾和优惠，从而鼓励人们积极参与此项事业。另外，在技术条件成熟后开征遗产税、赠予税乃至特别消费税等，引导富裕阶层承担更多的社会责任，应用政策和法律调控机制，促使更多的社会资源整合起来，为我国的慈善事业发展贡献力量。国家财政也可以考虑给第三部门的发展安排更多的转移支付，以壮大慈善事业长期发展的社会基础。另外，要确实保证已有的一些捐赠抵税政策得到有效落实，才能更好地激励人们从事捐助。

4. 需要通过强有力的慈善组织来推进慈善宣传，降低慈善成本。慈善事业的公益性质以及独立性必然要求与政府以及企业不同的运作方式，因而大力引入并发展被称作"第三部门"的非政府社会组织（NGO）方为其出路。非政府组织无论从管理成本以及从更好服务社会的角度都比现行体制更为灵活，高效的经营、严格的管理、持续的号召力，针对性极强的运作等优点是目前政府领导下的慈善社团所不能望其项背的。

5. 要在全社会广泛、深入、持久地宣传慈善意识，通过开展生动活泼、形式多样的慈善活动，鼓励广大人民群众积极参与慈善活动和志愿活动。在美国，公民志愿从事的义工服务在价值含量上已经和慈善捐款额相当，公民的慈善和志愿服务意识和水平较高。因此，我们有必要采取一系列的措施和方法鼓励和推动我国公民参与志愿服务活动。只有全民积极参与慈善活动，我国的慈善事业才能长期蓬勃发展。

我国目前的慈善事业点滴
立法并培育机构，使慈善成为习惯

"希望工程 18 年捐款总额 30 亿元，算经济账这些钱只够在上海修 4 公里地铁；但希望工程给社会带来的精神、道德、文化的影响是不能用钱来衡量的。"全国政协委员徐永光在两会上的话，道出了公益慈善事业对和谐社会建设的促进作用。他呼吁，要加快培育公益慈善机构。

在中国经济持续快速发展的背景下，我国慈善公益事业上的发展相对滞后。2005 年，民政部直接接受社会捐赠 30 亿元人民币，加上其他社会慈善组织接受的捐赠款有 60 多亿元人民币。而美国的捐赠款每年都在 2000 亿到 3000 亿美元之间。这次提交审议的企业所得税法草案中的有关章节规定：企业发生的公益性捐赠支出在年度利润总额 10% 以内的部分，准予在计算应纳税所得额时扣除。人们相信这将鼓励企业家将更多的利润用于善款，有助于中国培育更多的"慈善家"。

企业家成为慈善家，收获的绝不仅仅是好名声。宁波如意股份有限公司生产的手动液压搬运车曾遭遇欧盟反倾销制裁，公司应诉而未取得市场经济地位期间，推崇慈善事业的欧洲企业在关键时候选择了如意公司和公司老总储吉旺，理由就是：在手动液压搬运车这个行业里，至少还没发现比这家企业捐款更多的。

公益慈善绝非简单的捐钱做好事，必须依托于成千上万有使命感、有专业水准、公开透明的公益慈善机构，才能把各方的爱心如涓涓细流汇成慈善的大海。因此，目前公益慈善机构登记难的情况已成为瓶颈，必须尽快改变。

来源：鹿永建、张旭，新华每日电讯 3 版，2007 年 3 月 15 日。

马来西亚歌手捧走中国内地明星慈善大奖发人深思

2007 年 3 月 11 日晚，上海发布"明星慈善公益榜"晚会暨晚宴在东方艺术中心登场。13 个明星慈善奖项一一揭晓，包括"最具爱心闪电新人"、"最具关爱闪电之星"、"年度感动之星"、"年度慈善贡献奖"等。马来西亚歌手光良获得"2006 年度感动之星"称号。

"明星做慈善，态度决定一切！"复旦大学思想政治教育专业学生王铸成认为，明星捐款，说到底是一种社会资源的再分配，不过真正的社会救助不能指望明星，明星们应该发挥的作用是"别在慈善活动中谋求个人利益；利用'明星效应'催生一批真诚、善良、富有爱心的'粉丝'"。专家认为，明星能捐钱固然好，他们参与慈善活动带来的社会动员作用"同样重要"。问题是，慈善事业需要花费明星们的时间、精力，更重要的是投入爱心、投入感情。有专家说，如果明星们只是把慈善看成"走秀"，把献爱心看作"赶场子"，这样不真诚的行为"不仅影响了明星自己的名声，还会影响人们对慈善的认识，减弱了慈善活动本身那份感动人心的力量"。

来源：孙丽萍、鞠红，新华社专稿，2007 年 3 月 15 日电。

第四节　公共信息管理

公共信息管理是公共服务管理的重要内容之一，它以政府的权威为其信誉基础。同公共事业管理、慈善事业管理等一样，公共信息的管理是以公共部门为主体，同时允许企业、社会团体、个人参与的管理活动，

一、公共信息及其重要性

信息在人类社会和自然界中的存在是普遍的，是物质及其运动形态的体现。人类从产生的那一天开始，就生活在信息的海洋中了，也就是懂得利用信息的一些性质来达到特定的目的。信息存在于人类社会活动的各个领域，是社会得以存在并不断发展的重要基础。面向 21 世纪的信息化时代，开展全方位、多功能的社会化信息服务已成为市政管理活动中的主要潮流之一。

在探讨公共信息及其重要性之前，有必要对信息的定义进行以下阐述

（一）信息的定义

迄今为止，有关信息的定义不下数百种，此处仅举一些代表性的定义：

1. 信息是指有新的内容，新知识的消息。[①]

2. 信息是反映事物的形成、关系和差别的东西，它包括在事物的差异之中，而不是在事物本身。

3. 信息是事物运动的状态及它的状态的改变的方式。

4. 信息是主体所感知或主体所描述的事物运动的状态以及状态变化的方式。

5. 信息是事物存在的方式和运动状态的表现形式。

我们将信息定义为：信息是一种主观见之于客观的东西，是人们在事物的

---

① 肖明，《信息资源管理》，电子工业出版社，2002 年，第 3 页。

变化、运行和发展的过程中所取得的消息、信号、数据、经验、资料以及知识。

（二）公共信息的定义及特征

1. 武汉大学的夏卡莉女士在其发表的《对网上公共信息建设政策的思考》一文中，将信息分为专有信息和公共信息。其认为：专有信息指秘密信息、隐私信息等不能被公众获取的信息，获取它必须支付一定的费用；公共信息则指公共传播的信息，其特点是面向社会公众，与社会公众利益密切相关。[1]

学者张欣毅在《超文本范式——关于公共信息资源及其认知机制的哲学思考》中，将公共信息资源界定为：公共信息资源是在相对时空意义的公共的基础社会文化利益、文化权利、文化义务认定基础上，旨在提供公共文本利用（认知）的社会信息资源集合及其相关机制，此论点基于文本范畴之社会维，是信息资源一个度的截取。[2]

作为城市公共服务管理的重要内容之一，公共信息必定具有较强的公共性，在吸纳多种观点的基础上，我们将公共信息定义为：

在符合国家法律、法规的前提下，以满足社会公众需求、服务社会大众为主要目的，以促进知识、教育、文化的传播、利用和积累为己任，借助各种技术手段，在社会运行机制、市场经济竞争机制中高效率地自由流通的信息。

2. 公共信息的特征

（1）共享性或公共性。物质资源或能量资源在数量一定的情况下，使用者存在明显的竞争关系。公共信息的使用则不存在这种竞争关系，在正常的情况下，一方对公共信息的利用并不防碍另一方的使用，且不影响其所享用公共信息的数量和质量，这也是公共信息的本质特性。

（2）时效性。公共信息的产生是一定的历史环境与时代背景的产物，具有强烈的时效色彩，而事物又是处在不断的发展变化之中，因此，信息的效用与利用时间有着密切关系。一个及时的信息可能价值连城，从而事半功倍，而一旦超过了时间及环境等条件的变化，原有的信息就没有价值了，从而失去了原来的发展机遇。

（3）多元性。公共信息的多样性体现在其信息主体的多元性、服务对象的多元性、借助手段的多元性，更主要体现为其内容的多元性：政治、经济、文化、科学技术、教育、军事等；人类的与自然的；历史的与现代的；网络的与印刷的。

---

① 夏卡莉，《对网上公共信息建设政策的思考》，《情报资料工作》，2003 年第 1 期。

② 张欣毅，《超文本范式——关于公共信息总资源及其认识机制的哲学思考》，《中国图书馆学报》，2003 年第 3 期，第 15～20 页。

（4）可选择性。公共信息与经济活动结合，使其具有很强的渗透性，可以广泛渗透到经济活动的各个方面。同一信息作用于不同的对象上，可能产生多种不同的效果，经济活动行为者根据这些不同的作用对象所产生的不同的作用效果对公共信息的使用作出选择，公共信息的有效配置问题也是由此导致的。

（5）服务性。公共信息的主要目的便是服务于社会公众，服务于城市的各项事业发展及建设，服务于城市的生产生活。公共信息是一种社会层面、大文化层面的人文"关怀"与"关照"。

（6）法制性。公共信息必须符合国家的法律、法规、规章、政策，不得危害国家安全及国家机密，必须注重对知识产权的保护。通过法律与法规，促进社会大众对公共信息资源的获取与使用。例如我国制定的《互联网信息服务管理办法》、《互联网登载公告服务管理的规定》等。

（三）公共信息的重要性

国内学者曾把信息的功能归结为八个方面：信息是生存资源，是知识的源泉，是决策的依据，是控制的灵魂，是思维的材料，是实践的准绳，是管理的基础，是组织的保证。随着当今时代资源的日渐枯竭，城市的发展必须依靠信息管理与发展，转变城市运行的方式，实现城市功能优化，从而最终达到城市持续健康发展的目的。就市政管理而言，公共信息的重要性主要体现在以下几个方面：

1. 公共信息有利于城市经济的发展。信息作为重要的经济资源，它本身就具有经济功能，是社会生产力的重要构成要素。[1]公共信息可以有助于提高城市劳动者的素质，提高劳动生产率，降低劳动生产成本，实现城市经济效益的增长，提升城市综合实力，以信息为基础的产业（信息产业）经济日渐发达，从而使得城市的社会经济结构发生了重大的变化，出现了一种以信息技术为手段，通过生产知识密集型的信息产品和信息服务来把握经济增长、社会产出和劳动就业的新型经济形态。如：信息产业部发布的 2006 年电子信息产业经济运行公报显示：2006 年我国电子信息产业规模持续扩大，全年实现销售收入 4.75 万亿元，增长 23.7%，增值 11000 亿元，增长 22.1%。

2. 公共信息有利于城市政府建设

（1）有利于提升城市政府的管理水平和决策水平。城市政府的管理与决策活动是建立在对信息的充分掌握基础之上的，做好管理决策工作，需要以信息

---

① 张欣毅，《超文本范式——关于公共信息总资源及其认识机制的哲学思考》，《中国图书馆学报》，2003年第 3 期，第 15～20 页。

为保证，政府是城市管理的主体，如果政府不了解本城市各方面的发展状况，不掌握大量的情报，那么搞好管理将成为一句空话，基层也就没有了科学依据。

（2）有利于政府廉政建设，增加政府工作的透明度。凡是公共管理部门涉及公共利益的信息，都应属于公共信息。通过建立政府发言人制度，城市公众可以了解城市政府的近期工作状况，可以通过市民公开监督党政机关领导的活动及其廉洁情况，从外在手段约束和制约了城市腐败行为的发生。①

（3）有利于城市政府应对突发危机事件的发生，提高政府服务的效率。通过对城市公共信息的整合与掌握建立城市信息数据库，从而为应对突发事件提供各种数据参考。例如，广州市政园林局对全市供水、燃气、排水管网、电力线网和城市道路组成的市政系统多方面的内容，进行全方位数字化处理，建设了统一的信息平台，从而使得广州应急抢险的效率得到很大的提高。②

（4）有利于城市和谐社会的建立。首先，公共信息的全方位公开，可以使得城市公众参政议政成为一种可能，有利于提升市民的积极性，真正体现了市民当家作主，有利于增强市民的主人翁意识，提升其自豪感与优越感，从而以一种更好的姿态投身社会建设事业当中。其次，公共信息在文化上则表现为对历史知识的传承与积淀，通过公开公共信息，可以增加市民对城市文化、文明的了解，有利于城市的道德建设。再次，公共信息的公开打破了"城乡"二元结构，实现了信息的均衡分布，扩大了市区与郊区信息的交换与交流，带动区域经济的发展，使得国民待遇的平等向前迈进了重大的一步。

二、公共信息管理（Public Information Management，PIM）

随着科学技术手段的进步，知识经济的飞速发展以及信息时代的全面到来，如何加强对公共信息的管理，使之更好地为城市建设服务，成为城市发展的重大问题之一。

（一）公共信息管理的含义

公共信息管理就是人类借助于技术的、经济的、政策的、法律的、人文的方法和手段对公共信息进行引导、指挥、控制、协调，以提高公共信息的利用效率，最大限度地实现公共信息效用为目的的一种活动。

1. 公共信息管理的主体是政府、企业、社会团体及个人，据有关统计，政府掌握着社会上80%以上的信息，因而在管理中起着决定性的作用。在市场经

---

① 张欣毅，《超文本范式——关于公共信息总资源及其认识机制的哲学思考》，《中国图书馆学报》，2003年第3期，第15～20页。

② 李熠，《数字市政破解"地下迷宫"》，《上海信息化》，2007年第5期，第34～37页

济运行体制当中，信息作为一种资源，可以被当成商品用来交换，企业、社会团体和个人作为市场经济的细胞体必然相应成为信息管理的主体之一。

2. 公共信息管理的客体是公共信息，这不仅仅指公共信息的内容，而且指公共信息的利用、技术手段以及与信息相关的各种活动。

3. 公共信息管理的手段：计划、组织、指挥、引导、控制、协调等。

我们可将信息资源管理的过程分为十步：①信息需求分析，②信息源分析，③信息资源的收集，④信息资源的加工，⑤信息资源存储，⑥信息资源检索，⑦信息资源开发，⑧信息资源的利用，⑨信息资源传递，⑩信息资源反馈。[①]

（二）公共信息管理的原则

1. 法制化原则：管理活动的开展必须有相应的法律基础作保障，其管理活动的开展必须符合相关的法律、法规，在法律框架内进行。

2. 公开化原则。除国家明令禁止公开的、涉及个人隐私的外，公共信息均可以而且应该通过一定方式向社会公开。[②]

3. 真实性原则。公共信息所涉及的内容应该真实，如实反映客观情况，而不允许弄虚作假、掺假水分。

4. 及时性原则。公共信息管理要与时俱进、开拓创新，不断加强新信息的开发利用，并适时淘汰落后的、无用的信息及信息手段。

5. 平等共享原则。在对公共信息管理时，应该适当照顾城市郊区的公众，使之也可以享受到公共信息带来的好处。

6. 利益平等原则。在市场上交换的信息应该符合利益平等原则。

（三）我国公共信息管理的现状及发展方向

社会信息化的水平取决于社会公众对公共信息需求的满足程度，社会对公共信息的渴求推动着公共信息的建设与发展。20世纪90年代以来，欧美各国将公共信息管理纳入国家信息基础设施建设的范畴，基本上形成了有利于公共信息管理顺利发展的环境。近年来，我国先后成立了信息管理办公室、国家经济信息系统领导小组等机构，同时制定了一系列涉及公共信息管理的法律与法规，许多措施的实行促进了我国公共信息管理的完善，但依然存在一些问题，如：信息意识不够，法律体系不够健全，信息公开程度不够，技术手段滞后，人才短缺等。

1. 我国信息管理的现状

---

① 肖明，《信息资源管理》，电子工业出版社，2002年，第138页。
② 黄如花，《欧美的公共信息管理及对我们的启示》，《中国图书馆学报》，2004年第4期，第47～50页。

近年来，我国先后成立了信息管理办公室、国家经济信息系统领导小组、国家信息中心、信息产业部及其下属的国务院信息化工作办公室等机构；尤其是 2002 年以来，党中央、国务院提出了以信息化带动工业化的发展战略，大力倡导和推动了一系列信息化发展规划。2002 年 7 月 3 日，国家信息化领导小组组长朱镕基主持召开的国家信息化领导小组第二次会议上，讨论通过了《关于国家电子政务建设的指导意见》。

国家还制定了一系列涉及公共信息管理的法律与法规，如《互联网信息服务管理办法》、《互联网从事登载新闻业务管理暂行规定》和《互联网登载公告服务管理规定》等，一些地方性的公共信息管理法规也正式出台，如《北京市互联网医疗卫生下乡服务管理办法（暂行）》、《北京市网络广告管理暂行办法》等。2000 年开始研究与起草的《政府消息公开条例》（讨论稿）目前已经起草完毕，该《条例》集中了相关领域最主流的意见。

1999 年开始的"政府上网"、"企业上网"、"家庭上网"与"校校通工程"等工程的启动与电子政务活动的开展，以及人们对政务、公共交通、城市规划、社会福利、劳动就业、地方文化、风土人情、旅游信息、生活服务、家政服务、国家法律、法规与条例等公共信息旺盛的社会需求，使得国内政府、企业、教育与社会信息化进程明显加快。

许多地方政府都将国民经济和社会信息化作为"十五"规划的重要内容，上海、深圳、广州、天津等沿海城市纷纷提出建设数字化城市或数码港计划，在公共信息管理领域出现了若干出色的地方性成果，如 1996 年正式开通的海南省公共信息网络。

在国土资源、环境、科技、教育、文化、卫生、新闻出版、劳动和社会保障、城乡建设、交通等公共事业领域积累了比较丰富的信息资源，建设了一些行业性公共信息网。文化部启动了"全国文献资源共建共享工程"。

2002 年 12 月 10 至 13 日举办的"中国电子政务技术与应用展览会"，对政府信息化、网络化起到了实质推动的作用。

2. 存在问题：

目前我国在公共信息管理领域存在的问题主要表现在：

（1）对公共信息资源及其管理的重要性认识不足。目前我国还没有将公共信息资源上升到关键的资源和战略性资源的高度。

（2）政府信息公开困难重重。目前，我国的政府信息全部归国家所有，不公开是原则，公开是例外，有时，甚至连例外都没有，很多掌握在相关部门手中的信息，公众无法通过正常的途径获得。再加上由于技术等方面的原因，政府信息难以为普通老百姓所熟悉，信息成为一些行政机关甚至是权力拥有者个人谋取私利的工具，造成信息垄断。信息的不公开造成了信息资源的极大浪费，还产生了资源配置失调、经济活动成本增加、腐败滋生等一系列社会问题。在公共管理领域信息问题比较严重的有金融保险、教育、人力资源、基础设施、公共工厂和改革范围等。

（3）政策与法律保障不力。我国目前还没有一个专门负责公共信息管理的机构，也尚未出台一部全国性的公共信息管理法规或条例，已通过的相关法规太笼统、抽象。我们希望《政府消息公开条例》尽快出台。

（4）政府上网工程普及后不够深入。"政府上网工程"和信息港项目提供的信息量小、陈旧，远不能满足公众对公共信息的需求，普遍存在着有路无车、有硬件无软件、有形式无内容的局面。此外，缺乏统一规划和有效实施步骤，信息化基础条件比较落后，缺乏公共信息管理的专门人才等也影响了公共信息管理的顺利发展。

3. 为了能够更好地实现公共信息管理，我们认为应从以下几个方面着手：

（1）转变竞争观念，充分认识公共信息的重要性。在计划经济体制影响下，城市公众养成了一切靠国家计划，按部就班行事，竞争意识淡薄的习惯，认识不到信息在经济发展中的作用，不注意搜集信息、储存信息。因此，在激烈的市场竞争中，无论是城市政府还是城市公众都应该树立忧患意识，真正认识到公共信息在城市竞争中的作用，要认识到公共信息是城市管理的神经系统，是管理工作的核心，城市要发展，必须以准确、完整、及时的公共信息为基础。①

（2）制定完善的公共信息管理法律、法规体系。虽然许多地方政府都将国民经济信息化作为"十一五"规划的重要内容，并提出了数字化城市的建设，但我国目前还没有出台一部全国性的公共信息管理法规或条例，用来指导城市管理工作，首先，作为向社会提供公共服务的政府部门，应该确保政府的各项行政管理法律政策逐步实现公开和透明，以法律的形式保障城市群众的知情权、参与权与监督权。其次，加强公共信息在市场机制运行下的法律保障，保护公众的合法权益。对于提供公共信息的私营部门和个人，应当依法保护其合法所得，完善知识产权保护法。再次，要加强制定公共信息安全管理的法规政策，打击信息犯罪，加强对信息心理的正确引导、教育。

（3）加强对公共信息管理人才的培养。信息化最缺的就是人才，我国公共信息管理专业人才还有很大缺口，且人才分布不均，欠发达地区的城市尤为短

---

① 赵羽、许桂娟，《日本企业的信息管理及启示》，《日本学论坛》，1999 年第 2 期，第 61～64 页。

缺，为了更好地利用公共信息资源，解决市政管理中存在的问题，急需培养一批从事公共信息管理的专门人才。其一，积极发展图书馆事业，密切其与公共信息管理活动的联系，提高员工管理公共信息的能力。其二，在教育体系中，加快设立公共信息管理方向或课程，加强在校人才的培养。[①]

（4）完善公共信息管理机构的设置。一个城市不注意搜集信息，就无法紧跟瞬息万变的形势，长此以往必然导致闭关自守、发展落后。因此城市必须建立起专门的信息机构，负责本城市的管理信息系统，把搜集的各种信息进行分类，按照程序存入信息库或数据库，为城市的战略决策提供依据。此外，应规范和发展已经存在的信息公开，发挥其服务于社会，推动经济发展的作用。

（5）发展公共信息的市场化竞争，打破垄断、鼓励市场竞争是公共信息管理政策的重要的内容。欧美各国特别强调国家信息自由化政策，保护信息化领域的多元化与竞争。而信息产业在我国还处于严格的管制下，且政出多门。我们必须排除不利于公共信息管理的障碍，在政府的引导与宏观调控下引入竞争机制。

思考题

一、名词解释

公用事业，公益事业，公共信息，慈善事业

二、问答题

1. 公共事业包括哪些？

2. 慈善事业管理的特殊性表现在哪里？

3. 公共信息管理的重要性有哪些？

4. 交通管理的原则有哪些？

5. 我国卫生事业管理存在哪些问题？

三、案例分析

分析以下案例，回答：BOT 模式的特点是什么？它在基础设施建设上的作用有哪些？政府利用 BOT 模式时应该注意什么？

运用 BOT 模式投资基础设施

BOT 是英文 Build - Operate - Transfer 的缩写，实质上是基础设施投资、

---

① 黄如花，《欧美的公共信息管理及对我们的启示》，《中国图书馆学报》，2004 年第 4 期，第 47～50 页。

建设和经营的一种方式，以政府和私人机构之间达成协议为前提，由政府向私人机构颁布特许，允许其在一定时期内筹集资金建设某一基础设施并管理和经营该设施及其相应的产品与服务。政府对该机构提供的公共产品或服务的数量和价格可以有所限制，但保证私人资本具有获取利润的机会。整个过程中的风险由政府和私人机构分担。当特许期限结束时，私人机构按约定将该设施移交给政府部门，转由政府指定部门经营和管理。

BOT 项目的大部分经济行为都在市场上进行，招标、投标包含了竞争机制，谈判、履约也是市场行为。项目公司在特许期内对所建工程项目拥有完整的产权。与此同时，政府自始至终都拥有对该项目的控制权。在立项、招标、谈判三个阶段，政府的意愿起着决定性的作用。在履约阶段，政府又具有监督检查的权力，项目经营中价格的制定也受到政府的约束。政府还可以通过 BOT 法来约束项目公司的行为。

迄今为止世界上最大的 BOT 项目当数英法海底隧道工程。它实际投资逾百亿美元，特许期长达 55 年。这个工程有两大特点：一是采取当地融资，没有引进跨国资金，避免了外汇风险；二是绝大部分风险由民间企业承担。发展中国家开始运用 BOT 模式的时间较晚。泰国、菲律宾和印度等国家的政府由于急于解决基础设施严重落后的问题，在运用 BOT 模式时以政府名义做出的承诺太多。比如在菲律宾，BOT 项目主要集中在电力方面，政府承担了包括原料供应、电量购买、外汇保障甚至项目投资回报率等几乎所有的责任和风险，使 BOT 的意义大打折扣。印度 1994 年宣布征求私人投资解决电力供应问题，主要内容是：凡从事电厂建设的私人机构由政府保证 16% 的股本投资回报率，保证卢比与美元的兑换，且汇率按带入时的汇率计算，还制定了前 5 年免税、后 5 年减税的优惠政策。 由此不难看出，在采用 BOT 模式上，发达国家的政府承担很少的风险，而发展中国家的政府却大包大揽，发达国家主要依靠本国私人资金，而发展中国家将 BOT 当成一种吸引外资的方式。

BOT 项目投资大、回报期长，所以在实施过程中必然会遇到很多风险，比如市场风险、技术风险、融资风险和不可抵抗的外力的风险等。而根据我国的国情，一方面，民间企业无论在抵御风险的能力上还是风险意识方面，都大有欠缺，尤其是在他们投资公共领域时，会以为"我是在帮政府做事，出了问题政府肯定会管的"。另一方面，政府可能也会认为，这家企业是在替本地"做好事"，应采取扶持的措施，所以承诺过高，甚至固定回报率。如此运作，所谓的 BOT 模式就失去了原有的意义。实际上，BOT 模式的真谛在于用市场的方式建设基础设施，在于政府适当干预，让市场机制充分发挥作用。作为前提，政府要建立一个完善的制度环境和法律环境，以制度和法律去赢得资金、规避风险。

引自：《中国投资报告》，2001 年第 5 期。

第六章　城市社会管理

本章重点

1. 城市社会管理的概念及其涵盖范围
2. 掌握各类社会管理的机构及其职责
3. 我国城市社会管理存在哪些问题
4. 我国城市危机管理的原则与措施
5. 人口管理
6. 社区管理
7. 社会保障

城市人口众多，异质性和流动性都很强，这些特性无疑增加了城市社会的复杂性。生活在城市里的不同民族、职业和文化背景的人们逐步形成了不同利益诉求。基于文化和利益的差异而产生的矛盾和冲突就在所难免。作为城市的管理部门和管理者必须通过制定社会政策和法规，依法管理和规范城市中的社会组织、社会事务，化解城市社会矛盾，维护城市的社会公正、社会秩序与社会稳定。

第一节　城市社会管理概述

一、社会管理的内涵

（一）城市社会管理的含义

1. 城市社会管理是指政府及其相关职能部门通过制定社会公共政策和地方性法规，统筹管理社会组织、社会公共事务，调节社会矛盾，缓和社会冲突，维护社会公正，保持良好的社会秩序和社会稳定。

2. 按照社会管理工作的范围，我国的城市社会管理工作分为两类：一是专门性社会管理，分为城市人口管理、城市治安管理、城市社会保障、城市社区管理。二是综合性社会管理，分为城市综合治理、城市突发事件应急管理。

（二）社会管理的基本内容

1. 保障公民权利

我国宪法规定，中华人民共和国公民享有合法的基本国民权利，其中就包括安全、健康、生存发展、自由迁徙等基本人权。为了保障这些权利的有效实现，就需要行之有效的制度和组织机构进行运作，政府部门中的公安、民政、危机管理等职能机构就担负着此类重任，而这些管理组织的行动就是社会管理的主要组成。

2. 维护社会秩序

构建安全有序的社会环境是有关政府职能部门的主要责任。社会管理的一个基本目标就是维护社会治安，构建社会秩序，给社会的经济、政治、文化发展创造良好的社会氛围，有效打击、依法治理各类危害社会安全的事件，维护城市居民日常生活的基本秩序。

3. 协调社会利益

社会存在着不同的阶级阶层，他们有着不同的利益诉求，在寻求各自利益的过程中难免会发生利益摩擦甚至利益冲突，如果处理不当会带来不良的社会影响甚至社会动荡。因此，社会管理部门还担负着协调社会各阶层利益的重任，化解内部矛盾，营建和谐氛围。

4. 实施社会政策

由于社会的分化造成了一些贫富差异等社会不公现象，这需要政府部门发挥政策职能优势，通过各种政策手段开展对社会弱势群体的社会救助和帮扶，使得最广泛的社会弱势群体得到支持和进一步发展的机会，促进社会公正与公平。

二、我国城市社会管理

（一）社会管理的重要性

1. 提高社会管理的能力可以协调社会各类关系利益、正确处理人民内部矛盾、维护社会稳定。

2. 深入研究社会管理规律、更新管理观念可以推进社会建设和管理的改革创新，以便适应社会主义市场经济发展和社会结构变化的新情况，尽快适应社会发展和人民群众对高效社会管理的愿望和需求。

3. 只有不断改革和完善社会管理机制才能把最广大人民的利益落在政府工作的实处，才能进一步增强政府决策的科学性、全面性和系统性，才能更好地兼顾不同利益，努力使人民分享改革发展带来的成果。

（二）我国城市社会管理存在的问题

总体上看，我国城市社会管理的职能比较缺欠，水平有待提高，社会管理的机制建设处在起步阶段，还存在着诸多问题亟待解决：

1. 用于社会管理的财政支出比例较低

改革开放以来，我国城市社会管理的财政支出占 GDP 的比重没有超过 2%，而且增长幅度低，远远不能满足日益繁重复杂的社会现实任务的需要，部分地制约了社会管理改革的进程。

2. 政府社会管理立法滞后、缺位

至今没有一部完整全面的社会管理法规出台，各类部门法规明显落后于社会发展和变迁的速度，例如户籍法规就不适应当前社会发展对人力资源流动的需要，限制了人口的自由迁徙，带有强烈的计划经济色彩。

3. 社会保障跟不上社会公正发展的需要

城市发展不断遇到新的情况，出现了新的"城市贫困"阶层，加大了人民对社会保障的要求。而现有的社会保障体系范围太小，保证力度太弱，不能对城市弱势群体给予及时、适度的社会支持，影响了社会的稳定与和谐。

4. 城市居民自治水平低

城市居民主动参与自治的意识和热情较低，加之长期以来社会管理的僵化思路没有充分调动城市居民的自治积极性，社区管理还是缺乏规范和相应的机制保证居民自治、自我管理，社会管理的成本过高。

（三）我国城市社会管理改革

1. 改革的原则

（1）坚持协调发展的原则。城市社会管理要与城市经济发展、公共服务和政府自身建设相适应，社会管理要跟得上经济发展、社会结构的变化和人民需求的变化，与社会稳定和谐的总体要求相对应。

（2）以人为本的原则。社会管理的宗旨就是为人民群众服务，构建稳定和谐、安全、协调、繁荣、健康的社会秩序，改善城市居民生活环境提高城市居民生活水平。因此，管理要以加强社会保障体系建设为重点，关注民生，体察民情，服务民众。

2. 改革的目标与方向

（1）总体目标是实现社会管理由人口限制到社会保障、社会政策的转移，借鉴发达国家社会管理的成功经验，以社会治理促进管理，积极扶持非政府组织参与社会管理，坚持以人为本，建立健全城市社会管理体制。

（2）实现"管办分离"、分类管理的目标，激发社会组织的积极性，建立政府投入社会事业的稳定机制；

（3）建立符合社会经济发展的综合评价体系，健全城市居民自治和民主管理制度，加强社区、社团的管理作用；

（4）建立社会风险危机预警系统，增强政府应对社会风险的能力，维护社会安全，寻找建立符合中国城市实情的社会保障体制，更好地实现社会公正。

第二节　城市人口管理

人是城市的主体，人是城市的灵魂。市政管理的最核心职能之一就是对城市人口的管理，城市人口管理是城市政府的重要职能之一。中国人口众多，流动性也越来越大，如何进行人口管理，不仅影响社会公平与社会稳定，也影响到人力资源的配置和经济发展。

一、人口管理概述

（一）城市人口

城市人口相对于农村人口而言，是指居住生活在城市区域中的人口，在我国有城市常住人口与城市流动人口的区分。

（二）城市人口管理

城市人口管理是指公安机关、计划生育委员会等机构对城市人口的户籍、人口更替、人口流动、人口数量和质量的管理。

（三）城市人口管理的部门和职责

1. 城市人口管理部门主要是城市公安局及其派出机构，城市计划生育委员会及其街道计生委办公室。

2. 公安局的人口管理职责

（1）户政管理，进行户籍登记，实施常住、暂住、出生、死亡、迁入、迁出、户口变更的登记七项登记制度，由户口登记机关用其设立的户口登记簿进行登记。在户口登记的基础上，户口登记机关应以人为单位建立户口登记项目的人口卡片，以便于管理和查找。

（2）进行居民身份证管理，办理、补发、更换身份证，我国于 1985 年 9 月正式公布的《中华人民共和国居民身份证条例》规定，居民身份证由公安机关统一印制、颁发和管理。

（3）进行人口统计与人口普查，城市户口管理部门应在户口登记和资料调查的基础上，按公安部统一制发的人口统计报表进行统计，逐级汇总上报，并向城市政府和有关部门提供人口统计资料。

3. 计生委的责职

计划生育是我国的一项基本国策。城市计划生育管理的目标是控制城市人口数量的自然增长，提高人口的质量，使城市人口的增长与城市社会发展状况相适。计划生育委员会在城市人口管理中的主要职责有：开展计划生育的宣传和教育工作；规划制定城市人口生育指标；落实计划生育政策，开展计生保健和服务工作。

（四）城市流动人口的管理

1. 城市流动人口，是指没有城市常住户口而暂住或逗留在城市的人口。按照我国公安部的标推，城市暂住人口是指在一个城市居住三天以上的非常住人口。城市流动人口可以分为正常流动人口和非正常流动人口两大类。前者包括探亲访友、旅游、求学、公务、劳务等外地来市人员；后者包括盲目流入城市的无业游民、乞丐、逃避计划生育的人群，以及流窜作案分子和逃犯等。城市流动人口的主体是正常流动人口。

2. 目前流动人口的发展特点

（1）流动人口的构成主体呈现两极化。一端是进城务工的农村人口，一端是相当比例的来自于其他城市的受过高等教育的城市人口。进城务工的农民是城市流动人口的主要部分，随着农村经济的发展，还将有越来越多的劳动力从土地上分离出来，进入城市打工。同时，城市之间的移民已经开始占据越来越重要的地位。

（2）暂住期变长。流动人口在城市停留的时间普遍变长，有的甚至成为永久居留者而非暂住者。特别是那些来自农村的流动人口，除非受到强迫遣返，相当多的人都不打算再回到农村。

（3）人口流动速度加快。经济发达的大城市作为政治、经济、文化科技中心和交通枢纽作用的加强，将会更加强烈地吸引更多的和不同类型的流动人口。随着交通的发达，信息的畅通，过境中转人口也将增多，这部分人口的流速将加快。

3. 流动人口对城市发展的功能

　　城市流动人口对城市发展一方面有着正向的积极功能。一是解决了农村剩余劳动力及外来人口就业等问题，另一方面也补充了城市某些行业劳动力的不足，扩大了城乡之间、城市之间科技、文化、信息等的交流，增加了城市收入，给城市的经济发展、城市建设注入了活力。在城市相当多的行业里，流动人口发挥了不可替代的作用。

　　同时，城市流动人口的大量增加，也给城市带来了一系列的负面效应，主要体现在两个方面：一是加重了城市基础设施的负担，给城市的交通、住房、环境等方面造成很大的压力；二是加大了城市治安管理和计划生育工作的难度。城市流动人口由于其工作、住所等的不固定性，管理起来比较困难，再加上他们的就业条件、合法权益、子女的教育等得不到保障，导致流动人口犯罪逐年增长，违反计划生育政策的现象更是屡见不鲜，给城市发展带来不利影响。

　　4. 流动人口的管理

　　（1）分层指导，是指对于城市流动人口构成中的不同类型和不同层次，根据市情分别制定和实行不同的引导政策。高层次的流动人口与中层次和低层次的流动人口对城市经济、社会发展的影响是很不相同的，因此要区别对待，或吸引，或疏导，或限制。同时，对涌入城市的不同行业的流动人口，要进行分类引导，应使之与城市的产业结构和产业政策相吻合，使劳动力资源得到有效的配置。

　　（2）宏观控制，是指对城市流动人口的增长速度和人员结构，根据需要进行合理的调节与控制。当城市流动人口在某个时期内增长过快、结构不合理时，政府及有关部门应及时采取行政的、法律的或经济的手段进行调节和控制，并及时解决现实生活中存在的因流动人口迅速增加而造成的紧迫问题，防止出现较大的社会、经济动荡。

　　（3）以人为本的管理，就是要加强对城市流动人口的具体管理，形成完整配套的对策。包括加强流动人口的宏观规划，将其纳入城市经济发展规划和基础设施规划之中。寓管理、教育、服务于一体等，对流动人口所带来的消极的社会问题进行综合治理，建立有效的流动人口管理体制，为城市流动人口提供各种服务，为他们在城市中进行正当的活动提供各种便利，保障流动人口的合法权益、合理解决其适龄子女的教育问题，给予城市流动人口必要的市民待遇。

二、人口管理的发展趋势

（一）我国城市人口管理的历史

我国在计划经济体制时期形成的人口管理制度的最突出的特点，就是严格的户籍管理，尤其是限制农村人口向城市转移。1958 年公布的《中华人民共和国户籍登记条例》及一系列补充规定，以法律的形式限制农民进入城市，以及城市间的人口相互流动，形成了城乡分离的"二元结构"，即以供应城市居民定量粮为依据划分"农业户口"和"非农业户口"，并实行户口二元管理。这种部门管理制度适应了计划经济时代，特别是在短缺经济条件下，国家对劳动力、消费品等实行计划分配，以及控制城市人口过快增长的需要，促进了城市经济的发展，维护了城市社会稳定。但是，这种制度人为地把人口分割为城市人口和农村人口，缺乏科学性和合理性。随着改革开放的不断深入和社会主义市场经济体制的建立，我国原有户籍管理制度的弊端越来越明显。

（二）城市人口管理的改革

1. 改革趋势

我国城市人口管理的改革趋势是逐步取消城乡二元户口制度，实施居民身份平等待遇，促进城乡人口有序流动，推进城乡人口协调发展，有步骤地实现城乡人口居民化，取消户籍限制和歧视。

2.具体措施

2003 年 8 月，公安部就已发布《三十项便民利民措施》，其中，在户籍管理方面，推出了包括新生婴儿随父随母自愿选择落户，方便到西部投资、兴办实业和所需人才落户，高校新生入学自愿落户等七项便民利民措施。

2007 年，公安部宣布，已有 12 个省、自治区、直辖市已经相继取消了农业户口和非农业户口的二元户口性质划分，统一了城乡户口登记制度，统称为居民户口，实现了公民身份法律意义上的平等。这 12 个省、自治区、直辖市包括：河北、辽宁、江苏、浙江、福建、山东、湖北、湖南、广西、重庆、四川、陕西。

公安部表示，为推动改革政策的顺利实施，上述地区的公安机关主动配合民政、劳动保障、计划生育、教育等部门调整相关配套的经济社会政策。辽宁、福建、广西等省、自治区分别会同省计生委和省民政厅、省军区等部门多次深入基层，就统一城乡户口登记制度后如何加强计划生育对象管理和退伍义务兵安置工作等问题开展了调研，并形成了初步工作意见。

公安部指出中国还将以具有合法固定住所为基本落户条件，进一步调整户口迁移政策，促进人才交流和人口的合理有序转移；完善暂住户口登记，探索建立居住证制度；放宽夫妻投靠、老年人投靠子女及未成年子女投靠父母落户的条件限制，放宽对投资、兴办实业和购房人员的落户政策，放宽各类人才落户政策，探索建立居住证制度。

探索建立居民身份证唯一化制度，使其作为城市人口管理的最重要的登记凭证。人口登记以工作地点为主，居住地点为辅，为所有城市居民提供必要的社会保障和计划生育服务以及义务教育。在县级市市区、县人民政府驻地镇及其他建制镇，有合法固定住所、稳定的职业或生活来源的人员及与其共同居住生活的直系亲属，均根据本人意愿办理城镇常住户口、在小城镇办理的蓝印户口、地方城镇居民户口、自理口粮户口等，符合上述条件的，统一登记为城镇常住户口，对办理小城镇常住户口的人员，不再实行计划指标管理。

户籍制度的管制与放开
北京：常住人口猛增不能马上取消户籍限制

近年来，北京市常住人口增长迅速，2005年底，北京市常住人口为1538万，年平均增长率为2.14%，远远超过"十五"计划的调控目标。北京决策研究基地课题组在《前线》杂志上撰文指出，控制北京市的人口，要规范户籍人口迁入政策，而不能马上取消户籍限制。文章认为，现有的户籍制度在一定程度上减缓了外来人口流入。如果马上取消户籍制度，人口流动会更加容易，将有更多的人进入北京。因此，户籍制度不应马上取消，而应进一步规范户籍迁入制度，在积极引进急需人才的同时，限制户籍迁入人口过快增长。文章指出，北京调控人口机械增长应更多注重发挥经济手段的作用。对企业来说，首先要规范社会保险、住房公积金等各项制度，提高制度执行力度，消除不规范劳动合同关系的成本差价，减少部分企业不为外来务工人员缴纳社会保险、住房公积金等现象。其次，对人口过度集中地区的企业征收"人口过密"税。利用税收政策引导企业分布，进而影响人口分布。

而针对个人来说，要用经济手段健全个人的各项权益保障措施。一是通过城市环境整治，加强对"城中村"、城乡结合部、城市违章建筑、马路市场等的整治力度，在整治城市环境的同时，打破城市管理盲区的恶性循环；二是加强对出租房屋的管理，规范出租行为，打击非法出租；三是加强对外来人口的权益保护，健全保护程序和手段，加强外来人口社会保险、住房公积金征缴力度；四是加强对个人所得税的征缴，通过健全个人所得税征缴制度，消除不规范劳动合同关系。

来源：中新网，2005年2月9日电。

湖北：黄石城乡居民正式取消户籍管理的"二元化"制度

经过一个月紧锣密鼓的筹备，湖北省黄石市公安局从即日开始正式受理符合条件的城乡居民申报该市居民户口，从而标志着该市深化户籍管理制度改革进入正式实施阶段。从今而后，该市正式取消户口"二元化"登记管理制度，废除农业户口、非农业户口、自理口粮户口等户口性质，统称为"湖北居民户口"，全市城乡居民实行统一的户口登记管理制度。

　　根据该市市政府一个月前批准实施的《黄石市关于深化户籍管理制度改革实施细则（试行）》的精神，为进一步深化户籍制度改革，促进城乡经济的发展，按照积极稳妥和保障人民群众正当迁移的原则，该市对下列外来人员给予申请入户的自由权利：具有大学本科以上学历、中级以上职称、高级技能的人员；具有省部级以上荣誉称号人员或获得省部级以上奖励的科研成果的主要人员；具有中专以上学历人员，被本市国家机关、团体、企事业单位招（聘）用，且工作两年以上，并在本市有合法固定住所的人员；具有技校毕业以上学历人员，被本市企业（含民营企业）依法录（聘）用，并参加本市社会保险实际缴费满 3 年、在本市自购商品房人均建筑面积 30 平方米以上的人员；在本市兴办实业投资达 80 万元人民币以上或连续两年年纳税 5 万元以上，依法缴纳社会保险费，在本市已购成套商品住房的人员。同时，对未成年子女投靠父母的、父母投靠子女、夫妻互相投靠、计划外生育子女、非婚生育子女等的入户给予了人性化的政策规定。所有这些制度的实施都为促进城乡市民安居乐业、家庭和睦，带动全市社会和谐营造了一个崭新的、宽松的、富有人性化的户籍制度环境。

　　来源：张立新，公安部网站，2005 年 08 月 17 日。

　　思考：为什么北京依然要限制户籍，而湖北黄石却要放开户籍实行统一居民身份制度？

第三节　社区管理

　　城市社区是城市的基本构成要素，也是城市不同群体和组织、机构的聚集体。社区本身是一个复杂的动态系统，社区的管理尤其强调社区居民的主动参与性。可以说，城市社区管理的水平在一定程度上就是这个城市管理水平的体现，社区管理的质量直接影响着市政管理的整体效果。

一、社区管理的内涵

（一）城市社区的概念

1. 社区一般是指人们在一定区域范围内的生活共同体，有特定的地域、生活聚集、社区成员归属感是社区特有的属性。

2. 城市社区就是在城市社会中，不同区域的人们生活共同体。我国目前所称的城市社区一般指街区和居民定居点。2003 年民政部在《关于在全国推进城市社区建设》中规定，城市社区的范围是经过规模调整后的居民委员会的辖区。

（二）城市社区的构成要素

1. 地域要素

城市社区是地域性的社会，必须占有一定地域，它是人们从事社会活动的区域。地域是人类活动的物质基础载体，城市的存在更是依赖于地域环境，社区没有地域要素就不可能存在，更谈不上社区活动与发展。

2. 人口要素

社区是人们生活的共同体，任何社会构成都不能缺乏人的参与，城市社区的主体构成就是生活在其中的各种人群。社区人口状况包括：人口数量，人口素质、人口分布与流动情况和人口活动类型等。

3. 社区文化和归属感

社区中的人们在一起生活，相同的环境塑造着他们的生活习惯、行为方式和价值观念，可以说长期在一个社区中人们朝夕互动，必然形成共有的社区亚文化。社区文化一旦形成，又会进一步影响和塑造着新进入社区的成员的思维方式、行为准则和生活标准。

社区成员生活在社区里，积极参与社区内各种活动，形成成员间的积极良性互动模式，这样良好的社会关系加深了成员间的相互信任，满足了成员的基本生活需要，长久以往，成员就会产生对社区的认同，把社区当作自己的生活一部分，产生强烈的归属感和亲切感。

4. 社区设施

社区的各项活动必须有物质设施才能顺利进行。社区组织的办公地点、办公设备，联系和通讯设施，为社区成员提供服务的地点，如会所、休闲娱乐场所、社区医院等都属于社区物质设备的范围，同时社区的绿化环境设施，全民健身设施也是社区物质的必要组成部分。

（三）城市社区的类型

1. 法定社区

通常指街道，他们有明确的界限和标示，有法律加以规定，也即街道办事处所辖区域。此类社区的最大特点就是由国家行政部门主管，具体负责社区的行政事务、经济安排和治安管理等。

2. 自然社区

原有意义上的自然社区是人们自由聚集形成的，但现在城市的自然社区较少有这样形成的，只有少数城中村和流动人口聚集地有此类特点，像北京的浙江村、温州街、新疆村等。

3. 功能社区

例如学校、医院、大型厂矿、部队等社区类型，是人们在城市中为了专门的活动目的而聚集在一起造成的社区。高等学校大学城、工业园区，都是相对封闭的小社会，拥有固定的功能和专属区域。

二、城市社区管理

（一）城市社区管理的含义

指城市政府部门及其派出机构（主要是街道办事处），协同城市居民自治组织居委会和其他社区专业和民间组织一起，依据国家和地方法规，以行政手段为主，经济、文化手段为辅，合理调配社区资源、发展社区经济、提高社区成员生活质量、促进社区经济和社会协调发展的过程。城市社区管理的本质是社会管理。因为城市社区是涉及政治、经济、文化、人口、生态等方面的复杂的社会系统，对它所实行的必然也是一个系统、综合的社会管理活动。

（二）城市社区管理的机构和职责

1. 管理机构

我国城市社区实行"两级政府，三级管理"的管理模式。政府是指市政府和区（县）政府，三级管理是指市政府、区政府和街道办事处。

居委会是城市社区居民的自治管理机构。我国1982年宪法中首次明确指出居委会作为基层群众自治组织，办理本居住地区的公共事务、公益事业、调解民间纠纷、协助社会治安，并向政府反映民众的意见、要求和提出意见等；居民委员会是居民自我管理、自我教育、自我服务的基层群众性自治组织。

其他专门社区的自我管理机构，像学校的行政机构，厂矿的管理机构，民间社团自治机构如各类行业协会、街道共青团、妇联、民兵组织等，它们按各自的组织目标和工作程序在一定范围内对社区进行管理与服务。

（三）城市社区管理的内容

1. 社区组织管理

包括监督社区的各类组织机构明确工作目标和工作职责，指导各类组织开展工作，并对其工作成果进行考评。比如组织和指导居民选举居民委员会干部，并帮助居委会开展工作；成立街道机构、主要社区单位、职能部门在社区的延伸机构及居民代表组成的社区发展委员会，充分发挥协调作用，推动共建活动和资源共享活动的开展，更好地满足社区成员的需要。

2. 社区服务管理

社区服务主要有提供便民服务；为社区内的单位和组织提供双向服务，调动社区内的资源，实现共享，实现单位功能的社会化；提供社会福利服务，为鳏寡孤独和生活困难的成员提供社会福利的无偿或低报酬服务。主要职能是根据社区居民的需求，设立、健全社区服务网络，完善社区服务体系，广泛开展社区服务，并对服务质量进行监督、保证，以提高社区居民对社区的满意度，提高居民的生活质量。

3. 社区文化管理

社区文化管理的具体内容是对文化娱乐设施进行规划和建设，组织健全各类文体活动组织，帮助和指导这些组织开展社区文化娱乐活动、群众性文体活动，引导社区居民进行全民健身活动；社区教育管理则是要建设和完善社区学校、继续教育中心、培训中心以及利用网络进行教学的远程教育机构，组织和发动社区居民广泛参与，进行普法、科普、时事政治、实用技能、兴趣爱好、思想政治、道德伦理、人文知识、自然知识、医疗卫生常识等各种内容不同、形式各异的教育活动。

三、城市社区管理模式改革

（一）目前我国社区管理存在的问题

1. 社区管理建制分散

多年以来，街道、居委会基本体制没有变化，但他们的管理规模却不断扩大，在城市社区人口激增和流动性加强的情况下，社区组织对居住在其中的居民的管理处在较为无序的状态下。大中城市街道的平均规模已达万人以上，居委会的平均户数则达 1000 户左右。尤其是由于新居民区的兴建和"城中村"的涌现，出现城市内的户籍与居住地脱离，街道、居委会对辖区的监管不到位的现象。

2. 基层组织动员力量薄弱

社区组织的机构设置、人员配备、经费来源、基本设施与所承担的职能任务不适应；街道、居委会与市和区政府的各个条块部门之间矛盾交叉，不能实行责、权、利相统一，导致街道、居委会没有执法的职能但要管理城市的基本生活秩序，各个执行部门有权执法却又没直接落实到基层社区单位，条块分割现象严重。

3. 社区成员参与管理程度低

在许多社区中，由于管理体制僵化，居民社区归属感不强，而且行政刚性过大，居民自治色彩被淡化，因此他们几乎不参与社区的活动。例如居委会的选举，选举有时成了走过场，居民对居委会缺乏认同。其他社区活动多是带有国家官方性质的任务下达，居委会也变成了基层执行机构，服务居民的意识缺乏。

4. 监督制约不力

对社区管理权力缺乏有效的监督和制约机制，很难保证社区权力的正确行使。主要表现为：监督的主客体错位，居民没有真正发挥监督主体的作用，较少监督社区权力的使用；监督制裁软弱，监督组织没有仲裁效力，往往只能做一些督促、调解工作；监督法规不健全，监督制度不完备，缺乏可操作性。

（二）城市社区管理的改革

1. 小政府，大社会，提高服务意识

搞好社区服务和建设是增强社区凝聚力和提高社区成员对社区管理的参与度的重要途径。把社区看出一个社会的缩影，淡化社区管理的行政僵化体制，树立小政府、大社会的管理意识，尤其是增强管理者的服务意识，去除官僚化作风，提高居民的社区归属感，切实让居民觉得社区不仅仅是一个居住的场所，而是一个生活温馨的家园。

2. 打破条块约束，合理配置社区资源

以街道和居委会为核心，整合社区内各类经济、文化组织，充分发挥社区内非政府组织的作用，让这些民间团体参与到社区建设和管理中来，行政部门做到放权、让利，提高非政府组织的积极性和参与度，让社区内的资源自由合理地调配，最大限度地发挥社区内资源的优势，为居民生活创造便利条件。

3. 提高居民自治和民间组织的地位和作用

依照《居委会组织法》让社区居民民主选举产生领导班子；坚持开好居民和居民代表会议，健全居民会议制度，加强与广大居民的经常性联系；完善奖优罚劣的激励机制；健全民主监督的制约机制，充分发挥社会协商对话、信访、举报、民意测验以及大众传媒等监督渠道和手段的作用；建立法规的保障机制。

城市基层社会管理的成功探索

改革开放以来，随着全国城市化进程不断加快，社区在加强城市管理，服务市民生活，促进精神文明、物质文明建设等方面的作用日益突出。1991年，民政部提出了探索社区建设的新课题，许多城市纷纷响应。1999年，民政部在全国选择了北京市的西城区等 26 个城区作为社区建设实验区。各实验区大胆创新，勇于探索，形成了各具特色的做法，为加强城市基层社会管理探索出一条新路。

抓关键——以社区体制改革为突破口，不断破解难题

民政部选择社区服务和城市基层工作基础比较好的北京市西城区，青岛市市南区、南京市玄武区、鼓楼区，西安市新城区，武汉市江汉区，海口市振东区，哈尔滨市道里区、南岗区等 26 个城区作为社区建设实验区。同时，有 20 多个省、自治区、直辖市确定了近 100 个省（市）级社区建设实验区。

科学合理地划分社区规模，是建设现代文明城市的前提。天津、沈阳、本溪、南京、青岛、武汉、西安、哈尔滨等城市，借鉴国外经验，结合当地实际，把社区规模定位在城市基层自然形成的地域。在这个思路下，他们按照 1000 户～2000 户的规模，对居委会的管辖范围进行了调整，确保了基层社会管理与服务的到位。沈阳市在沈河、和平两个实验区试点的基础上，将原来的 2700 多个居委会，划分为 1277 个新型社区。

社区组织建设是社区建设的核心，是实行社区居民自治的最重要部分。各地在建立和完善社区组织体系过程中，重点抓好社区党的组织和社区居民自治组织的建设，取得了显著成果。上海、南京、沈阳、武汉、西安、石家庄等城市积极探索新时期党的基层组织建设的方法，充分发挥在职党员、离退休党员的参与作用，大力开展社区党建工作，增强了基层党组织在社区的凝聚力和战斗力，使广大党员的先锋模范和旗帜作用日益明显。南京市玄武区广泛开展了在职党员志愿者服务活动，广大在职党员积极参加各类社区义务服务。在他们的带动下，越来越多的群众关心社区建设。

各实验区还加强了城市社区居民自治组织的建设，很多城市社区建立了自我管理、自我教育、自我服务、自我监督的社区居民委员会。如今，实验区普遍成立了社区居民自治组织。居民通过社区成员代表会议，对社区内的重大事项进行讨论、评议。北京、上海、青岛、武汉、南京、乌鲁木齐等城市还尝试居民直接选举居委会主任，并制定了居民委员会选举办法。一个以民主选举、民主决策、民主管理、民主监督为主要内容的社区居民自治体制

在各实验区逐步形成。

转变政府职能、实现重心下移，这项工作是社区建设的一个难点，也是一个十分关键的环节。在推进社区建设过程中，各实验区严格按照"权随事走，费随事转"的原则，大力转变政府职能，将该由社区管理的职权还给社区。沈阳市东陵区泉园街道办事处赋予社区决策权、财务权、协调权、监督权。过去，社区对财务管理没有自主权，一切财务收支都由街道审批。在调整中，街道把原来所有权归街道的房屋使用权交给社区经营，连同社区有偿服务的收入都交社区自行支配。市、区、街三级财政拨付的办公费用，街道全额、按时拨付，由社区自己管理、合理支配，极大地调动了社区居民委员会工作的积极性。

促落实——建好城市社区，让人民安居乐业

北京市西城区从完善社区服务功能入手加强社区建设，先后开办起了敬老、优抚、便民、教育、文化、体育等15个服务系列，既方便了群众生活，又使社区内各种资源得到了有效利用。新疆克拉玛依市克拉玛依区的居委会工作人员积极开展了以疾病预防、医疗、保健等为主要内容的无偿社区卫生服务，为3万多石油企业的离退休职工建立了"老年人家庭健康档案"。

社区建设极大地调动了居民参与社区建设的积极性，为城市基层社会管理找到了一条新路子。天津市河西区、沈阳市沈河区、本溪市溪湖区、西安市新城区、杭州市下城区的居民积极开展争当文明市民、争创文明家庭和文明楼院的活动。

各地还通过在社区中广泛开展丰富多彩的文化、体育、科普、教育等活动，营造出一种健康向上、文明和谐的浓厚文化氛围。武汉市把文明形象工程建设融入到社区文明建设中，使市容与文明形象相互提升。南京市玄武等区利用南京大屠杀遇难同胞纪念馆等爱国主义教育基地，对社区党员、干部和中小学生进行爱国主义教育。

来源：翟启运、翟伟，《人民日报》，第三版，2000年12月14日。

第四节　城市安全管理

城市化在带给城市繁荣的同时也增加了城市的安全隐患，融入全球经济一体化使我们在获得更多的发展机会和更广的发展空间的同时，面临的可能危及城市安全和社会稳定的危机因素也在大大增加。因此，市政管理要树立城市安全大战略，扩大防范和控制影响城市安全的破坏力因素的视野，制定预防、控制、处理各种危机的战略、政策和规划。

一、安全管理概述

（一）城市安全管理的含义

城市安全管理是指城市相关职能部门（公安局、安全生产管理局、消防局、卫生局等部门）运用法律和行政手段，对城市社会治安、生产、交通、流行传染病防控、火灾等人为和自然风险性事件进行有效预防和控制，保证城市居民生命财产和公共利益不受侵害或将损失减小的活动过程。

（二）城市安全管理的特征

1. 预防性

安全管理首先是不断对城市居民灌输安全意识，防患于未然。管理部门应建立定期检查和监督机制，而且要把安全知识和防范灾难的技巧及时有效地向城市居民进行传授，做到警钟长鸣，未雨绸缪。配合社区组织，广泛开展安全生产和安全生活的宣传教育活动，真正做到安全和风险意识进入每个人的头脑中，落到实际行动里。

2. 突发应急性

城市由于人口密集，各类生产、生活活动频繁，在许多地方存在安全隐患，加之一些自然风险具有不可抗拒性，从而就导致许多不安全事故具有突发性质。面对突如其来的灾难和事故，城市管理部门应该有应急预案和应对措施，能及时、快速地反应，将安全事故的损失降低，保障人民生命、财产和公共利益。

3. 强制性

基于安全隐患的危害性巨大，风险事故的突发性质，城市安全管理部门有必要制定强制的安全防护措施，要求城市居民和辖区各类组织单位严格按照安全规程从事生产、生活活动。安全监察和违规处理要及时有效，对于那些无视安全风险的个人和单位要给予警告和处罚，并责令定期整改，有力维护其他居民和组织的正常生活、生产，保障他们的合法权益。

（三）管理机构与职责

1. 公安局，主要负责日常治安维护、刑事案件侦破、交通安全维护和管理、制止突发性社会性事件。

2. 消防局，负责突发火灾扑救，安全宣传和教育、监察，突发事件的救援。

3. 安全生产管理局，对企业生产的安全措施进行监管和督察。

4. 卫生防疫部门，负责监控流行和传染病，上报重大疫情，卫生防疫宣传和措施落实工作。

5. 气象局、地震局、水利局、防洪抗旱指挥部等主要针对天灾进行预警与防范工作，及时预报灾害性天气，对灾区给予指导，帮助其恢复正常生产生活。

6. 人防办公室，主要是对城市的战争防空进行宣传教育与部署。

二、治安管理

（一）城市治安管理的含义

城市治安管理部门依据法律和行政手段，对城市社会公共秩序进行维护，保障公民生命财产合法权益，打击和处理各类违法犯罪活动，预防和制止社会突发群众事件。

（二）我国城市社会治安管理的内容

1. 打击和处理各种违法犯罪活动

城市社会治安管理的首要任务就是执行和实施国家有关预防、打击违法犯罪活动的法律、法规，打击刑事犯罪分子，保护城市居民的利益。

2. 处理各种违反治安管理法规的行为

除了各种犯罪行为以外，城市中还存在着触犯刑律、违反《治安管理法》的行为，如扰乱公共秩序，危害公共安全，侵犯公私财物，违反交通管理条例，卖淫、赌博等，打击和处理这些违法行为，是城社会治安管理的重要内容和任务。

3. 预防和处理各种突发事件

突发事件是指由于某种不特定原因引起的、突然爆发的、较大规模的群众性活动。此类事件往往比较复杂，又涉及公民的民主权利和整个城市的稳定与正常秩序的维持，必须审慎而果断地处理。

4. 预防和处理治安灾害事故

治安灾害事故是指人为原因引起的火灾、车祸、爆炸、中毒等各种事故，对于此类事故的预防和及时处理，是社会治安管理中交通管理、消防管理、危险物品管理等的内容和任务。

（三）城市治安管理的机构与职责

1. 城市社会治安管理机构

城市社会治安管理机构，是指国家政权体系中依法行使城市社会治安管理职权的专门机关。这些机构包括城市区划内的各级各类公安机关、检察机关、审判机关。此外，城市中还有一些其他组织承担着社会治安管理的基础性工作，包括单位内部的保卫部门、治安保卫委员会、治安联防组织、保安服务公司等。

（1）公安机关，是城市社会治安管理的主要机构，承担着城市社会治安管理的绝大部分工作。直辖市和设区的市的公安机关，由市公安局、区公安分局和公安派出所三部分组成，不设区的市的公安机关由市公安局和公安派出所两部分组成。市公安局统一领导全市行政区域内的各级公安机关工作。派出所是市公安局或公安分局的派出机关，以户口管理和日常治安管理为主要任务。

（2）城市机关、企事业单位一般都设立内部保卫部门，称为保卫处或保卫科。它是所在单位的组成部分，又是城市公安机关派出的代表机关，在业务上接受城市公安机关的指导，依法执行城市社会治安管理的一定职权，协助城市社会治安专职机构履行职责，搞好社会治安管理的基础工作。

（3）城市各种经济社会组织中普遍设立的治安保卫委员会，是维护城市社会治安的群众性自防自治组织。一般以行政机关、企事业单位和居民委员会为单位设立，受基层党委的领导并接受公安派出所的业务指导。

（4）治安联防组织也是在公安机关统一指挥下的群众性的治安防范组织，在业务上由公安派出所指导。

（5）保安服务公司是在市公安机关业务领导和支持监督下、经济上自负盈亏的组织，其任务是培训保安人员，为客户提供有偿的保安服务。

2. 社会治安管理的职责

（1）执行和实施国家有关预防和打击违法犯罪活动的法律法规和方针政策，维护城市社会治安秩序，预防和打击各类违法犯罪活动，保护社会公有财产和其他合法财产，保护公民的合法权益不受侵犯，保卫城市国家政权和社会主义制度。

（2）研究制定城市社会治安管理的政策和法规草案。城市社会治安管理机构肩负着研究制定适合本市特点的政策，使国家法律和政策具体化的责任。同时，还要根据需要负责或参与起草、制定有关城市社会治安管理的法规。

（3）研究制定城市社会治安管理的规划及其实施措施。在城市社会治安管理的实际工作中，城市社会治安管理机构应研究制定科学可行的规划、计划，并以其为指导采取周密的措施，力求有限的人力、物力、财力实现最佳的结合与安排，实现城市社会治安管理的高效化、科学化和现代化。

（4）组织和开展城市社会治安的综合治理。城市违法犯罪现象是多种因素综合作用的结果，其危害也涉及城市社会的各个领域和各个方面。作为城市社会治安管理的主导力量，城市社会治安管理机构应致力于动员社会各方面力量，运用多种手段来预防和打击违法犯罪活动，改造违法犯罪分子。

（5）城市社会治安管理机构还须从事其他与城市社会秩序和社会安全有关的活动，如户籍管理、居民身份证管理、武器管理、公共场所管理。

（四）社会治安管理的基本制度

1. 社会秩序管理制度

社会治安秩序管理制度主要包括公共娱乐场所管理制度、特种行业管理制度、危险物品管理制度、巡警制度等四项内容。

（1）公共娱乐场所指供公众使用的影剧院、礼堂、录像厅等演出、放映场所，舞厅、歌厅等歌舞娱乐场所以及其他具有娱乐功能的公共场所。公共娱乐场所管理制度主要包括开业登记、审查、转业、迁移许可审批及停业制度等，一般是由派出所进行属地管辖。

（2）特种行业指旅馆业、刻制业、废品收购业等易于被犯罪分子用来藏身、伪造印信或销赃的行业。特种行业管理制度包括：经营特种行业要先在县级以上公安机关登记、接受审查和领取许可证，再向工商行政管理机关申请领取营业执照；随时接受公安机关的治安管理和安全检查制度；坚持登记制度等。

（3）危险物品是指具有燃烧、爆炸、腐蚀、毒害、杀伤、放射性等性质的，容易酿成危害公共安全事故或案件的物品。危险物品管理制度主要有：登记、审批、发证制度；对危险物品的生产、储存、销售、运输、使用过程进行检查监督的制度；收缴和及时追查流散或丢失的危险制品制度等。

（4）城市人民警察巡逻值勤制度，是我国城市人民警察的一项基本的工作制度和警务方式。城市人民警察巡逻值勤一般采取徒步为主，自行车、机动车等相结合的形式，在动态环境下对城市社会治安秩序进行有效控制。根据《城市人民警察巡逻规定》，巡督在值勤中遇到重要情况，应当立即报告；对需要采取紧急措施的案件、事件和事故，应进行先期处置；对需要查处的案件、事件和事故，应移交公安机关主管部门处理。

2. 城市交通安全管理制度

我国城市交通安全由公安交通管理局或公安机关的交通管理处、科进行管理，并向市民进行交通安全宣传。城市交通安全管理制度包括车辆和驾驶人员发证、验证的管理制度，以及交通违章事故的处理制度。

3. 城市消防安全管理制度

我国城市消防组织由公安消防队、较大的企事业单位自己支付开支的专职消防队和义务消防队两类队伍组成，县级以上的公安机关设立消防监督机构。城市消防安全管理，应坚持"以防为主，防消结合"的方针，把预防放在首位，坚持严格的检查、监督和处罚制度，防患于未然。

（五）城市社会治安综合治理

1. 城市社会治安综合治理的含义

城市社会治安的根本目的和任务就是打击违法犯罪，维护社会的安全和稳定。而违法犯罪产生的原因和造成的后果，都涉及到整个社会的各个领域和各个方面，这就决定了城市社会治安管理的综合性，决定了管理工作必须进行综合治理。

城市社会治安综合治理，就是在各级党委、政府统一领导下，在充分发挥政法部门特别是公安机关骨干作用的同时，组织和依靠各部门、各单位和人民群众的力量，综合运用政治的、经济的、行政的、法律的、文化的、教育的等多种手段，通过加强打击、防范、教育、管理、建设、改造等方面的工作，实现从根本上预防和治理违法犯罪，维护社会治安持续稳定的社会系统工程。加强社会治安综合治理是建立和保持良好的社会治安秩序、维护社会政治稳定的基本方针，是解决我国城市社会治安问题的根本途径。

2. 综合治理的原则和任务

我国在 1981 年 5 月提出了社会治安综合治理的概念。1991 年 3 月，七届全国人民代表大会常委会第十八次会议审议通过了中共中央、国务院《关于加强社会治安综合治理的决定》成为我国社会治安综合治理的纲领性文件。

根据《决定》，我国城市社会治安综合治理方针应当是"打防并举，标本兼治，重在治本"，即既要打击现行违法犯罪活动，又要采取多种措施加强防范，既要解决目前的治安问题，又要针对违法犯罪原因从根本上进行治理，并在治本上下更大功夫。

（1）城市社会治安综合治理的主要任务是：打击各种危害城市社会的违法犯罪活动，依法严惩严重危害社会治安的刑事犯罪分子，采取各种措施，严密管理制度，加强治安防范工作，堵塞违法犯罪活动的漏洞，加强对全体公民特别是青少年的思想政治教育和法制教育，提高文化道德素质，增强法制观念，鼓励群众自觉维护社会秩序，同违法犯罪行为作斗争；积极调解、疏导民间纠纷，缓解社会矛盾，消除不安定因素；加强对违法犯罪人员的教育、挽救、改造工作，妥善安置刑满释放和解除劳教人员，减少重新违法犯罪。

（2）城市社会治安综合治理的基本原则有："谁主管，谁负责"原则，即一个地区、一个部门、一个单位的领导，对本地区、本部门、本单位的社会治安综合治理工作负责；属地管理原则，按行政区划分的治安管理机构依法对所辖区域内的治安进行全面负责；依法工作原则；依靠群众原则；激励约束原则等。

3. 加强城市治安综合治理的措施

（1）深入开展矛盾纠纷排查调处工作，及时发现和掌握本地区、本部门和本单位的矛盾纠纷，采取有效措施，进行妥善处置，把矛盾和问题解决在萌芽状态。

（2）认真落实各项安全防范措施，加大对重点地区、要害部门、特种行业、枪支弹药、危险物品和特殊群体的管理力度，严格落实责任制，严防危险物品和枪支弹药丢失、被盗和流向社会；强化安全生产工作，落实安全生产责任制，有效防止重大事故的发生。

（3）加强街道的基层基础建设，把社会治安综合治理各项措施落实到基层，并深入持久地开展基层安全创建活动，把基层安全创建活动作为城市社区建设的重要内容。

（4）加强对流动人口的管理。城市公安、劳动和社会保障、民政计划生育、房屋管理和共青团、妇联等部门和单位加强协作配合，把管理、教育、服务紧密结合起来，引导人口有序流动，保护流动人口的合法权益，预防和控制违法犯；加强对刑满释放、解除劳教人员的安置、帮教工作。

（5）加强法制和道德教育，进一步落实预防青少年违法犯罪的措施，在城市中形成关心青少年健康成长，预防、减少违法犯罪的良好氛围。

（6）严格执行责任制，确保社会治安综合治理各项措施的落实。包括社会治安综合治理目标管理责任制，社会治安综合治理领导责任制和社会治安综合治理一票否决权制等各项制度。

三、城市公共危机管理

（一）公共危机的概念

城市公共危机是指突然发生，造成或者可能造成重大人员伤亡、财产损失、生态环境破坏和严重社会危害，危及公共安全的紧急事件而引发的社会异常形态。根据国家相关法律规定，各类突发公共危机按照其性质、严重程度、可控性和影响范围等因素，一般分为四级：Ⅰ级（特别重大）、Ⅱ级（重大）、Ⅲ级（较大）和Ⅳ级（一般）。

（二）城市危机管理

危机管理是指"对危机事前、事中、事后所有方面的管理"，它是随着人类面临的危机越来越多而又必须处理应运而生的一门科学。政府危机管理是指城市管理主体，主要是政府组织相关力量在监测、预警、干预或控制以及消解危机性事件的生成、演进与影响的过程中所采取的一系列方法和措施。

（三）城市危机管理的主体

城市危机事件涉及面广，突发性强，危害性大。因此，需要城市的各个社会要素协同配合，共同应对危机。从管理的角度看，城市公共危机管理的主体一般包括政府及其机构、社会组织、城市居民等。

1. 政府

政府在公共危机管理中是起主导作用的主体，它的主要职责是进行完备的危机预警、及时高效的危机应急、妥善充足的危机善后处理等方面的研究，制定措施和实施危机处理，政府还担负着危机事件相关责任的依法问责处理、社会动员等责任。

2. 社会组织

除了政府机构以外，城市危机的应对还需要其他社会团体和组织的积极参与。现代城市社会中，各种非政府组织（NGO）在城市危机管理中发挥着越来越大的作用。国外的经验表明，随着政府职能的转变，社会管理也更多地依靠非政府组织的积极介入，为危机的化解和善后提供必要物质和人员的准备。

3. 城市居民

城市居民是城市危机事件的直接或者间接受损者，他们当然也成为公共危机事件管理的防范和化解措施的主要力量和实施主体。当城市居民的危机意识不断加强、处理危机的知识和技能不断提高、在危机中的公民道德水平不断提升后，城市危机的管理水平和效果也会逐步提高。

（四）城市公共危机管理的基本内容

1. 城市自然灾害救助应急管理

自然灾害不可避免，此类管理在于应对在我国城市发生的水旱灾害，台风、冰雹、雪、沙尘暴等气象灾害，火山、地震灾害，山体崩塌、滑坡、泥石流等地质灾害，风暴潮、海啸等海洋灾害，森林草原火灾和重大生物灾害等自然灾害及其他突发公共事件。自然灾害救助管理要规范紧急救助行为，提高紧急救助能力，迅速、有序、高效地实施紧急救助，最大程度地减少人民群众的生命和财产损失，维护灾区社会稳定。

2. 安全生产事故灾难应急管理

保证城市生产的安全性是市政管理的基本职能，此类管理要规范城市安全生产事故灾难的应急管理和应急响应程序，及时有效地实施应急救援工作，最大程度地减少人员伤亡、财产损失，维护人民群众的生命安全和社会稳定。

3. 城市地铁事故灾难应急管理

城市地铁是现代城市的客运交通的主要构成，地铁运行的技术含量高，更需要有应对此类事故的准备。此类管理要求做好城市地铁事故灾难的防范与处置工作，保证及时、有序、高效、妥善地处置城市地铁事故灾难，最大程度地减少人员伤亡和财产损失，维护社会稳定，支持和保障经济发展。

4. 城市电网大面积停电事件应急管理

现代城市是建立在稳定充足的电力供应之上的，电力是城市的动力之源。此类管理要应对和处理因电力生产重特大事故、电力设施大范围破坏、严重自然灾害、电力供应持续危机等引起的对国家安全和社会稳定以及人民群众生产生活构成重大影响和严重威胁的大面积停电事件，最大程度地减少大面积停电造成的影响和损失，维护国家安全、社会稳定和人民生命财产安全。

5. 突发环境事件应急管理

突发化学、生物等制品的环境污染造成的损失是巨大的，尤其是城市人口密集、人民的生产生活高度集约化，容易产生扩散效应。因此，要应对环境污染使当地正常的经济、社会活动受到严重影响，造成重要城市主要水源地取水中断的污染，危险化学品（含剧毒品）生产和贮运中发生泄漏，严重影响人民群众生产、生活的污染，放射性物质进行人为破坏，区域生态功能严重丧失或濒危物种生存环境遭到严重污染事件，维护社会稳定，保障公众生命健康和财产安全，保护环境是此类管理的主要目的。

6. 突发公共卫生事件应急管理

城市人员流动性强，容易发生传染病等恶性公共卫生事故，因此要应对肺鼠疫、肺炭疽在大、中城市发生并有扩散趋势，传染性非典型肺炎、人感染高致病性禽流感，处理烈性病菌株、毒株、致病因子等丢失事件等造成或者可能造成社会公众身心健康严重损害的重大传染病、群体性不明原因疾病、重大食物和职业中毒以及因自然灾害、事故灾难或社会安全等事件引起的严重影响公众身心健康的公共卫生事件的应急处理工作，最大程度地减少突发公共卫生事件对公众健康造成的危害，保障公众身心健康与生命安全。

7. 重大食品安全事故应急管理

民以食为天，食品安全关系到广大人民群众的身体健康。此类管理要应对在食物（食品）种植、养殖、生产加工、包装、仓储、运输、流通、消费等环节中发生食源性疾患，造成社会公众大量病亡或者可能对人体健康构成潜在的重大危害，并造成严重社会影响的重大食品安全事故，建立健全应对突发重大食品安全事故的救助体系和运行机制，规范和指导应急处理工作，有效预防、积极应对、及时控制重大食品安全事故，高效组织应急救援工作，最大限度地减少重大食品安全事故的危害，保障公众身体健康与生命安全，维护正常的社会秩序。

（五）城市危机管理的原则

1. 时效原则

由于政府面临的危机具有突发性、破坏性、扩散性、不确定性，因而政府需要在较短的时间内做出反应，尽快地控制危机，把损失减少到最低限度，这就要求政府官员在危机管理中具有较强的时间感，追求实效。一旦发生危机，政府就要快速、果断地采取措施，对危机进行救治。在常态管理中，政府就要建立一套危机预警机制，对可能发生的危机进行预警和监控。当危机出现后，就立即启动危机救治机制，这一机制的启动必须快速、及时，而且人力、物力、财力能够马上到位。

2. 公共利益至上

我国政府必须把保障公民的生命健康和基本权利作为其制定、执行危机决策所应遵循的第一原则。按照以人为本的原则，无论是经济的发展还是社会的发展，其最终的目的是人自身的发展，只有人自身真正有了发展，经济才能发展，社会才能发展。在危机爆发时，受到最大威胁的是公民。危机的预警、应对、善后都应围绕公共利益展开，为城市居民服务。

3. 信息公开、透明

在危机管理中，政府必须及时客观地公布信息，让公众了解实情，消除他们的顾虑，树立政府的威信。信息公开不仅在于它可以发动社会上的力量联合作战，更重要的是它尊重了公民的知情权。在危机中，人们对于危机的进展状况和自己的处境的了解要求非常迫切，公民对于这些信息有知情权，因为这涉及每个人的生命健康和福利。信息的及时、公开的发布，会减少不必要的损失，稳定危机中恐慌的社会心态，良好的信息沟通对处理危机事件起到缓解压力、得到理解和支持的正面效应。

4. 快速、科学原则

公共危机的一个突出特点即是突发性，面对突如其来的自然和社会事件，管理主体首先要做到的事情就是快速反应。及时掌握危机信息，迅速动员，高效配置人力物力进行危机处理和善后。对于危机的克服必须重视科学技术的力量。现在的很多危机来势凶猛，而且成因复杂，难以把握，处理起来非常棘手。政府必须相信科学，依靠科学，充分调动科研力量，借助科技手段进行攻关才能有利于危机的解决。政府必须储备各个方面的专家。因为一旦危机到来，这些在与危机相关领域有所研究的专家就可以迅速地投入战斗，缩短克服危机的时间。

（六）城市公共危机管理的主要措施

城市公共危机管理以预防为前提，以应急为核心，以问责为辅助，以善后为契机。

1. 城市公共危机管理的组织系统

我国城市公共安全应急机制的组织体系由领导机构、办事机构、工作机构、地方机构和专家组共同组成。

（1）领导机构。人民政府是城市公共危机应急管理工作的最高行政领导机构，在政府负责人的领导下，由市政府常务会议和国家相关应急指挥机构负责城市公共危机的应急管理工作；必要时，接受国务院工作组指导相关工作。

（2）办事机构。市政府设应急管理办公室，履行值守应急、信息汇总和综合协调职责，发挥运转枢纽作用。

（3）工作机构。市政府有关部门依据有关法律、行政法规和各自的职责，负责相关类别城市公共危机的应急管理工作。具体负责相关类别的城市公共危机专项和部门应急预案的起草和实施，贯彻落实国务院有关决定事项。

（4）专家组。市政府和各应急管理机构建立各类专业人才库，可以根据实际需要聘请有关专家组成专家组，为应急管理提供决策建议，必要时参加城市公共危机的应急处置工作。

2. 完善城市公共危机管理的运行机制

（1）危机预警

完善预测预警机制，建立预警系统，开展风险分析，做到早发现、早报告、早处置。根据预测分析结果，对可能发生和可以预警的城市公共危机进行预警。预警信息包括城市公共危机的类别、预警级别、起始时间、可能影响范围、警示事项、应采取的措施和发布机关等。预警信息的发布、调整和解除可以通过广播、电视、报刊、通信、信息网络、警报器、宣传车或组织人员逐户通知等方式进行，对老、幼、病、残、孕等特殊人群以及学校等特殊场所和警报盲区应当采取有针对性的公告方式。

（2）应急处置

特别重大或重大城市公共危机发生后，各地区、各部门要立即报告。应急处置过程中，应及时续报有关情况。城市公共危机发生后，事发地的城市所在人民政府在报告特别重大、重大城市公共危机信息的同时，要根据职责和规定的权限启动相关应急预案，及时、有效地进行处置，控制事态。对于先期处置未能有效控制事态的特别重大的城市公共危机，要及时启动相关预案，由城市相关应急指挥机构或国务院工作组统一指挥或指导有关地区、部门开展处置工作。成立现场应急指挥机构负责现场的应急处置工作。需要多个国务院相关部门共同参与处置的城市公共危机，由业务主管部门牵头，其他部门予以协助。

（3）恢复与重建

要积极稳妥、深入细致地做好善后处置工作。对事件中的伤亡人员、应急处置工作人员，以及紧急调集、征用有关单位及个人的物资，要按照规定给予抚恤、补助或补偿，并提供心理及司法援助。有关部门要做好疫病防治和环境污染消除工作。保险监管机构要督促有关保险机构及时做好有关单位和个人损失的理赔工作。

（4）信息发布

突发性公共事件的信息发布应及时、准确、客观、全面。在危机事件发生的第一时间要向社会发布简要信息，随后发布初步核实情况、政府应对措施和公众防范措施等，并根据事件处置情况做好后续发布工作。信息的发布方式主要包括授权发布、散发新闻稿、组织报道、接受记者采访、举行新闻发布会等。

3. 建立和完善城市危机的保障体系

（1）信息保障。城市公共危机综合监管部门建立重大城市公共危机事故的专项信息报告系统。重大城市公共危机事故发生后，应急指挥部应当及时向社会发布城市公共危机事故信息。

（2）医疗保障。重大城市公共危机事故造成人员伤害的，卫生系统应急救援工作应当立即启动，救治人员应当立即赶赴现场，开展医疗救治工作。

（3）人员保障。应急指挥部办公室负责组织城市公共危机监察专员及相关部门人员、专家参加事故处理。

（4）技术保障。重大城市公共危机事故的技术鉴定工作必须由有资质的检测机构承担。当发生重大城市公共危机事故时，受重大城市公共危机事故指挥部或者城市公共危机综合监管部门委托，立即采集样本，按有关标准要求实施检测，为重大城市公共危机事故定性提供科学依据。

（5）物资保障。各级人民政府应当保障重大城市公共危机事故应急处理所需设施、设备和物资，保障应急物资储备，提供应急救援资金，所需经费列入同级人民政府财政预算。

（6）演习演练。各级人民政府及有关部门要按照"统一规划、分类实施、分级负责、突出重点、适应需求"的原则，采取定期和不定期相结合形式，组织开展突发重大城市公共危机事故的应急演习演练。

哈尔滨市政府应对水危机的经验和教训给人启示

2005年11月27日晚6时,哈尔滨恢复供水。在缺水危机中苦等了4天的近400万哈尔滨市民,终于松了一口气。如此严重的水危机,在世界城市发展史上也十分罕见。最初,发生了恐慌和抢购,然而仅仅经过一天时间,全城便恢复了秩序,数百万市民以令人叹服的勇气和毅力挺过了难关。地方政府应对这场公共危机的经验教训,给人很多启示。

面对恐慌,最好的办法是说实话

危机来临之初,这座城市曾一度陷入慌乱之中。从20日中午起,人们听到了"地震"和"水污染"的传言,却没有得到官方证实,传言越来越多。21日中午,哈尔滨市政府向社会发布公告,全市停水4天。结果,公告发布后,市民开始了大规模的抢购。越来越多的市民觉得这个公告可能与地震有关。当日下午,超市、批发部等处的交通也开始严重拥堵。

当日午夜,省、市政府决定向媒体公布真相。22日凌晨,第二份公告发出,证实了上游化工厂爆炸导致松花江水污染的消息。为了方便居民储水,市政府在同日又发出了一个公告。针对一件事,两天发布三个市政府公告,哈尔滨史无前例。市民心里有了底,慌乱局面很快缓和下来。

稳定市场,才能稳定人心

21日下午,记者在哈尔滨一些商店、超市看到,很多市民在争相抢购饮用水。在道里区麦德龙超市,摆放瓶装矿泉水的货架已是空空荡荡。服务员说,有的顾客甚至一次买了5000元的矿泉水。群众抢购商品、商贩哄抬物价,是危机时期常见的现象,也是加剧社会恐慌最具煽动力和破坏力的因素之一。为稳定市场,此次遭遇水危机的哈尔滨市政府采取了多种手段。稳定市场,先要控制水资源。21日市政府发布的第一份公告,就要求市内洗浴、洗车等高耗水行业从21日起停止用水。稳定市场,必须保障供给。21日晚,市政府紧急通知附近的"冰露"、"娃哈哈"、哈药总厂等大型矿泉水、纯净水生产企业,把所有货物控制起来,连夜组织车辆运往哈尔滨。当天下午,全市多数超市和商场就结束了饮用水断货现象。稳定市场,规范市场不能少。市政府给6个受停水影响较大的区各拨出100万元价调资金,用于购进矿泉水,再以平价卖给市民,以引导市场价格。由物价、工商等部门组织多个联合检查组,对囤积居奇、哄抬物价、扰乱市场秩序的不法商贩进行集中打击。同时广泛印发通知,向市民公布举报电话。

这些措施立竿见影。哈尔滨市饮用水等商品价格已基本回落到停水公告发布前的水平。各大超市、批发市场和大街小巷的食杂店，最抢眼的地方都是各种品牌的瓶装饮用水，24 瓶装的"娃哈哈"价格已降到 23 元。

抓住重点部位，才能把握城市命脉

公共危机来临时，社会生产生活各个环节都会受影响。要想稳定社会，首先要确保关键部位不出问题——这是哈尔滨市政府此次应对危机最大的收获之一。在这个夜间最低气温已达零下 10 摄氏度的北方城市，供热在一定程度上就相当于"保命"。

停水前，市政府要求各供热单位做好停水期间需要补水量的统计，将居民小区生活水箱、供热补水箱、软化水箱、消防水池等容器注满水，作为应急备水。停水后，各家国有大型供热企业利用自有水源解决供热补水，供热面积较小的社会供热单位，在所在区政府帮助下解决水源。

为开辟新水源，全市 918 眼地下水井全部启动，并加速开凿新井。位于哈尔滨依兰县的达连河气化厂，担负着供应整个市区和周边县居民生活燃气的任务。省市政府给这个企业定下的原则与其他企业相反：先保生产，再保居民，关闭向当地居民供水的管道，企业工业用水不能停，使用活性炭过滤江水，确保正常的生产经营。

学校和医院人员集中，市政府果断决定市属中小学全部放假，减轻供水压力。要求各大学多打自备水井，不够的用消防车、洒水车调水。对医院，从省消防支队调了 30 台消防车，由市里统一调度，专门保证全市 200 所医院用水不断档。

为争取时间，武警黑龙江总队和空军某部接到指示，迅速调集了 1000 多名官兵，火速赶往制水三厂、绍和净水厂。在零下 10 摄氏度的夜晚连夜清掏并运出上千吨无烟煤滤料。哈尔滨锅炉厂在仅仅 12 小时，连夜部署任务、连夜组织人员、连夜施工，生产出 10 台从未加工过的粉末活性炭投加机送到安装现场。朴宇新说，应对水危机，我们也收获了宝贵的精神财富，作为一个城市，经历了这样的过程，我们应该聪明起来。同时，在应对危机过程中涌现出的很多精神都值得继续发扬，并成为城市精神的一部分。

（来源：高淑华、李柯勇、高增双、徐宜军，新华社 2006 年 11 月 28 日电。）

第五节　社会保障管理

城市社会保障，是国家和社会为补偿现代社会中被削弱的家庭保障功能，通过组织国民收入的分配和再分配，依法对社会成员的基本生活权利予以保障的一项福利制度。随着我国市场经济体制的深化，社会保障制度体系的完善越来越受到广大国民的关注，一个高效透明、责权清晰的社会保障管理及管理体制，无论对于建立与完善和谐城市社会还是对于社会管理的可持续发展都是不可或缺的。

一、社会保障概述

（一）城市社会保障的含义

1. 城市社会保障，是依据一定的法律和规定建立起来的、对城市社会成员的基本生活权利提供保障的一系列社会安全制度。尤其是在城市社会成员年老、伤残、疾病、丧失劳动能力或丧失就业机会，或因自然灾害和意外事故等原因面临生活困难时，通过向其提供物质帮助和社会服务，以确保其基本生活和医疗需要。

2. 对城市社会保障的含义的理解：城市社会保障的目的是为了满足城市社会成员的基本生活需求，保证其在收入中断或不能工作时，能获得基本的生活费用。城市社会保障是维护城市社会安定的经济措施，它为社会经济的协调发展，提供一个稳定的社会环境；城市社会保障通过国家立法或行政措施实行，带有强制性。

（二）社会保障的功能

社会保障权利是公民的基本权利，直接关系到最广大民众的切身利益。它既是保障社会安全，使社会成员具有安全感的稳定机制，又是确立机会均等、效率优先的调节机制。城市社会保障对于改革时期城市的稳定和发展无疑有着重要的作用。

1. 社会保障是维持社会公平的重要手段，城市社会保障能够使城市社会成员有安全、稳定感，减轻改革时期由于失业、居民收入差距拉大等问题带来的社会动荡。城市社会保障网络的构建为城市和谐发展建立了"安全阀"和"减震器"。社会中总是存在着一些弱势群体，无论是由于个人原因还是自然灾害造成的，他们如果得不到社会及时救助与支持，社会就不和谐，社会公正也难以真正实现。

2. 城市社会保障有利于保证劳动力的再生产,使劳动者获取和提高竞争能力。社会保障措施使得城市社会成员得到必要的发展条件,满足其教育、医疗保健方面的需求,维护每一位居民的合法权益,使得人们的基本潜力得到开发。由于社会保障体系的存在,一些在竞争中暂时失利的劳动者及其家属,既能获得最基本的生活资料,又可得到职业培训、接受教育,获取新的知识技能,使失业的劳动者重新得到参与竞争、发挥聪明才智、创造社会财富的机会,使劳动力后备力量和素质不断得到提升,保证社会再生产的可持续性。

（三）城市社会保障管理的含义

城市社会保障管理,是指城市的社会保障职能机构贯彻落实国家的社会保障法律和政策,依法建立城市社会保障体系,筹集和运行保障资金、调节保障分配、维持保障秩序等一系列活动。城市社会保障的管理机构主要是城市的社会保险局以及民政、劳动、人事、卫生等政府部门,此外,工会、各种社会团体、非营利组织和社区组织也是城市社会保障管理的重要力量。

（四）城市社会保障管理的机构及其职责

1. 城市劳动社会保障局,主要负责城市社会保险的管理工作。它下属养老保险处、医疗保险处、失业保险处、社会保险基金监督处等工作部门。

（1）养老保险处的职责是:拟定本市机构、事业单位、企业的养老保险方案和发展规划,经批准后实施;拟定养老保险缴纳费率,制定养老保险社会统筹政策,进行个人养老保险账户管理,推行养老保险社会化政策;制定城市职工养老金领取条件、死亡职工遗属待遇、基本养老金给付待遇等政策;拟定本市工伤保险社会统筹政策,基金管理政策和行业差别费率;拟定劳动能力鉴定、企业职工工伤鉴定办法和工伤停工待遇政策及其标准。

（2）医疗保险处的职责:拟定本市医疗、生育保险政策、改革方案和发展规划;负责定点医疗机构、零售药店的资格认证审查;负责老干部、二等乙级以上革命伤残军人的医疗保障管理办法的组织实施和监督检查;对医疗保险代办机构进行监督检查。

（3）失业保险处职责:贯彻失业保险法律法规,拟定本市失业保险的政策规划并组织实施;编制失业人员保险费用征缴与失业保险金支付计划并组织实施;负责失业保险金的征缴与发放的监督检查;负责失业人员登记、发证、监察、统计工作;指导失业保险代办机构工作。

（4）社会保险基金监督处的责职:贯彻国家有关社保基金的规定和政策,制定社保基金管理条例,建立完善社保基金监督机制;对社保基金预决算提出审核意见；受理社保基金违规投诉和举报，查处社保基金违规操作案件；认定社保基金投资机构的资格。

2. 城市民政局负责城市社会救助和社会福利工作，它下属救灾救济处、社会福利处。

（1）救灾救济处的职责：拟定全市救灾救济政策并组织实施，核实灾情并及时向上级反映；慰问灾民，指导灾区开展生产自救；开展全市性救灾捐助活动，管理、拨发救灾款物，组织接收、分配国内个人捐助和外援救灾款物；指导全市社会救济工作，建立和实施城市居民最低生活保障制度，组织、指导扶贫济困等社会互助工作；负责特殊社会救济对象的救济工作。

（2）社会福利处的职责：拟定全市社会福利事业、儿童收养的有关政策规定并监督实施，指导全市社会福利事业单位的管理工作，指导有劳动能力的残疾人就业工作，指导城乡福利生产企业的技术改造工作，监督对社会福利生产的扶持保护政策的贯彻落实，指导残疾人特殊教育和康复工作。

二、城市社会保障管理的内容

（一）社会保险制度及其管理

城市社会保险是指法律规定的劳动者在年老、患病、工伤、失业、生育等情况下，从国家、社会或有关机构获得物质帮助和补偿的制度。

制度制定与管理机构主要是城市的劳动与社会保障局及其社保基金管理中心，同时社会保险基金的运营、委托和投资管理还牵涉财政、税务、审计等部门，实行交叉管理。

1. 养老保险制度

我国企业职工养老保险制度是建国初期建立的。1984 年起，各地开始进行养老保险制度改革。1997 年，国务院制定了《关于建立统一的企业职工基本养老保险制度的决定》，开始在全国建立统一的城镇企业职工基本养老保险制度。

基本养老保险覆盖城镇各类企业的职工基本养老保险制度，实行社会统筹与个人账户相结合的模式；城镇所有企业及其职工必须履行缴纳基本养老保险费的义务。

为确保基本养老金的按时足额发放，近年来我国政府努力提高基本养老保险基金的统筹层次，逐步实行省级统筹，不断加大对基本养老保险基金的财政投入。1998 年至 2001 年，仅中央财政对基本养老保险补贴支出就达 861 亿元。基本实现基本养老金由社会服务机构（如银行、邮局）发放，截止到 2001 年基本养老金社会化发放率达到98%。①

2. 医疗保险制度

1988年，我国开始对机关事业单位的公费医疗制度、国有企业的劳保医疗制度进行改革。1998年，国务院颁布《关于建立城镇职工基本医疗保险制度的决定》，开始在全国建立城镇职工基本医疗保险制度。到2006年底，全国349个地级以上统筹地区中，有284个统筹地区组织实施医疗保险制度改革，覆盖人数达到4332万人。②

我国城市基本医疗保险制度实行社会统筹与个人账户相结合的模式。基本医疗保险基金原则上实行地市级统筹。基本医疗保险覆盖城镇所有用人单位及其职工，所有企业、国家行政机关、事业单位和其他单位及其职工必须履行缴纳基本医疗保险费的义务。目前，用人单位的缴费比例为工资总额的6%左右，个人缴费比例为本人工资的2%。为保障参保职工享有基本的医疗服务并有效控制医疗费用的过快增长，我国政府加强了对医疗服务的管理，制定了基本医疗保险药品目录、诊疗项目和医疗服务设施标准，对提供基本医疗保险服务的医疗机构、药店进行资格认定并允许参保职工进行选择。

在基本医疗保险之外，各城市还普遍建立了大额医疗费用互助制度，以解决社会统筹基金最高支付限额之上的医疗费用。国家为公务员建立了医疗补助制度。有条件的企业可以为职工建立企业补充医疗保险。国家还将逐步建立社会医疗救助制度，为城镇职工提供失业后的基本医疗服务。

3. 失业保险制度

随着我国社会主义市场经济体制的建立和逐步完善，事业单位也要调整人员结构，减员增效，降低成本，在市场竞争中求生存、创效益、图发展。因此，深化改革，转换机制，分流富余人员同样是事业单位面临的艰巨任务。为给事业单位改革创造更加有利的条件，必须把所有事业单位都纳入到失业保险覆盖范围，以保障职工失业后的基本生活，帮助他们实现再就业。

失业保险具有强制性、互济性、社会性和救助性的特点，它是国家通过立法强制实施的一项社会保障制度。失业保险具有保障生活和促进就业双重功能，此外还有抑制和预防失业的作用。规定应该参加失业保险的单位和人员有：国有企业、城镇集体企业、外商投资企业、城镇私营企业和其他城镇企业及其职工，事业单位及其职工。城镇企业、事业单位按照本单位工资总额的2%缴纳

---

① 《2002年中国的劳动和社会保障状况》白皮书。
② 《光明日报》，2007年5月6日电。

失业保险费，职工按照本人工资的 1%缴纳失业保险费。2005 年末全国参加失业保险人数为 11187 万人，比上年末增加 539 万人。全国领取失业保险金人数为 327 万人，比上年末减少 35 万人。全年失业保险基金收入 385 亿元，比上年增长 15.8%，全年基金支出 193 亿元，比上年减少 6.9%。年末失业保险基金累计结存 708 亿元。[①]

三、社会保障模式和改革

（一）目前我国社保基金管理问题

1. 基金分账流于形式，社保资金流失加重，统筹账户亏空

原来我国采用单一的社会统筹制度，即所有的钱全部进入统筹账户，由国家社保机构统一安排。现在采取社会统筹与个人账户相结合制度，社保基金管理方式也由现收现付制转向部分积累制。目前社会养老统筹的比例为职工工资的 28%，其中 20%由单位支付，8%由个人支付（从工资中扣除）；采取分账制以后，个人账户占总数的 11%，其中 8%是个人支付的，3%由单位支付；其余 17%归入社会统筹账户。由于社保基金的流失，统筹空账户的窟窿越来越大，政府财政不得不为空账户买单。以广州为例，2006 年 12 月底，广州养老保险历年滚存结余 134.34 亿元，其中个人账户养老金结余 201.25 亿元，统筹基金结余-67.21 亿元，空账率达 33.40%。个人账户空账运行情况严重，对广州市做实个人账户带来极大压力，养老保险统筹基金长期占用个人账户基金，使个人账户空账率居高不下。据初步统计，广州市历年个人账户空账额达到 70.78 亿元。[②]

建立分账制，无非是为控制统筹账户空转问题，但分账制度形势不容乐观。目前个人账户空账运行已达 1990 亿元。个人账户上的钱仅仅是个数字符号而已。统筹账户里的钱不够用，只好拿个人账户里的钱顶上。其实分账只是形式而已，实际上还是混着用，账户的意义早就在捉襟见肘的情况下改变了初衷。全国社保中心指出，个人账户实现积累并与社会统筹基金分开管理之后，统筹基金在未来 25 年间将出现收不抵支的情况，年均 717 亿元，总缺口 1.8 万亿元。[③]

2. 管理与资本运营责任不明确，存在漏洞，基金运作不透明，风险较大

社保基金的委托人、投资管理人往往是同一个机构，既是运动员又是裁判

---

① 2006 年度劳动和社会保障事业发展统计公报。

② 朱小勇，《信息时报》，2007 年 04 月 03 日。

③ 《中华工商时报》，2001 年 5 月 24 日。

员，很难做到严格规范和风险控制，这是我国社保基金管理的重大缺陷之一；另一方面是多头管理，各自为政。以养老保险为例，养老保险归劳保部门统一征收发放，但是实际操作过程中，涉及财政、税务、审计等多个环节，各个部门之间的分工存在交叉、责任不明，"相互扯皮"，管理漏洞多。住房公积金和医保基金管理也存在类似问题。目前几乎所有已发的社保基金案件都是暗箱操作的结果。公众没有知情权，无法监督。社会保险基金专门法律缺失，现有的大都是部门规章，层次低、效力差、权威性不够、操作性不强，法制约束力差。不少地方既无内部监督环节，又无有效的外部监督，有的地方可以完全不按规章办。这些情况说明我国社保基金的监管基本上还处于一种粗放的、低级的部门规章规范调整阶段，缺乏应有的严格的法制调节制约。这与现行社会保险基金安全运行的要求很不相适应。

（二）社保基金管理营运的改革措施

1. 社会保险基金必须存入财政部门在国有商业银行开设的社会保障基金财政专户，实行收支两条线管理，由财政部门依法进行监督。通过实行收支两条线管理，既明确了社会保险经办机构和财政部门在基金管理监督中的作用和责任，又强化了基金监督的手段，能保证基金安全和完整，防止挪用滥用基金。

2. 注重发挥财政在社保基金管理中的作用。将社保基金纳入财政预算管理有利于政府统筹规划社会保障事业克服基金管理中存在的混乱。同时将基金纳入财政专户，专款专用，有利于实现资金的收支、管理和营运规范化，防止基金的挪用、贪污或浪费。

3. 社保基金管理模式市场化、社会化。作为基金管理的主体——政府不再担当实施收入再分配政策的角色，只需要制定规章制度，保障管理机制的正常运行，对市场营运进行有效的调控和监督。基金的筹集渠道也可以多样化，如通过减持国有股、发行社会保障彩票等。在基金的具体运营方面，可以尝试建立专门的社保基金的运营机构，或者委托基金管理公司管理基金，使基金按照市场规则运营，这既有利于提高基金的使用率，确保基金保值、增值，又能杜绝基金被挤占、挪用、贪污现象的发生。

4. 将社保基金管理纳入法制化轨道，加强对基金运营情况的监督。近几年来，我国社保基金管理中出现的诸多问题，其主要原因就是法制不健全。要体现社保基金管理的公开化、透明化，同时还要具有可操作性。所以修订的内容主要包括这样几个方面：一是社保基金的筹集、收缴，如筹资的方式、渠道，收缴的机关，收缴后存放的地点等。二是基金的营运，如投资的方式、日常开支方面的规定等。三是基金的发放，如基金发放的机构，发放的方式等。四是规定有关机构违反相关规定应受到何种处罚，同时规定监督机构的职责和应该承担的责任。除此之外，应该借鉴国外先进经验，结合我国实际情况，在建立统一的社会保障制度的基础上，由立法部门牵头，财政、劳动保障部门配合、协作，通过立法的形式对社保基金加以监管，从而建立起严格的社保基金管理制度。

（三）城市医疗体制问题

近年来，中国的医疗体制成为众矢之的，其中受到广泛批评的是所谓"看病贵"和"看病难"。所谓"看病贵"，意味着医疗费用的超快速增长；而"看病难"则意味着医疗服务的可及性存在问题。毫无疑问，医疗费用超常快速增长和低收入人群医疗可及性下降，仅仅是中国医疗体制的两大病象。但它们足以反映出，整个医疗体制的运行，无论是从效率还是从公平的角度来看，都出现了严重的问题，主要表现在以下几个方面：

1. 城市医疗保障覆盖率低

在中国城市，20 世纪 90 年代之前的医疗保障体制为公费医疗和劳保医疗所主宰，两者的共同特征就是单位制。劳保医疗首先受到冲击。很显然，在市场经济的正常运转中，企业随时可能发生重组甚至消亡，因此单位制无法立足。在这样的情况下，以社会医疗保险取代原有单位制的劳保医疗制度，成为城市医疗体制改革的主轴之一。1999 年，中国城市医疗参保人数只有 2065.3 万，占全部城市职工（包含离退休人员）总数的 7.9%，2005 年底，全国参加基本医疗保险人数为 15732 万人，其中参保职工 11580 万人，参保退休人员 4152 万人，但这个比例只占职工总数的 24%。[①]

2. 医疗资源分配不公

中国卫生总费用只覆盖 20%人口的卫生服务，在国际医疗分配公平性的排序中，中国位列 191 个成员国的倒数第四位（188 位）。2003 年，卫生部第二次国家卫生服务调查，患病群众 48.9%应就诊而未就诊，29.6%应住院而未住院，44.8%城镇人口和 79.1%的农村人口无任何医疗保障，城镇职工参加基本医疗保险的约 1.3 亿人，享受公费医疗人数为 5000 万人；2005 年，新型农村合作医疗试点 1.56 亿人。中国政府投入的医疗费用中，80%是为了 850 万以党政干部为主的群体服务的。另据监察部、人事部披露，全国党政部门有 200 万名各级干部长期请病假，其中有 40 万名干部长期占据了干部病房、干部招待所、度假村，一年开支约为 500 亿元。一系列数据表明，中国目前的卫生医疗服务体系

---

① 国家统计局 2006 年统计年鉴。

存在着严重的不公平现象。①

3. 医疗体制改革艰难

21 世纪以来，我国城市医疗体制从总体上讲，改革是基本不成功的。中国的医疗卫生体制改革基本走向是商业化、市场化。而医疗卫生体制改革的商业化、市场化走向，违背了医疗卫生事业发展的基本规律，导致医疗卫生服务需求越来越多地演变为私人消费品。尽管全社会的卫生投入水平大幅度提高，居民综合健康指标却没有明显改善。2002 年，卫生总费用占 GDP 的比重已经增至 5.42%，但在某些领域特别是公共卫生领域，一些卫生、健康指标甚至恶化。改革开放前已被控制的部分传染病、地方病开始死灰复燃，新的卫生、健康问题也不断出现。

（四）医疗保障改革的出路探讨

1. 市场化主张

中国医疗体制改革战略选择是走向有管理的市场化。中国医疗体制进一步改革的方向，并不是彻底逆转现有的改革轨道，走回公费医疗、公立医院、计划管理、命令控制为主导的老路，而是走向有管理的市场化。

多数发达国家的医疗服务并不见得是以公立机构为主。有关资料显示，公立医院为主、公立民间并存以及民营医院为主的模式都存在。值得注意的是，那些公立医院为主的国家都是建立了全民公费医疗体制的国家。恰恰在这些国家，公立医院从内部市场制到有管理的竞争，甚至走向法人化和民营化。实际上，这一改革浪潮正是遍及世界各国的新公共管理运动的一个具体范例。几乎在所有的市场经济体制中，初级医疗服务的主要提供者全科医生都是自雇人士，要么独立开业，要么以合伙制的组织形式行医，即使是在公立医院占主导地位的英国也不例外。

目前中国医疗服务体制中的一大问题在于公立医疗机构过分主导性。正是公立医院，一方面成为政府医疗卫生投入的吸金库，另一方面还以其强势地位在医疗服务市场上大展拳脚。实际上，国际卫生政策研究界有关医疗服务提供者的所有制形式与医疗费用之间关系的研究显示，两者之间没有明确的关系。民营机构的发展与社会公益的推进，也不一定必然负相关。只要存在着将收入与服务量联系起来的激励机制，哪怕是公立机构，也照样会千方百计诱导过度需求，从而引发医疗费用的上涨。如果公立机构拥有某种垄断地位，损公肥私的情形便会雪上加霜。

---

① 殷大奎，《建立公平高效的卫生医疗服务体系》，中国新闻网，2006 年 09 月 19 日。

　　彻底消除市场力量，让医疗服务的方方面面都听命于计划管理，医疗费用便可以立竿见影地得到有效的控制。这样的药方固然可以一劳永逸地解决医疗费用上涨的问题，但是所有在计划经济体制中医疗部门存在的老问题都会回来，例如医疗服务短缺、服务质量恶劣、医疗专业人员缺乏积极性、医疗服务技术创新缓慢等等。

　　2. "市场—政府"结合方式

　　医生收入的市场化以及与其互为前提的医院微观机制整体改革方案。医疗和教育服务领域，是市场机制最容易失灵的两大领域。为弥补"市场失灵"所引入无论哪种"政府机制"，其有效性的前提必须是政府不失灵。然而，我们正面临着市场与政府的"双重失灵"。医师及各类辅助人员报酬制度的市场化，其意义远比药品竞标这类无济于事的雕虫小技重大得多。基于中国国情，正确的改革方向，就是能够以比目前费用更低的协调费用，实现劳动分工的"市场—政府"结合方式。改革的路径框架是，以医院微观机制整体改造为先，然后建立有公信力的医疗成本审核委员会，并寻求一套适合国情的基本医疗服务需求方案。具体途径是：其一，在体制上对医院进行改革，将相当一部分公立医院改为股份制的或是合伙人制的营利性医院，并且让医护人员建立属于他们自己的"诊断中心"、"手术中心"、"护理中心"等营利性专业医疗机构，保护一切参与竞争者的平等权益，引入与权益增加的幅度相匹配的惩罚强化机制。在这套机制内，医疗辅助团队的合理报酬，将由医师合伙人组织根据护理人员和管理人员的劳务市场价格竞争决定，从而使医师平均收入的匡算更加符合现实情况。与此同时，政府成立类似香港医院管理局和卫生署一类的机构，对公立医院及其他营利性医疗机构进行管理，形成富于效率的医疗体制新格局。其二，政府应建立具有足够公信力的医疗成本审核委员会，定期发布指导价格。这一步骤应当在医院微观机制整体改造之后实施。因为政府必须借助于非公立医疗机构的成本数据，才可能计算出对应于有效率的资源配置的医疗费用。其三，在医疗成本已经下降的基础上，政府着手寻求一套适合国情的基本医疗服务需求方案。以上三方面的改革措施应尽可能平稳地依次展开。

医改新方案难产 卫生、财政、社会保障三部起争执

　　2007 年 9 月 20 日，卫生部一位参与医改方案起草，同时也是新成立的医改协调小组成员的知情人士向本报记者透露了未来改革的方向：基层的小病治疗由政府免费提供，一般的大病治疗靠社会医疗保障来完成，重大疾病

的治疗则求助于商业医疗保险。但据了解，对卫生部拟议中的这个新方案，财政部、劳动和社会保障部都持有异议。劳动和社会保障部还打算按照自己属意的"德国模式"另提一个医改方案。而由 14 个部委组成的医改协调小组，将负责协调部委之间的意见，敲定最终的医改方案。自从去年 7 月份国务院发展研究中心的一份研究报告得出中国医改"基本不成功"的结论后，卫生部主导起草的医改新方案就成为社会关注的焦点。但在持续升温的舆论漩涡中，这份新方案迟迟没有露面。"我们最近抛出一些想法，想看看各界的反应。"上述知情人士说。

卫生部人士详解医改新方案：治小病免费 治大病不免

卫生部人士介绍，所谓"英国模式"，是指英国国家卫生服务体系（NATIONAL HEALTH SYSTEM，NHS），政府举办和管理医疗机构，居民免费获得医疗服务；医疗服务体系是典型的从上到下的垂直体系；服务体系是双向转诊体系；医疗经费 80% 以上来自政府的税收，其余来自私人医疗保险。通俗理解就是小病、大病都是免费治疗。卫生部人士透露说，医改新方案对"英国模式"的借鉴只限于基本医疗这个层面，简单说就是免费医疗只针对小病，不针对大病。

构建三层医疗体系

新方案提出，基层的医疗保障、服务体系都由政府来承担，以此为基础，构建三层医疗体系。

第一个层次，保障基本医疗是医改新方案的核心。即政府出资或筹资、政府直接举办医疗机构，免费向全体国民提供最基本医疗药品和治疗。城市中，在社区卫生服务体系中如社区卫生中心看病免费，农村中，在乡镇卫生站体系中看病免费。列出一个基本医疗服务、基本药品、基本病的清单。列于清单中的归属于免费范围。

第二个层次，不在上述清单内"大病"的治疗，靠社会医疗保障来完成。即通过立法强制全体劳动者加入，以家庭为单位参保，保费由雇主和雇员分担，以解决大病风险问题。

第三个层次，是商业医疗保险。满足高层次的医疗保障和医疗服务需求。

财政部：所需投入测算不准确

财政部首先对方案中的第一个层面，即政府免费提供全民基本医疗保障所需的投入提出质疑。异议：根据卫生部医改课题组的初步测算，要达到免费提供全民基本医疗保障的目标，大约需要国家财政投入 2000 亿元。但财政部对这个数字表示怀疑。"按课题组测算，2000 亿只管小病，即社区和乡镇卫生院门诊，可是相应的医疗科研、基础设施建设、人员培养等等，这些难道不要钱吗？如果把这些也算进去，2000亿够吗？如果不够，那到底需要多少钱？"观点：财政部的有关人士表示，医改新方案如果不能准确测算国家整体的财政投入，财政部门就无法作出合理的财政预算。

劳动和社会保障部：倾向于"德国模式"

按照这个医改新方案，当前正在进行的城镇职工基本医疗保险制度将面临重大调整，承担这一职能的劳动和社会保障部对此也表示了不同意见。

异议："现在的城镇基本医疗保险是既保大病又保小病，如果按照卫生部的医改新方案，政府将对基本医疗免费，那么现在城镇基本医疗保险制度里用来管小病的这笔钱，又该如何处置？"劳动和社会保障部劳动保障研究所有关人士提出疑问。而且，由于目前社区和乡镇卫生院门诊是由卫生部主管，如果按照医改新方案，将来国家用于提供社区和乡镇卫生院门诊免费医疗的这2000个亿，无疑就要全部交由卫生部来操作。

观点：据透露，劳动和社会保障部和财政部更倾向于"德国模式"，即全民医疗保险制度，医疗保障和医疗服务体系分离，雇主和雇员向作为第三方的医疗保险机构缴费，保险机构与医疗机构（公立、私立都可以）签约以提供服务，不能参保者才由政府提供医疗服务。为此，劳动和社会保障部正按照自己属意的"德国模式"，打算另提一个医改方案。

卫生部回应："德国模式"暂不适合中国

不过，卫生部方面对"德国模式"似乎不以为然。"社会医保（德国模式）现在在中国缺乏相应的制度环境。"卫生部政策法规司的一位人士向记者解释，比如中国还缺乏正式的劳动制度，存在大量的分散的劳动关系。按照"德国模式"需要单独设立医保机构，这将增加政府的行政成本。

来源：南方网，2006年09月25日。

思考题

一、名词解释

城市社会管理，城市社会保障管理，城市人口管理，社区管理

二、回答题

1. 城市人口管理的重要性。

2. 危机管理原则。

3. 城市社区管理主要内容。

4. 社会保障管理的主要内容。

5. 我国医疗保障存在的主要问题。

三、论述题

现代社会公共危机有什么特点？危机管理有哪些原则？

第七章　城市经济管理

本章重点

1. 城市经济管理的意义以及内容
2. 城市公共财政管理
3. 城市物价管理
4. 城市产业管理
5. 城市土地与房产管理

　　城市经济管理是城市行政管理中非常重要的部分。城市经济管理既不等同于以企业为核心的微观经济管理，也不等同于以国民经济管理为内容的宏观经济管理。城市经济管理将微观经济管理和宏观经济管理有机地结合起来，"一方面，城市管理是落实国家宏观管理的重要环节；另一方面，是保证企业微观管理合理实施和充分有效的重要条件"。因此，城市经济管理虽有管理的一般职能，但也有其独到之处，诸如城市公共财政管理、城市物价管理、城市产业管理以及城市土地与房产管理都是在特定的城市行政的范围内实施管理行为的，了解城市经济管理的一般规律和具体内容对城市发展具有重要的意义。

第一节　城市经济管理概述

　　城市经济管理是城市发展的经济基础，制约着城市发展目标的实现以及城市规划的可实现性。城市经济管理不同于一般的宏观经济管理，它的管理范围具有很大的地域局限性，因此城市经济管理的特征以及管理内容都具有很强的地域性。

一、城市经济管理的内涵以及意义

城市经济管理主要是以城市政府为核心的公共部门对城市内部各产业、行业、经济集团的经济活动和经济关系进行管理，包括城市产业的合理设置与结构优化、城市市场监督与管理、城市土地开发与利用、城市住房建设与管理、城市财政管理、城市基础设施与公用设施建设及管理等活动。[①]

城市经济管理的意义：

第一，城市经济管理是促进城市可持续发展的有效保证。

城市是以人为主体、以空间利用为特点的一个集人口、经济、科学文化等在内的聚集经济空间区域。城市的聚集性决定了城市资源的稀缺性，这些城市资源的保护和有效使用是城市可持续发展的重要物质保证。正是因为城市经济是一种空间聚集经济，因此，城市经济构成了国民经济总量的绝大部分。随着我国城市化进程的不断推进，城市经济在国民经济发展中的作用越来越重要。在资源稀缺、竞争激烈的现代社会，管理城市经济是充分、合理利用城市资源，实现城市经济可持续发展战略的有效手段。

第二，城市经济管理是保证和提高城镇居民生活水平的基本手段。

城市是一个人口高度密集的地方，数量巨大的城市居民必须依靠城市经济体系的有效运转提供生活物资，而城市经济有效运转的重要保证就是对城市经济进行高效有序的管理。只有对城市各个领域内的物质和活动进行合理地分配和组织，使城市经济的各个部门能够协调有序地发展，才能充分利用城市的各种资源，向城市居民提供充足的生活物资，保证和提高城市居民的生活水平。

第三，城市经济管理是经济全球化和贸易自由化时代的必然要求。

在经济全球化和贸易自由化这个世界经济发展的大趋势中，城市的发展需要城市经济管理为其制定符合各自城市特征的经济发展战略，并实施相应的经济政策，以有效推动城市对外经济交流与合作。

二、城市经济管理职能

城市经济管理的职能是城市经济管理应该发挥的功能和作用，主要包括规划、组织、调控和服务等相关职能。

规划，就是根据国家政策方向和城市实际情况，制定城市经济社会发展战略、城市经济发展规划和产业政策，为城市经济发展描绘蓝图，把握方向；

---

① 钱振明，《城市管理学》，苏州大学出版社，2005年，第89页。

组织，就是根据城市发展战略与规划，利用各种手段经济、合理地组织人员、资金和其他资源，以促进城市经济发展规划的实施；

调控，就是根据宏观调控与市场调节相结合的原则，在积极发挥市场调节作用的基础上，合理选择调控手段进行宏观调控，以引导城市经济发展方向，提高整个城市经济运行效率；

服务，加强城市基础设施与公用设施建设，制定、完善各项经济与行政法规、规章，培植、完善城市市场体系，为企业等经济主体的经营活动提供良好的外部环境。

三、城市经济管理部门

城市政府经济管理部门分为综合经济管理部门、专业经济管理部门、经济调节部门和经济监督部门。

城市综合经济管理部门是对整体经济活动进行综合计划、统筹安排的政府机构，主要有发展计划委员会、经济贸易委员会和体制改革委员会（办公室）。其中，发展计划委员会（简称计委）是政府全面统筹编制区域经济的中长期计划及年度计划的综合单位；经济贸易委员会是城市政府管理全市经济日常工作的综合职能部门，其主要职责是贯彻执行有关经济方面的方针、政策，并结合市情制定全市经济方面的具体规定和实施细则；体制改革委员会是在市委和市政府领导下的推进体制改革的智囊参谋和办事机构，负责全市经济体制改革的推动，通过试点、总结、推广、信息反馈等环节，推进改革进程。

城市专业经济管理部门是对城市某个产业或行业进行的经济管理，是一种局部的、具体的管理机构。城市专业经济管理部门主要以国有资产经营机构的形式设立，国有资产经营机构具体负责国有资产的运营，就经营性国有资产而言，国有资产经营机构主要是指国有资产经营公司、国有资产投资公司、国有控股公司等。这些公司可以作为市政府对产业部门内部进行行业管理的中介组织。另外一种是民间团体性的行业协会。

城市经济调控部门是财政局、税务局和物价局。财政局是掌握全市的财政收支情况，并对一切财务活动进行监督和管理的行政部门。税务局是城市政府负责征税，运用税收杠杆调节生产、消费和收入的部门。物价局是城市政府负责全市商品价格管理的部门，通过制定商品定价和收费原则调节城市经济生活。

城市经济监督是指城市政府依据国家的法规、计划、指令、政策及制度中规定的各项标准和限额，对社会再生产过程中的各个环节进行全面监察和督导。城市经济监督机构具体包括审计监督、工商行政管理监督、物价监督、质量监督、计量监督以及财政和银行监督等部门机构。

目前，城市政府经济管理部门有三个较为明显的变化趋势：一是经济管理部门在整个城市政府部门中的比重在减小。二是在经济管理部门内部，专业管理部门规模和数量在减小，而监督部门的数量在增多，规模在扩大。这与城市政府对经济生活的管理从直接业务管理转变为对经济主体活动方式的管理、转变为监督经济主体的行为相一致。三是城市政府专业性经济管理部门的边缘存在大量的类行政组织，这些类行政组织如行业协会、行业总会以及一些行业总公司等。

第二节　城市公共财政管理

在市场经济条件下，城市政府职能的本质在于实现市场机制赋予城市政府的责任和满足城市居民的共同需求。而政府满足社会共同需要的过程实质上就是一个财政分配和再分配的过程，因此，作为分配手段的城市财政自然成为城市政府实现职能，介入城市经济运行的首要媒体和经济基础。城市财政属于公共财政的范畴，城市财政与公共财政的关系是局部与总体的关系，因此，我们有必要首先了解一下什么是公共财政，它具有什么特征和功能，然后我们再具体到城市财政的范围。

一、公共财政概述

"财政"一词在中文词汇中的应用已经有100多年的历史了，但是目前在学术研究上的认识还是不同的。20世纪40年代中华书局出版的《辞海》对"财政"一词作了如下的解释：财政谓理财之政，即国家或公共团体以维持其生存发达之目的，而获得收入、支山经费之经济行为也。在当今的市场经济体制下，财政概念有所延伸和发展。从经济学角度来理解，财政的一般概念是，财政是一种以国家为主体的经济行为，是政府集中一部分国民收入用于满足公共需要的收支活动，以达到资源的优化配置、收入分配的公平以及经济稳定发展的目标。

（一）公共财政释义

所谓公共财政，就是国家或政府为了满足社会公共需要，向社会提供公共产品而进行的政府收支行为以及相应的收支体制。在市场经济体制下的"公共财政"与以往的"财政"是有着本质上的区别的。财政就是指所有的政府收支行为活动，只要有政府活动，就必定要有财政给予支持，政府的职能才能得以实现。而"公共财政"不是简单地在"财政"二字前面加上"公共"进行概念上的转换，而是为了适应新的市场经济体制，为了适应政府的职能转变而提出的。公共财政的本质特征是"公共性"，是指国家或政府为了满足社会的公共需要，为社会提供公共产品和公共服务而发生的财政。如果财政的目的不是为了社会公众的共同利益，不符合社会的共同意愿，那么就不属于"公共财政"的范畴。另外，公共财政作为一项经济活动或者影响社会经济的活动，起着补充、完善市场机制的作用，政府只能做"市场做不了的，市场做不好的"的事情，而不能直接干预市场机制的运行。所以，市场失灵是政府干预经济的直接理由。而且，现代"公共财政"是在法制化建设中的财政体制，财政收支是在国家预算法监督之下，经过法律程序而进行的政府行为。

总之，公共财政的本质特征体现为"公共性"，即公共财政分配的目的是满足社会公共需要；公共财政的收入来源是由过去的"取自家之财"走向"取众人之财"。公共财政是适应市场经济体制要求的一种财政体制；公共财政的立足点是非营利性；公共财政的决策过程是公共选择过程，充分体现民主集体决策的特点；公共财政是运行机制法制化的财政。

（二）公共财政的职能

公共财政的职能就是公共财政应该具有的作用。前述我们已经知道，公共财政的产生是市场失灵的存在，因此，市场失灵的领域就是政府应该发挥作用的领域。所谓市场失灵是指由于市场机制的内在功能性缺陷和外部条件缺陷引起的在某些领域内完全靠市场机制的作用不能实现资源的最有效配置（帕累托最优状态）。

市场失灵主要体现在：公共品失灵，外部性失灵，垄断性失灵，不完全信息失灵，收入分配失灵，经济波动失灵。

公共物品（PUBLIC GOODS）简单来说，是指供整个社会共同享用的物品。公共物品具有效用的不可分割性，消费的非排他性和非竞争性等特征，因此有很多人具有"搭便车"的心理，企业和个人也不可能依靠定价收费来提供公共品，因此需要政府提供这部分物品。

外部性是指一个人或一个厂商的行为或活动影响了他人或厂商，却没有为之承担相应的成本或获得相应的报酬。外部效应根据产生的后果分为正外部性和负外部性。当存在外部性问题时，市场资源的配置是低效的，主要表现在负外部性引起产量过剩，正外部性造成产量不足，都不能实现资源配置的最优状态。外部性效应资源配置的低效主要原因是：外部性的存在，形成了私人边际成本和社会边际成本、私人边际收益和社会边际收益的差别。个人在做行为决策时只考虑个人成本和个人收益，而不考虑社会成本和社会收益。

垄断是指只有一个或几个厂商生产同一种产品，每个厂商的市场份额很大，而且对价格有很大的控制力的市场模式。根据垄断的原因和基本特点划分，目前我国经济中存在自然垄断、市场垄断、行政垄断三种垄断。由于垄断产品的替代性很小，因此，厂商可以通过减少供给量提高价格，消费者只能接受高价格购买商品，不利于消费者的福利。而且，垄断厂商的竞争程度很低，没有降低产品成本或提高产品质量的动力，因此，往往带来资源的大量浪费。所以，垄断市场的资源配置效率很低。

不完全信息的存在，主要是指参与市场经济活动的主体无法获得充分的完备的信息，由于这种信息的不完备性容易导致市场主体决策失误，造成损失，因此，政府有必要创造完善信息披露的途径和机制。

市场是竞争的，资源的禀赋是有差异的，人的能力也是不同的，因此，市场竞争的结果是收入分配出现了差距。在合理范围内的收入差距是市场效率运作的结果，但是如果差距过大，容易引发社会不公平感，继而又会产生很多的社会问题。政府有必要对市场分配的结果进行纠正，缩小收入分配差距，消除极端的贫富差距，实现社会公平目标。

任何国家的经济发展都是有周期性的，在经济发展的不同阶段出现的经济问题和社会问题是不同的，例如失业问题、通货膨胀问题、经济衰退问题等都是经济周期中存在的问题，如果仅仅依靠市场的力量是不能解决某些经济问题的，需要政府借助必要的财政政策和货币政策影响经济的发展，走出经济困境。

因此，虽然市场在资源配置方面是高效的，但市场不是万能的，也有市场做不了、做不好的事情，这就需要另外一只配置资源的"有形的手"——政府来做这些事情。

经济的发展离不开政府的宏观调控，政府可以通过财政来调控经济的发展，以克服市场失灵带来的资源配置低效。因此，财政在市场经济体制中应该具有的职能为：

资源配置职能——这一职能主要是针对公共性失灵、外部性失灵和垄断性失灵而必需的政府财政职能。资源配置职能是指公共财政应为全社会提供公共品和公共服务，运用经济、法律等手段矫正外部效应和维护市场的有效竞争。公共财政的主要职能就是为社会提供公共产品和公共服务，保证全社会成员公共利益的最大化，尤其是国防、外交、环境保护、公共安全、义务教育等公共产品或服务，必须需要政府通过财政来供给。

收入分配职能——这一职能主要是针对市场运作的收入分配差距问题而产生的。市场机制能带来很高的效率，但不能保证收入分配的公平性，客观上需要社会有一种有助于实现公平目标的再分配机制。政府能够实现收入的再次分配主要是由于政府具有强制性的政治权力，可以通过强制性的税收制度来收敛高收入阶层的一部分收入，然后通过社会福利机制再分配给需要政府补助的那些低收入者，从而实现了收入的重新分配。

稳定经济职能——这主要是针对经济发展要经历经济波动周期。稳定经济职能是指政府可以运用宏观经济政策（财政政策、货币政策、产业政策、就业政策、价格政策）在经济不稳定时间接调控经济，稳定经济的发展。政府可以运用相机抉择的财政政策维持社会总供求的基本平衡，如社会总需求小于社会总供给时，政府可以运用扩张性财政政策、降低税收、增加政府支出来推动社会总需求的增加，促使社会总供求平衡；当社会总需求大于社会总供给时，政府可以运用紧缩性财政政策，增加税收，减少财政支出，从而降低社会总需求，稳定经济的发展。

财政监督职能——这一职能主要是针对信息不完全性而产生的。财政监督是对财政资金的运动过程及其效果所进行的专门监控，是为实现财政管理目标而建立的一种针对财政主体行为的约束机制。因此，财政监督体现管理的本质属性，其主要功能就是及时发现和纠正预算执行中的偏差，保证财政分配的科学、正确和有效。

二、城市公共财政职能的特殊性

城市财政职能是指财政部门为实现城市政府职能，在财政分配过程中所承担的职责和功能。其内涵包括以下几点：城市财政是为实现城市政府职能服务的，其职能范围随城市政府职能的转变而转变；城市财政作为国家公共财政的一部分，不仅要满足城市政府的职能需要，同时也要以国家公共财政职能的实现为职能目标；城市财政职能是通过财政分配过程而实现的，因此，财政分配活动的质量直接影响到城市财政职能的实现，进而影响到城市政府职能的实现。

城市财政具有公共财政的一般职能，但是由于城市财政属于地方财政，因此，其职能的范围又具有一定的特殊性和约束性，具体体现在以下几个方面[①]：

（一）城市财政的资源配置职能

城市财政的资源配置功能是指城市政府通过筹集资金、供应资金的财力分

---

① 王晶，《城市财政管理》，经济科学出版社，2002年，第49～52页。

配方式，引导城市域内资源流向，促进城市域内资源在公共领域和私人领域的合理配置，通过公共品和服务的适度有效供给，使城市社会福利最大化的作用和功能。

城市财政资源配置职能能否顺利实现还取决于如下几个因素：

中央与地方的财权划分。在分权制财政体制下，城市财政能做多少事取决于制度规定的城市财政职能范围，这决定了城市政府资源配置的基础能力。

城市政府的聚财能力。这种能力的形成包括城市政府拥有的税收立法权力、对城市政府资产和公共资源的管理（收费）能力、政府财政部门的行政能力，其中包括预算执行效率与税收的征管成本。

城市政府的用财能力。收入的有限性和高成本决定了用财能力在城市资源配置效率中的关键地位。要保证政府的用财效率，首要原则就是确保支出重点和支出的质量。重点的确定取决于政府和市场在提供公共品和有益物品中各自的效率，其次是不同发展阶段的城市需求。而完善财政计划和预算，严格执行和监督程序是保证支出质量的重要前提。

（二）城市财政的分配职能

城市财政部门通过财产税、受益税、个人所得税、奢侈行为税等带有累进性质的税收，调节域内居民的收入水平，通过教育、公共福利等支出手段保障城市低收入阶层居民生活水平，最终达到调节城市居民收入分配水平，缩小收入差别。一般来说，同中央财政相比，城市财政的分配功能相对较弱。

（三）城市财政的稳定职能

城市财政的稳定经济职能是城市政府通过财政收支规模、财政支出结构的调整，配合中央财政逆经济风向而动的财政政策，实现国民经济的稳定发展目标。城市财政的稳定职能是从属于中央财政的，但这并不意味着城市财政的无所作为。事实上，广泛的地方财权和城市财政在资源配置和收入分配方面职能的加强，使大城市政府在推动经济稳定发展中具有越来越大的作用。

三、城市财政收入和财政支出

城市财政对经济的调控和管理主要是通过对财政收入和财政支出的调节来作用于经济和社会，从而达到城市发展的要求。

（一）城市财政收入

城市财政收入是整个城市财政分配的前提，城市政府只有拥有足够的财政收入，才能提供充分的城市公共品和服务，促使城市的集聚经济优势得以发挥，城市化的进程才得以健康地发展。

1. 城市财政收入的构成

城市财政收入的主要来源是税收，使用费和来自上级政府的补助，城市土地收入。在国家预算制度允许的情况下，城市政府还可以发行市政债券筹集收入。

城市政府税收收入是大多数国家城市政府财政收入的最主要来源，其中以财产税为主，对商品和服务以及所得的课税作为补充性的税收来源。对于美国政府来说，税收是其重要自有收入来源，地方政府有相对独立的税收体系，享受税种设置，税率设计和征收管理权利。但它们也非常依赖来自联邦、州政府的补助以及公共服务收费、利息收入、特别课征、出售财产、保险信托收入等其他收入形式带来的收入。就税收收入来说，地方政府的主体税种为财产税，其次是销售税，所得税比例不大。

城市政府收费是对城市政府提供的公共产品和服务的使用者进行的收费和规费。使用费是政府对特定公共设施、服务或特许权按照一定的标准实行的收费，用于支付提供这些服务的全部或部分成本，具体包括水费、电费、天然气费、公立大学学费、公立医院收费、停车费、过桥费等。规费是政府部门为个人或企业提供某种服务或实施行政管理时所收取的手续费和工本费，包括行政规费和司法规费。城市政府收费除了增加财政收入以外，还可以作为城市政府的重要的政策工具，具有纠正市场失灵的效果。

补助收入是城市政府上级政府的转移性支付，政府间的转移性支付可以克服政府间的外部效应，实现政府间横向和纵向财政平衡。政府间的补助有一般补助和条件补助。一般补助是不规定资金的使用方向，也没有任何的附加条件。条件补助就是在补助金发放时附带一定的条件，只有城市政府满足了这些条件以后才能获得补助。根据附带的条件不同，条件补助又可以分为专项补助（规定资金的使用方向）和配套补助（与自有资金共同使用）。

城市公债指城市政府或其授权代理机构发行的有价债券，是城市政府筹集资金的一种渠道。城市公债分为短期公债和中长期公债。短期公债主要是用于弥补城市财政收支缺口的。中长期公债主要是用于基础设施建设项目。在美国，城市公债的发行总体上是城市政府自主决定的。我国的城市公债还没有得到准许，城市政府不得自主发行债券。

我国的城市财政收入的组成部分在不同历史时期是不一致的。新中国成立之初，城市财政收入包括地方税、附加费、市营企业收入、规费等项目；利改税之前，城市财政收入以国有企业上缴利润为主；利改税之后，城市财政收入开始以税收为主。根据 1994 年的分税制改革方案，中国的城市财政作为地方一级财政，其收入来源主要有：（1）地方性固定收入。具体包括：营业税、企业和个人所得税、城市企业上交利润、城市土地使用税、土地增值税、国有土地有偿使用收入、城市维护建设税、房产税、印花税和契税，等等。（2）与中央分享收入。具体包括增值税、资源税和证券交易税。其中，增值税地方分享25%，中央分享75%；资源税按不同的资源品种划分，大部分资源税作为地方收入，海洋石油资源税作为中央收入；证券交易税，中央与地方各分享50%。（3）中央财政对城市财政的转移支付。此外，城市财政收入中包括行政性收费、罚没收入、补助收入、城市财产收入等。目前我国城市政府的收费规模庞大，几乎与税收收入比例相同，甚至有些地方超过了税收收入。

2. 城市财政收入体制基础——分税制

财政体制是用来确定中央政府与城市和其他地方政府之间财政分配关系以及城市（地方）政府之间财政分配关系的根本制度。制度不同，各级财政主体间的关系以及财政自主程度就不尽相同。对城市政府来说，分级分权的财政体制是城市政府独立行使职能的基础。在我国，伴随着经济体制改革，政府间财政关系历经多次变革，从"统收统支"、"财政包干"到"分税制"。"分税制"是适应市场经济特点与运行要求，并为市场经济国家所普遍采用的一种分级财政体制类型。其实质是一种分级财政体制下以一定规则为依据的政府间财政收支关系制度。分税制包括相互联系的三个方面的内容：

（1）明确的事权划分。明确各级政府的支出责任范围，是分税制的基础。政府间事权的划分应遵循受益原则和效率原则。受益原则即事权的划分依据是公共品的受益范围，如城市域内公共品应该由城市政府提供；受益范围覆盖全国的公共品则应当由中央政府来承办。效率原则即在受益原则基础上，公共品该由哪个级次的政府来提供，要看投入与产出的效果，看由哪级政府承办才能花最少的成本（税金）使居民的公共需要得到最大满足。

（2）合理的财权划分。财权的划分要遵循如下几项原则：一是财权与事权相一致的原则；二是中央政府要占有控制地位；三是城市财政要有稳定的收入和适当的税权，既保证其履行基本职能的财力，也要使城市和地方收入具有一定的弹性。

（3）规范的转移支付制度。转移支付分横向转移支付和纵向转移支付两种。横向转移支付是同级政府之间的预算补助，纵向转移支付是中央政府给城市和地方政府的预算补助。

城市公共财政缺乏稳定来源

城市政府是否有足够的收入？如何筹集资金来满足城市政府履行职能？如何为城市居民提供标准水平的公共服务？这些目前城市政府所面临的难题，首次出现在昨天刚刚发布的《中国城市发展报告2006》的"观察篇"中。中国社会科学院财贸经济研究所研究员杨之刚表示，中国城市公共财政现存的最主要问题，是如何为城市发展和建设提供资金支持。

■履行城市政府职能的重要前提是资金投入

昨天发布的《中国城市发展报告2006》认为，履行城市政府职能的一个重要前提条件是资金的投入，而中国城市化的两种不同方式都对城市公共财政提出了挑战。城市政府面临的突出问题，就是如何为城市的建设与发展提供强有力的资金支持，适应中国的城市化进程。

目前，城市居民对于公共服务的期望，如住房、医疗、教育、养老等，都和目前城市政府所能提供的公共服务之间存在着相当的差距。许多本应由政府免费或低价提供的公共服务，却让城市居民付出了不小的代价。同时，经济发展给城市带来了大量的外地务工人口，他们在为城市化进程做出贡献的同时，却被排斥在城市提供公共服务的范围之外，很难享受到城市的基本社会保障；即使得到一些公共服务，与具有城市户口的居民相比，差距也很大。

■强化政府收入再分配职能

《中国城市发展报告2006》认为，通过政府职能转变和机构改革来控制行政管理支出的超常增长，避免挤占实现其他政府职能的财力，是中国城市财政支出结构优化的一个重点。

中国社会科学院财贸经济研究所研究员杨之刚认为，应该强化政府的收入再分配职能，通过社会保障支出和扶贫支出来加强对收入分配的调节力度，加强环境管理和城市公共设施建设，增加环境保护的支出，包括治理河流、空气污染工程和国土整治、城市绿化的投入。同时，引导非政府部门进入公用事业领域。对于自然垄断产业和风险产业，包括能源、邮政、通讯、交通运输等基础产业，以及供水、煤气、公共交通等公用事业，是城市财政支出的重点，除增加政府投入外，还要通过政策引导带动民间主体投资。

■城市政府应有稳定的收入来源

《中国城市发展报告2006》认为，应该通过发行市政债券等方式，使城市政府具有稳定的收入来源。市政债券是指由地方政府或其授权代理机构发行的，用于当地城市基础设施和社会公益性项目建设的有价证券。相对于快速城市化的进程，城市的供排水设施、污水处理能力、市内道路、热力管网、垃圾处理等基础设施远不能满足需要，而城市基础设施建设落后的原因，从融资角度分析，主要是融资渠道单一化，资金投入不足，以及地方政府融资方式不规范。

　　另外，城市政府还应该建立城市公共财政应急反应机制。这种机制不能片面理解为就是发生了公共突发事件后的一种资金支出安排，应该更多体现在预防为主上，比如在应急人员的培训、应急机构的设置、应急设施设备的完善等方面适当加大投入，把防范公共突发事件的发生作为城市政府应急反应的最终目的，把公共危机发生的有害影响降低到最低限度作为城市公共财政应急反应的最后补救措施。

　　资料出自《北京青年报》，2007 年 04 月 18 日。

（二）城市财政支出

　　公共财政支出是各级政府履行其必要的职能所进行的各项活动的支出。城市财政支出实际上是城市财政收入的分配过程，如何有效地分配城市财政收入，提高政府财政的使用效率是城市财政支出管理的主要任务。

　　1. 城市财政支出的构成

　　城市财政支出按照是否发生商品与劳务的交换为依据，可划分为购买性支出和转移性支出。购买性支出是政府支出以交换商品和劳务为目的的支出活动，这种支出活动与私人企业的市场交易活动没有区别。转移性支出是政府单方面的财政支出，不以任何商品和劳务为回报，这项支出的接受者不付出任何的代价。

　　城市政府的购买性支出主要包括政府投资支出和社会消费性支出。城市消费性财政支出主要包括行政管理支出、公共安全支出、科教文体卫生支出和公共保健支出。城市投资性财政支出主要包括基础设施支出、公共住宅支出。

　　城市转移性财政支出主要包括社会保障支出（社会保险、社会福利、社会救济）、财政补贴、债务利息支出、社会捐赠等。

　　城市财政支出由总量和结构两方面构成，通常情况下，城市财政支出总量的决定因素有以下几个方面：

　　第一，城市的生产力发展水平。城市的生产力水平决定了城市的经济能力，进而决定了城市的财政收入水平。

　　第二，国家的财政管理体制。财政分权是各国财政体制的基本理论问题，也是中国改革开放以来财政体制改革的主线。如何合理划分中央与地方各级政府的财权与事权，决定着城市财政能在多大的规模上运用城市财力。

第三，城市的产业结构。均衡合理的产业结构不仅能保证城市未来增长的潜力，而且能保证城市财政收入的稳定性和不断增长性。

经济发达国家的城市财政支出总量的变化有一定的规律性。一般而言，在城市产生和发展的初期，城市规模和城市生产力水平决定了城市财政的规模也比较有限，承担的事权也相应地少一些。当城市发展到中期阶段，即城市高速发展阶段，随着城市人口的增加和工业化程度的提高，一方面，城市发展对公共产品和公共服务提出了更高的要求；另一方面，城市工业化程度的提高也会带来城市财政收入能力的增强，因而，这一阶段城市财政收支的规模会有较大的变化。城市发展进入平稳阶段，城市对公共产品和公共服务的需求会呈现出结构性的变化，一般地，这一阶段对城市运行层次的公共产品需求相对稳定，而对发展城市的公共产品需求会有上升的趋势。

2. 西方国家城市政府财政支出概况

在西方国家中，美国地方政府独具特色，自成体系，兼具多样性、复杂性和差异性。

美国地方政府在三级政府中，承担的支出责任总体上都相对较小，占政府总支出的比重在25%以下。但就具体项目而言，除国防支出之外，美国地方政府对各类财政支出均承担一定的比例。其中，美国地方政府承担比重达到该项政府支出50%以上的项目为教育、公共秩序和安全、娱乐、文化、宗教事务。美国城市政府的最重要的支出项目是教育，其次是公共安全。

在美国，无论地方政府组织形式如何，它们在提供以下公共服务方面都扮演重要的角色：警察和消防；教育；公共交通、街道和高速公路、机场和海港；排污与固体垃圾的收集和处理；公共保健和医院；公共福利；公园和娱乐；住房、城市修葺和土地使用控制；公共档案和法庭；供水；还有其他许多公用事业。美国地方政府的财政支出正是以这些职能为基础，他们构成了地方政府财政的主要支出项目。

按照功能支出分类，美国的州和地方政府都需要将财政资源用于以下功能性支出：一般性支出（包括日常支出和资本投资）、教育服务支出（包括教育和图书馆）、社会服务和收入保障支出（包括公共福利、医院、卫生、社会保险行政、退伍军人服务）、交通支出（包括高速公路、航空、水上交通和设施、其他交通）、公共安全支出（包括警察服务、消防、矫正、巡逻和管制）、环境保护和住房支出（包括自然资源、公园和娱乐、房屋和社区发展、污水处理、固体垃圾的收集）、政府行政支出（包括财务行政、司法和法律、一般公共建筑、其他政府行政）、一般性债务利率、公用事业和酒类储备支出、保险信贷支出（失业保险、退休金、其他支出）等。

四、城市财政预算管理

财政预算是财政管理中非常重要的管理工具，通过编制准确的财政预算，既可以明确财政收入的来源、规模和结构，也可以明确财政支出的方向、规模和用途，这样可以增强对政府财政资金使用的监督，提高政府财政资金的利用效率，降低资金的浪费。

（一）财政预算与预算管理

1. 财政预算

财政预算是指经立法程序批准的、综合反映中央或地方政府在财政年度内国民经济发展情况的财政收支计划，也称为国家预算。

财政预算具有法律性、年度性、整体性、预测性、公开性等主要特征：

财政预算的法律性是指任何政府预算必须经立法机关批准并最终形成具有法律效力的文件。在我国，各级政府预算要经过相应各级人大部门的批准，西方国家的立法机关是议会，其政府预算要经过议会的批准。

财政预算的年度性是指各级政府的财政预算是对一定财政年度内政府收支进行的安排或计划。通常的财政年度为一年，但根据各国国情不同，财政预算的起始时间也各不相同。

财政预算的整体性是指财政预算要反映经济发展的情况，政府预算具有综合性、全面性或整体性的特点。

财政预算的预测性是指财政收支计划是对在未来财政年度内的财政资金的预期安排，因此，必须提前对各项收支进行测算。

财政预算的公开性是指按照法律程序经过立法机关批准的政府财政预算方案必须经过社会媒体予以公开，让社会公众了解预算资金的来源、去向、效益等情况。

2. 财政预算管理

财政预算管理就是政府的预算职能部门根据特定时期的方针政策及有关法律法规，为使预算资金有序、高效运行而进行的计划、协调、监督预算资金的活动。

政府预算管理是财政管理的一个核心内容。政府预算管理主要包括编制前的准备工作、编制预算、执行预算、编制决算等环节。

　　编制预算前的准备工作，即由国务院确定下一年度的经济发展计划，并于每年 11 月 10 日前向省、自治区、直辖市政府和中央部门下达编制下一年预算草案的指示，提出编制预算草案的原则和要求。财政部门据此测算预算收支指标，并颁布政府预算科目和表格。

　　编制预算是政府财政预算管理的核心环节，编制的方法有绩效预算、计划项目预算和零基预算。政府预算的主要形式是部门预算形式，是政府各个部门编制的，经财政部门审核后报立法机关审议通过，反映部门所有收入和支出的预算，即一个部门一本预算。

　　政府预算的执行是政府预算管理的中心环节，是实现预算管理目标，完成预算收支任务，贯彻政府预算政策的过程。预算的执行主要任务包括按照政府预算确定的收入任务，积极组织预算收入；按照政府预算支出计划，及时合理拨付预算资金；根据预算收支发展变化情况，做好预算执行中的平衡工作；加强预算执行的监督。为了使政府在采购过程中保障其所购物品的质量、价格、性能，我国实施了政府采购制度管理，即各级政府及其所属机构为了开展日常政务活动或为公众提供公共服务的需要，在财政的监督下以法定的方式、方法和程序，对货物、工程或服务的购买。政府采购制度要求政府采购过程遵循公开性、公正性、竞争性和物有所值的原则。政府采购相对于个人、家庭采购而言，具有资金的公共性、采购主体的特定性、采购活动的非商业性、采购对象的广泛性、政策性和规范性等特征。

　　政府决算是按照法定程序编制，用以反映国家预算执行结果的会计报告，是预算年度内中央和地方政府预算收入和支出的最终结果。《预算法》规定，每一个年度终了后，各级政府、各部门、各单位都要按照国务院规定的时间编制决算草案。

塑造城市财政的良性循环

　　中国财政支出中一个不容忽视的事实是：行政管理费用支出比例越来越高，城市的财政越来越成为"吃饭财政"。相对于政府收入，中国政府支出的公开性和透明度更低。经过税费改革之后，中国的宏观税负已经不算轻。但是，随着经济高速发展和社会事业日益扩大的财力需要，各级政府又运用收费形式筹集部分政府收入，以缓解预算内财力不足的压力。这就形成了现行的预算内以税收为主，预算外、制度外以收费为主，税费并存的政府收入结构。虽然 1994 年的分税制改革使预算内资金管理更加法制化，但是对地方预算外资金，仍还是疏于管理。另外，由于地方政府的财政收入自主权受到了很大限制，地方政府又承担了很多的财政职能，迫于财力不足的压力，地方政府只能通过收费的形式增加政府财政，以满足实现其职能的需要。

目前，我国各级地方政府、部门设立的收费项目大项有 400 项左右，小项多达几千项。收费面十分广泛，收费规模不断膨胀。尽管按国家规定，预算外资金收入必须上缴同级财政专户，支出由同级财政按预算外资金收支计划和单位财政收支计划统筹安排，实行收支两条线，但无法从法律上制约。预算外资金的使用得不到充分监督，过度膨胀，首先分散了国家财力，其次，扰乱了正常的分配秩序，加大了政府机关的廉政建设难度。预算外资金还会造成城市资产严重流失，例如，我国土地资产管理制度不完善，国有土地收益流失现象很严重，我国每年国有土地收益流失近百亿。

要走出城市财政恶性循环的怪圈，就要处理好预算内资金和预算外资金的关系。建立城市财政的良性系统，充分发挥城市资金的有效功能，提高城市资金的使用效益。

资料节选自：严正主编，《中国城市发展问题报告》，中国发展出版社，2004 年，第 414～416 页。

第三节　城市物价管理

城市政府为了规范价格行为，发挥价格合理配置资源的作用，稳定市场物价总体水平，保护消费者和经营者的合法权益，促进市场经济的健康发展，必须对城市市场的物价进行管理。

一、价格的含义及分类

价格是商品价值的货币表现。价格是商品的交换价值在流通过程中所取得的转化形式。本质上讲价格是一种从属于价值并由价值决定的货币价值形式。因此，商品价格的本质是价值，商品价格是形式或现象，商品价值才是内容或本质。

1997 年《中华人民共和国价格法》第一章第二条规定："本法所称价格包括商品价格和服务价格。商品价格是指各类有形产品和无形资产的价格。服务价格是指各类有偿服务的收费。"

商品价格是指各类有形产品和无形资产的价格。其中，有形产品是指消费品、生产资料等有实物形态和物质载体的产品，包括农产品、工业品、房屋建筑产品、土地、资金、劳动力等；无形资产是指长期使用而没有实物形态的资产，包括专利权、非专利权、商标权、著作权、土地使用权、商誉、信息产品等。

服务价格是不出售实物，而以一定的设备、工具和服务性劳动，为消费者或经营者提供某种服务所收取的费用。服务价格可分五类：

（1）公用事业收费，主要包括公共交通、邮政、电讯、城市供水排水、热力、供电、供气等价格。

（2）公益服务收费，包括教育收费、医疗服务收费等。

（3）中介服务收费，包括信息咨询费，结算费，配送费，培训费，法律服务收费，公证服务收费，会计事务收费，律师事务收费，审计事务收费，价格事务收费，资产和资信评估机构服务收费，经纪人服务收费，典当行、拍卖行、职业介绍所、婚姻介绍所、人才交流中心等中介组织的服务收费，计量检查、质量检查、生产检验等检查认定机构的服务收费。

（4）其他经营性服务收费，包括修理、餐饮、商业服务、洗澡、照相、理发、放映、体育比赛、文化娱乐、旅游、物业管理、广告收费，金融委托代理、保险费、运费、电费等。

（5）国家行政机关收费，主要包括注册登记费、证照费、特许权使用费、环境保护治理费、行政司法调解诉讼费等。

二、价格管理的意义及内容

价格管理是国民经济管理的重要组成部分，是社会主义市场经济体制不可或缺的内容之一。政府对价格进行管理，目的是保证市场机制的正常运行，促进国民经济持续健康发展，保持价格总水平的相对稳定，保护消费者利益，安定人民生活。

（一）价格管理的意义

所谓价格管理主要是指各级政府和政府的价格管理部门通过运用法律的、行政的和经济的等手段对商品价格和服务收费的管理和调控。

价格管理不同于价格管制。价格管制是政府为了实现某一经济和社会目标而对于价格的一种限制。它可以是为了扶持某一行业的发展而规定的该行业产品的最低价格，即支持价格（SUPPORT-PRICE），也可以是政府为了限制某些生活必需品价格的上涨而规定的这些产品的最高价格，即限制价格

（CEILING-PRICE）。在某些极端情况下，政府可以冻结物价，不允许有任何变化。严格来说，价格管制应该是价格管理的特殊内容。价格管理强调的是对价格水平的计划、组织、调控等一系列对价格的管理活动，价格管理的内容要比价格管制的范围宽得多。[①]

政府价格管理的意义在于：

1. 稳定物价，促进国民经济持续、快速、健康地发展。价格是经济发展的晴雨表，是经济各方面的综合反映。价格总水平的稳定，有利于促进经济的持续、快速发展。合理稳定的价格水平有利于发挥价格配置资源的作用。价格总水平过度上涨，破坏投资环境，影响居民生活，扩大政府赤字，增加企业负担，影响经济发展，妨碍社会的稳定。因此，政府对价格的适度管理是十分必要的。

2. 促进竞争，限制垄断。市场经济中的政府的重要职能之一是维护良好的竞争秩序。凡是市场能自发调节的领域，要充分发挥市场竞争调节作用，政府一般不直接干预。但是，政府可以作为市场机制发挥作用的辅助力量，通过保持正常的市场秩序，规范价格行为，使市场机制能够正常地发挥作用。但是，在战争、自然灾害、社会动乱等特殊情况下，市场出现剧烈波动而使竞争机制受到破坏时，政府需要进行直接干预。另外，公共服务行业，由于其具有自然垄断性，政府也必须对其产品和收费进行直接管理和干预，使其控制在适当的水平上。

3. 保护消费者利益。市场经济条件下，由于经营主体易于受利益的驱使，会出现价格垄断、价格欺诈、价格暴利等一系列不正当价格行为，损害消费者的利益。因此，国家必须通过从价格行为上约束经营者，防止经营者在价格上损害消费者的利益。

4. 弥补市场失灵。随着价格改革的深入，除极少数商品实行政府定价外，绝大多数商品和服务实行市场价。但是，由于市场经济是一种利益机制，其具有盲目性、自发性的特点，且因为垄断会导致出现价格信号扭曲的现象，因而常常会出现市场失灵的现象，需要政府实施必要的管理，调节经济。[②]

（二）价格管理的内容

价格管理包括微观规制和宏观调控。

微观规制主要包括价格规制和经济规制。价格规制就是政府从资源有效配置出发，对于价格水平和价格体系进行规制，其目的是在一定程度上还原价格

① 刘学敏，《中国价格管理研究——微观规制和宏观调控》，经济管理出版社，2001年，第5~6页。
② 陈建强，《试论市场经济下的价格管理》，《中国物价》，2004年，第6期，第18页。

反映价值的本质特征，确实反映其资源的稀缺程度，为市场经济主体提供市场信息。价格规制包括对商品价格、服务价格、生产要素价格的规制。经济规制的依据是市场失灵的存在，市场在资源配置方面是高效的，但也不是万能的，市场配置在外部性问题、垄断性行业、信息不对称领域以及收入分配领域是低效的，因此，需要政府干预经济。经济规制分直接规制和间接规制两种方式，直接经济规制是以介入企业的经营决策来克服市场失灵问题，而间接规制不是以直接介入的方式而是只制约影响市场机制发挥作用的行为，为市场机制的充分发挥作用消除障碍。

价格宏观调控是对价格总水平的调控。价格总水平是经济中各类商品价格的平均物价总水平。价格总水平的基本稳定是保持宏观经济稳定增长的基本条件，而且它本身也意味着国民经济的稳定、协调发展。在经济运行中，价格总水平应该保持基本稳定。否则，价格总水平的急剧上涨或下跌会引发通货膨胀或造成经济衰退。政府对价格水平的宏观调控手段主要有货币政策、财政政策、产业政策、重要商品储备制度、价格调节基金以及价格监督和检测等。

三、城市价格管理的形式以及管理手段

（一）城市价格管理形式

政府对价格管理采取直接管理和间接控制相结合的原则，实行政府定价、政府指导价和市场调节价三种价格形式。

1. 政府定价

政府定价又称政府统一定价，或称指令性价格。根据《政府制定价格行为规则》中规定，政府定价是省级以上人民政府价格主管部门、有关部门和经省级人民政府授权的市、县人民政府（以下简称定价机关）依法制定或者调整实行政府指导价、政府定价的商品和服务价格（以下简称制定价格）的行为。政府定价的主体是政府价格主管部门或者政府其他有权部门。定价机关应当按照法定的权限制定价格，不得越权定价。政府定价具有强制性。凡实行政府定价的商品价格和服务价格，不经价格主管部门或者其他有权部门批准，任何单位和个人都无权变动。否则，属于违法行为。

实行政府定价的商品主要包括：与国民经济发展和人民生活关系重大的极少数商品价格；资源稀缺的少数商品价格；自然垄断经营的商品价格；重要的公用事业价格；重要的公益性服务价格。①

---

① 《中华人民共和国价格法》，第十三章第十八条，1997 年 12 月 29 日通过。

　　从西方主流经济学的观点看，在市场经济条件下，政府之所以要干预经济，是因为存在着"市场失灵"问题，市场机制难以实现经济效率的帕累托最优和社会福利最大化，从而需要政府这只"看得见的手"来改善资源配置；以增进经济效率，实现社会福利最大化。总之，政府定价目标就是通过政府的行政行为，依据《中华人民共和国价格法》赋予的权力，制定和管理价格，实现资源配置的最优化，达到社会总体福利的最大化。

　　2. 政府指导价

　　政府指导价是指由县级（含县级）以上各级人民政府价格管理部门、业务主管部门按照政府规定权限，通过规定基准价格和浮动幅度、差价率、利润率、最高限价和最低保护价格等形式，指导企业制定商品价格和收费标准。政府指导价适用于比较重要的，同时花色品种多、供求变化快、季节性强的商品，是一种具有双重定价主体的价格形式，由政府规定基准价及浮动幅度，引导经营者据此制定具体价格。经营者可以在政府规定的基准价和浮动幅度内灵活地制定调整价格。政府指导价既体现了国家行政定价强制性的一面，又体现了经营者定价相对灵活性的一面。政府指导价格主要有浮动价格、最高限价和最低保护价格三种形式。

　　浮动价格是由政府对实行浮动的商品价格和收费标准，规定基准价格和浮动幅度，允许企业根据市场的供求状况，在一定的范围内自行制定和调整价格。例如，旅游景点门票、律师费、列车客票等实行浮动价格。

　　最高限价是指政府对企业出售或购买某些商品的价格规定最高的限价，企业只能在政府规定的价格限度内出售或购买商品。这种价格管理形式，是为了加强价格管理、制止哄抬价格、保持市场价格基本稳定的重要手段。如对猪肉、鸡蛋、水、电、天然气等规定最高限价。

　　最低保护价是政府对企业出售或购买的商品价格规定的最低限度，企业只能高于政府规定的价格限度出售或购买商品。这种价格通常用于防止发生由于一时供大于求造成的价格暴跌，打击生产。例如粮食最低保护价、土地出让金最低保护价、最低工资等。

　　3. 市场调节价

　　市场调节价是指经营者（从事生产、经营商品或者提供有偿服务的法人、其他组织和个人）自主制定，通过市场竞争形成的价格。从政府对市场价格监管的角度而言，凡是已明确放开由市场形成价格的，都必须要坚决放开让市场自发形成价格，不能随意收回定价权，或对其价格形成进行任意干预，但是政府可以通过对经营者价格行为的规范，间接调控市场价格，促进市场调节价的合理形成。

目前市场调节价主要有以下三种类型：一是议购议销价格。它是商品经营企业同农民协商议定的收购农副产品的价格，以及合同定购任务以后的一、二类农副产品。价格随行就市，有涨有落。二是工商协商定价。由工商双方根据产品成本变化和市场供求状况协商自主制定价格。国家既不规定价格水平，也不控制各种差率，完全由企业自主定价。三是集市贸易价格。主要是农村集市和城镇农副产品贸易市场上自由形式的价格。它的价格水平因时因地受价格规律的分配，自由涨落。

（二）城市价格管理手段

政府对价格的管理需要借助一定的管理手段。在社会主义市场经济条件下，政府对价格的管理手段主要有经济手段、法律手段和行政手段。

经济调控手段是市场经济国家普遍使用的重要调控手段之一，它是指政府根据价格形成的内在规律和市场供求规律，调节商品的需求和供给，影响价格形成的各种要素，从而达到调控市场价格的目的。在市场经济条件下，政府经济调控手段主要有：货币政策，财政政策，投资政策，进出口政策，重要商品储备制度等。

价格管理的法律手段是指政府通过制定价格法律和法规的形式，来规范价格决策主体的权利与义务、价格制定与调整的依据和程序、价格管理的形式和办法、价格的监督与检查、违法行为的处理与制裁等价格行为，使之具有法律的规范性和稳定性。《中华人民共和国价格法》是我国社会主义市场经济法律体系中的一部重要法律，是价格工作中最重要的法律。除此之外，还有《电力法》、《铁路法》、《煤炭法》、《药品管理法》、《烟草专卖法》、《农业法》、《反不正当竞争法》等配套法律。价格法规、规章主要是以专项价格法规、规章为主，分散在其他法规中的价格管理规定不多。比较重要的价格法规、规章有：《价格管理条例》、《价格违法行为行政处罚规定》、《制止牟取暴利的暂行规定》等相关法规。

价格管理的行政手段是指政府依靠行政组织，运用行政命令或行政法规，下达统一的价格或实行带有强制性的措施、方法以及相应建立的一整套行政管理制度的总称。价格管理的行政手段在调节关系国民经济全局利益、长远利益的经济活动方面，起着不可或缺的特殊作用。我国行政管理机构所采用的行政管理手段包括行政法规、行政措施、行政监督和行政处罚等一系列行政管理方法和管理制度。

天津市物价局综合运用价格监管措施促进猪肉市场价格回落

为确保市场猪肉零售价格与屠宰企业降低出厂价格的联动，让消费者真正享受到猪肉价格回落带来的实惠，天津市物价局采取三项措施促进了市场猪肉价格的逐步回落：

一、明码标价。在国有主渠道企业及全市所有猪肉零售网点推行使用统一标价签，除要求标明猪肉的产地、生产厂家、计价单位、品名（分割肉）、当日零售价格外，还特别规定必须如实标明当日进货价格（白条猪）。通过公开以上内容，消费者可自行计算商家售肉的毛利率，并在卖场进行选择性消费。

二、大力巡查。价格主管部门开展对猪肉零售网点的全天候拉网式巡查。市物价局将全市近 2000 家猪肉零售点按坐落辖区分类，责任落实所在区县价格主管部门及职工价格监督组织，每天进行拉网式巡查，保证不留死角。重点巡查明码标价、毛利率执行情况和当日进销价格变化情况，并以日报方式上报市物价局。

三、严格执法。严厉查处哄抬价格、非法牟利行为。如果发现一个阶段内生产厂家已降低供货价格，但零售商仍然借机抬价，且涨价超过合理的限度，市物价局将及时报请市政府批准确定猪肉涨价的具体幅度，并据此严厉查处哄抬价格以及违反公平、自愿原则，强迫交易对方接受高价等不正当价格行为。

上述措施实行一周以来，国有企业——天津市肉类联合加工厂生产的市场占有率约为 25% 的迎宾牌猪肉，兑现承诺率先降低出厂价格 1200 元/吨（五花去皮猪肉原价 22800 元/吨，现价 21600 元/吨）后，市场已初显效果，据 8 月 20 日巡查显示，其代表品五花去皮猪肉的市场零售价格已从一周前 14.50 元/500 克，平均降至 12.80 元/500 克，最低价为 11.90 元/500 克。

在价格主管部门和社会公众的双重监督下，加之国有企业的传导示范效应，目前，又有多个生产厂家主动与大型超市、卖场等零售环节开始实施联动，及时将厂商降价带来的实惠回馈给消费者。近期巡查表明，市场猪肉零售价格已经普遍开始回落。

资料来源：国家发展改革委员会网站——价格监督检查司子站，2007 年 8 月 30 日，HTTP://WWW.SDPC.GOV.CN/ZJGX/T20070830_156624.HTM。

四、我国价格管理的政府机构

中国的价格管理实行统一领导，分级管理的原则。全国价格管理的方针政策由中央统一制定，具体的商品和服务价格管理由中央政府和地方政府分级管理。国务院价格主管部门统一负责全国的价格工作。国务院其他有关部门在各自的职责范围内，负责有关的价格工作。国务院价格主管部门是国家发展改革委员会，其主要负责价格管理的职能机构是价格司、价格监督检查司和价格监测中心。

县级以上地方各级人民政府价格主管部门负责本行政区域内的价格工作。县级以上地方各级人民政府其他有关部门在各自的职责范围内，负责有关的价格工作。城市政府价格主管部门主要有市物价局、物价检查所等行政部门负责本市区域内的价格管理工作。

第四节　城市产业管理

"城市—区域"系统理论认为，伴随着区域经济和城市化水平的不断提高，城市已经成为现代区域经济要素及产业集聚与扩散的核心空间支撑，但其发展变化也受制于城市经济功能，产业结构的调整会对城市用地结构及空间形态产生重大影响。产业结构升级是推动城市空间结构形态演变的核心动力，现代城市空间调整的过程是产业结构持续优化与升级的动态变化过程。同时，城市空间结构形态的调整对产业结构优化升级发挥了重要的支撑、拉动与载体效应。产业结构升级与城市空间结构优化的耦合是城市与区域未来发展的必然趋势。

一、城市产业及城市产业管理

产业或产业部门是指由社会劳动分工而独立出来的，专门从事同类经济活动或同类服务活动的组织及其相互作用的经济活动组成的集合或系统。城市产业除了具有一般产业的特征以外，还具有特色的城市特征[①]：

集中度高——产业集中度高，主要是由于城市人口、城市企业、城市产业高度集聚。首先，随着经济的发展以及城市化进程的深入，城市成为了巨大的

---

① 严正主编，《中国城市发展问题报告 问题·现状·挑战·对策》，中国发展出版社，2004年，第207～208页。

人口集中区域，城市人口的集中为产业的发展提供了丰富的劳动力，也能扩大城市市场需求，带动城市产业发展。其次，由于城市人口的集中，城市基础设施建设以及投资环境建设比较完善，为外来企业入市投资提供了很好的投资环境，因此，城市就成为了各类企业相互竞争的集聚地。还有，城市经济的发展由于人口和企业的聚集产生了不同的相互联系、相互依赖的产业发展，比如金融业、运输业、商贸中心、信息产业等为城市发展提供了完善的服务。

第三产业比重高——在城市产业中，由于第一、第二产业劳动生产率的提高，对生产过程的各个环节的服务提出了更高的要求，这就要求城市大力发展第三产业，优化城市产业结构。从我国北京、上海等大型城市产业发展趋势看，第三产业的比重得到了迅速的发展和提高，第二产业的从业人员、产业比重、贡献份额比重不断下降，而金融、证券、运输、旅游等服务性行业就业人数不断下降。

高新技术产业密集——城市产业结构的调整、优化与升级，既是城市产业发展的动力，又加快了城市化进程。从城市产业结构看，在工业化初级阶段的主导产业以劳动密集型产业为主，工业化中期以资本密集型产业为主，到了工业化后期以高技术密集型产业为主。

城市产业管理就是指在国家产业政策指导下，以城市产业在发育和形成过程中依托的区位条件为基础，对城市产业结构、产业组织、产业技术等进行指导、调整和优化的过程。搞好城市产业管理，对优化社会的资源配置，提高城市经济的整体功能，促进经济增长方式的转变具有重大意义。

二、城市产业结构

城市产业结构是指城市内部各种产业的构成以及各产业之间的相互关系。产业结构与产业的组织结构、技术结构、产品结构、企业规模结构是紧密结合的。组织结构反映了产业结构的联系方式，技术结构标志产业结构的高度水平，产品结构是产业结构的内在基础，企业规模结构是产业结构的形态外延表现。可见，调整产业结构的实质内容在于产品结构、技术结构、组织结构和企业规模结构的调整。城市产业结构，是决定城市经济功能和城市性质的内在因素。产业结构调整和由此引起的人口由农业类型向工业及后工业类型的转化，是城市化进程的主要特征，也是城市物质形态演变的主要原因和促进城市发展的真正动力。

城市产业结构是主要由城市主导产业（或基础产业）及与之配套的产业和为城市生产、居民服务的产业共同组成的完整的结构体系，是城市经济结构的主要组成部分，体现一个城市的性质和发展水平。我们可以从城市产业的划分角度了解城市产业结构的划分，主要介绍三种：

（一）按国民经济结构的分类

按国民经济结构的普通划分，城市产业通常划分为：第一产业，指郊区农、林、牧、副、渔和采矿等业；第二产业，指各种加工工业；第三产业，主要指为城市服务的商业、服务业、金融、信息、邮电、文教卫生科学事业及自由职业等，它以第一、第二产业发展为基础，又进一步促进其发展，标志城市社会发展的较高水平。另外，第二产业又可细分为：钢铁工业、机械工业、化学工业等，以反映工业城市的特殊城市性质。城市基础产业可以是其中一个产业部门，甚至在一些专业化城市，如旅游城市，可以围绕旅游服务业建立起体现这一主要职能的城市产业结构。

（二）从城市经济自身的特点分类

城市产业的划分，除了按照整个国民经济的产业划分方法，即区分为第一产业、第二产业、第三产业，以及每一产业中细分为不同的行业、部门外，从城市经济自身的特点出发，还可划分成两大类：一类是以满足城市以外地区（区域的、全国的、国际的）需要为目的，生产转出商品和劳务的产业，即转出产业。这类产业决定着城市的性质和方向，同时也决定着城市经济在整个国民经济体系中的地位和作用，它构成了城市经济发展的基础。另一类是为适应转出产业的生产活动所派生的需要，以及为满足城市居民日常生活、公共福利和社会文化需要的地方产业。在地方产业中，城市服务部门主要是市政经济部门占有重要地位。地方产业的发展必须与整个城市的经济发展相适应，在很大程度上受城市人口的数量、性别、年龄，以及居民的社会构成所制约。

（二）从产业满足市场需要范围的不同分类

这是国外一部分学者提倡的分类法，把城市产业划分为两大类：为满足城市外部需要（全国市场、国际市场）而进行的生产活动的产业门类，称之为输出产业；为满足城市的地方性市场需要（包括与输出产业的生产活动有关的需要、居民日常消费的需要）的产业门类，称之为非输出性产业（也称地方性产业）。这种分类法有利于比较具体地掌握城市成长和发展的过程以及在城市经济对外开放程度提高中的产业结构演替变化的客观规律。输出产业是决定城市兴衰的产业；非输出产业亦不可缺少且要同输出产业按照一定比例协调平衡发展。

（三）按城市产业在城市发展中所起的作用不同分类

根据在城市形成和发展中起的不同作用把城市产业划分为三类：立足于特定地域，以城市分工为前提建立在一定优势基础之上的特点产业门类，称之为中心产业（亦称城市优势产业、主导产业、重点产业），对城市的形成和发展有决定性的影响；围绕中心产业兴起而发展的一些相关产业门类，其产品和劳务主要满足中心产业发展需要的产业门类，称之为配套产业；主要满足城市自身居民生活消费需求而发展起来的一些产业门类，称之为一般产业。

三、城市产业定位和主导产业的选择

城市产业的定位直接影响了城市的经济发展和城市的特色，确定好与城市产业发展相适应的产业定位，必须要结合城市产业发展的环境以及城市自身的特点。城市主导产业是城市产业结构中的核心产业，是带动引导城市经济发展的重要产业门类。

（一）城市产业定位的着手点

1. 城市的最主要功能

城市的最主要功能反映了一个城市以什么样的职能为核心，也就确定了城市的类型和特色。目前，城市最基本的职能有：综合型、政治型、经济型、交通型、文化型、旅游型、宗教型等类型的城市。各城市应通过城市规划管理促进城市产业发展，设置与城市功能相适应的产业布局，优化产业结构，在功能定位、区域协调发展中避免城市雷同，减少重复建设，发挥城市的产业聚集与产业辐射能力。

2. 城市发展的等级。从中国城市经济的辐射范围看，国际大都市、跨省区的中心城市、省域中心城市各具有不同的职能，也应有不同的发展目标。城市规模经济存在递减的规律，城市规模并非越大越好。因此，各城市在进行规划时，必须要确定城市的发展目标，在追求规模经济的同时增强城市经济产业的特色，增强城市的竞争力。

3. 城市发展特色。城市功能寓于产业发展中，即城市功能必须要通过产业结构得以体现。

东京的城市产业定位

东京是国际大都市中的后起之秀。东京中心区传统上由千代田区、中央区和港区等都心三区构成，千代田的丸之内是东京 IFC 的主体，国际金融机构高度集中，用地达到饱和状态，办公面积达 1700 平方米，占三区总量的60%左右（杨亚琴、王丹，2005）。东京中央商务区的发展模式采用了老中心区与多个新中心区分层次并进策略，来适应快速城市化的发展需求。早在 20

世纪 80 年代，在城市功能规划上，市政府就将其定位于全球金融和商务中心，并将东京及其附近地区改造成以知识和信息为基础的产品基地，政府从政策上强调核心区现代服务业以及商业功能聚集的重要性，并采取具体的措施来扶持高附加值的金融、大公司总部、保险、物流等现代服务业的聚集，良好的生产性服务业的聚集效应又反过来促进了知识密集型制造业的发展。东京在现代服务业迅速发展的同时，仍保留了强大的现代制造业。自上世纪 60 年代以来，伴随着产品竞争和城市环境问题的出现，东京的很多制造企业纷纷迁到国外或横滨一带。在工业转移的背景下，东京出现了一批创新型的中小企业，从而保持了东京主导工业的发展态势。例如，以大田区为中心的产业综合体是重要的技术创新核心区。工业的这一转变改变了原有工业产业内涵，更多地表现为向生产服务业延伸，出现与工业有关的研发和技术创新。随着日本经济从贸易立国逐步向技术立国，工业结构进一步调整，以新产品的试制开发、研究为重点，重点发展知识密集型的"高精尖新"工业，并将批量生产型工厂改造成为新产品研究开发型工厂，使工业逐步向服务业延伸，实现产业融合。

　　转引自：刘俊杰、王述英，《全球性城市的产业转型及对我国的启示》，《太平洋学报》，2007 年第 1 期，第 87 页。

（二）选择主导产业

　　城市主导产业是指能够较多地吸收先进技术、保持较高的增长速度并对其他产业的发展具有较强带动作用的产业部门。城市主导产业的选择确定，是城市经济发展战略的重要内容。

　　1. 主导产业的界定[①]

　　对于主导产业概念，学术界已有很多论述，但是这些论述出于对主导产业的不同认识，在对其内涵把握方面，还存在很多差异，出现将主导产业与优势产业、支柱产业概念混用的现象。

　　优势产业是指那些在当前经济总量中其产出占有一定份额，运行状态良好，资源配置基本合理，资本营业效率较高，在一定空间和时间范围内有较高投入产出比率的产业。

　　一般认为，处于领先地位，代表国民经济的演变方向，带动产业结构高级化，具有广阔的发展前景的是主导产业。而在产业结构体系的总产出中占较大

_____

① 李新春，《城市主导产业分析研究》，《沿海企业与科技》，2006 年第 3 期，第 12～13 页。

比例，在国民经济中占有重要地位的是支柱产业。支柱产业严格来说仍属于优势产业的范畴，但优势产业不一定都能成长为支柱产业。支柱产业是主导产业的继续发展，但主导产业也不一定都能成长为支柱产业。因为，它更强调某一产业在整个经济总量中所占的份额及其对相关产业的带动作用。只有那些经过残酷竞争而生存下来且得到不断壮大，其经济规模在城市经济总量中占有较大份额的产业，才有可能成为一定城市中的支柱产业。

由于它们在表现上往往有一些重合之处，都要求有较高的生产率和生产率增长，有较强的外部联系效果，因此它们不是互不相容的概念，它们之间的主要差别在于：

（1）着眼点不同。主导产业主要从发展带动的角度来看，而支柱产业和优势产业主要是从它在国民经济中的地位以及国民经济的发展与构成角度来考虑。

（2）在产业寿命周期中所处的阶段。一般情况下，主导产业处于幼稚期到发展期之间，而支柱产业和优势产业则处于成熟期，有些则已经步入衰退期。在整个经济发展过程中，主导产业将发挥越来越大的作用，而支柱产业和优势产业却已经走上了下坡路。

（3）它们各自强调的目标利益不相同。主导产业着眼于未来的长期发展，强调创新、未来的发展优势和带动效应，而支柱产业、优势产业则立足于现实经济的效率和规模，注重可靠和效益；主导产业在当前经济中是未必有较大影响的产业，其资源利用效率也较低，投入产出比率也难如人意，而支柱产业、优势产业则一定是在现实经济中占有较大份额、对GDP的贡献率较高、投入产出比较好的产业。

2. 主导产业选择的理论依据

城市主导产业必须具备两方面的功能：一是"导"的方面，即主导产业的结构导向作用，是指该地区的主导产业必须是对该城市一定阶段的产业结构升级转换起着重大的关键性的导向作用；二是"带"的方面，即主导产业的增长带动作用和技术进步带动作用，是指城市主导产业必须要能带动该城市其他产业以至整个经济的增长和进步。因此，选择实现这两大功能的产业为城市的主导产业还需要提供一些理论依据作为指导，尽可能准确、高效地选好城市的主导产业，引导带动城市经济的发展。

（1）比较优势理论

在比较优势理论的基础上，有些学者提出了静态比较优势理论和动态比较优势理论。前者认为，一个地区应该优先发展那些在劳动生产率上具有相对优势的产业，这些产业就是该地区的主导产业，代表了该地区经济发展的趋向，成为主要的经济力量。后者则强调地区的比较优势不是一成不变的，有的产业虽然现在比较幼小，在市场竞争中没有优势，但是对区域经济的发展具有重要的意义，代表产业发展的方向，必须加以扶持。[①]

从比较优势理论可得到以下启示：任何区域都不能大而全或小而全地发展所有产业，而应大力发展具有比较优势的产业。从产业比较区位优势确定城市的主导产业，就是具体分析城市的每个产业部门在整个区域的同类经济部门中所处的地位和相对重要程度，从中选择出比较区位优势最强，或发展潜力最大的产业部门，强化和扩大这一优势，以促进城市经济的发展。

（2）产业关联理论

美国发展经济学家赫希曼依据投入产出的基本原理，对产业间关联度与工业化的关系进行了详细的研究。他首次提出了依据产业关联度确定主导产业的准则，即优先考虑那些对较多产业有带动和促进作用的产业。产业之间的联系称为连锁效应。连锁效应根据赫希曼的划分又可划分为前向连锁和后向连锁，前向连锁指一个部门和吸收它的产出的部门之间的联系，后向连锁效应指一个部门与向它提供投入的部门之间的联系。

从产业关联理论我们受到以下启发：对于发展中国家的城市发展，从产业的带动作用确定主导产业主要就是选择和确定带头部门，能够产生最大连锁效应的产业。不同产业部门的连锁效应：中间投入型初级产品的前向连锁效应较大，后向连锁效应较小；中间投入型制造业前向和后向连锁效应都比较大；最终需求型制造产业，前向连锁效应较小，后向连锁效应较大；最终需求型初级产品，前向和后向连锁效应都比较小。比较不同产业部门的连锁效应时，一般后向连锁效应大的产业带动作用要大于前向连锁效应大的产业。所以，城市主导产业的选择，应主要从后向连锁效应大的产业部门中进行选择。

（3）罗斯托经济增长理论

罗斯托指出，在任何特定时期，国民经济不同部门的增长率存在着广泛的差异，整个经济的增长率在一定意义上是某些关键部门的迅速增长所产生的直接或间接的效果。他把这些关键部门称为驱动部门或主导部门，其主要特点有：一是依靠科技进步，获得新的生产函数；二是形成持续高速的增长率；三是具有很强的带动其他产业部门发展的能力。随着社会生产力发展，特别是科技进步和社会分工日益演化，带动整个经济发展的已不是单个主导产业，而是几个

---

① 谢守红，《城市主导产业的选择——以杭州市为例》，《城市问题》，2002 年第 4 期，第 21 页。

产业共同起作用,罗斯托称之为主导部门综合体。

我们从经济增长理论中得到的启示:选择主导产业应该坚持增长潜力原则、科技创新原则和持续发展原则。选择那些在经济总量中份额比较大,而且具有很大的增长潜力,技术创新性高、带动作用比较大的产业为主导产业门类。

（4）筱原三代平准则

筱原三代平是日本著名的经济学家,他在规划日本产业结构时提出了两个著名的准则,即:需求收入弹性准则和生产率上升率准则。所谓需求收入弹性是指某种产品的需求增长率与人均收入增长率之比,只有需求收入弹性大的产业,在未来的发展中才能占有较高的市场份额。生产率上升率准则是指选择生产率上升快、技术水平高的产业部门为主导产业。在一定时期,各产业部门生产率上升幅度是不同的,生产率上升快的产业,相应地生产成本下降也快,经济效益好,加快这些产业的发展就能提高整个社会的经济效益。

我们得到的启示:选择那些最终产品需求能随着人们收入水平提高而增加,并且生产率提高快、降低能耗、提高产品附加值的产业为主导产业。

3. 选择主导产业应遵循的原则

根据以上选择主导产业的理论依据,我们认为,在选择城市主导产业时必须遵循以下基本原则:

（1）可持续发展原则。可持续发展原则要求选择城市主导产业时要符合城市总体发展战略的要求,具有高效益、高附加值、低消耗、低污染的特征。主导产业的可持续发展,主要表现在稀缺资源消耗（物资消耗和能源消耗）低,以及环境保护这两个方面。因为资源消耗高,会制约产业的发展,而环境污染有负的外部性,会影响区域其他产业的发展。

（2）增长潜力原则。这一原则要求城市主导产业具有良好的产业发展基础,有较大的现实或潜在市场占有率和产业发展前景。

（3）科技进步原则。未来主导产业的选择要考虑具有科技进步优势,这是从主导产业发展的创新性考虑的。主导产业应该具有较强的科技实力和创新能力,能根据市场变化对城市产业结构进行调整、优化和升级。

（4）开放性原则。具有较强的产业开放特征,既能主动参与国际产业分工,实现城市产业"走出去",又能承接国际产业转移,培植、壮大产业基础。

武汉城市群产业结构的调整及主导产业的选择

调整和构建武汉城市群产业结构分三个层次:一是旗舰式产业,二是航母式产业，三是护卫舰式产业。

一、旗舰式产业

所谓旗舰式产业，主要是指本地区标志性的产业，代表未来发展方向的产业。武汉城市群旗舰式产业主要包括两大产业：

（1）光电子产业。武汉是我国光电子产业基地之一，光电子信息产业的发展具有十分重要的地位，也是代表武汉城市群在全国及至世界进行竞争、具有发展前景的重大产业集群。未来的发展中，武汉国家光电子产业基地将在信息光电子、能量光电子、消费光电子、软件等四大领域，研究、开发和掌握光电材料、光电集成、IP系统和芯片、蓝绿发光二极管、半导体激光器、半导体存储器等关键技术，重点发展光纤光缆、光电器件、光通信系统及设备、IP网络系统及设备、移动通信系统及设备、光电材料等十六类光电子技术和产品。

（2）生物及新医药产业。主要包括生物工程技术和产业化。以基因操作、生物工程和生物信息为优先发展方向，抓好创新药物的研究开发。重点实施功能基因组、基因工程药物及疫苗、生物农药、中药现代化、生物芯片、组织工程与基因治疗技术、生物反应器、生化工程等重大项目。建设输液制品产业基地、氨基酸产业基地、生物农药产业基地、基因工程药物产业基地、生物技术产业园、医药科技园、若干中药现代化和药业产业基地。

二、航母式产业

航母式产业是指本地区规模较大、具有支撑作用的产业。武汉城市群航母式产业包括以下三大行业：

（1）汽车及零配件。湖北是个老工业基地，一向号称为汽车大省。经过四十多年的发展，已具备了比较雄厚的工业基础和现实优势，形成了以东风汽车公司为主导，军工企业、地方企业为依托，大中型企业为骨干的汽车工业体系。

（2）冶金工业。钢产量居全国第4位，钢材居第5位，生铁居第6位，十种有色金属居第11位，其中铜、铝居第9位，黄金居第12位。武钢、冶钢、鄂钢、一冶、十五冶、湖北铝厂、汉川钢丝绳股份有限公司、武汉钢铁设计研究院等相继通过ISO9000质量体系认旺，实现同国际惯例接轨。

（3）机械工业。湖北机械工业经过十五年的艰苦努力，特别是改革开放20年的快速发展，固定资产总值、职工人数、工业生产总值、实现利税、利润等方面占全省县以上工业的比重越来越大，成为支撑湖北经济发展的一大支柱产业。

三、护卫舰式产业

护卫舰式产业是围绕上述两大产业而形成的具有各地特色的产业，有些产业在一些城市也有一定规模，这些产业包括电子、化工、纺织、建材、食品、机电、造纸、环保等。

武汉城市群产业结构调整的战略是：一是打造旗舰式产业，使之成为武汉城市群标志性产业，成为在国际国内有一定影响的产业集群；二是做大做强航母式产业，进一步加强武汉城市群产业结构在全国的地位；三是因地制宜发展护卫舰式产业，形成各个城市具有特色和竞争优势的主导产业、支柱产业。

转引自：王昌生，《武汉城市群产业结构布阵》，《中国城市经济》，2004年第 1 期，第 16～17 页。

四、中国城市产业发展的现状和趋势

中国的城市经济发展自改革开放以来逐步形成了以城市为纽带，以中心城市为依托的城市产业集群经济的局势。城市实力得到了很大的提高，具体体现为城市综合经济实力逐步增强了，城市产业结构提升了，城市产业集群形成了。目前，中国经济正处于快速发展阶段，随着中国城市不断地吸引外资，中国城市也逐渐成为了世界制造中心。而且，随着城市化带动工业化，工业化促进城市化的进程不断深入，这些都将为中国城市产业发展提供坚实的基础。另外，农村大量劳动力转入城市也为城市产业发展注入了大量的劳动力资本，使中国城市发展在国际竞争中逐步显示出重要的地位和强大的竞争力。

我们不仅要看到中国城市产业发展的巨大潜力和美好前景，同时，我们还要看到在新时期和新环境下我国城市产业面临的巨大挑战。具体体现在：

首先，城市产业结构不合理。

我国城市产业中第一产业比重偏高，而二、三产业尤其是第三产业比重明显低于发达国家的比重，因此，随着经济的发展，我国城市产业结构面临升级的压力。在城市第二产业内部结构方面，轻重工业比重以及传统工业与高技术工业的比重失调，投资大、消耗大、效率低的传统工业较多，投资少、能耗省、效率高的高科技工业较少。我国第三产业一直处于落后状态，从产值比重来看，目前，经济发达国家和地区第三产业占的比重一般在 60% 以上，1998 年我国第三产业的增加值比重为 32.8%，比低收入国家低 10 个百分点，比中等收入国家低近 20 个百分点，比高收入国家低近 30 个百分点。作为第三产业最为发达的城市，2001 年，我国城市中，第三产业增加值也只占 45.4%。[①]

其次，高新技术产业化发展水平较低。

一国高新技术产业化水平可以直接反映该国经济实力、竞争实力以及国防实力。我国近年来大力推进高技术产业化，取得了显著成就。但是，在高新技术产品出口占世界高技术产业出口份额的国际比较中，美国、日本和韩国这一份额分别为 19.2%、11.9%和 4.1%，而我国仅为 1.8%。[②]这表明，我国综合科技实力相对来说是比较低的。我国长三角的产业发展没有脱离我国产业发展的现状，基本上还是以外延型、速度型、粗放型为主，导致产业结构低度化，产业的技术创新能力不强，处于产业链低端的产业占比重较大。

再次，产业同构现象严重。

从改革开放初开始，我国的城市发展方针先后经过的几次大的调整，结果是城市数量规模上去了，城市产业结构却出现了严重的趋同性。原有的老牌大城市产业大多以传统的制造业为主，新兴的中小城市的产业又主要由城镇企业转变而来，表现为盲目的建设、投资，重复建设大量发生，形成各城市产业布局雷同。产业结构趋同是社会分工不够深化的表现。从长期来看，产业结构趋同是不利于提高产业结构水平的。我国长三角 15 个城市普遍都有化学原料及制品制造业、电子通讯及设备制造业、服装业、轻纺业、房地产业、交通运输及设备制造业等作为支柱产业。城市工业生产之间缺乏必要的分工与协作，城市的工业特色不突出，形成了各城市工业布局大而全、小而全的重复建设局面。

最后，不注重可持续性发展。

各个城市为了自身的发展，盲目地圈地搞开发，浪费大量的土地资源，同时在扩大自身规模、优化产业结构、提高经济增长率的同时，忽视了发展中的外部性。外部性的存在不仅使城市资源的市场配置效率下降，而且使城市存在大量的市场失灵的领域，主要是环境污染。再加上高耗企业对能源、原材料的消耗迅速增加，而有效利用率却很低，给城市发展带来很大的资源压力和环境压力，造成城市产业发展后劲不足，难以可持续发展。

城市经济理论研究表明，城市化的发生与发展受到三大力量的推动与吸引：即农业发展、工业化和第三产业崛起。城市化的实质是由生产力变革引起的人口和其他经济要素从农村向城市转移的过程，表现在生产方式上，就是产业结构的大规模调整。城市化首先是一种产业结构由第一产业为主逐步转变为第二

① 王耀、郑秀峰，《论中国城市产业的生态发展》，《中州学刊》，2006 年第 1 期，第 66 页。
② 王耀、郑秀峰，《论中国城市产业的生态发展》，《中州学刊》，2006 年第 1 期，第 66 页。

产业和第三产业为主的过程，第二产业和第三产业在整个国民经济构成中所占的比例越高，则城市化的水平就越高。因此，大力发展以服务业为主的第三产业是城市产业发展的重要趋势。

从国内外经济发展的实践看，无论是传统产业还是高科技产业，都出现了产业集聚成功的案例。随着中国城市化进程的不断发展，城市产业集聚现象也日益突显。所谓产业集聚是指在区域范围内，生产某种产品的若干家主导企业以及为之配套的上下游企业，高度聚集在一起，形成一种新的产业组织形式。与分散的产业组织形式相比，集聚的最大优势是发挥内部企业的聚集效应、协同效应、区位效应，使集群内的企业具有较强的竞争优势，产业竞争力增强。产业集聚因为是同一产业内大量企业在地理上的集中，能很快形成区域规模经济效应，因此，有助于降低成本，提高专业化程度，促进区域经济的发展。城市本质上是一个空间聚集的经济，聚集经济同时包括同类企业聚集的地方化经济和不同产业多类企业聚集的城市化经济。城市化经济即多个产业在城市集中，可以实现基础设施、公共服务共享等带来的利益好处。大城市的产业集群形成后，由于污染、地价攀升、人工成本提高等原因产生一种离心力，集群企业会向市郊迁移，带动周边地区产业集群的发展。周边地区的产业集群发展后，形成城市且其城市化水平也会快速上升。随着周边地区的城市化水平提高，在一些相距不远的城市中，相同的产业结构会把城市联系起来，形成都市圈。都市圈形成后又促进产业集群的发展。

第五节　城市土地与住房管理

就城市土地而言，土地的自然生产力属性、资源力属性的影响并不明显，但位置固定性、数量有限性、地块个别性、用途多样性、直接财富性以及自然增值性，对社会如何有效地利用土地资源提出了挑战。近几年随着城市人口的增加，城市土地显得更加稀缺。而且，在城镇化进程不断加速的今天，有些地方不顾当地客观实际，贪大求洋，大搞形象工程和政绩工程；缺乏科学合理规划，违背城镇发展正常规律；城镇建设用地一再扩大，造成更为严重的土地浪费。如何科学地、高效地分配、使用城市有效的土地资源成为城市发展中的重要问题。随着社会工业化快速发展，大量人口和产业集聚于城市，城市面临严重基础设施不足的问题，住房问题则是其中一个较为突出的问题。城市政府对城市住房的规划、建造、流通、分配和使用过程进行管理，有利于改善居民的住房条件，维护社会安定和正常工作、生活秩序。

一、城市土地

城市土地从广义上看，是指城市行政区内陆地和水域及其地上、地下的空间总称。从行政区域上来划分，城市土地有三个层次：一是城市建成区的土地，即城市建设用地；二是城市规划区范围内，除去城市建成区的外延扩建区域，目前大部分仍为农副业生产和村镇占用的土地；三是城市行政辖区的土地，是指城市行政区域内的全部土地。从狭义上来看，城市土地是指城市市区即城市建设用地，其土地上人口密集、建筑稠密、生活设施比较齐全。在中国，城市土地属于国家所有，城郊土地除有法律规定为国家所有者外，多数属于集体所有。[①]

一般情况下，按城市土地在城市经济活动中的功能设置，即按土地的用途职能划分为：（1）工业用地。指用于工业生产方面的用地，往往是城市中最主要的功能用地，包括工厂厂区的生产用地，附属的动力设施、仓库、厂内铁路专用线用地，劳动保护与防护地带用地，厂内行政办公用地，污水处理用地等。（2）商业用地。包括各种商店、商场、购物中心、超级市场、菜市场及个体商贩用地，还有大量附属在居住小区中的商业用地。（3）服务业用地。包括金融、保险、邮电、信息、咨询、法律等单位用地。（4）交通运输用地。包括城市的铁路、公路、公交干线用地以及设在城市的各场站、民用机场、港口、码头用地及其附属设施、货物堆放、停车用地等，主要是指城市内外的交通设施的用地。（5）文教、科技卫生用地。包括学校、学术科研机构、医院、文化体育中心及其管理部门用地。（6）行政机关用地。包括政府部门、社会团体用地。（7）居住用地。包括住房小区内的街坊道路、绿化用地。（8）园林、娱乐用地。包括公园、游乐园、休闲场所、娱乐中心、绿化带、植物园、苗圃等用地。（9）风景浏览用地。包括设在城市的风景点、自然保护区、文物保护区、革命纪念馆等用地。（10）特殊用地。包括设在城市的军事设防用地、监狱、垃圾堆放及处理场、公墓、火葬场等用地。根据1991年我国《城市用地分类与规划建设用地标准》城市用地分类标准，我国城市土地按其使用情况，可分为居住用地（R）、公共设施用地（C）、工业用地（M）、仓储用地（W）、对外交通用地（T）、道路广场用地（S）、市政公用设施用地（U）、绿化用地（G）、特殊用地（D）等。

土地的一般特征表现为：土地位置的固定性、土地面积的有限性、土地质

---

① 王霞、尤建新，《城市土地经济学》，复旦大学出版社，2004年，第12页。

量的差异性、土地利用的永续性等。城市土地除了具有土地的一般特征之外，还具有其自身显著的特征，具体表现为：（1）土地价值的区位效益性。不同区位的城市土地成为土地价格的决定性因素。不同的交通运输条件，不同的距离市场区位，对于土地效益具有决定性作用。（2）边际效益的递减性。城市土地的边际效益递减性表现在，对土地的连续追加投资超过一定限度后，单位面积投资增量所获收益开始下降。（3）土地供给的稀缺性。随着城市人口的不断增加和经济社会的发展，对城市土地的需求越来越大，这样就会使原本有限的城市土地更为稀缺。

　　城市土地资源是城市居民进行生产和生活的基础，是城市经济发展不可缺少的最基本的物质资料。城市土地承载着城市大量的经济活动要素和大量的社会劳动积累。一方面，城市土地对城市经济发展有促进作用；另一方面，由于城市土地资源的承载能力是有限的，随着城市经济的不断发展，如果城市土地不能合理、有效地利用，它的承载力就会减小。因此，城市土地的这种特性，必然要求对城市土地进行有效的规划与管理。

二、城市土地管理

　　城市土地管理，就是城市政府为调整城市土地关系，组织城市土地合理开发利用所进行的各项工作的总称。

（一）城市土地管理的内容

　　城市土地管理的内容包括地籍管理、土地权属管理、土地利用管理、土地市场管理四个方面。

　　城市地籍管理包括土地调查和土地动态监测，土地资源评价，土地登记，土地统计，地籍信息资料的管理、应用、维护、更新等内容。城市地籍管理是城市土地管理的基础。

　　城市土地权属管理主要包括土地所有权、使用权等的审核和依法确认，土地权属变更管理，土地权属纠纷的调处，依法查处有关侵犯土地使用权、所有权的违法案件等内容。

　　城市土地利用管理是通过编制和实施全国、省、地（市）、县、乡土地利用总体规划和专项规划，土地用途管制，采取地租、价、税等经济杠杆对农用地，特别是耕地、建设用地、未利用地的开发、利用、保护进行组织、监督和调控。

　　城市土地市场管理包括对土地市场供需、土地交易、土地价格、土地市场化配置等进行管理。

　　地籍管理为土地权属管理、土地利用管理和土地市场管理提供有关土地的数量、质量、权属和利用状况及其变化的信息以及土地权属状态的法律凭证，是搞好土地权属管理、土地利用管理和土地市场管理的基础性工作。土地权属管理、土地利用管理和土地市场管理之间同样是相互联系的。土地权属的变更、土地市场交易必须要符合土地利用总体规划的要求，须以土地利用总体规划为依据。同样，土地利用总体规划和土地利用计划的编制，必须考虑到土地权属状况和变更计划，以及土地市场状况，才能更科学、有效地进行土地利用管理。由于土地利用最终是土地权属单位对土地的利用，而且土地权属变更和土地用途变化往往是通过土地市场实现的。

从上述四大内容在土地管理系统中的作用来看，地籍管理是基础，土地权属管理、土地市场管理是手段，土地利用管理是核心。

（二）我国城市土地管理机构及职能

我国土地管理法规定，国务院土地管理部门主管全国土地的统一管理工作；县级以上地方由政府土地管理部门主管本行政区内的土地的统一管理工作。我国目前的土地管理体制形成了统一管理、分工负责的管理体制。

1. 国家土地管理部门

1998 年 3 月 10 日，九届人大一次会议第三次全体会议表决通过关于国务院机构改革方案的决定。根据这个决定，由地质矿产部、国家土地管理局、国家海洋局和国家测绘局共同组建国土资源部。新组建的国土资源部的主要职能是：土地资源、矿产资源、海洋资源等自然资源的规划、管理、保护与合理利用。

国土资源部土地管理的主要职责是：

拟定有关法律法规，发布土地资源的规章；制定土地资源管理的技术标准、规程、规范和办法。组织编制和实施国土规划、土地利用总体规划和其他专项规划。监督检查各级国土资源主管部门行政执法和土地规划执行情况；依法保护土地所有者和使用者的合法权益，承办并组织调处重大权属纠纷，查处重大违法案件。制定地籍管理办法，组织土地资源调查、地籍调查、土地统计和动态监测；指导土地确权、城乡地籍、土地定级和登记等工作。指导基准地价、标定地价评测；拟定并按规定组织实施土地使用权出让、租赁、作价出资、转让、交易和政府收购管理办法。[①]

2. 城市政府土地管理的行政机关

城市土地管理机关主要有：

---

① 中华人民共和国国土资源部网站。

市国土资源管理局。它统一负责城市土地的管理和监督工作，是城市土地管理的最主要的行政执法部门。

市规划管理局。它统一规划管理城市建设用地和建设工程，负责核发建设用地规划许可证和建设工程规划许可证。

市房地产管理局。它主要负责已经开发使用的城镇建设用地的管理工作。

市司法局。它主要监督城市土地管理法规的实施，受理各种城市土地违法案件。

三、城市住房与住房管理

城市建筑建立在一定的土地空间基础上，是房产与地产的有机结合。住房是城市建筑中的主要形态，城市住房引起关注，是随着工业化快速发展，大量人口和产业集聚于城市，城市面临严重基础设施不足的问题以后，住房问题则是其中一个较为突出的问题。

（一）城市住房概述

城市住房，是在城市区域内供居民居住的房屋。其外延包括一切城市区域内所有满足住宿功能的房产，面向的对象是城市区域内生活的全部居民，功能主要体现在对住宿的满足上。

城市住房具有的特征表现为：

住房的耐久性。住房的使用不是一个一次性的消费过程，住房在使用的过程中会产生折旧，需要不断地维护和维修。由于住房的耐久性，人们购买新住房的周期比较长，这也决定了住房供给的无弹性。

消费的昂贵性。城市住房是一个昂贵的消费品，购买住房一般是家庭年收入的 5～10 倍，对于一些低收入家庭来说，可能需要更长的时间。所以，现在就出现了是买房还是租房的问题。国家也为了解决城市住房问题，推出了经济适用房政策。

位置的固定性。住房一旦建成，就与承载住房的土地融为一体，属于典型的不动产。因此，居民住房的选址非常重要，因为住房周围的公共设施、公共服务、交通、环境等状况直接影响了人们的生活质量。

住房的投资性。由于城市住房的耐久性和未来升值性，决定了住房的消费过程同时是一个资产拥有的过程，购买住房可以期待未来的升值而使投资者获利；另外，随着城市人口的不断增大，人们对居住条件的要求在不断提高，而城市住房建设周期长，调剂余地小，许多城市尤其是发展中城市普遍存在住房短缺问题，因此，投资住房是有利可图的。

（二）城市住房管理

所谓城市住房管理，主要是城市政府对城市住房规划、建造、流通、分配和使用过程进行的一系列管理工作，对城市住房进行科学系统的管理，有利于改善居民的住房条件，维护社会安定和正常工作、生活秩序。

1. 城市住房管理的内容

城市住房管理包括对住房规划、建设、流通、分配和消费等全过程的管理。[①]

（1）城市住房规划管理

城市住房规划是城市在一定时期内的住房发展目标和计划，是城市住房建设的综合部署，也是城市住房管理的前提和基础。有了住房规划，就能及早确定城市住房发展的方向和城市住房布局，就能有组织、有秩序地进行住房建设与管理。城市政府在制定城市住房发展规划时，必须依据城市的性质、规模和结构，充分考虑城市住房的自然、经济、社会条件以及技术要求。城市住房发展规划必须符合城市总体规划的要求，符合城市居民的生活规律，要合理、有效地利用城市土地和空间，并充分考虑城市的地方特色。城市住房规划包括住房区选址、建设规模、建设速度和平面布局的规划。

（2）城市住房建设管理

住房建设是城市建设的主要部分，城市住房建设涉及规划、设计、土地、市容、环境、市政公用设施等部门，需要城市政府进行统筹安排。住房建设的主要内容包括：城市住房建设标准管理，以及确定相应造价指标；城市住房综合建设开发；监督住房建设过程的实施，保证住房建设的质量；住房建设资金管理，以控制成本，抑制房价过度波动。

（3）城市住房流通管理

城市住房流通是连接住宅需求和供给的中介，其管理的主要内容包括：住房交易管理，产权管理和产籍管理。

住房交易管理就是对住房买卖和租赁的监督管理，保护合法交易，取缔非法交易，维护交易双方的正当权益。

城市住房产权管理就是根据不同所有制住房的性质，制定相应的政策法规和规定，审查、确认和保障城市住房产权，监督城市住房产权的合法行使。

城市住房产籍管理就是通过日常的房产测绘和登记，对城市房产资料进行整理分析，及时掌握城市住房的现状和变动情况。

---

① 杨宏山，《市政管理学》，中国人民大学出版社，2003 年，第 261 页。

（4）城市住房分配和消费管理

城市住房分配管理主要是合理确定城市住房分配的制度和方式，制定城市住房分配的定额或标准，调节城市住房的再分配，合理解决城市低收入阶层的住房问题。城市住房消费管理主要是协调好城市住房消费与城市经济社会发展的关系，重点是做好城市住房的维护和物业管理。城市住房的消费管理模式主要有四种：以房地产管理部门为主，由下属房管所进行管理；企事业单位自管；以街道办事处为主成立管理委员会进行管理；由物业管理企业实行专业化管理。

2. 我国城市住房管理机构设置

我国住房管理实行统一领导、分级管理的体制，国务院统领全国的房产管理，各级地方政府分别负责各行政区的管理工作。

（1）国家住房管理部门

国家住房管理机构主要是国家建设部，是全国最高房产行政管理机关，主要任务是根据国务院制定的房产管理政策法规组织全国房产开发、建设、流通、消费管理等宏观管理活动。

国家建设部的主要职责：拟定住房管理的各项战略规划；指导全国各项住房管理工作，并实施住房管理监督和审查；制定住房建设标准，进行全国工程建设造价管理；规范建筑市场，指导监督建筑市场准入、工程招投标、工程监理以及工程质量和安全。

（2）城市政府住房管理部门

城市政府住房管理部门主要有房管局、规划局、市建委。

房管局的主要职责：房管局主要是对住房的消费和流通进行管理。贯彻执行上级政府的有关房产管理的政策法规；负责全市房屋权属登记发证及产籍档案资料的管理；负责全市房产转让、赠与、交换、租赁、抵押等交易行为的管理；负责经济适用房（含廉租房）、危旧房改造管理工作等。负责全市房屋中介市场管理和房地产中介机构的备案、房地产价格评估机构资质审查工作。负责全市物业管理企业的资质核准，监督、管理和指导全市物业管理服务工作。负责直管公房的接管、撤管及权属变动等管理工作；指导直管公房租金的收缴和使用。负责住房公积金管理委员会决定事项的督办工作。负责全市房屋产权单位出售公有住房的确认和居民房改购房档案的建立、监督、管理，参与全市房改售房资金归集、使用和管理。

规划局的主要职责：规划局主要是对房屋的整体规划进行管理。负责组织城乡规划建设政策的制定；负责城市总体规划、分区规划、控制性详细规划、区（县）域规划及重要地区城市设计的编制和修订的管理工作；负责各类建设项目的规划管理工作，负责建设项目的选址，核发建设用地规划许可证和建设工程规划许可证；负责组织审查建设工程初步设计；负责组织各项规划实施情况的检查；负责本市各类建设项目的规划监督管理，对违反规划管理法律、法规的行为进行查处；负责城市测绘管理工作；制定城市测绘发展的规划和计划。

市建委的主要职责：市建委是负责本市工程建设行政管理的市政府组成部门。拟订本市建筑业、城市建设综合开发、建材产品使用等方面的地方性法规、规章草案及政策；负责本市的工程建设管理工作；对本市工程建设质量和安全施工进行监督和管理。负责建筑业的行业管理；对本市建筑行业企业进行资格认定和监督管理；负责对工程建设监理机构进行资格认定和监督管理。负责本市工程建设招投标管理和招投标代理机构的资格认定等。

3. 我国城市政府对住房调控的手段

住房的宏观调控是指以我国各级政府为市场运行主体，遵循经济发展的客观规律，以住宅经济发展的产业政策为依据，通过行政、法律、经济和其他手段对房地产投资、开发、经营和中介等主体及其中的各种交换关系进行的宏观调节和控制，保证住房产业可持续发展并符合整个国民经济的需要。

（1）总量控制

保持住房的社会总需求和总供给之间的基本平衡，即国民经济的增长速度与全社会固定资产投资总额、住房产业投资总额之间保持合理的比例关系。

（2）结构控制

房地产业的结构是指其内部各要素之间的秩序、联系方式、聚集状态以及相互影响等。通过住房产业内部各要素之间相互扩张或收缩，达到各要素的有序化和合理化,进而保证住房产业内部的高档住房与普通住房之间的比例合理，结构平衡。

（3）预警预报控制

完善房地产业宏观调控指标体系，建立房地产市场监测预警系统的基本数据库；科学地监测住房产业的周期波动及发展趋势；建立房地产业景气分析系统，能够显示预测预报房地产业的警情；建立房地产业排警系统，消除房地产业已出现的警惕隐患。

四、中国城市土地和房产管理现状以及存在的问题

（一）中国城市土地利用的现状以及城市政府土地管理存在的问题

目前，中国城市化建设进入了高速发展的时期，城市土地资源利用情况不

容乐观。城市土地资源供需失衡，土地利用低效，存在大量的土地资源的浪费现象。目前在我国城市土地利用中存在很多的问题，具体体现在以下几个方面：

1. 城市土地规划缺乏可持续发展观

城市建设中首先应遵循可持续发展，实现人口、社会、经济、环境的协调发展，做到社会、经济、生态三效益的统一。目前，许多城市政府在进行土地管理时，往往单纯追求土地收益，"以地生财"，这样就会出现盲目占用耕地，扩大土地供应数量，造成土地无计划利用、大量闲置和浪费，引发土地纠纷，影响了社会稳定。城市土地规划缺乏科学的论证，盲目兴建宽街大道，大规模建设豪华住宅，扩建大广场等现象屡见不鲜。城市的供电、供水、排污等基础设施缺乏科学规划，配套很不完善，严重影响了城市的可持续发展。

另外，城市的生态环境相对于自然状况下的生态环境更加容易遭到人为破坏。目前，随着中国城市化进程的不断深入，中国有相当多的城市出现了或多或少的城市生态问题，如地下水污染、城市垃圾污染等，城市生态环境的恶化正不断地威胁着城市居民的正常生活。

2. 城市土地利用总体规划和城市总体规划不协调

在城市规划管理实践中，由于土地利用总体规划在预测人口规模时往往比较保守，人口增长率与机械增长率的预测又偏离实际增长状况，致使城市规划中的用地指标以及用地规模与城市土地总体规划冲突，造成城市建设用地与土地利用失衡，用地缺口增大。

3. 城市土地总量失控，土地使用控制难以落实

在城市化进程不断加速的今天，城市建设盲目超前，攀比成风。许多地方不顾当地客观实际，贪大求洋，大搞形象工程和政绩工程；开发区、工业园区大量圈占土地；城镇建设用地一再扩大，造成严重的土地浪费；盲目扩容对土地管理产生压力，导致土地置换盛行；用地先用后征、边用边征问题突出，土地利用随意性大。

目前，城市规划的相关法律法规还不够健全，不能适应城市规划依法行政的要求，对违反城市规划行为的约束手段不硬，规划实施缺乏强有力的法律保障。在城市规划的实施中，还没有形成有效的监督机制，导致城市规划对城市土地使用及建设项目的控制难以落实，造成城市土地资源浪费，影响城市土地使用效能的发挥。

4. 城市用地结构不合理

城市用地结构不合理，造成土地资源浪费。中国的城市用地与其他国家相比，工业用地多，交通用地和绿地少。国外发达的特大城市工业用地一般不超

过 5%，居住用地占 30%以上，商业用地占 5%～15%，道路占 15%～25%，而上海中心城区工业用地高达 20%以上，居住用地占 28.8%，商业服务用地仅占2.84%，交通用地占 13.5%。与国外城市建设用地构成的一般水平比较，我国城市工业用地比重偏高占到了 30%左右，住宅、商业服务及交通、市政用地却偏低 3～10 个百分点。城市用地结构的不合理造成老城区住房紧缺，交通阻塞，中心城区企业缺乏发展空间，住宅生态环境恶化等问题突出，从而使城市土地总体效益下降。[①]

我国城市土地利用效率低下，很大程度上是由城市政府的土地管理职能出现了"缺位"和"错位"造成的。具体体现在以下几个方面[②]：

1. 城市政府土地管理职能定位模糊。

城市经营的主体是政府，政府和社会公民之间是一种委托代理关系，政府的权力应该服务于社会公共福祉。但是由于地方政府的利益追求，政府的目的往往是自身利益最大化而不是社会利益最大化，城市土地管理部门在进行土地管理时，常常集国有资源所有者和经营者为一体。同时，由于土地产权的相对模糊，地方政府往往成为追求盈利的企业单位，如果只管收费不管治理，就会导致市场秩序混乱，市场监管乏力，引发城市政府管理的"缺位"。

2. 城市政府在维护土地使用者权益方面的管理缺位。

在征地过程中，政府的利益补偿机制不合理，失地农民的利益受到了损害。具体体现在：补偿关系不平等，失地农民处于明显弱势地位；征地补偿标准偏低，农民只能得到土地收益的很少部分；征地补偿资金难以到位，层层截留或被政府挪作他用；补偿范围窄，受益面小。

在城市拆迁过程中，政府缺乏产权约束而忽略拆迁对象的合法权益，利用行政权力强制进行拆迁和土地开发，而政府却没能按照市场价格给予被迁拆对象合理的产权和经济补偿。

3. 城市政府官员违反城市土地开发规划，非法操作土地开发。

某些地方政府官员为了短期地方经济效益和自身利益，违反城市土地规划法规，造成城市土地规划、征用和开发等操作流程不合理，没有合法有序的操作过程。自我国实行分税制以后，地方政府的财权和事权出现了很大的不对等。土地收入就成为了地方政府重要的财政来源，甚至有的地方财政被称为"土地

---

① 周建芬，《城市化进程中的集约用地——市地整理》，城市规划网，http://info.upla.cn/html/2007/10-11/53240.shtml，2007 年 10 月 11 日。

② 许荣斌，《论经营城市理论下的城市政府土地管理》，《经济与社会发展》，2005 年第 2 期，第 51～52页。

财政"。从现今土地供给制度而言，地方政府可以获得三种收益：土地一级市场由地方政府垄断，土地出让金一次性收取；地方政府还可以通过低成本拆迁把获得的土地出售；土地税收及其以外的各种收费。"卖地越多，价格越高，收益越多。"在利益机制诱导下，一些地方政府会利用一些手段推动土地价格上涨进而增加土地转让收入，增加城市政府财政收入。

（二）中国城市政府房产管理现状以及问题

目前，我国城市住房产业投资增长速度较快，从开发与销售来看，城市住房呈现产销同步增长的发展势头。但是，在我国城市房产市场中也存在很多的问题，主要体现在两个方面：一方面是城市大量中低收入阶层，包括住房困难户、特困户望房兴叹；另一方面，城市兴建住房存在大量的空置现象，形成了"有房无人住，有人无房住"的局面。

1. 城市住房供求结构失衡。目前，中国城市住房中中低档住房比重偏低，高档商品房、商业用房比重偏高，经济适用房政策没有真正落实；另一方面高房价与低收入并存，如 2001 年中国商品房平均售价为 2226 元/平方米，而当年城市居民人均可支配收入仅为 6800 元，按照一家三口 70 平方米的住房来计算，房价与家庭收入比例为 7.6:1。

2. 投资增长过快，空置率居高不下。根据国家统计局统计，2001 年中国房产开发投资较上年增长 28.2%，当年商品房空置率同比增长 10.5%；2002 年开发投资较上年增长 30%多，而商品房空置率同比增长 14.1%，已经超过了红色警戒线。

3. 房贷比例过高，加大金融风险。居民购买住房按揭贷款发展极为迅猛，一旦金融机构调整住房贷款利率、房价下跌、投资收益率下降等都可能导致金融机构经营风险的扩大，也会加重购房者的还款负担。

中国住房体制迎来第三次变革

住房问题是重要的民生问题。20 多年来，我国住房制度改革不断深化，城市住宅建设持续快速发展，城市居民住房条件总体上有了较大改善。但也要看到，城市廉租住房制度建设相对滞后，经济适用住房制度不够完善，政策措施还不配套，部分城市低收入家庭住房还比较困难。

2007 年 8 月 2 日国务院常务会议通过《国务院关于解决城市低收入家庭住房困难的若干意见》，《意见》是自 1994 年住房体制改革启动以来，以国务院名义直接下发的第三个与住房制度改革相关的文件，与前两次国务院颁布的相关文件一起，勾勒了中国市场经济体制下住房制度的总体框架。这次住房改革与前两次不同，主要体现在：一是保障类住房受益群体扩大，以收入论，由"最低收入"扩大到"低收入"；二是保障类住房面积限定在50至60平方米；三是政府责任细分为省级政府负责、市县落实；四是明确保障类住房开发四个资金来源，其中土地出让金收入用于廉租房建设的比例由此前的5%提高到10%。

此次《意见》通过"解困"这一保障类住房体制运作架构的细化，进一步完善了"政策+市场"的双轨模式，避免可能出现的单一"重市场"的住房体制发展趋向。根据《意见》内容，各级政府部门将有六大后续任务。一是建设部等部门负责完善保障类住房管理办法；二是民政部等部门制定低收入家庭资格认定办法；三是财政部等部门制定廉租房专项补助资金实施办法；四是发改委等部门制定中央预算内投资对中西部廉租房支持办法；五是财政部和税务总局制定税收支持政策；六是人民银行等提出金融支持意见。

转引自：于兵兵，《中国住房体制迎来第三次变革 房价或现结构分化》，《上海证券报》，2007年8月16日。

思考题

一、名词解释

公共物品，公共财政，比较优势理论，产业关联理论

二、问答题

1. 回答城市经济管理的含义及重要性。

2. 回答城市土地管理的主要内容。

3. 分析城市主导产业的选择应该坚持什么样的原则？

4. 分析城市财政管理对城市经济发展的重要性。

5. 简答城市经济管理的主要职能是什么？

6. 简答政府管理物价的主要方式有哪几种？分别适用于什么商品？

7. 简答发展特色城市，如何定位主导产业？

8. 论述我国大中城市产业集群发展的现状以及存在的问题。

9. 论述城市发展中的财政困境以及出路。

三、案例分析

某市某单位在仅获得建设用地批准文件后，就在建设用地批准文件指定地

段修建一座餐厅，餐厅建成后，该市城市规划行政主管部门认定此餐厅是违章建筑，下令拆除。该单位在接到拆除通知后，既不执行，也不向人民法院起诉，而是继续营业。据此案内容，请回答：该单位的餐厅是不是违章建筑？为什么？在该单位接到拆除通知后既不执行，又不起诉的情况下，城市规划行政主管部门应如何进行城市规划管理？

第八章　城市环境管理

本章重点

1. 城市环境问题的表现及成因
2. 城市环境管理的内容
3. 我国城市环境管理的原则
4. 我国城市环境管理的基本制度
5. 我国城市市容与环境管理的内容
6. 我国城市园林绿化管理的内容

　　城市是人类聚集生存的地方，是人类对自然环境干预最强烈的地方。随着城市化进程的加快，环境恶化、气候变迁，城市的环境治理进入了人们的视线，人们开始检讨人与环境之间的关系，为了减缓人类对环境的破坏与干预，联合国提出可持续发展的宗旨目标，呼吁世界各地保护我们的生存环境。

第一节　城市环境管理概述

　　城市生态系统是一个有机系统，城市生态系统遭受严重破坏，人们由此而承担了一系列的报复。如何协调人与自然的关系，管理好环境，已经成为全世界关注的一个焦点问题。对于城市环境以及环境问题的相关分析成为本节的重点。

一、城市生态系统

（一）城市生态系统的概念
城市生态系统是城市空间范围内居民与自然环境系统和社会环境系统相互

作用而形成的统一体，属于人工生态系统，它是以人为主体的、人工化环境的、人类自我驯化的、开放的生态系统。自然环境系统包括大气、水体、土壤、岩石、矿产资源、太阳能等非生物系统和动物、植物、微生物等生物系统；社会环境系统包括人工建造的物质环境系统（包括各类房屋建筑，道桥及运输工具，供电、供能、通风和市政管理设施及娱乐休憩设施等）和非物质环境系统（包括城市经济、文化与群众组织系统，社会服务系统，科学文化教育系统等）。

（二）城市生态系统特点

与自然生态系统相比，城市生态系统具有如下几个方面的特点：

1. 城市生态系统的核心是人类

人类是城市生态系统中的生产者，城市的一切设施都是人创造的。人类用自己的汗水和智慧，把大自然改造得适合人类的心愿。人类的生命活动是生态系统中能流、物流和信息流的一部分，人类亦具有其自身的再生产过程。人类又是城市生态系统中的主要消费者。动物在城市生态系统中以现存量计很少，且主要为一些伴生害虫或家养动物，体现着人类的影响。人类的生物物质现存量不仅大大超过系统内的动物，也大大超过系统内绿色植物的现存量。与绿色植物和其他动物相比，人类处在营养级倒金字塔的顶端。人类是城市生态系统的主宰者，其主导作用不仅仅在于参与生态系统的上述各个过程，更重要的是人类为了自身的利益对城市生态系统进行着控制和管理，人类的经济活动对城市生态系统的发展起着重要的支配作用。

2. 城市生态系统是一个不完全的生态系统

城市生态系统由于食品链（网）简短，一般仅有二级或三级，即植物—人，植物—食草动物—人。与自然生态系统相比，城市生态系统由于物种多样性的减少，能量流动与物质循环的方式、途径均发生改变，使系统具有很大的依赖性，维持城市生态系统所需要的大量营养物质和能量，需要从系统外的其他生态系统中输入。城市生态系统所产生的各种废物，也不能靠城市生态系统的有机分解者完全分解，而是靠人类通过各种环境保护措施来加以分解，所以城市生态系统是一个不完全、不独立的生态系统。如果从开放性和高度输入的性质看，城市生态系统又是发展程度最高、反自然程度最强的人类生态系统。

3. 城市生态系统在能量流动方面具有明显的特点

由于城市生态系统的主要消费者是人，其所消费的食物量大大超过系统内绿色植物所能提供的数量。因此，城市生态系统所需求的大部分食物能量和物质，要依靠从其他生态系统（如农田、森林、草原、海洋等生态系统）人为地输入。同时，城市生态系统中的生产、建设、交通、运输等都需要能量和物质供应，这些也必须从外界输入。其中能量在系统内通过人类生产和生活实现流通转化，逐级消耗，维持系统的功能稳定；而人类生产和生活所产生的产品和大量废弃物，大多不是在城市内部消化、消耗和分解，而必须输送到其他生态系统中去消化。这种与周围其他生态系统相比高速而大量的能流和物流交换，主要靠人类活动来协调，使之趋于相对平衡，从而最大限度地完善城市生活环境，满足居民的需要。

4. 城市生态系统是多层次的复杂系统

仅以人为中心，我们可将城市生态系统划分为三个层次的子系统：

（1）生物（人）—自然（环境）系统。只考虑人的生物性活动，是人与其生存环境的气候、地形、食物、淡水、生活废弃物等构成的子系统；

（2）工业—经济系统。只考虑人的经济（生产、消费）活动，由人与能源、原料、工业生产过程、交通运输、商品贸易、工业废弃物等构成的子系统；

（3）文化—社会系统。只考虑人的社会活动和文化生活，由人的社会组织、政治活动、文化、教育、康乐、服务等构成的子系统。

以上各层次的子系统内部，都有自己的能量流、物质流和信息流，而各层次之间又相互联系，构成一个不可分割的整体。

二、城市环境问题

（一）城市环境问题的主要表现

广义的环境问题是指由自然力或人力引起生态平衡被破坏，最后直接或间接影响人类的生存和发展的一切客观存在的问题。狭义的环境问题，是指由于人类的生产和生活活动，使自然生态系统失去平衡，从而影响人类自身生存与发展的一切问题。

从环境问题的成因来看，可将其分为原生环境问题和次生环境问题，前者是由自然力引起的，如火山喷发、地震、海啸、洪涝、干旱、滑坡、泥石流等自然灾害引起的环境问题；由于人类的生产和生活活动引起的生态系统破坏和环境污染，反过来又危害人类自身的生存和发展的现象，称为次生环境问题。次生环境问题，包括生态破坏、环境污染和资源浪费等方面。通常情况下，原生环境问题和次生环境问题往往难以截然分开，它们之间常常存在着某种程度的因果关系和相互作用。

城市环境问题主要是指城市生态系统的破坏、城市环境污染和资源浪费。城市生态系统破坏问题，是指城市中人的生产生活活动对自然生态系统造成了显著影响，使其生产能力急剧减少，系统结构发生显著改变的现象，如乱砍滥伐引起水土流失。城市环境污染则指城市生态系统有害的物质进入城市环境后，对城市系统产生一系列扰乱和侵害，从而导致城市环境质量的恶化。城市环境污染大多是城市中人的活动引起的，也有自然活动产生的。

在城市化进程中，城市环境问题变得越来越严重，城市大气、水体、垃圾和噪声等污染严重。当前我们面临的主要城市环境问题主要表现在下列几个方面：

1. 城市大气环境污染

现在，全球每年有 3 亿多吨二氧化硫，1.35 亿吨悬浮颗粒物和 1.5 万吨氮氧化物排入大气，造成大气环境污染严重。城市的大气污染，不仅包括高浓度的污染物，如二氧化硫、氮氢化合物等，还包括低浓度高毒性的有机污染物，如以苯为主的污染气体、二氧化碳等。许多空气中的有害物质含量达到世界卫生组织规定最高限值的 2~8 倍。

2. 城市水环境污染

城市中各种废水未经处理，直接排入江河湖海，造成了水体污染，包括有毒重金属，如汞、镉、铬、砷、铅，有机物、水体富营养化，放射性，病原菌等各种水体污染类型。我国城市 70% 以上沿江河湖海分布，流经城市的河段中 78% 不适合作为饮用水水源，50% 以上的城市地下水受到污染。据对全球 110 条河流的监测，只有分布在北美洲和欧洲的 20 条河流水质达到世界卫生组织（WHO）规定的饮用水源标准，广大发展中国家的河流都遭受不同程度的污染。

3. 城市固体废物排放

全球每年产生的垃圾约 100 亿吨，其中 2/3 产自工业化国家。全球每年产生有害废物 3.3 亿吨，其中 2.7 亿吨产生在美国。随着我国城市人口大量增加，每年产生的垃圾量达 1 亿吨左右，并以每年 10% 的速度在递增。我国 670 多座城市中，至少有 2/3 的城市都已陷入垃圾的重重包围中。垃圾造成土壤板结，大中城市周围土壤 80% 被严重污染。城市垃圾不仅污染城市环境，而且占据越来越多的土地，全国每年仍有 5600 多万吨城市生活垃圾露天堆放在城市郊区。

4. 城市噪音污染

伴随着城市的不断发展，工业机器噪音、交通噪音、施工噪音、市井噪音、设备噪音（如卫生间设备噪音、电梯噪音、水泵房噪音）及室内噪音（电脑、洗衣机噪音）等对人们的生活干扰很大，城市噪音污染令不少人患上了神经衰弱症。飞机的噪音使南极企鹅等海鸟的心跳加快早已成定论。噪音对人类的伤害也不可低估。噪音污染不但能够影响人的听力，而且能导致高血压、心脏病、记忆力衰退、注意力不集中及其他精神综合症。研究表明，人听觉最高可以接受 30 分贝的音量，当室内的持续噪音污染超过 30 分贝时，人的正常睡眠就会受到干扰，而持续生活在 70 分贝以上的噪音环境中，人的听力及身体健康将会受到影响。最新科学研究证实，噪音还会伤害人的眼睛，引起视力疲劳和视力减弱。当噪音强度在 90 分贝时，约有一半的人会出现瞳孔放大，视物模糊；当噪音达到或者超过 110 分贝时，几乎所有人的眼球，对光亮度的适应都有不同程度的减弱。这就是为什么长时间生活在噪音环境中的人，特别容易发生眼疲劳、眼胀痛、眼发光，以及视物流泪等多种眼损伤现象的缘故。

（二）城市环境问题的成因分析

1. 城市环境问题的哲学根源

古今中外，哲学家们很早就将人与自然的关系作为了自己的研究对象。我国古代的先哲们积极探索天、地、人、神之间的关系问题，并把天人合一的境界作为人生最高的境界。环境与哲学之间一直有着很深的渊源。城市环境问题的产生与西方世界"主客二分"的哲学传统有着密切的关系。在当今城市环境问题日益明显的情况之下，将自然与社会、人与自然截然分开来思考问题的方式显然已不再适合人与自然关系发展的实际。这只会忽视大自然的整体性和价值尊严，导致人类对自然界盲目地索取和改造。

2. 城市环境问题的经济根源

从西方公共选择理论的观点来看，城市环境问题的产生是市场机制失灵所致。城市环境污染是典型的外部不经济行为。具有理性思维能力的人类，并没有破坏自己赖以生存的环境的偏好，但为什么在现实中却有如此多的破坏环境的行为呢？这实质是一个人类行为的选择问题。在社会生活的许多领域，人们通过使用公共资源的方式满足其个人利益，以及维护资源的基础所需要的更高的秩序要求，这两者之间存在着一种张力。这种张力早已被亚里士多德认识到。他指出，凡是属于多数人的公共事物常常是最少受人照顾的事物。人们关心自己的所有，而忽视公共利益，他们至多只留心其中对他们多少有些相关的事物。环境保护就是这许多领域之中的一个。哈丁的"公用地悲剧"形象而深刻地说明了个体的理性行为所导致的集体的不理性，反映并体现了在对待公共资源上个体理性与集体理性之间的冲突。正如哈丁教授分析的那样，尽管在公共的自然生态环境中，个体的外部经济性行为能为个体带来短视的利益，但它以损害他人的利益为前提，会给整个社会的生态环境带来损害和压力，最终也会损害到个体的长远利益。个人理性行为的选择往往是将内部成本外部化和外部收益内部化，当所有人或大多数人都做出这样的行动选择并叠加在一起时，对环境施加的负外部性影响，就会大大超过对环境施加的正外部性影响。

"公共地悲剧"的类似情形还有"公海的悲剧",各方过度捕捞必然导致渔场的日益衰竭;"公天的悲剧","公水的悲剧",天空是公共的,水资源是公共的,你排放一点污染,我也排放一点污染,久而久之,空气质量下降了,河流污浊不堪。每个理性人都试图将公共资源转化为私人财富,最终使公共利益遭到损害。可见,城市环境问题究其实质,正是由于社会行动者从个体利益出发引起的环境失当而造成的城市环境破坏问题,是相关行动者一系列个体理性行为的博弈构建出的一个集体非理性的结果所致,它是人类无限扩张其经济活动的副产品。

3. 城市环境问题的技术根源

科学技术是一把双刃剑(DOUBLE EDGE SWORD),一方面,"科学技术的发展,为人们认识环境和改造环境提供了显微镜和望远镜。如没有显微镜的发明,就不可能对许多细菌进行认识一样,没有环境化学和分析化学的产生,就不能深刻地认识环境污染中的毒物;没有近代生态学的诞生,就不能很好地认识生态破坏的危害"。[①]所以科学技术水平的进步,会提高人们对城市环境问题的认识水平和治理能力。但是另一方面,过度滥用技术,人类往往反受其害。例如,对核能、化学和生物技术的滥用可能会导致无法估量的灾难性的生态恶果。

4. 城市环境问题的社会根源

城市环境问题的产生有着深厚的社会根源,人口的规模、文化的模式、制度的实施和战争等都会导致城市环境问题的产生。尤其是当人们的环境意识和法制观念淡薄时,这种问题就会越发的明显。

5. 超城市化对环境问题的影响。引起城市生态环境问题的因素很多,最直接的原因是超城市化和超工业化的进程。随着人类文明和经济的发展,城市化也随之发展,社会经济愈发达,城市化程度也愈高。但自20世纪70年代以来,一些发展中国家,大批劳动力盲目从农村涌入城市,致使大城市人口急剧增加,超过了城市设施、区域资源和环境的负荷能力,从而带来了住房拥挤、交通阻塞、水资源短缺、城市污染严重等一系列环境问题,这种现象称为"超城市化"。

(1)城市化对大气环境的影响

人类活动对气候变化的作用主要反映在下垫面的改变以及向大气排放大量气态、颗粒态物质,而城市正是这种作用表现得最集中、最强烈的地区。下垫面的性质是气候形成的重要因素之一。地面与其上的大气摩擦层间存在着复杂

---

① 童宛书、黄裕侃,《环境经济问题》,人民大学出版社,1983年,第37页。

而普遍的水分、热量和物质交换与平衡，同时地面又是空气运动的界面。因而下垫面的性质直接影响着气温、辐射、湿度、大气稳定度、风等气象要素值的时空分布。随着人口大量向城市集中，原有的乡村自然环境发生了根本性变化，疏松、潮湿、具有植被覆盖的田园被砖石、沥青、水泥等坚实、不透水、导热率大的建筑材料铺筑，平坦或缓坡地上低矮的农舍被林立的高楼和纵横交织的街谷所取代，极大地改变了原来下垫面的性质和自然环境状态。

城市高强度的经济活动释放出大量废热及有害气体和气溶胶颗粒物。造成大气质量下降，甚至大气污染。同时，将改变大气透明度和辐射热能收支，为云雾的形成提供丰富的凝结核，进而改变局部地区的气候。

城市气候是受城市化影响而形成的，城市环境的人格化表现主要有：

①城市上空空气中的有害气体和粉尘含量高，空气的混浊度大，因而日照时数和太阳直接辐射强度均小于市郊。由于都市释放的大量废热，得不到相应植被的调节，导致市区内的气温明显高于市郊。其水平温度场的等温线构成了一条条以都市为中心的闭合圈。这种城市高温区是普遍存在的，犹如海面上与一条条闭合等高线对应的岛屿，故称之为"城市热岛"。

②城市下垫面的差异与排水系统发达，地面比较干燥，因而城市水汽蒸散量小于乡村。另一方面，城市工业生产中排出的水汽又使空气湿度增加。人为水汽量尚不足自然蒸散量的 1/6。在绝对湿度的空间分布上，市区小于市郊，形成了所谓的"干岛效应"。

③城市的工业、交通、民用炉灶等排出的烟尘以及大气中光化学过程生成的二次污染物使空气变得混浊，能见度下降，日照和太阳辐射强度降低，形成以城市为中心的"混浊岛"。

④由于存在着热岛效应，市区的热空气上升到一定高度后，转为水平运动，在周围的郊区下沉，下沉的气流与郊区向市区补充的气流混合在一起向市区吹去。这种由城镇四周郊区向市中心汇合的水平气流，就是城市特有的"城市风"，它对城市的降水和干湿分布都会产生影响。

（2）城市化对水环境的影响

水是支持城市中各种活动的基本要素之一。然而城市化不断发展不但扰乱了城市区域正常的水循环，还导致了水污染等一系列的环境问题。

城市化最大的特征之一就是原有的透水区（森林、草地、农田）不断被混凝土建筑物及沥青路面所取代。城市不透水面积和排水工程的扩大，减少了雨水向下的渗透，增加了地表径流流速，从而地表径流的侵蚀和搬运能力将相应增强。地表径流冲刷堆积于街道、马路和建筑物上的大量堆积物，可能引起水体的非点源污染。

城市化的不断加速，加快了人们对地下空间的利用，如上、下水道及地铁等工程对地下水的收支产生很大影响。城市化的发展导致了地下水收支量的失衡，地下水支出量大于其收入量，结果导致了大面积的地下水漏斗，即通常所说的过分的地下水开采，引起区域性地面沉降。如东京有些地区曾在一年内地面沉降26CM；墨西哥城每天抽取地下水量达3.75MT，由于过量开采地下水造成严重的地面沉降。

城市化也带来了水质污染等一系列环境问题。城市化对水质的影响主要指生产、生活、交通运输及其他服务行业排放的污染物对水环境的污染。目前发达国家已经采取了十分严格的排污控制手段，兴建大量的一级二级污水处理厂，使城市生产、生活污水排放已得到控制。特别是工业废水得到较高的净化处理，减少了对水质的污染，许多河流的水质有了明显改善。与发达国家相比，发展中国家城市的水质污染十分严重。

（3）城市化与固体废弃物

固体废弃物是人类生活和生产活动的代谢物之一。随着经济的发展和人们生活水平的提高，固体废弃物日益增多，给城市的环境带来了极大的危害。工业生产的固体废弃物可以通过清洁工艺、减少废弃物排放及将其资源化来解决。而生活中的垃圾则是困扰各大城市的大难题。国际上也发生过有害的固体废弃物越境转移现象，成为世界的公害问题。

城市固体废弃物的管理控制，至今没有一个国家真正解决。现代管理称城市垃圾处理为"从摇篮到坟墓的系统工程"。对城市固体废弃物的管理，首先是要在技术和经济允许的最大限度内削减废弃物的产量，即从根源上减少固体废弃物的问题。

固体废弃物处理的目标是：无害化、减量化、资源化。对于不同成份的废弃物，要综合考虑各种因素，通过分析论证，才能确定采用某种符合环境、经济要求和具有社会效益的处理方法。传统的处理方法：填埋、焚烧、堆肥，都可能产生新的环境问题，如城市附近的填埋场趋于饱和、远距离填埋增加费用、填埋渗滤、污染迁移、难降解的塑料影响土地利用等。采用焚烧的方法利用热能也是一种趋势。但焚烧也有缺点，如投资、运行成本大、二次污染（燃烧过程产生二噁英等物质污染大气）等。堆肥是一种充分利用有机物资源的方法，依靠细菌、真菌等微生物的作用，使可生化降解的有机物转化为稳定腐殖质，是一种垃圾处理的无害化方法。

（4）城市化对生物环境的影响

城市化严重破坏了生物环境，改变了生物环境的组成和结构。许多城市房屋密集，街道交错，水泥路代替了草地、绿野，形成了"城市荒漠"。野生动物群在城市中消失。城市化过程也是一个破坏原有的自然生物环境，重建新的人工生物环境的过程。

总之，城市环境问题的产生是生态关系失调的具体表现，其本质是城市生态系统被人为地破坏。因此解决城市的生态危机的关键在于解决人与环境的关系，改变城市人口失控状态，以及资源配置的不合理模式，提出用生态学原理和最优化方法去调节城市内部各部分之间的关系，提高物质转化和能量利用的生态效率，开发城市未被利用的人力、物力和环境资源。

警言

人们经常将自己周围的环境，当作一种免费的商品，任意地糟蹋而不知加以珍惜。

——甘哈曼

大地给予所有人的是物质的精华，而最后，它从人们那里得到的回赠却是这些物质的垃圾。

——惠特曼

三、城市环境管理

城市环境管理是城市政府运用各种手段，组织和监督城市各单位和市民预防和治理环境污染，使城市的经济、社会与自然环境协调发展的活动。城市环境管理包括环境保护和环境治理。

城市环境管理由三个要素组成，即城市、环境和管理。城市意味着人类活动的密度大，环境考虑的不仅仅是物质环境，还包括经济环境和社会环境，管理则意味着政策的开发和实施。我们可以将城市环境管理的基本目标定为提高生活条件的质量，包括人类健康、生活环境和福利等等，或把城市环境管理的目标定义为支持和鼓励城市的可持续发展。事实上，实现城市环境管理的基本目标在很大程度上取决于当地的条件和决策者。城市环境管理者的职责是帮助确定问题，提出可供选择的政策方案以及制定可能的解决问题的对策，所以，城市环境管理的一个重要内容是"如何去做"。帮助当地的行为者分析、决策和合作，进行参与式的决策和实施。城市环境管理者是一个过程管理者，有许多工具可帮助城市环境管理者实现这一过程的管理，如地方21世纪议程、环境规划与管理、战略环境评价、环境影响评价、公私伙伴、通讯技术、国际标准化组织、生态标签等等。

　　城市环境管理的对象即城市及其环境是非常复杂的，作为一个专业领域，它刚刚起步，作为一门学科，其理论和方法还很不成熟，但发展较快。它要求城市环境管理者具备多门学科的基础知识，如生态学、建筑学、环境法律、卫生工程、城市财政等知识，并知道什么时间、什么样的专家应介入城市的环境管理。地方政府是城市环境管理的主要负责人，同时，城市环境管理的另外一个责任者是企业，同样，城市公共事业部门、社区组织以及居民、非政府组织、大学、媒体等都将在城市环境管理中发挥重要的作用。

四、城市化建设中各国的环境保护措施

　　爱尔兰环境部宣布了一个按量交费的清理垃圾计划。该计划引进了一种新式收垃圾的系统，所有地方行政当局将对公共设施和住户的垃圾实行计量，要么称重量，要么按体积量，倒垃圾的人必须按实际的垃圾量交纳清理费。

　　巴西为了保护旅游资源，规定每个国家公园对公众开放的地区不得超过园区面积的 5%，在公园内进行第三产业活动必须经过审批，并承担环保责任，同时每周的星期一静园一天。

　　德国对付城市噪音有妙招，在有些路段铺设了一种"消声混凝土"，可吞食车轮滚动时发出的声响。而且，德国城市居民很会"对付"噪声，很多消声建材产品因此走俏德国。关于降低噪声，德国有完备的法律法规，比如，噪声超标的企业一律迁出城市；施工单位不仅要噪声值达标，施工时间也有严格限制。除了周末。城市居民晚上 10 点后不准在家里大声说话、放音乐、搞聚会，否则邻居可以起诉。

　　法国对供水、排水、污水及回用实施一体化管理，对空中水、地表水、地下水实施统一管理。水按用途分工业、农业、生活用水，而用水量减去消耗量就等于排出的污水量，水环境的改善就是要控制污水排放量和排放标准，那么就要对供水进行控制管理，因此，对供水、用水、排污、污水治理一体化管理是科学的。

　　以色列靠滴灌技术在荒漠上建成"欧洲冬季的厨房"。以色列 2/3 的国土是戈壁和荒漠，土地贫瘠，水资源奇缺。最南部的沙漠地带常年无雨，而蒸发量却大得惊人。在这样的地方，人的生存都成问题。但是，以色列人不仅种出了庄稼，培育出了林果蔬菜，发展了畜牧业，还创造了适宜人类生存发展的环境。

现在，以色列所需粮食的95%依靠自己生产。每年生产的水果、蔬菜、花卉植物，还大量向德国、法国、荷兰、意大利、瑞士等欧洲国家出口，赚取外汇达20多亿美元。因此，以色列获得了"欧洲冬季的厨房"的赞誉。这一切得益于该国对水资源的集约高效利用，特别是在沙漠干旱地区发明的令人惊叹的滴灌技术。在树根周边、花丛中、灌木下，一排排手指粗的胶管清晰可见，一滴滴晶莹的水珠如露水般从胶管中渗出，滋润着植物根部的土壤。在各种民用建筑中，都铺设了节水管，生活用水通过这些管道，再输送到花草、树木及粮食作物的根部。只要地上有绿色，地下便有滴管。

新加坡与马来西亚在城市环境建设中倡导生态环境与人文环境并重。为了更好地保护环境，避免污染，新加坡将国家重要工业之一的石油冶炼项目放在外围岛屿，而市内主要是以无污染的产业为主。马来西亚则从区域的角度来注重生态保护，合理进行城市的分布，控制城市开发建设的规模和方向，在其东部至今仍保留有大面积尚未开发的土地，使城市及乡村大部分区域都被绿色所覆盖。两国政府在可持续发展的战略决策方面可谓极富远见，用心良苦。新加坡、马来西亚还都非常注重人文环境的保护和建设。在现代城市建设中还保留着浓郁的地方特色和传统风貌，在新加坡、吉隆坡都曾有过一段殖民史。城市建设在对待这段历史背景上，采取了对外来文化兼收并蓄的办法，将西方文化与本土文化有机地融合起来，形成了具有历史时代特征的、集西方与本土文化精华于一体的建筑风格和城市风貌。

丹麦的国土面积很小，为防止受污染的土壤给人造成危害，政府制定了一项给污染土壤进行消毒的计划：估计用50年的时间，采用生物分解、水冲洗以及高温处理等办法，对过去和现在的化学、铸钢、采矿企业所在地的土壤进行消毒清洁，以消除污染。

第二节　我国的城市环境管理

我国城市环境面临严峻挑战。制定全面规范的环境管理制度，采取积极、稳妥的管理方法，不仅关系到城市环境治理本身，更是关系到社会可持续发展。

一、我国城市环境管理工作的基本概况

（一）我国城市环境管理机构

根据我国《环境保护法》第七条的规定，城市政府的环境保护局及其下属

各区、县的环保机构，是对城市环境保护工作统一实施监督管理的机关和执法部门。此外，港务、渔业、军队、公安、交通、铁道、民航、土地、农业、水利等部门也承担一定的管理任务。

（二）我国城市环境管理的内涵

城市环境管理是城市政府运用各种手段，组织和监督城市各单位和市民预防和治理环境污染，使城市的经济、社会与自然环境协调发展的行使职能的活动，其核心是协调社会经济与环境的关系，最终实现可持续发展。

（三）我国城市环境管理的原则

1. 城市环境保护与经济建设、社会发展相协调的原则，即正确处理经济、社会发展与环境关系的一项原则。协调发展原则是可持续发展原则在环境保护法中的体现，要贯彻协调发展原则必须把环境保护纳入经济与社会发展计划，制定环境保护规划，把环境保护纳入到有关部门的经济管理与企业管理中。

2. 预防为主、防治结合的原则，即预防为主、防治结合、综合治理原则。采取各种预防措施，防止开发和建设活动中产生的环境污染或破坏，对已经造成的环境污染和破坏进行积极的治理，使其控制在能够维持生态平衡。由于环境问题一旦产生就很难消除，与其悔于环境问题产生之后，不如从一开始就采取积极措施加以防范，避免损害的发生。

3. 奖励综合利用的原则，是把物质生产过程和消费过程中（如工业、农业、人民生活）排放的各种"废弃物"最大限度地利用起来，做到物尽其用，以便使整个社会生产和消费的排泄物减少到最低限度，从而取得最好的经济效益和环境效益。为更好地贯彻该原则，国家应鼓励企业积极开展资源综合利用，对实行综合利用生产的企业在财政、投资、信贷上给予优惠，并应建立综合利用奖惩制度，对发展综合利用有贡献的企业给予奖励，对违反规定的给予处罚。

4. 开发者保护、污染者治理的原则，也有人称为污染者治理、利用者补偿原则或污染者付费、利用者补偿、开发者保护、破坏者恢复原则等。它是指在生产和其他活动中造成环境资源污染和破坏的单位和个人，应承担治理污染、恢复环境的责任。"谁污染谁治理"的原则体现了市场经济体制下环境保护的新要求，即生产经营活动造成的环境污染属于经营成本，这笔费用只有由生产经营者自己来承担。

5. 环境保护的民主原则，又称公众参与原则、环境民主原则、依靠群众原则，该原则是目前在各国环境保护与管理中普遍采用的一项原则。环境保护关系到全国人民的切身利益，环境质量的好坏也影响到所有人的生活和健康，所以应在制度与法律中规定公民的环境权。我国目前尚缺乏保障公众参与原则的有力措施，公众参与原则还只是停留在书面意义上，增加涉及公众生活的环境保护信息的透明度，提高公众参与环境保护活动的行政效率，消除阻碍公众参与的各种制度障碍，是立法机关值得深思的有益举措。

（四）我国城市环境管理的基本制度

目前，我国环境管理行之有效的制度措施主要有八项，即：1.环境影响评价制度；2."三同时"制度；3.排污收费制度；4.环境保护目标责任制；5.城市环境综合整治定量考核制度；6.排污申报登记与排污许可证制度；7.污染集中控制制度；8.污染限期治理制度。

1. 环境影响评价制度

环境影响评价制度，是贯彻预防为主的原则，防止新污染，保护生态环境的一项重要的法律制度。环境影响评价是指在环境的开发利用之前对该开发或建设项目选址、设计、施工和建成后将对周围环境产生的影响、拟采取的预防措施和最终不可避免的影响所进行的调查、预测和估计。

2003 年 9 月 1 日起施行的《中华人民共和国环境影响评价法》，使环境影响评价制度得到很大的完善，是我国环境影响评价制度立法的一个里程碑。与以往规定相比，环境影响评价的范围有了扩大，不再是对单个建设项目进行评价，而是增加了对规划的环境影响评价；而且在环境影响评价中引入公众参与机制；再次，跟踪评价制度有利于规划得到更好的落实，有利于环境影响评价预防环境恶化作用的真正发挥，避免制度流于形式。

2. "三同时"制度

"三同时"制度是在我国出台最早的一项环境管理制度，是中国的独创。具体说，"三同时"制度，是指一切新建、改建和扩建的基本建设项目、技术改造项目、区域性开发建设项目的污染治理设施必须与主体工程同时设计、同时施工、同时投产的制度。它与环境影响评价制度相辅相成，是防止新的污染和破坏的两大法宝，是我国预防为主的方针的具体化和制度化。

"三同时"制度虽然推行多年，但仍有待完善。该制度的实施基本上以单项治理为主，这意味着各个污染源都要上一套治理装置，首先这在经济上不一定是合理的，而且即使是一个污染源达到排放标准，仍然会增加其所在区域的环境污染负荷。所以，可考虑采取社会化的集中治理办法，以取得更好的经济和环境效益。

3. 排污收费制度

20 世纪 70 年代初期，在世界经济合作与发展组织提出的"污染者负担"原则的指导下，一些国家和地区相继实行了行政污染税或排污收费制度。20 世纪 70 年代末 80 年代初，我国根据环境保护事业发展的需要，提出了"谁污染谁治理"的原则，根据这一原则，我国尝试运用经济手段保护环境，开始实行排污收费制度。

排污收费制度是指一切向环境排放污染物的单位和个体生产经营者，依照国家和地方法律和环境标准的规定，实行排污征收费用的制度。其特点是运用价值规律给排污者造成一定的经济压力，促使其减少或消除污染物的排放。

1979 年的《中华人民共和国环境保护法（试行）》中首次正式规定了我国的排污收费制度。1982 年国务院颁布《征收排污费暂行办法》后，排污收费制度正式实施。经过 20 多年的实践，这项制度现已建立起了比较完善的法规体系，包括国家法律、行政法规、部门和地方行政规章等，制定了针对污水、废气、废渣、噪声、放射性等五大类物质的多项排污收费标准。

2002 年 1 月 30 日国务院通过了《排污费征收使用管理条例》，这是对 1982 年、1988 年公布实施了《征收排污费暂行办法》和《污染源治理专项基金有偿使用暂行办法》的修订，自 2003 年 7 月 1 日起施行，这是我国目前最新的有关排污费征收使用的规定。主要内容有：

（1）对排污费的征收对象做了明确界定，即"直接向环境排放污染物的单位和个体工商户（以下简称排污者）"。同时规定"排污者向城市污水集中处理设施排放污水、缴纳污水处理费用的，不再缴纳排污费。排污者建成工业固体废物贮存或者处置设施、场所并符合环境保护标准，或者其原有工业固体废物贮存或者处置设施、场所经改造符合环境保护标准的，自建成或者改造完成之日起，不再缴纳排污费"。

（2）对排污费的征收管理作了明确规定：明确排污费征收标准的制定权限；规定污染物排放种类、数量的申报、核定和复核程序；明确排污费数额的确定原则和程序；规定排污费减免缓缴的原则和程序。同时，为了加强对排污费减免缓工作的管理，防止权力滥用，《条例》第 17 条还规定："批准减缴、免缴、缓缴排污费的排污者名单由受理申请的环境保护行政主管部门会同同级财政部门、价格主管部门予以公告，公告应当注明批准减缴、免缴、缓缴排污费的主要理由。"

（3）关于排污费的使用规定，一要严格实行收支两条线，排污费必须纳入财政预算，列入环境保护专项资金进行管理，主要用于下列项目的拨款补助或者贷款贴息：重点污染源防治；区域性污染防治；污染防治新技术、新工艺的开发、示范和应用；国务院规定的其他污染防治项目。这样，既可以确保收费与使用分开，又能带动更多的资金投入污染防治中。二要进一步明确财政、环保、审计等有关主管部门应当对环境保护专项资金的使用情况加强监督和审计，以防止环境保护专项资金被截留、挤占。

（4）相关的法律责任。条例还对不按规定征收、缴纳排污费，骗取批准减免缓缴排污费，不按规定使用环境保护专项资金的行为规定了相应的法律责任，加大对排污费征收使用中各种非法行为的处罚力度，提高罚款额度。

4. 环境保护目标责任制度

环境保护目标责任制，是通过签定责任书的形式，具体落实地方各级人民政府和有污染的单位对环境质量负责的行政管理制度。这一制度明确了一个区域、一个部门及至一个单位环境保护的主要责任者和责任范围，运用目标化、定量化、制度化的管理方法，理顺了各级政府和各个部门在环境保护方面的关系，从而使改善环境质量的任务能够得到层层落实。这是我国环境保护体制的一项重大改革。

环境保护目标责任制产生以来，经过不断充实和发展，呈现出下列特点：

（1）有明确的时空界限，一般以一届政府的任期为时间界限，以行政单位所辖区域为空间界限；

（2）有明确的环境质量目标、定量要求和可分解的质量指标；

（3）有明确的年度工作指标；

（4）有配套的措施、支持保证系统和考核奖惩办法；

（5）有定量化的监测和控制手段。

5. 城市环境综合整治定量考核制度

城市环境综合定量考核（简称"城考"），是我国在总结近年来开展城市环境综合整治实践经验的基础上形成的一项重要制度，城市环境综合整治自1984年起在我国得到广泛推行。城市环境综合整治是指在城市政府的统一领导下，以城市生态学理论为指导，以发挥城市综合功能和整体最佳效益为前提，为保护和改善城市总体环境，对制约和影响城市生态系统发展的综合因素，采取综合性的对策进行整治、调控。该项措施在全国推行后，对改善城市环境发挥了促进作用。为了巩固成效，普及推广，把城市环境综合整治纳入法制管理轨道，在我国环境管理中建立了"城市环境综合整治定量考核制度"。到目前为止，全国参与"城考"的城市已达500个，占全国城市总数的76%。由国家环保总局直接考核的有113个国家环境保护重点城市。自2002年起，国家环保总局每年发布《中国城市环境管理和综合整治年度报告》。

实行城市环境综合整治定量考核制度的意义在于：

（1）使城市环境保护工作逐步由定性管理转向定量管理，有利于污染物排放总量控制制度和排污许可证制度的实施。

（2）该制度明确了城市政府在城市环境综合整治中的职责，使城市环境保护工作目标明晰化，对各级领导既是动力也有压力。通过考核评比，能大致衡量城市环境综合整治的状况和水平，找出差距和问题，促进这项工作的深入开展。

（3）可以增加透明度，接受社会和群众的监督，发动广大群众共同关心和参与环境保护工作。

各个城市的环境综合整治均有自己的侧重点，但一般来说就是要控制水体、大气、固体废物和噪声污染。其中保护水体和大气是重点，而保护饮用水源和控制烟尘污染则是重中之重。

6. 排污申报登记与排污许可证制度

排污申报登记制度是环境行政管理的一项特别制度。凡是排放污染物的单位，必须按所在地环境保护行政主管部门指定的时间，填报《排污申报登记表》，申报登记所拥有的污染物排放设施、污染物处理设施，以及正常作业条件下排放污染物的种类、数量和浓度，并提供相应的资料。实施这一制度有两个最基本的要求：一是按规定时间、项目申报；二是申报内容真实。为保证这一制度的正确实施，法律规定，对于拒报或谎报规定的有关污染物的排放申报登记事项的行为，要追究行政责任，给予警告或处以罚款。

排污许可证制度是以改善环境质量为目标，以污染物总量控制为基础，规定排污单位许可污染物排放种类、许可污染物排放总量、许可污染物排放去向等，是一项具有法律含义的行政管理制度。排污许可证在性质上是主管机关对申请排污单位的排污活动是否准允的一种态度、决定，其目的在于控制和约束排污行为。

排污申报登记制度是实行排污许可证制度的基础，排污许可证是对排污者排污的定量化。排污申报登记制度的实施具有普遍性，要求每个排污单位均应申报登记。排污许可证制度则不同，只对重点区域、重点污染源单位的主要污染物排放实行定量化管理。

7. 污染集中控制制度

污染集中控制是在一个特定的范围内，为保护环境所建立的集中治理设施和所采用的管理措施，是强化环境管理的一项重要手段。污染集中控制，应以改善区域环境质量为目的，依据污染防治规划，按照废水、废气、固体废物等的性质、种类和所处的地理位置，以集中治理为主，用尽可能性小的投入获取尽可能大的环境、经济和社会效益。

实行污染集中控制制度的基本做法包括：

（1）实行污染集中控制制度，必须以规划为先导。污染集中控制是与城市建设密切相关的，如完善排水管网，建立城市污水处理厂，发展城市绿化等。同时，城市污染集中控制是一项复杂的系统工程。因此，集中控制污染必须与城市建设同步规划、同步实施、同步发展。

（2）集中控制城市污染，要划分不同的功能区域，突出重点，分别整治。因为各区域内的污染物的性质、种类和环境功能不同，其主要的环境问题不一样，所以需要进行功能区划分，以便对不同的环境问题采取不同的处理方法。

（3）实行污染集中控制必须与分散治理相结合。因为，对于一些危害严重、排放重金属和难以生物降解的有害物质的污染源，对于少数大型企业或远离城镇的个别污染源，就要进行单独、分散治理。

（4）实行污染集中控制必须疏通多种资金渠道。污染集中治理比起分散治理来，在总体上可以节省资金，但一次性投资却很大。所以，要多方筹集资金，要由排污单位和受益单位出资，利用环境保护贷款基金、企业建设项目环境保护资金、银行贷款、地方财政补助，依靠国家能源政策、城市改造政策、企业改造政策等来筹集。

8. 污染限期治理制度

污染限期治理制度是指对长期超过标准排放污染物，污染严重而又未进行治理的单位，规定出一定期限，强令其在此期限内完成治理任务的制度，被限期的企业事业单位必须依法完成限期治理任务。

限期治理制度，它抓住了污染重点，具有显著的环境效益。它在给企业压力的同时，也给企业一定的时间和自由度，使企业可以在规定的限期内去筹措治理资金，选择最经济有效的治理措施。

限期治理的概念有几层含义：一是限期治理不是随便哪里污染重就对哪里进行限期，而是要经过科学调查评价，明确污染源、污染物的性质、排放地点、排放状况、迁移转化规律、对周边环境的影响等各种因素，并且要在总体规划的指导下进行；二是限期治理必须突出重点，分期分批解决污染危害严重，群众反映强烈的污染源与污染区域；三是限期治理要限定时间、治理内容、限期对象、治理效果等。

限期治理的对象和重点主要是：（1）污染危害严重，群众反映强烈的污染源和污染区域；治理后对改善环境质量、保障社会安定有较大作用的项目；（2）位于居民稠密区、水源保护区、风景旅游区、城市上风向等环境敏感区的污染物排放超标的污染项目；（3）区域或水域环境质量十分恶劣、有碍观瞻、损害景观的环境综合整治项目；（4）污染范围较广、污染危害较大的行业污染项目等。

按照限期治理的范围，可以把限期治理划分为三种类型：

（1）区域性限期治理项目。指对污染严重的整个区域（或水域）实行的限期治理。如上海市对苏州河、河北省对白洋淀的限期治理等。

（2）行业性限期治理项目。指对整个行业污染实行的限期治理。如对造纸行业制浆废液的限期治理，汽车行业汽车尾气的限期治理等。

（3）污染源限期治理。指对污染严重的排放源进行的限期治理，如对企业水污染源、大气污染源进行的限期治理。

二、城市市容管理

著名的城市学者伊利尔·沙里宁说，城市是一本打开的书，从中可以看到它的抱负，让我看看你的城市，我就知道你这个城市的人在追求什么。

城市的市容是城市形象和文明程度的重要标志，它是城市综合素质的反光镜，城市的经济水平、社会风气、文化氛围、规划景观等都借此得以体现。所以城市市容管理成为各城市高度关注的对象，成为城市环境管理的重要组成部分。

我国城市市容管理的政府职能部门，在一些大城市是专设的市政管理委员会；在其他城市，是环境卫生行政主管部门。市容行政部门下设市容监察大队，行使市容执法监察权，市容执法程序包括立案、调查、取证和处理等环节。

（一）城市市容管理的概念

城市市容管理，是指城市政府的市容行政主管部门依靠市容监察队伍和社会的参与，对城市的道路、街巷、集贸市场、建筑物、构筑物、施工场地、户外广告、交通运输工具、公共场所、公共设施、河道及其他水面、公共绿地等容貌的管理和城市建筑废弃物、生活废弃物及环境卫生设施的管理。

（二）城市市容管理的内容

根据 1992 年国务院令第 101 号《城市市容和环境卫生管理条例》，城市市容管理的内容有以下几个方面：

1. 城市的建设外观。一切单位和个人都应当保持建筑物的整洁、美观。在城市人民政府规定的街道的临街建筑物的阳台和窗外，不得堆放、吊挂有碍市容的物品；搭建或者封闭阳台必须符合城市人民政府市容环境卫生行政主管部门的有关规定。

2. 户外设施。在城市中设置户外广告、标语牌、画廊、橱窗等，应当内容健康、外型美观，并定期维修、油饰或者拆除。大型户外广告的设置必须征得城市人民政府市容环境卫生行政主管部门同意后，按照有关规定办理审批手续。

3. 市政公用设施。城市中的市政公用设施，应当与周围环境相协调，并维护和保持设施完好、整洁。

4. 街道绿化景观。主要街道两侧的建筑物前，应当根据需要与可能，选用透景、半透景的围墙、栅栏或者绿篱、花坛（池）、草坪等作为分界。临街树木、绿篱、花坛（池）、草坪等，应当保持整洁、美观。管理单位、个人或者作业者应当及时清除栽培、整修或者其他作业留下的渣土、枝叶等。

5. 街道与公共场地。任何单位和个人都不得在街道两侧和公共场地堆放物料，搭建建筑物、构筑物或者其他设施。因建设等特殊需要，在街道两侧和公共场地临时堆放物料，搭建非永久性建筑物、构筑物或者其他设施的，必须征得城市人民政府市容环境卫生行政主管部门同意后，按照有关规定办理审批手续。

6. 交通运输工具。在市区运行的交通运输工具，应当保持外型完好、整洁，货运车辆运输的液体、散装货物，应当密封、包扎、覆盖，避免泄漏、遗洒。

7. 工程施工现场。城市的工程施工现场的材料、机具应当堆放整齐，渣土应当及时清运；临街工地应当设置护栏或者围布遮挡；停工场地应当及时整理并作必要的覆盖；竣工后，应当及时清理和平整场地。

8. 禁止涂鸦。一切单位和个人，都不得在城市建筑物、设施以及树木上涂写、刻画。单位和个人在城市建筑物、设施上张挂、张贴宣传品等，须经城市人民政府市容环境卫生行政主管部门或者其他有关部门批准。

9. 罚则。

（1）有下列行为之一者，城市人民政府市容环境卫生行政主管部门或者其委托的单位除责令其纠正违法行为、采取补救措施外，可以并处警告、罚款：随地吐痰、便溺，乱扔果皮、纸屑和烟头等废弃物的；在城市建筑物、设施以及树木上涂写、刻画或者未经批准张挂、张贴宣传品等的；在城市人民政府规定的街道的临街建筑物的阳台和窗外，堆放、吊挂有碍市容的物品的；不按规定的时间、地点、方式，倾倒垃圾、粪便的；不履行卫生责任区清扫保洁义务或者不按规定清运、处理垃圾和粪便的；运输液体、散装货物不作密封、包扎、覆盖，造成泄漏、遗洒的；临街工地不设置护栏或者不作遮挡、停工场地不及时整理并作必要覆盖或者竣工后不及时清理和平整场地，影响市容和环境卫生的。

（2）未经批准擅自饲养家畜家禽影响市容和环境卫生的，由城市人民政府市容环境卫生行政主管部门或者其委托的单位,责令其限期处理或者予以没收,并可处以罚款。

（3）有下列行为之一者，由城市人民政府市容环境卫生行政主管部门或者其委托的单位责令其停止违法行为，限期清理、拆除或者采取其他补救措施，并可处以罚款：未经城市人民政府市容环境卫生行政主管部门同意，擅自设置大型户外广告，影响市容的；未经城市人民政府市容环境卫生行政主管部门批准，擅自在街道两侧和公共场地堆放物料，搭建建筑物、构筑物或者其他设施，影响市容的；未经批准擅自拆除环境卫生设施或者未按批准的拆迁方案进行拆迁的。

（4）凡不符合城市容貌标准、环境卫生标准的建筑物或者设施，由城市人民政府市容环境卫生行政主管部门会同城市规划行政主管部门，责令有关单位和个人限期改造或者拆除；逾期未改造或者未拆除的，经县级以上人民政府批准，由城市人民政府市容环境卫生行政主管部门或者城市规划行政主管部门组织强制拆除，并可处以罚款。

（5）损坏各类环境卫生设施及附属设施的，城市人民政府市容环境卫生行政主管部门或者其委托的单位除责令其恢复原状外，可以并处罚款；盗窃、损坏各类环境卫生设施及其附属设施，应当给予治安管理处罚的，依照《中华人民共和国治安管理处罚条例》的规定处罚；构成犯罪的，依法追究刑事责任。

（6）侮辱、殴打市容和环境卫生工作人员或者阻挠其执行公务的，依照《中华人民共和国治安管理处罚条例》的规定处罚；构成犯罪的，依法追究刑事责任。

（7）当事人对行政处罚决定不服的，可以自接到处罚通知之日起15日内，向作出处罚决定机关的上一级机关申请复议；对复议决定不服的，可以自接到复议决定书之日起十五日内向人民法院起诉。当事人也可以自接到处罚通知之日起十五日内直接向人民法院起拆。期满不申请复议，也不向人民法院起诉，又不履行处罚决定的，由作出处罚决定的机关申请人民法院强制执行。对治安管理处罚不服的，依照《中华人民共和国治安管理处罚条例》的有关规定办理。

（8）城市人民政府市容环境卫生行政主管部门工作人员玩忽职守、滥用职权、徇私舞弊的，由其所在单位或者上级主管机关给予行政处分；构成犯罪的，依法追究刑事责任。

讨论：小贩的生存权是否大于城市的整洁权？

2006 年 8 月 11 日，北京市海淀区城管大队海淀分队副队长李志强（37岁，北京市人）和城管队员在中关村科贸电子城查抄崔英杰（23 岁，河北保定人，退伍后到京做过保安，后来辞职为无证小贩）经营烤香肠的三轮车时与其发生争执。争执中的崔英杰将刀刺进李志强的脖子，致李急性失血性休克死亡。据当时城管自拍录像资料显示，李志强在被害时并未着城管的服装。2006 年 12 月 12 日，北京海淀区城管干部李志强被害案在北京第一中级人民法院一审开庭。检方将公安起诉意见书中的故意伤害罪变更为故意杀人罪，这一变化意味着，如果法院认定指控罪名适当，死刑将成为崔英杰的首选量刑。而这一意见引起了法律界专家和学者的激烈争议。城市中小贩的生存权和城市整洁权到底孰轻孰重？有人认为，小商小贩乱摆摊不仅影响了城市市容，还扰乱了交通、市场等社会秩序。所以理应禁止小商贩乱摆摊、乱销售等行为。还有人持相反观点："贩夫走卒、引车卖浆"，是古已有之的正当职业。我们的法律、我们的城市管理制度究竟是要使我们的公民更幸福还是要使他们更困苦？作为法律人的使命是要使这个社会更和谐还是要使它更惨烈？该案折射出目前我国城市管理面临的一个突出矛盾。低收入者可以通过合法的途径设个摊位谋生，城市管理者也应适当考虑到这部分人的生存情况。对此，你是如何看待底层生存权与城市整洁权之间的矛盾的？把城市的整洁置于小贩谋生的权利之上，是本末颠倒的价值观吗？在处理小商小贩的售货权和市民的市容整洁权的冲突时，是优先满足小商小贩的售货权与生存权还是优先于城市的市容整洁权？或者两种权利都要兼顾？

引自：2007 年 3 月 31 日凤凰卫视"一虎一席谈"，辩题为《城管与小摊贩谁是弱势群体》。

三、城市环境卫生管理

城市环境卫生管理是城市环境管理的一个重要方面，一个城市环境卫生的好坏会直接影响市民的身体健康，影响到城市经济建设的正常进行，影响到城市对外交往与旅游事业的发展，所以城市环境卫生管理对城市的生存和发展，对创建卫生城市，起着重要作用。

（一）城市环境卫生管理的概念

城市环境卫生管理，是在城市政府领导下，行政主管部门依法对道路、公共场所、垃圾、各单位和家庭等方面的卫生状况进行管理。

（二）城市环境卫生管理的内容

1. 环境卫生管理规划的制定和实施。市、区和县的政府应制定城市环境卫生事业发展规划，并纳入城市规划、城市经济和社会发展计划。

2. 公厕的管理。城市市容环境卫生主管机关，应当根据城市居住人口密度和流动人口数量以及公共场所等特定地区的需要，制定公共厕所建设规划，并按照规定的标准，建设、改造或者支持有关单位建设、改造公共厕所，并配备专业人员或委托有关单位和个人负责公厕清洁。公厕的管理者可以适当收费。

3. 环境卫生设施的管理。城市人民政府在进行城市新区开发或者旧区改造时，应当依照国家有关规定，建设生活废弃物的清扫、收集、运输和处理等环境卫生设施，多层和高层建筑应当设置封闭式垃圾通道或者垃圾贮存设施，并修建清运车辆通道。城市街道两侧、居住区或者人流密集地区，应当设置封闭式垃圾容器、果皮箱等设施。一切单位和个人都不得擅自拆除环境卫生设施；因建设需要必须拆除的，建设单位必须事先提出拆迁方案，报城市人民政府市容环境卫生行政主管部门批准。

4. 环境卫生的责任区划。国家行政建制设立的市的主要街道、广场和公共水域的环境卫生，由环境卫生专业单位负责；居住区、街巷等地方，由街道办事处负责组织专人清扫保洁；飞机场、火车站、博物馆、展览馆、纪念馆、体育馆（场）和公园等公共场所，由本单位负责清扫保洁；机关、团体、部队、企事业单位，应当按照城市人民政府市容环境卫生行政主管部门划分的卫生责任区负责清扫保洁。

5. 环境卫生的监督管理。城市人民政府市容环境卫生行政主管部门对城市生活废弃物的收集、运输和处理实施监督管理，一切单位和个人，都应当依照城市人民政府市容环境卫生行政主管部门规定的时间、地点、方式，倾倒垃圾、粪便；城市生活废弃物要逐步做到分类运输和处理；禁止随地吐痰、便溺，不得乱扔果皮、纸屑和烟头等废弃物；禁止饲养家畜家禽。城市政府环卫部门的环境卫生监察队伍监督检查各单位分工责任范围内的环境卫生，有权对违反环卫法规的行为予以处罚。

四、城市园林绿化管理

城市园林绿化建设是城市生态环境建设的主体和综合措施，直接关系到人民群众的生活质量与城市的可持续发展。做好城市园林绿化工作，是实现城市生态的良性循环、持续改善人居环境、促进人与自然和谐发展的重要保证。所以为了促进城市绿化事业的发展，增进人民的身心健康，1992 年国务院已颁布《城市绿化条例》，将城市绿化建设纳入了国民经济和社会发展计划。

（一）我国城市绿化的管理体制

我国城市绿化的管理体制是：

1. 市、区和县、街道和乡镇的绿化委员会负责宣传、组织、推动全民义务植树运动和群众性绿化工作。

2. 市园林管理局是城市园林绿化的行政主管部门，区、县的园林管理部门在业务上受市园林管理局的领导。

3. 市农业局是城市林业生产和乡村绿化的行政主管部门；县、区的林业管理部门是本辖区林业生产和乡村绿化的行政主管部门，业务上受市农业局的领导。

4. 城市各级政府有关部门有职责配合和协助园林或林业管理部门，加强城市的园林绿化管理。

5. 在城市的所有单位和居民均有义务参加植树造林，保护绿化。

6. 市政府统一领导城市植树造林的绿化工作，制定绿化分解责任指标和年度实施计划，实行植树造林绿化任期目标责任制。区、县政府根据绿化分解责任指标，制定年度实施计划，负责本辖区植树造林绿化建设的实施、实行植树造林绿化任期目标责任制。

7. 公共绿地、风景林地、防护绿地，由城市政府的绿化行政主管部门管理；各单位管界内的防护绿地，由该单位按照国家有关规定管理；单位自建的公园和单位绿地，由该单位管理；居住区绿地，由绿化行政主管部门根据实际情况确定的单位管理；生产绿地，由其经营单位管理。

（二）城市园林绿化的规划、建设、保护与管理

城市园林绿化管理基本内容有以下几个方面：

1. 城市园林绿化规划：①城市人民政府应当组织城市规划行政主管部门和城市绿化行政主管部门等共同编制城市绿化规划，并纳入城市总体规划。②城市绿化规划应当从实际出发，合理安排同城市人口和城市面积相适应的城市绿化用地面积、城市人均公共绿地面积和绿化覆盖率等规划指标。③城市绿化规划应当根据当地的特点，利用原有的地形、地貌、水体、植被和历史文化遗址等自然、人文条件，以方便群众为原则，合理设置公共绿地、居住区绿地、防护绿地、生产绿地和风景林地等。④城市绿化工程的设计，应当委托持有相应资格证书的设计单位承担；工程建设项目的附属绿化工程设计方案，按照基本建设程序审批时，必须有城市人民政府城市绿化行政主管部门参加审查；城市的公共绿地、居住区绿地、风景林地和干道绿化带等绿化工程的设计方案，必须按照规定报城市人民政府城市绿化行政主管部门或者其上级行政主管部门审批；建设单位必须按照批准的设计方案进行施工。设计方案确需改变时，须经原批准机关审批。⑤城市绿化工程的设计，应当借鉴国内外先进经验，体现民族风格和地方特色。城市公共绿地和居住区绿地的建设，应当以植物造景为主，选用适合当地自然条件的树木花草，并适当配置泉、石、雕塑等景物。⑥城市绿化规划应当因地制宜地规划不同类型的防护绿地。各有关单位应当依照国家有关规定，负责本单位管界内防护绿地的绿化建设。⑦单位附属绿地的绿化规划和建设，由该单位自行负责，城市人民政府城市绿化行政主管部门应当监督检查，并给予技术指导。

2. 城市园林绿化建设：①城市苗圃、草圃、花圃等生产绿地的建设，应当适应城市绿化建设的需要。②城市绿化工程的施工，应当委托持有相应资格证书的单位承担。绿化工程竣工后，应当经城市人民政府城市绿化行政主管部门或者该工程的主管部门验收合格后，方可交付使用。③城市新建、扩建、改建工程项目和开发住宅区项目需要绿化的，其基本建设投资中应当包括配套的绿化建设投资，并统一安排绿化工程施工，在规定的期限内完成绿化任务。

3. 城市园林绿化保护。①任何单位和个人都不得擅自改变城市绿化规划用地性质或者破坏绿化规划用地的地形、地貌、水体和植被。②任何单位和个人都不得擅自占用城市绿化用地；占用的城市绿化用地，应当限期归还；因建设或者其他特殊需要临时占用城市绿化用地，须经城市人民政府城市绿化行政主管部门同意，并按照有关规定办理临时用地手续。③任何单位和个人都不得损坏城市树木花草和绿化设施；砍伐城市树木，必须经城市人民政府城市绿化行政主管部门批准，并按照国家有关规定补植树木或者采取其他补救措施。④在城市的公共绿地内开设商业、服务摊点的，必须向公共绿地管理单位提出申请，经城市人民政府城市绿化行政主管部门或者其授权的单位同意后，持工商行政管理部门批准的营业执照，在公共绿地管理单位指定的地点从事经营活动，并遵守公共绿地和工商行政管理的规定。

4. 城市园林的绿化管理。①应当建立、健全管理制度，保持树木花草繁茂及绿化设施完好。②为保证管线的安全使用需要修剪树木时，必须经城市人民政府城市绿化行政主管部门批准，按照兼顾管线安全使用和树木正常生长的原则进行修剪。承担修剪费用的办法，由城市人民政府规定；因不可抗力致使树木倾斜危及管线安全时，管线管理单位可以先行修剪、扶正或者砍伐树木，但是应当及时报告城市人民政府城市绿化行政主管部门和绿地管理单位。③城市古树名木的管理。百年以上树龄的树木，稀有、珍贵树木，具有历史价值或者重要纪念意义的树木，均属古树名木；对城市古树名木实行统一管理，分别养护。城市人民政府城市绿化行政主管部门，应当建立古树名木的档案和标志，划定保护范围，加强养护管理。在单位管界内或者私人庭院内的古树名木，由该单位或者居民负责养护，城市人民政府城市绿化行政主管部门负责监督和技术指导；严禁砍伐或者迁移古树名木。因特殊需要迁移古树名木，必须经城市人民政府城市绿化行政主管部门审查同意，并报同级或者上级人民政府批准。

（三）建设节约型城市园林绿化

为全面落实科学发展观，加快建设节约型社会，促进城市建设健康发展，2007 年 8 月 30 日，建设部发布了《关于建设节约型城市园林绿化的意见》（以下简称《意见》）。

《意见》指出，随着社会经济和城市建设的快速发展，城市土地、水资源和生态环境等面临着巨大压力，矛盾日益突出。一些地方违背生态发展和建设的科学规律，急功近利，盲目追求建设所谓的"森林城市"，出现了大量引进外来植物，移种大树古树等高价建绿、铺张浪费的现象，使城市所依托的自然环境和生态资源遭到了破坏，也偏离了我国城市园林绿化事业可持续发展的方向。

《意见》强调，建设节约型城市园林绿化是落实科学发展观的必然要求，是构筑资源节约型、环境友好型社会的重要载体，是城市可持续性发展的生态基础，是我国城市园林绿化事业必须长期坚持的发展方向。

建设节约型城市园林绿化的指导思想是：按照建设资源节约型、环境友好型社会的要求，全面落实科学发展观，因地制宜，合理投入，生态优先，科学建绿，将节约理念贯穿于规划、建设、管理的全过程，引导和实现城市园林绿化发展模式的转变，促进城市园林绿化的可持续发展。

基本原则包括：提高土地使用效率的原则；提高资金使用效率的原则；政府主导、社会参与的原则；生态优先、功能协调的原则。

《意见》提出了建设节约型城市园林绿化的主要措施，包括七个方面：严格保护现有绿化成果，合理利用土地资源，加强科学规划设计，推动科技进步，积极提倡应用乡土植物，大力推广节水型绿化技术，实施自然生态建设。《意见》要求，要加强节约型城市园林绿化工作的组织领导，明确分工，落实责任；加强法规配套建设；严格审核规划设计方案，加强监督检查；加强依法监督与管理。

外资污染，谁来买单——中国外资企业被列入环保黑名单

到 2006 年底，全国累计批准外资企业 59.4 万户，实际使用外资近 7000 亿美元。2006 年，外资企业缴纳各类税款超过了全国税收总量的 1/5。按照通常的理解，外资企业在给我们带来就业、GDP 增长的同时也应该给我们带来更加坚定的环境意识和更先进的环保观念。但实际情况并不是这样。

河南安阳有一家外资企业，这是一个企业环保治理和经济发展矛盾的典型。一个国际性外资企业的到来，为安阳市带来巨大的经济效益，但由于技术难题，这个企业也给当地带来了巨大的污染。这家企业，就是位于安阳的国际性外资企业——丹尼斯克甜味剂(安阳)有限公司(以下简称丹尼斯克)。2007 年 3 月 27 日，《经济视点报》记者沿着丹尼斯克墙外的汤河，找到了排放污水的管道。管道口深埋在地下，在汤河的南岸边露出了头。汹涌的污水，喷涌着白色的泡沫，带着热腾腾的水汽，直接排向汤河，白色泡沫随着水流向下游漫延，酸涩刺鼻的气体飘荡在汤河两岸。事实面前，丹尼斯克一位专职治污的负责人也很是无奈，并一再强调："我们不是不治污，只是现在没有一项技术可以根治。"这位负责人说，他们遇到的是一个世界性难题。"我们是(木糖醇生产)世界第一，我们还没有解决的办法，就更别说其他企业了。"产业龙头汤阴，因位于汤河之南而得名。这里不仅是周文王被囚而写《易经》的地方，更是抗金英雄岳飞的故乡。春天的汤阴，有着农业主产区最常见的景象：汤河两岸，是绿油油的麦田，像绿色的地毯铺向四面八方，一大片一大片黄色的油菜花点缀其间。就在这个农业县里，深藏着一个国际性的全球最大的木糖醇生产企业。丹尼斯克制定的企业"十一五"规划显示，在未来五年内，要将现有木糖、木糖醇产量增加一倍；新增山梨醇、麦芽糖醇生产线一条，新增无糖糖果生产线一条，使生产规模居世界第一，在"十一五"期间成为产值达 6 亿元、利税 1.2 亿元的大型食品添加剂企业。这意味着，在污染还没有得到有效治理的情况下，企业还在把扩大生产作为首要目标。这也意味着，在治理污染技术没有根本性突破的前提下，企业的发展无疑将会给当地的环境保护带来更大的压力。

引自：《外资污染，谁来买单？》，2007 年 9 月 29 日 CCTV 经济半小时，HTTP://KM.EARLYWARNING.CN/VIDEO.ASPX?ID

思考题

一、名词解释

城市环境问题，城市环境管理，"三同时"制度，排污权交易制度

二、问答题

1. 简述我国城市环境问题有哪些，产生城市环境问题的原因有哪些。

2. 试述环境影响评价制度在我国环境保护中的作用是什么，如何对"三同时"制度的执行情况进行监督和管理。

3. 许可证制度在我国环境保护中的作用是什么？我国现阶段实行的许可证制度存在哪些问题？

4. 简述我国的市容和卫生管理包括哪些内容，园林绿化管理中包括了哪些内容。

三、论述题

1. 当城市的环境保护与经济发展发生冲突时，究竟应怎样选择？我国作为发展中国家，现阶段应以经济发展为重还是以环境保护为重？

2. 排污权交易制度在美国推行得很顺利，但在我国仍停留在少数城市试点的层面上，其功能远未发掘出来。试思考如下问题：排污权交易制度在我国具有可行性吗？目前在我国建立该制度面临哪些障碍？

第九章　城市发展管理

本章重点

1. 城市发展与城市竞争力、城市文化、城市经营的关系
2. 我国城市发展的战略思路和模式
3. 城市治理的含义，它与传统的城市管理的区别
4. 城市文化的作用和功能

　　和平与发展是当今世界的两大主题，城市的发展是城市文明不断进步并且得到快速传播的基础。城市经济总量迅速增长、城市文明日益进步依赖于城市发展管理水平的不断提高、管理体制的持续创新，也依赖于市政管理理念、管理文化的更新。可以说，城市的发展得益于各种先进发展管理理论的传播与运用。

第一节　城市发展战略

一、城市发展战略概述

（一）城市发展战略的内涵

　　战略原指对战争全局的筹划与指导，而今这一概念被广泛应用于政治、经济、社会等领域，通称发展战略。城市发展战略是市政管理的重要依据，是指城市决策者及其部门从长远、全局性的视角，对城市现实的发展状况进行评估，对未来发展的重大目标进行谋划和政策选择。20 世纪 50 年代，美国经济学家赫希曼在其《经济发展战略》一书中第一次提出了城市发展战略。他认为，城市发展战略对城市发展的方向、目标、措施等起决定性作用，具有全局性、长

期性、层次性和根本性等特点，事关城市的定位、发展重大策略等。我国城市发展战略管理一般是指城市管理主体通过制定、规划、实施、评估城市发展的状况和前景，实现城市发展目标的跨越式决策的管理过程。

（二）城市发展战略管理的特征

1. 长远性

城市的未来则以远景等形式"先在"于现在之中。城市发展战略作为对城市未来的根本谋划，必须要富有远见，一是要在时间上看得"远"，不是三五年，而是十年二十年。也不是越远越好，在城市发展战略中考虑千年万年后的事是不切实际的，因为满足不了下面的要求；二是要看得"见"，十年二十年后会怎么样，没有这种眼光和预见能力，就很可能做出错误的决策和选择。信息化、全球化、生态问题、安全问题、精神追求等都是城市发展战略需要认真应对和主动思考的。

2. 全局性

全局观念就是要全方位、宽视野地思考问题，以总体效益为核心，不局限于某一个方面的得失。城市的发展不等于城市某要素某方面的增长，而是城市各组成要素的协调发展，是能满足人的各种需要的发展。城市发展战略不能仅仅是经济方面或规划建设方面，因为城市的发展还涉及制度、文化、科技、生态、伦理、艺术、信仰等方面，涉及城市的全面发展。只有从各方面综合考虑，才能使城市发展和城市发展战略的总体效益最大化，才能算得上城市发展的大战略。

二、城市发展战略选择的依据

市政管理者提出城市发展战略的设想，做出城市发展战略的决策，根本上取决于对发展战略的基础研究的掌握程度。选择与决定城市发展战略的决策依据，要求决策者正确分析自身城市发展的内部条件和外部环境，才能实现科学决策。

（一）城市发展的内部条件

城市发展的内部条件是城市发展战略抉择的首要依据，确定城市发展战略不能抛弃城市发展的历史背景，不能脱离城市自身内部的自然、经济、社会现状条件，因此要着重评估下列城市发展的内部条件：

1. 城市的地位。其目的在于明确区域在地域分工中所处的位置，在所属城市经济圈中的作用和适宜扮演的角色。

2. 城市所处的发展阶段。明确城市所处的产业结构状况和社会结构类型，这对确定城市未来的发展方向、经济结构和近期战略重点有重要意义。

3. 城市的容量。要分析城市的自然资源状况、能源供给和开发潜力对城市发展的制约作用。

4. 城市的创新能力。创新是城市经济发展潜力的根本性内在因素与城市发展动力源泉。为此，要在城市发展战略选择中，认真研究城市的创新的条件、能力及其与创新源的关系，研究本市对外部创新的吸收与模仿能力以及再生能力。

（二）城市发展的外部环境

城市发展战略规划和管理要求城市发展要从全球的高度来选择和决定。国际经济的区域化、跨国集团化竞争日趋激烈，使得城市不可能固步自封，必须顺应全球化的挑战，寻求更加广阔的发展空间。因此，确定城市发展战略必须了解世界城市发展变化的总趋势，掌握诸如技术进步、资源利用、市场份额、成本比较等具体发展动因；同时要了解所属经济圈的经济发展趋势；要及时把握城市周边地区的发展情况，分析本市与周边城市的关系。此外，还要分析城市已有的主导产业和重点产业的外部环境，分析这些产业的机会和障碍、城市产业环境、人力资源状况等。

（三）城市发展战略的 SWOT 模式分析

国际上通行 SWOT 分析法分析一个城市发展的现在和将来竞争能力：S—SUPERIORITY（优势），W—WEAKNESS（劣势），O—OPPORTUNITY（机遇），T—THREAT（威胁）。从图 9-1 我们可以看出，经济、人口、技术、社会和公共政策五大因素转变成城市政府面临的机会和威胁，并作用于城市竞争定位和城市政策的选择方面，而后者又与城市竞争定位相互作用。公共政策、政府背景下的规划系统、环境、输入（土地、劳动力、资本）、社会凝聚力和排斥、市政设施这六大因素反映了城市的优势与弱点，以上这些因素不断地循环发生和加强，进一步提炼，最终集中十城市政策的选择上，并由此延伸出城市竞争的定位，并在增长、就业与竞争力、可持续发展的环境、社会凝聚力、有效的市政设施等方面形成正向反馈。

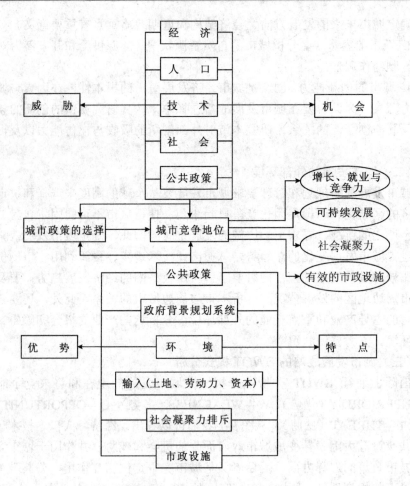

图 9-1 SWOT 分析法流程

三、我国城市群发展战略介绍

目前许多学者认为，对于我国这样一个发展中国家，特别在东、中、西部地区差异巨大的情况下，在今后的几十年里，在中部和西部大力发展小城镇是提升城市化水平的主要手段。而在东部和中部一些初具规模的大中城市，应以它们为中心大力推进大城市团和大城市群战略。它们是承接世界产业转移、实现我国现代化战略的桥头堡。我国经济的主要发展动力必然来自以它们为中心的大城市群的崛起。大城市群的概念是由法国地理学家针特曼首先提出来的。当时他把美国东海岸5个大城市群连接成的一个3000万人口的地区,总称为大城市群。而大城市团，是指由若干个大城市或超大城市为核心，与邻近的一批卫星城市，连同这些城市覆盖的范围，构成具有一定特色的城市群体。而今，大城市群的基本概念可以认为是多个大城市圈聚合而成的一个密度高、关联紧密的城市空间，实质上是从集中化走向一体化，谋求城市群和区域经济的协调和共同发展。

（一）城市群的功能定位

1. 城市群可以使资源在更大范围内实现优化配置。每个城市的发展都不是孤立进行的，它必须与外界发生各种各样的经济联系。城市群的形成过程实际上也是各城市之间关系越来越密切的过程。发达的交通条件使生产要素和产品流动加速，从而使城市群内的城市能够摆脱自身资源的有限性和市场不足的弊端得到更好的发展，在区域范围内实现单个城市无法达到的规模经济和集聚效益。

2. 城市群是科技创新的主要载体。城市群作为区域发达的地区，是先进科技水平的代表，是区域经济增长的主要源泉。从全球看，目前世界上著名的城市群都是经济发达的地区。如美国的东北部城市群和五大湖城市群，英国中部城市群和德国中部城市群等都是世界上经济最发达的地区。而我国长江三角洲地区之所以能有较快和较高层次的经济发展，其主要原因就是因为这一地区的城市群结构正在形成。可以说，城市群是其所处区域内经济增长最快、最具活力、潜力最大的地区，是先进科技的主要载体。

3. 城市群具有强烈的辐射带动作用。在区域经济发展理论中，有学者认为，区域要实现工业化和经济发展，必须建立增长极，通过增长极的自身发展及对其他地区和部门的影响，推动整个地区的经济发展。增长极具有支配效应和创新特征，其吸引作用和扩散作用决定着区域经济发展的过程。在有城市群的经济区域内，由于整个城市群经济发展水平较高，形成区域增长极，通过辐射效应带动其他地区的经济发展，从而使整个经济圈都得到发展。

（二）我国城市群的发展现状

目前我国已经有三个城市群正浮出水面，逐渐形成未来我国城市框架的基本格局：一个是以上海为龙头的长江三角洲城市群，一个是以北京、天津为核心的大北京城市群，另一个则是以广州为核心的珠江三角洲城市群。这三个城市群如三个巨大的增长极，集聚效应日渐明显。这些地区的人口只占全国人口的 7.53%，土地占全国的 1.24%，但 GDP 却占全国总额的 30%，利用外资额更高达 73%。

1. "大北京"经济区包括北京、天津、唐山、保定、廊坊等城市所统辖的

"京津唐"和"京津保"两个三角形地区，以及周边的承德、秦皇岛、张家港、沧州和石家庄等城市部分地区。该区中心区面积近 7 万平方公里，人口约 4000 万，人均国内生产总值 GDP 为 16280.34 元、人均地方财政收入为 1161.80 元、人均固定资产投资为 4755.52 元、人均实际利用外资为 159.83 美元、人均社会消费品零售总额为 6351.34 元，分别是珠三角区域对应指标的 50.87%、48.22%、47.8%、30.77%和 14.14%。虽然，该区域的国内生产总值为 125445907 万元，是珠三角区域国内生产总值的 1.52 倍，但其区域人口总数和区域土地面积都是珠三角区域的 2.99 倍。从推动经济发展的投资和消费两大动力来看，该区域在三个城市群中都处于相对落后的状态。

2. 以上海为龙头的长三角城市群。它目前发展势头最为强劲，除上海本身的大城市群意识十分超前外，其周围省份的辐射地区主动性、积极性很高，各自的城市发展战略都在主动进行调适。加之地利因素，整个城市群正显现出雏形。该区域的人均 GDP 为 22560.05 元、人均地方财政收入为 1417.05 元、人均固定资产投资为 6290.75 元、人均实际利用外资为 173.28 美元、人均社会消费品零售总额为 7452.93 元，各项指标均处于三个区域的中游。特别是该区域的固定资产投资总额为 47350688 万元，占全国固定资产投资总额的 17.1%，分别是另外两个区域的 1.8 倍和 1.29 倍。由此可见，推动该区域经济发展的主要动力之一是投资，属于投资驱动型区域。

3. 珠三角城市群。珠三角区域中有广州、深圳、珠海、佛山、江门、东莞、中山等市。该区域的人均 GDP 为 32003.29 元、人均地方财政收入为 2409.04 元、人均固定资产投资为 9948.12 元、人均实际利用外资为 519.39 美元、人均社会消费品零售总额为 44902.07 元，各项指标均高于另两个区域。特别是该区域的社会消费品零售总额为 115841056.9 元，占全国社会消费品零售总额的 30.91%，是另外两个区域的 2 倍和 3.6 倍，其竞争优势是十分明显的。由此可见，推动该区域经济发展的主要动力之一是消费，属消费驱动型区域。

（三）我国城市群建设战略

随着经济的全球化，城市化已经成为一个国家现代化的基本特征，我国的城市由原来功能分散向功能整合，并最终向以大城市为中心的城市群发展是大势所趋。但由于我国城市发展的不均衡，所以在城市化过程中城市化并不是同一种类型和层级的城市化。不同规模的城市要及时调整城市定位，调整城市产业布局，在即将形成的城市群、城市圈、城市带三个层级的区域竞争中找到自己的位置。

1. 构筑城市群。让大城市真正"大"起来。超越行政区划的诸多城市以某个在某些方面领先的城市为核心，形成具有一定特色的城市群体是当前我国城市化进程中一个较为明显的特征。这样的城市群是一个高密度、关联紧密的城市空间，实质就是走区域一体化，谋求城市群和区域经济的协调和共同发展。实施城市群战略，是解决我国目前"大城市不大"最重要的一个战略。如北京、上海、广州通过实施城市群战略，获得了更大的发展空间和经济整合效应，缓解了它们城市空间不足的问题，城市集约化经营和城市功能及产业布局得到进一步完善，城市化的规模效应得到释放。一个城市的城市化是不存在的，而推进区域一体化、构筑大城市群，就成为这些大型城市做大，并谋求成为国际化大都市的必然选择。

2. 培育城市圈。让城市真正"强"起来。需要指出的是，大城市群并不是许多大中小城市的简单相加，而应是多个大城市圈的深度聚合。如以上海为中心的长三角城市群内，就包括南京城市圈、环杭州湾、苏锡常在内的多个城市圈。城市圈的目标不在于规模的扩张，而重点是经济的整合和做强，是利用城市群所产生的规模效应实现城市价值的深度体现，并反过来促进城市群规模效应的提高。由于城市圈促进了具有内在经济联系的众多大中型城市的经济整合，使城市圈内各城市之间能够优势互补、资源共享。中型城市在谋求自身发展的过程中，应以大城市群为依托，确立城市圈战略，融入城市圈，与其他城市形成合力，才能赢得发展机遇，实现自己的目标。

3. 打造小城市带。让小城市真正"特"起来。相对于城市群、城市圈来说，城市带是又一种城市化的层级形态。中小城市的城市化不在于做大，而在于做小、做精、做巧，重点是城市的特色化和专业化，即在特色化的产业和专业化分工基础上实现城市现代化。中小城市应依托于城市群和城市圈，实现城市的特色化发展。如珠江三角洲以中山、东莞、顺德等新兴现代化城镇为主体所形成的区域经济带，在这种区域经济带中，各中小城市既形成具有自身特色的产业优势和核心竞争力，又避免基础设施重复建设等弊病，从而带动县域经济发展，提升中小城市城市化水平。

四、我国城市发展模式的选择

（一）城市发展模式

城市发展模式是指城市在既定的发展战略目标的指导下，按照城市建设和城市管理的基本规律，适应城市发展的最新要求，选择适合城市自身内外要素协调发展的道路和方式。

（二）我国城市发展模式的基本定位

在全球化和城市化的推动下，我国也在努力建设节约型城市、可持续发展城市、环境友好型城市、人口与社会发展协调型城市等新型城市。

1. 可持续发展型城市模式

可持续发展型城市的含义是指在城市发展过程中实现人口、经济、社会、环境和资源的协调，城市的发展不仅满足城市人们的当前的生活需要，而且还能将这种发展保持下去，使得后代子孙依然能享受城市文明的好处，不断完善城市与人的和谐发展。建设可持续发展城市的要求：首先是坚持科学发展观，正确处理当代城市人和后代城市人的发展关系。其次是要求在城市人口、资源、环境、社会、经济之间实现协调发展。第三是要求城市发展的全面性。

2. 环境友好型城市模式

环境友好型城市是一种人与自然和谐共生的城市发展形态，其核心内涵是城市的生产和消费活动与自然生态环境系统的协调可持续发展。表现出三大特征：环境友好型城市更为强调生产和消费活动对于自然生态和环境的影响，强调人类必须将其生产和生活强度规范在自然生态与环境的承载能力范围之内，强调综合运用技术、经济、管理等多种措施降低经济社会的环境影响。环境友好型城市的实质是以循环经济为纽带，将城市生态系统与城市发展系统结合起来，造就一种城市社会进步、经济发展、环境良好，城市人与城市环境良性互动的新型现代化城市模式。

3. 建设环境友好型城市的要求

（1）建立城市绿色国民经济核算体系。当务之急是提出和完善城市绿色国民经济核算的理论框架，提高理论框架的科学性和可操作性，为政府决策提供依据。在此基础之上，加快开展城市绿色国民经济核算的试点工作，逐步完善绿色国民经济核算体系。同时，城市国民经济核算体系的应用要求完善的环境污染和生态破坏的统计信息系统。

（2）发展城市循环经济和绿色产业。发展循环经济要与发展绿色产业相结合，循环经济模式只有贯彻到产业发展当中，才能全面实现"建设环境友好型城市"的目标，实现经济活动与自然环境的协调友好。广义的绿色产业包括第一、二、三产业全部；狭义的绿色产业包括：粮食作业、畜牧、水产、果品、食品深加工、饮料、仪器包装、无公害农业生产资料和人类其他的生活用品等，都必须是环境优良、无污染、无公害、安全健康，这样的产业才是绿色产业。

（3）建立城市环境价值的评估体系。在环境影响评价法中引入战略环境评价使环境影响评价成为政府战略决策和一般性政策分析的法律依据。应具体规定战略环境影响评价的范围、战略环境评价中的评价单位、战略环境评价的时机；应在环境影响评价法中规定战略环境影响评价中的公众参与原则；应在环境影响评价法中对环境影响报告书的审查、战略环境评价中审批机关的责任、环境影响的跟踪评价和后评价、开发建设项目的环境影响评价做出相关的规定。

4. 建设节约型城市模式

（1）节约型城市含义是指在城市生产、流通、消费领域，通过采取法律、法规、行政和经济等措施，达到提高城市资源利用效率，以最小的资源消耗量实现最大的城市经济、社会效益，保证城市社会的可持续发展。建设节约型城市目的是追求最小的资源消耗，更低的环境污染，获得更大的经济和社会效益，实现新型可持续发展的城市发展模式。

（2）节约城市的内涵解读：

节约具有两种含义：一是相对浪费而言，节省与节俭；另一方面，节约还注重资源的合理和高效利用，在于资源的循环利用和开发可再生资源，较小的资源投入获得较大的经济社会回报，最大限度地利用资源。

建设节约型城市，要求转变城市经济增长方式，从粗放型经济增长向集约型经济增长转变，大力鼓励城市技术创新和技术革新，推动城市经济社会的全面发展。

节约型城市是坚持资源节约和资源开发并重，把节约放在首位，提高资源利用率是节约的核心，以节能、节水、节材、节约用地为重点，以资源综合开发和循环利用为基本措施，建立城市节约长效机制。

深圳的城市功能定位
十字路口的深圳

2003 年初关于深圳城市的定位与前景的议论达到了高峰。网民"我为伊狂"发表了长文《深圳，你被谁抛弃？》，引发空前激烈的讨论。这是深圳人对其困境的"集体忧患意识"，也可以看成是深圳人对深圳前途担忧的集中爆发。面对前进道路上的十字路口，不上则下，不进则退。"上"，就是强化排头兵地位，继续发挥窗口作用；"下"就是不再强调特区，作为一个普通城市来发展。

特区还要不要"特"下去

说到深圳，上世纪 90 年代中期开始，人们就在争论一个问题：特区还要"特"下去吗？有些人认为，深圳是靠"吃偏饭"发展起来的，对全国其他地区不公平。这两年，更有人认为，中国全方位开放了，特区没有存在的必要了。但是，深圳经济特区新的历史定位之一，就是继续做中国加入世贸组织后的窗口和实验地。深圳经济特区还可以在保持香港稳定、繁荣方面发挥特殊的历史作用，这种特殊的历史作用在内地任何一个城市都不能做到。深圳特区过去在冲破计划经济体制、探索建立社会主义市场经济体制进程中发挥了重要的试验场作用。在新的形势下，特别是中国加入 WTO，以及东盟签署"10＋1"自由贸易区框架协议的背景下，深圳"先行先试"的功能要进一步强化，在与国际惯例全面接轨的进程中要继续发挥探路示范作用。

定位深圳的思路要更开阔

现在的客观环境，与 20 世纪 80 年代"深圳速度"名震全国的时候，已经有了根本性的变化。那么在新形势下，对深圳提出的要求是：以提高国际竞争力为核心，努力建设具有中国特色、中国风格、中国气派的国际化城市。从一个中心城市变为一个国际化城市，这样的定位是恰如其分的。因为深圳的经济外向度达 370%，在全国是最高的，上海也仅 70%。深圳制造业的国际化程度也是很高的，外资企业产值占深圳工业总产值的 76%，税收占 50%，出口占 56%。深圳资本市场的定位也逐渐清晰：深交所以中小企业和科技股为主，它不是传统意义上的全流通的创业板，而是定位于以中小企业为主。也就是说，深圳是中国中小企业的融资中心。与此相对应的是，上交所以大型企业为主。这样，沪深两个交易所形成了互补而非完全对立的竞争关系。

珠三角谁为龙头

"深圳的发展不能就深圳谈深圳"，实际上每个城市在确定自己的功能定位时，都有相似的问题，就是需要左顾右盼。一个城市不可能完全一相情愿地发展，而需要在找准位置、发挥优势、彰显特色、左右逢源中，取得利益最大化。珠三角一直以来"群龙无首"，被人们批评为产业结构雷同、无序竞争。深圳和广州则被比喻为华南地区的"双城记"，两个城市总在明争暗斗。

关于谁来担当珠三角的龙头，这里有两种截然不同的观点：一是单龙头论。认为，香港是大珠三角地区乃至整个华南经济当之无愧的龙头，广州、深圳则是香港带动珠三角，辐射华南、中南、西南地区经济的重要战略伙伴。二是双龙头论。认为，深圳不能甩开香港单独谈中心。长三角是"一拖多"，珠三角应是"双轴心组合"，或称"二龙戏珠"。深港都会圈是一个龙头，广佛经济圈是一个龙头。这两个龙头分工协作，深港为组合轴心，拉动东珠三角，包括东莞、惠州，形成国际化程度较高的产业链和都会圈。广佛为另一组合轴心，带动西珠三角，包括中山、江门、珠海，形成面向国内市场为主的综合性产业链和都会圈。

稳定香港的作用

目前，深港两地已形成了这样的共识：香港、深圳唇齿相依，共存共荣。没有香港的发展，就没有深圳的发展；没有深圳更大的发展，同样也不能更好地促进香港的发展。深圳与香港，在地理上相连、产业上相关、生活上相依，深圳是香港进入珠三角和珠三角进入香港的跳板。深圳像"针眼"，周边地区经济则像一扎密密麻麻的"线"，珠三角必须穿过深圳，来完成和香港的链接，进行产业的升级换代。

在深圳的港资企业有 9000 家，占深圳外资企业总数的 75%，投资额则占深圳外资总额的 65%，是深圳制造业的重要组成部分；在许多传统行业中，如钟表业、黄金珠宝业、玩具业、家具业、纺织服装业、房地产业等，深港两地具有不可分割性；深圳 1400 多家玩具企业中，95% 是两头在外的企业，其中大部分是香港企业；深圳服装企业中 95% 是港资企业。两地居民生活的同城化更成为一个普遍的现象。目前深圳近 5 万套住房被香港居民买走，深圳不仅成为香港居民节假日休闲、娱乐、购物之地，而且深圳火车站和东门老街一带的商业街区几乎成为港人的"天下"。

深港对接要处理好四个关系：政策上互动，产业上互补，市场上互助，发展上互利。深圳要打香港牌，香港要打深圳牌。深圳步子应迈得更大一些，建成自由贸易区。具体有三种方案：一是放开一线，管好二线。二是管好一线，放开二线。三是一线管人不管物，二线管物不管人。香港和深圳在经济领域、城市建设、居民生活等方面已广泛融合。建立深港经济共同体，是我国政治和经济体制的一个重大创新，需要大胆略、大气魄和大智慧。可以采取建立"深圳自由贸易区"、"深圳大保税区"和"深港跨境工业区"这样三条不同的大思路。

来源：刘伯饶、吴焰，《人民日报》·华东新闻，2003 年 9 月 3 日。

思考：深圳在珠三角的城市地位与功能如何？深圳的城市发展与香港有何关联？港深对接对于大珠三角乃至整个中国的城市经济发展有什么深远影响？

第二节　城市治理

我国城市政府的框架是与传统计划经济一脉相承的，但是这种框架日益呈现出层次过多、职能交叉、人员臃肿、权责脱节等缺陷，已经不再适应市场经济的需要，迫切需要进一步深化改革。因而，建立"小政府、大社会"的城市治理理念，摒弃"全能政府"简单想法，明确政府"掌舵"而非"划桨"的目标就成为改革的趋势。治理的理念要求政府少做具体治理事务，多做执法者、监督者、倡导者和服务者，不断培育和增强非政府组织、私营企业和社会公众的自治功能，实现自身向有限型、服务型转变。

一、城市治理概述

（一）治理的概念

治理（GOVERNANCE）是相对于统治（GOVERNMENT）提出的概念，其原初含义是控制、统治、操纵，在西方多被用于与国家公共事务相关的管理活动和政治活动中。全球治理委员会 1995 年发表的题为《我们的全球伙伴关系》的研究报告认为：治理是各种公共的或私人的个人和机构管理其共同事务的诸多方式的总和。它是使相互冲突的或不同的利益得以调和并采取联合行动的持续的过程。这既包括有权迫使人们服从的正式制度和规则，也包括各种人们同意或以符合其利益的非正式的制度安排。它有四个特征：治理不是一整套规则也不是一种活动而是一个过程；治理过程的基础不是控制，而是协调；治理既涉及公共部门也包括私人部门；治理不是一种正式的制度，而是持续的互动。

（二）城市治理

在全球化的背景下治理作为促进参与、透明度和问责性的制度模式被推广到各个层面，从企业、城市、政府以及全球均致力于寻求治理素质的改善，以达到更佳的效益和更能适应信息时代急剧转变的要求。因此，当人们将治理的分析框架应用于城市管理层面时城市治理理论便应运而生。

联合国人居中心（UN-HABITAT）在"良好的城市治理全球运动"中的治理定义，源于 1995 年全球治理委员会的研究报告，并作了适当的修改，使之适用于城市一级。

1. 治理不仅仅是施政。治理的概念涉及承认政府正式当局内部和外部都存在有权力。在许多案例中，治理包括政府、私人部门和民众社会。

2. 治理是一个中性概念。治理可以有多种表现，专横或仁慈，有效或无能。

3. 治理强调的是"过程"。认为城市治理是个人和公私机构用以规划和治理城市公共事务的众多方法的总和。这是一个调和各种相互冲突或彼此不同的利益以及可以采取合作行动的连续过程。它包括正式的体制，也包括非正式的安排和市民的社会资本；城市治理是与全体市民的福利紧紧连在一起的。

4. 治理的无差异性。基于城市公民资格原则上的良好的城市治理，强调任何人，无论男女老幼，均不得被剥夺取得城市生活必要条件的机会，包括适当的住房、房屋租用权保障、安全的饮水、卫生、清洁的环境、保健、教育和营养、就业、公共安全和流动性。

通过良好的城市治理，使市民们得到发表意见的讲坛，充分发挥其才智，以便改善其社会和经济状况。其要求各国认识到良好治理的重要性，并承诺"力求确保大小城市的管理都保持透明、负责任、职责分明、公正、有效和高效率"。

（三）良好城市治理的标准

1. 城市发展的各个方面的可持续性（SUSTAINABILITY）：城市必须平衡兼顾当代人和后辈人的社会经济和环境需要。领导者必须在可持续的人的发展方面有长远的战略眼光并有能力为共同的福利而调和各种不同利益。

2. 下放权力和资源（SUBSIDIARITY）：应根据附属性原则分配提供服务的责任，亦即在最低的适宜级别上按照有效率和具有成本效益地提供服务的原则分担责任。这将最大限度地发挥市民参与城市管理过程的潜力。权力下放和地方的民主制度应能使各项政策和举措更加符合优先事项和市民的需要。

3. 公平参与决策过程（EQUITY）：分享权力的结果是公平地使用资源。男女市民，特别是穷人，应能平等地选派代表，参与所有的城市决策和资源分配过程，使他们的需要和优先事项得到平等的解决。包容性城市为每个人提供平等机会，获得基本的、适宜标准的营养、教育、就业和生计、保健、住房、安全的饮水、卫生和其他基本服务。

4. 提供公共服务和促进当地经济发展的效率（EFFICIENCY）：城市必须有健全的财政制度，以具有成本效益的方式管理收入来源和支出，管理和提供服务，并根据相对优势，使政府、私人部门和社会各界都能正式或非正式地对城市经济做出贡献。

5. 决策者和所有利益攸关者的透明度和责任制（TRANSPARENCY AND ACCOUNTABILITY）：人人有机会获得信息和信息的自由流通对于透明和责任分明的管理至为重要，法律和公共政策的实施应做到透明而具有可预测性，政府官员应始终保持专业能力和个人品德的高标准。

6. 市民参与和市民作用（CIVIC ENGAGEMENT AND CITIZENSHIP）：在城市中，人民必须积极参与谋取共同的福利。市民，尤其是穷人，必须得到权利来有效参与决策过程。另外，还有一个包容性（INCLUSIVENESS），既是一个原则也是个目标，其贯穿于整个城市治理过程。

二、城市治理的创新

（一）治理与管理的差异

1. 治理或者说公共治理与政府管理不同，其主体并不是唯一的，而是包括政府在内的各种公共的和私人的机构。

2. 治理权威的运用并不像政府管理那样，采用单一的自上而下的强制性行政命令，而是采用上下互动、相互协商彼此合作的方式。

3. 治理是对公共事务的网络状的合作管理，是"多中心"的，目标也是多元的，但最终的目标是以最小的成本最大程度地满足公众需求，最大化地实现公共利益。

简言之，治理是包括政府和各种非政府组织乃至私人机构在内的多个主体，协同处理公共事务，以满足公众需求，实现公共利益最大化的过程

（二）城市治理的完善

1. 政府能力建设

城市治理中，政府的核心主导地位不会因其他主体的参与而有所动摇。面对日益复杂的治理问题，城市政府要胜任其城市公共事务核心治理者的责任，必须通过自身"再造"，提升治理能力，并限制政府权力，以增进政府治理的有效性。

"政府再造"，简单地说就是对政府体制和组织进行根本性的转型，创造出具有创新惯性和质量持续改进的政府组织和体制。这种"再造"也可以称为创造政府"自我更新的机制"，使其拥有可以"持续"改善政府治理质量的能力。这种"再造"并不是简单的组织精简和组织重组，而是对政府治理理念、原则、结构、行为等进行大规模的系统革命，甚至要把企业经营的理念引入到政府部门中来，建立以结果和服务为导向、以公众为顾客的新的政府治理理念。城市政府要从"全知全能"转变为"有限政府"，从"传统部门利益型"政府转变为"现代公共服务型"政府，主要履行其经济调节、市场监管、社会管理和公共服务的职能。

提升政府的治理能力不仅在于明确政府的角色定位，约束政府的治理行为，在城市公共物品的生产和公共服务的提供上引进和加强竞争，创造一个"竞争

型"的政府，还必须密切政府与公民的关系，使城市政府接近市民，增强政府的回应性。增强政府回应性的首要途径，是通过扩大公众参与，增加市民在城市公共事务治理中的发言权和参与机会，来提高政府责任感和反应能力；其次是下放权力，增强基层政府的责任感，使公共服务更加符合基层社会和公众的需要和愿望。

总之，如果城市政府要进一步促进城市可持续发展，增进其治理的有效性，就必须提高其能力。而政府能力不仅包含政府机构工作人员的行政管理能力和技术能力，还包含更深层次的制度性机制。推进政府的制度性变革，再造政府新体制，将政府置于更激烈的竞争之下，使政府更接近市民，是提升城市政府治理能力的主要途径。

2. 重视发挥非政府组织的治理作用

中国城市的可持续发展和城市善治需要发展非政府组织，并充分发挥非政府组织的作用。发展非政府组织重要的是营造非政府组织健康发展的有利的外部环境。彼得·斯拉茨强调指出，为中介组织的发展创造一个有利环境，是政府、非政府组织和公民共同的责任。虽然环境的某些方面可能更属于某一类机构的范围，但只有大家的共同努力才能创造一个真正的整体系统。斯拉茨提出的关于中介组织发展的五个方面问题，对于中国来说都具有一定现实意义。一个有利于非政府组织发展的环境包括：（1）明晰的法律框架；（2）有利的税收待遇；（3）均衡的调节系统；（4）用于非政府组织有效治理和运作的规范；（5）足够的资源。

在中国的现阶段，发展非政府组织最重要的是加强法律保障、政策鼓励和资源配置。加强法律保障，关键是要改革和完善社团组织管理办法，致力于建立法治秩序，撤销严格而繁琐的审批手续，实行方便的申请登记制度，这样既有利于使各种非营利性的非政府组织取得合法性，也有利于把它们纳入到法制化的轨道；加强政策鼓励，就是通过制定必要的政策对各种非政府组织的发展给予鼓励，如对非营利性、带有社会公益性的非政府组织给予更多的减免税待遇和奖励措施，使非政府组织获得足够的发展空间；加强资源配置，除了发挥公民个人捐赠和企业资助作用外，要充分发挥政府对非政府组织的扶持和培育，特别是资金方面的支持作用。

3. 扩大城市治理的协商机制与公民参与

城市治理是一种协作管理，这种协作需要非政府组织的参与，需要公民的参与。发展非政府组织的责任在政府提高公民社会的发育程度，扩大公民在城市治理中的参与的关键也在政府。在扩大公民参与的过程中，政府的责任在于：

一是要主动吸纳公民参与城市治理，愿意将公民意见纳入政策议程；二是要建立和完善相应的公民参与制度，如政务公开制度、社会公示制度、决策听证制度等。在这些制度的实际运作中，公民的参与意识和参与能力也将获得相应的发展，从而进一步促进公民参与的扩大、政府与公民间合作关系的发展，城市善治即可能进入一个良性的发展过程。由此看来，革新政府是政府能力建设的根本内容，也是推进协作管理的主要途径。

4. 加强城市区域治理

城市区域治理，指的是相邻城市共同治理城市问题。城市区域治理是城市群、城市带发展，城市间联系加强的必然结果。许多城市问题，单靠一个城市的力量已经无法解决，必须城市间相互合作治理。这就要打破原来的城市行政界限，实现共同治理。如何创新城市间的合作制度和机制，整合资源，有效治理城市问题，实现相邻城市的共同发展，成为当今治理实践发展的一个焦点。

第三节　城市竞争力

竞争是发展的动力，城市竞争力是城市立足和不断超越自己的力量源泉。现代城市间的竞争也随着全球化的扩张日益激烈。城市竞争力是一个综合体现，提高城市竞争力是一项庞大的系统工程，而城市竞争力管理，是现代城市管理的高级阶段，对城市管理者在眼光、知识、水平和能力方面提出了更高的要求。

一、城市竞争力概述

（一）城市竞争力的概念

1.《中国城市发展报告》（2001—2002）认为，城市竞争力是指城市在国际化和市场化舞台上，在生产力要素的综合表达上、在提升生产力水平的动力培育上、在发展模式选择与制度创新上所表现出的比较优势和综合潜力。[1]

东南大学教授徐康宁依据城市作为竞争主体的特征，把城市竞争定义为："城市通过提供自然的、经济的、文化的和制度的环境，聚集、吸收和利用各种促进经济和社会发展的文明要素的能力，并最终表现为比其他城市具有更强、更为持续的发展能力和发展趋势。"[2]

---

① 《中国城市发展报告》(2001—2002)，西苑出版社，2003 年。
② 连玉明主编，《中国城市蓝皮书》，中国时代经济出版社，2003 年。

《中国城市竞争力报告》认为城市竞争力是指一个城市在竞争和发展过程中，与其他城市相比，所具有的创造财富和价值收益的能力。城市价值收益的获得及获得的多少决定于城市创造价值的能力，决定于城市的竞争力。

2. 本书综合上述观点认为，城市的发展目标是多元的，包括经济的、社会的、文化的和政治的目标等。因此，城市竞争力不能简单地归结为一个城市创造财富和价值收益的能力。城市竞争力是城市利用资源，通过提供有吸引力的市场竞争环境而形成的资源凝聚力、产品供应力、价值创造力和可持续发展力的系统能力。

城市竞争力直接表现为城市的经济增长、政治文明、社会和谐稳定，间接表现为城市顾客（居民、投资者、旅游者等）数量的增多和对城市服务满意度的提升，因此，城市竞争力最终的目标是城市居民生活水平和生活质量的提高。

城市竞争力是城市综合发展能力的体现，它使得城市在日趋全球化的竞争中获得有利的地位。一个有竞争力的城市，不仅会获得更多的稀缺资源，而且会优化配置这些资源，提高资源的利用率，培养出更多的有竞争力的产业部门和企业，为市民提供更多的获得知识和就业的机会，为市民提供更多更好的社会保障和社会福利。一个缺乏竞争力的城市，将在激烈的竞争中趋于衰落以至于被淘汰。

（二）城市竞争力的内容

1. 获取资源的能力。竞争的本质是竞争主体通过各种方式和手段来达到对有限资源的占有，包括把有可能流入竞争对手的资源吸引过来。城市发展需要多方面的资源，包括土地、资本、人力资源、教育、科技、产业、市场、生态环境、管理制度等，其中多数是稀缺资源。城市之间的竞争从本质来看也是对于稀缺资源的竞争。只有比竞争对手获取更多的稀缺资源，城市的发展才会有坚实的基础。因此，城市竞争力首先体现为资源的获取能力。

2. 转化资源的能力。获取资源只是城市在竞争中取胜的基础。城市还需要用比竞争对手更高的效率将各种资源转化为产品和服务。这种资源转换的竞争力体现在两个方面：一是物质转换效率，就是将各种物质资源转换成物质产品和服务的效率，效率的高低主要取决于人力资源的成本和素质；二是交易效率，就是将产品或服务转让出去的成本或效率，这一效率主要取决于市场、交易秩序和城市制度等。

3. 提高服务的能力。作为一个区域的经济、政治、文化中心，城市的发展依赖于城市产业、企业和城市居民的发展。而城市产业、企业和城市居民的发展则在很大程度上取决于城市为产业、企业和城市居民发展提供服务的能力。

一个城市如果能够比竞争对手提供更好的服务，就会对产业、企业和城市居民产生吸引力、凝聚力，不仅不会导致资源的外流，而且会吸引更多的外来资源。

4. 提供市场的能力。提供市场的能力也是一个城市吸引外部资源和拉动产业与企业发展的重要能力。城市的市场提供能力，取决于城市的总体经济规模、人均收入水平、市场开放程度和市场秩序的完善程度。总体经济规模决定着市场的容量，人均收入水平决定着市场的需求结构，市场开放程度决定着进入市场的壁垒和成本，市场秩序的完善程度决定着市场的交易成本。一个城市，如果能够比其他城市提供容量更大、壁垒更低、秩序更完善的市场，其竞争力也就会更强，对产业和企业的吸引力也就越大。

5. 分工与合作的能力。现代城市之间既存在着相互竞争的必然性，也存在着相互合作的必要性。城市之间的竞争来源于城市发展所需资源的稀缺性，而对当今城市的发展具有重要意义的信息、智力等无形资源，则具有共享性特点，它们不会在使用中消失，而是用者越多，创造的社会价值越多。因此，由资源稀缺导致的竞争与由智力资源共享带来的合作将同时并存。一个城市的分工与合作的竞争力将决定城市在分工中处于何种地位，是分工的核心还是外围，是合作的主导者还是合作的追随者，并最终影响城市在分工与合作中所获得的利益。

6. 提供高品质的居民生活能力。城市在竞争中发展的最终目标是为了生活在其中的居民的生活品质的提高。一切发展的目的也是为了不断满足城市居民的各种生活需要，不断提高人们的生活水平，不断增强城市文明的积累。现代城市的发展与竞争力水平的高低，不再仅仅取决于其基础设施等硬件资源的供应能力，更取决于人力资源的多寡。而一个城市对人力资源的吸引力在很大程度上取决于其提供高品质生活的能力，包括物质设施、文化设施、城市文明、自然环境和社会秩序等的竞争能力。

7. 提供个人发展空间的能力。现代人不仅追求高品质的城市生活，更追求广阔的个人发展空间。一个城市如果能够比其他城市为个人提供更多的发展空间，这个城市对人力资源的吸引力无疑会进一步增加。个人发展空间包括令人满意的就业机会、创业机会、继续学习机会和获得更高职位的机会。这一竞争力对于城市的未来发展具有更重要的意义。

（三）城市竞争力的特征

1. 综合性

城市竞争力本质上包含了多个环节和多个内容，作为评价城市的综合指标，它当然具有综合性特征。城市竞争力大小和强弱是由城市系统的各个要素的合力作用效果决定的，提高城市竞争力也需要各个系统的要素协同，避免片面性和盲目性。

2. 动态性

竞争本身就是一个过程，一个连续变化不断更新的过程。在城市竞争过程中，城市系统的每个环节会表现出不同的能力，随着城市资源、市场、创新诸要素的组合与变化，城市竞争力的内涵也不断更新。例如，前工业社会，城市竞争追求的是经济规模，工业社会竞争的分工和专门化，而在信息社会里，城市竞争力又表现为对信息的处理和应变。

3. 相对性

基于动态的变化，城市竞争力的大小和强弱也是相对的。这和城市所处的区域和经济、文化圈有关。城市在不同的发展阶段，竞争力的大小也不同，城市的兴起和衰落直接影响竞争力的发挥。竞争力的大小和强弱既有城市自身发展阶段的纵向比较，又有不同城市间竞争能力的横向比较。

（四）影响城市竞争力的因素

1. 区位因素

城市所在的自然地理位置和城市所处的人文环境构成了城市竞争力的区位要素。城市的区位优势包含城市的自然资源和社会文化资源的综合。城市的核心竞争力与其独特的自然矿产资源的多少、劳动力的富足情况密切相关，同时也与城市环境气候质量、城市技术创新、产业密集程度有关。现代社会，城市交通位置直接影响城市竞争的成本，良好的区位优势可以降低运输成本，提高交易效率，创造出更新的信息、专业化制度，可以改善创新条件和环境，促进交流和学习，快速提高城市企业的经济效益和政府办事效率，从而从整体上提升城市的竞争力。

城市的区位要素还表现在城市圈和城市联盟之间的关系上。城市群是以中心城市为龙头，向周边城市辐射共同建立的城市利益共同体。在我国城市的发展中，长江三角洲、珠江三角洲、大北京城市群的出现标志着我国城市竞争进入了区域性集团化的新阶段。而城市联盟是城市群的"反空间"竞争模式，它不是利用区位优势，而是借助市场空间和资源要素的流动和整合形成资源关联度和经济一体化的协作系统，以抗衡或超越竞争集团的资源配置机制。

2. 产业汇聚能力

产业群是在特定区域内、地理位置相邻、基于互补和共通性的相关企业和公司构成的集合体。它包括对城市竞争力发挥作用的城市经济实体以及向上的供应商和向下的销售渠道和客户，横向扩展到互补的产品制造企业、专业化基础设施供应商、政府以及其他提供培训、信息和中介、研发的机构。

　　城市的产业集群以三种方式影响城市竞争力：首先，通过增加城市企业的内部生产效率来提高整体产业的生产率；其次，可以通过企业的研发和创新从整体上提高产业集群的创新能力；第三，在产业集群的效率提高后，会扩展到相关产业链，从而影响到整个城市不同产业间的效率。通过上述三种方式，产业集群以地域化聚集、专业化分工、社会化协作等方式形成会聚效应。产业集群在获得一定优势后，会迅速提升城市在国内乃至国际上的竞争力。成功发展产业会聚能力的城市或地区，其就业率、人均收入、整体经济实力、对人才的吸引力等方面都高于其他同类城市。

　　3. 人口数量与质量

　　人口因素是影响城市竞争力的核心要素。城市的形成、发展、衰老和复兴都与人口的数量和质量密切联系。就城市人口数量而言，一个城市的总体人口容纳量是有一定限度的，超出了这个限度，就是城市人口极度膨胀，会增加城市的发展成本，例如随着城市人口的急剧增加，城市的土地承载力、淡水承载力、基础设施承载力也会随之达到极限，产生不良的城市问题。人口因素的第二个方面是人口构成问题，一个有生气、有巨大创新能力的城市，应该是一个青年群体占主导地位的城市，城市的养老压力越小，城市的竞争力越明显。人口因素的第三个方面是城市人口的素质，也即城市人口的人力资本构成情况。人力资本是信息时代经济增长和社会发展的最重要因素，城市人力资本状况业已成为企业投资决策、政府扶持决策、跨国公司选址等考虑的首要因素。人力资本的构成包括劳动者的科学文化素养、技术熟练程度、劳动力供给成本、劳动者发展潜力等。一个城市的人力资本越丰富，那么城市的价值链条就越深入，增值的空间也就越广阔。城市人力资本的提升依赖城市自身科学教育体系的完善，也和城市生活、工作环境吸引人才的优势有关。城市竞争力的提高依赖于城市人口的合理结构和人力资本的充分而源源不断的更新。

二、城市竞争力的提升

　　从形式上看，城市竞争的对象是可流动的稀缺资源，城市竞争的结果表现为城市价值的增长。从实质上看，城市竞争是以培养城市核心竞争力为标志的城市管理制度和管理水平的比较。城市能否最大限度地利用现有的城市资源、发掘现在资源、创造和吸收新生资源的实际情况决定着城市竞争力的提升程度和潜力。

　　城市竞争力作为一个综合性指标，包含城市"硬竞争力"和城市"软竞争力"两个方面,竞争力的提升也是由这两个方面的实力提升所构成的。"硬竞争力"包括:人才竞争力、资本竞争力、科技竞争力、结构竞争力、区位竞争力、设施竞争力、环境竞争力等。"城市软竞争力"包括:秩序竞争力、制度竞争力、文化竞争力、凝聚力、管理竞争力、市场开放程度、投资吸引力、生活满意度等方面。因此,城市竞争力的提升就由诸多要素的分别提升来实现。我们将从城市实力、城市能力、城市活力、城市潜力四个维度进行阐述。

(一)城市实力提升指标

1. 城市经济规模:如 GDP 总量、人均 GDP、GDP 密度、城市财政收入、上缴利税水平等。

2. 产业结构:第一、第二、第三产业的构成和比重,第三产业在整个城市产业构成中的地位和现代服务业在城市产业发展中的比重和力量。

3. 城市功能:人均住房面积、人均公共绿地面积、城市绿化率、人均用水用电量、人均公共体育设施场馆数量和面积、每万人拥有公共汽车的数量、每万人拥有医院床位的数量、公共图书馆数量等。

4. 城市社会进步:城市化指数、信息化指数、生活质量、社会安全性、社会保障能力、知识发展系数等。

5. 可持续发展:人口自然增长率、能源消耗率、生态恶化水平。

(二)城市能力提升指标

1. 聚集能力:人口密度、劳动力占总人口比重、外来人口迁入率、外来人口常驻人数、资本密集度、人均储蓄额、企业密度、吸引外资增长率等。

2. 辐射能力:生产外向依存度、经济外向依存度、资本外向依存度、国际交往能力指数、区位衔接能力等。

3. 流通能力:物流指数、人力资源流动率、资本流动率、技术流动率、技术信息流动量、服务流动指数等。

4. 增长能力:GDP 增长率、投资增长率、消费增长率、进出口增长率、财政增长率、科技对 GDP 的贡献率、教育对 GDP 的贡献率、社会劳动生产率、劳动力就业率等。

(三)城市活力提升指标

1. 企业活跃度:民营企业占 GDP 的比重、外资企业比重、国内外知名企业比重、上市公司比重等。

2. 资本市场成熟度:金融信用指数、金融供给能力、储蓄—投资转化能力、企业融资难易程度、上市公司数量、资本市场风险规避、企业并购能力等。

3. 市场开放程度:政府对市场干预程度、关键产业的垄断程度、行政审批效率、地方贸易保护程度等。

4. 创新能力：高新技术研发投入率、研发与营销的比重、风险投资的比重、高新产业占 GDP 的比重、每万人中专业技术人员数、专利数和增长率、每百万人拥有的创新企业数、每百万人拥有的企业家数等。

5. 城市治理能力：政府调控能力、政府管理绩效、政府透明指数、政府公信力、政府职能转化指数等。

（四）城市潜力提升指标

1. 城市市场空间：市场规模、市场成熟度、市场细分程度和吸引度、市场占有率、市场购买力、市场链条指数等。

2. 资源效率：资源消耗量占 GDP 的比重、资源转化率、资源存量、可再生资源利用率、资源集约化程度和资源组合优势度等。

3. 投资吸引能力：区位优势度、基础设施适应度、综合服务质量、优惠政策、治安环境、国际化水平等。

4. 城市品牌认知：城市知名度、城市美誉度、城市忠诚度和联想指数。

5. 城市形象影响力：城市理念识别指数、城市行为识别指数、城市视觉识别指数等。

6. 城市文化凝聚力：文化独特性、对外来文化兼容性、文化资源开发程度、文化传播程度、文化市场成熟度等。

7. 城市旅游满意度：游客期望指数、城市信用、城市秩序、公共服务水平和城市文明程度等。

解读 2007 年中国城市竞争力蓝皮书

2007 年中国社科院发布的《2007 年中国城市竞争力蓝皮书》显示中国城市综合竞争力前 10 位的城市分别是：香港、深圳、上海、北京、广州、台北、无锡、苏州、佛山、澳门。总体品牌前十名的城市依次是：北京、上海、深圳、广州、杭州、苏州、厦门、宁波、天津、南京。香港、深圳、上海、北京分别位列中国城市综合竞争力前 4 位，环渤海城市板块竞争力强劲上升。报告是从市场规模、经济增长、生产效率、资源节约、经济结构和生活水平六个方面，利用标准的客观数据对 200 个地级以上中国城市的综合竞争力进行定量和分析，从而得出的结果。

"东强西弱"总体格局不改

此次蓝皮书提出，东南沿海的部分城市，其排名属于全国中上水平，"他们的城市规模虽然较小，却不成为其城市竞争力的制约因素"。综合 2004、2005、2006 连续三年的中国城市竞争力排名来看，中国内地、港澳和台湾地区表现出了不同的特点和趋势。香港保持了领头羊地位，澳门排名稳定。台湾地区的几个城市出现疲态，2006 年较之 2005 年竞争力排名显著下滑。浙江城市竞争力有所下降，环渤海城市竞争力强劲上升。从中国城市竞争力的区域分布特征看，2006 年中国城市竞争力依然不改"东强西弱"的总体格局，排名靠前的是长三角地区、珠三角地区、台海地区、环渤海地区。

城市之间竞争是正和博弈

区域发展不平衡的问题很突出，而且竞争力板块开始细化，区域内城市间差距拉大。在区域合作方面，目前部分地区内各城市间产业分工、城市功能的重合现象严重，缺乏差异性。这不利于加入全球的产业体系，容易导致区域内对资源的恶性竞争，"区域合作将停留在表面，最终也将导致区域内城市竞争力整体衰落"。城市之间既竞争又合作，城市之间的竞争是正和博弈，要善于发现两者互利共赢的关系空间。由于我国产业发展存在的一些问题，导致许多城市都有趋同化的趋势，使得城市之间的竞争更加激烈。

城市竞争力品牌化尚存八大不足

专家指出，目前我国城市品牌化进程还处于摸索和起步的阶段，存在着八个方面的问题和不足。一是我国城市定位混乱单薄，普遍存在着优势未能彰显，越位错位和定位单薄等问题，如休闲之都、浪漫之都等城市就明显缺乏足够的混合型；二是推广飘忽多变，严重缺乏连贯性和稳定性，导致城市品牌的空心化；三是缺乏国际视野，品牌化设计缺乏国际元素；四是设计粗糙轻率，普遍未能很好体现城市特质；五是城市品牌化过程，大多是政府绝对主导，社会和民间部门参与不足，降低城市品牌应有的感召力，稀释城市品牌的凝聚功能；六是热衷于追求短期的轰动效应，忽视城市品牌的长期规划和扎实建设；七是沟通重外轻内；八是城市品牌管理缺位。城市品牌实质上是城市市民对其城市、对其生活方式的自信心、自豪感以及未来远景和期望表达，而这一实质却常常被忽视或误读。

来源：张晋，《上海证券报》，2007 年 3 月 26 日。

思考：2007 年中国城市竞争力排名与目前国内城市发展的格局有什么样的契合关系？国内的知名有竞争力的城市还存在哪些不足之处？

第四节　城市文化

城市本身是人类文化的集中地，是人类文明发展的结晶，城市一直保持着对人类一切文明的吸纳和贮存能力，它自身也在不断创造和丰富着人类文明的构成。纵观人类文化发展的历史，城市是其文化精华的主要载体。城市文化的发掘、保护、创新等方面的管理是市政管理一个重要组成部分，城市文化资本的运作也是提升城市竞争力的核心举措之一。

一、城市文化概述

（一）城市文化的概念

城市文化是城市在长期发展进程中不断积累沉淀，具有城市独特个性，区别于乡村文化和其他城市文化的特征，它是生活在城市当中的人们共同创造的城市物质构成、城市形象构成的综合体。

（二）城市文化基本内容

1. 城市物质文化构成

物质文化包含城市外观、建筑物等城市整体结构等要素，它是现代城市存在和发展的物质基础，例如城市基础设施，城市标志性建筑，城市空间布局，城市整体建筑规划，城市造型、风格、色彩、格调，城市主要街区、道路、广场、公园等都是城市物质构成的组成部分。城市建筑作为城市文化的视觉系统，在展现城市文化中占据非常重要的位置。

市政管理者应懂得如何利用城市建筑语言展现城市独特的文化个性和独有的魅力。由特定自然环境形成城市自然景观文化，对一个城市的文化风格具有直接和间接两方面的影响。所谓直接的影响是指由特定的地貌、地理、气候形成独特自然景观文化资源对整个城市文化资源存量和文化风格的影响。城市的物质文化构成既有人工雕琢物，也有天然的景观融入到城市文化之中的部分，例如穿越城市的河流、城市傍依的山脉等自然物和城市交错融合，也具有了人文特色和城市属性。

2. 城市形象构成

城市形象一般是指城市居民对城市的整体印象和主观感受与评价，是城市历史和文化传统凝聚所构成的符号性注解，是城市各要素整合后的文化特质表现，它是城市物质景观对生活在其中的居民的刺激、影响所形成的主观感受。

城市形象系统包括：城市形象理念、城市行为、城市文化产业等方面：

（1）城市形象理念。城市形象理念集中表现为城市的整体价值观和城市居民的价值取向的综合，它包括城市的精神、城市经营理念、城市规划理念、城市服务理念、城市存在与发展价值。理念文化是一个城市的核心价值观、城市精神、城市本质内涵的高度浓缩和概括。所谓主流理念文化，就是在一个城市发展中占据主导地位的，被城市政府倡导的文化。由于理念文化的载体是文字和人的大脑，所以我们可以从一个城市的文件、主要媒体的标语、口号中发现这个城市的主流文化。非主流的文化在常态下往往表现为一个具有这个城市特色的民间文化。

（2）城市行为文化，也可称为制度文化，是城市理念文化的社会表现。因为人的行为必须在特定的社会组织和特定的制度约束中才能表现出来，所以组织制度是行为文化的载体。一个城市的行为文化具体地表现为城市的市民的素质、品位、风俗习惯、生活方式，以及城市的民风、诚信、私人和公共服务等方面。由于组织制度存在的多样性，也决定了行为文化的多样性。在现代社会中，存在着政府组织、企业组织和民间组织，这些组织通常是以正式制度形式存在，其中同时又存在非正式制度。由此决定了行为文化既有以政府组织为载体的具有政治色彩的行为文化，以企业为载体的商业文化和以民间组织为载体的民间文化，又有隐藏在这些组织背后的非正式组织的生活行为文化。

（3）城市文化产业。由于城市商业文化是文化与物质产品的结合，所以在不同的产业中不仅携带着不同文化，而且携带的文化含量也不同。由于各产业在不同城市的发展程度的不同，从而形成了不同类型的城市，城市文化含量也不同，由此决定城市文化的管理空间也不同。特定的城市文化产业既凝聚着相关企业的文化特色又构成了所在城市文化的独特方面，世界上许多城市都因为自身城市产业而闻名遐迩，例如青岛市就由于海尔、海信等家电业而产生了代表着青岛市不断创新、创业的海尔、海信精神。

（三）城市文化的重要作用

1. 促进城市创新

创新是差异化优势的来源，创新的主体虽然是企业，但是影响创新能力的观念、思维习惯和教育水平都与城市文化分不开，事实上创新精神本身就是城市文化的一个内容。城市文化作为一种精神力量，对城市形成无形的约束与支柱。一个好的文化氛围确立后，它所带来的是群体的智慧、协作的精神、新鲜的活力，源源不断地提供给企业创新、进步的精神动力，从而带来城市的发展，城市竞争力的提高。

2. 吸引优秀人才

当今，人力资源正在逐步取代自然资源而成为影响竞争优势的要素条件，城市的经济发展水平在很大程度上取决于其对高级人才的吸引力。一个在文化上开放兼容、重视效率、提倡良性竞争的城市，无疑在大环境上更有利于事业的发展。先进的城市文化通过对人才的吸引，能对城市发展、提升城市竞争力起到很好的促进作用。

3. 提升城市竞争力

城市的内部资源往往分为实物资源、人力资源和无形资源。其中无形资源包括城市政府的信誉、城市品牌、城市文化、公众的认同等。城市的竞争对手可以很快拥有实物和人力资源，但长期形成的无形资源优势却是难以超越的。

4. 促进城市可持续发展

城市文化对城市可持续发展的作用主要体现在三方面：从经济价值来看，城市文化及文化力是推动城市经济可持续发展的重要力量；从社会价值来看，城市文化是促进市民提高自身素质，建设文明城市的内部动力；从生态效益来看，城市文化和城市观念对城市生态环境有深刻的影响。

5. 增强城市凝聚力

悠久的城市文化传统培养出城市居民的强烈的城市归属感和责任感，具有本地特色的城市文化通过一代代的城市居民的传承和更新，不断焕发新的精神乐章，鼓励城市居民锐意进取、和谐相处，使得人们对城市的物质和观念都打上深深的本土烙印，产生作为城市一员的自豪感和认同感，从而汇聚成强大的城市凝聚力。

二、城市文化的塑造与经营

（一）打造特色城市文化理念

有竞争力的城市必须具有有竞争力的文化。随着城市化的推进和城市经营的发展，中国城市经营者越来越认识到城市的文化理念定位和创新在城市经营中的作用。休闲城市、生态城市、花园城市、商贸城市、文化城市等以理念创新塑造城市品牌的概念层出不穷。城市经营中，必须在城市产业、城市文化特征、城市风格类型等问题上有一个比较明确的定位，在未来的世界城市之林中，城市将以什么形象出现，这是城市文化经营的一个很重要的前提。

在城市理念文化的具体设计中应把握以下两点：

（1）要做到把城市核心理念当成丰富城市文化内涵的核心要素来看待。目前中国城市经营中，往往把城市的理念文化当作赶时髦的城市名称来看待，在这种认识下，提出的城市文化理念缺乏深度和内涵，缺乏创新和个性，没有真正表达出城市内在的特质。创新的和有价值的理念文化，既包含着一个城市的过去、现在与未来，更是这个城市经济、社会与自然等多方位文化信息的浓缩和提升。

（2）要做到把城市的理念文化当成价值高度浓缩的原价值来看待。高度浓缩价值的理念文化来自高密度创新型的精神劳动。理念文化的这种特性，使理念文化设计成为文化体系设计中所需要创新性最强、知识密度和跨度最大、难度最高的设计。城市文化理念的设计必须在经过广泛的深入调查和充分认证的基础上进行。

（二）以创新的城市行为推动城市制度设计

独特的理念文化是一个城市文化的灵魂所在。但是如果理念文化不能转化为充满活力的行为文化，理念创新不能变成行动的创新，理念文化也就会失去其应有的价值。所以，要提升城市文化竞争力，就有一个在理念文化的指导下，如何进行城市行为文化建设的问题。不可否认，文化艺术、教育宣传确实是文化建设的内容之一，然而，推动行为文化建设的最有效的途径和杠杆是制度的设计和建设。

当我们发现在一个社会中，存在着有损社会文化和精神健康发展的不良行为时，绝不能简单地认为这是一个个体的认识问题，或是教育失败的问题。从制度理论来看，这是一个制度缺陷问题。要从根本上纠正这种不良的行为文化，就应当从解决制度的缺陷着手。在城市文化经营中，不仅要利用传统的教育、文化活动这只有形之手，更要利用制度这只无形之手来推动行为文化的创新设计，以形成城市文化竞争力源头之水。

（三）在系统整合中塑造城市魅力

从城市文化内涵中，可以发现城市文化是系统整合的存在。成功的城市文化管理，应当是在充分展现城市文化内容多样性的同时，又不失文化整体中所要表达的传神的内在魅力和无形的吸引力。从这个意义上讲，城市文化的竞争力，就是一个城市的文化为这个城市所增添的内涵的魅力和吸引力。在市场经济的条件下，这种魅力和吸引力，不仅会使生活在这个城市的人爱这个城市，为城市的发展而努力，而且吸引更多的人来这个城市。这样文化的魅力就会变成吸引经济发展要素的生产力，变成这个城市财富的一部分。但是要达到这样一种效果，不仅要有一个具有内在魅力的城市理念的设计，更需要有一个如何充分利用多样性文化载体将这种理念内涵变成人们容易接受的传神的信息的设计。

城市文化管理中，要使城市文化得到传承的表现，文化设计过程中需要注意：

（1）要实现行为文化、人文景观文化、自然景观文化三个系统文化的统一。三者之间要在相互辉映中实现所要表达内容的聚焦，在聚焦中实现文化理念传神的表现。要达到这样一种境界，就必须走出传统的城市规划的路子，使城市建筑和城市景观的设计，既不能成为表现领导偏好的设计，也不能成为单纯的设计者个人技术和艺术才能展现的设计，而应当是在市民参与的基础上有各方面专家参加的综合设计。城市的建筑语言不能成为简单的建筑美学的符号，而应当是展现城市特有理念的符号。

（2）物质与精神两元相统一。就是要在城市文化设计中，实现公共文化产品形成的外溢资产与产业文化系统产出的私人产品之间的良性互动。城市文化设计在考虑如何利用公共文化的魅力提高城市吸引力的同时，还要考虑如何推动产业文化的发展，实现城市文化产品的输出，提高城市的辐射力。

（四）形成城市文化品牌的聚焦经营

如何在城市文化设计的指导下，创造性地进行城市文化增值经营，是城市管理亟需解决的问题。城市文化管理所面临的任务，就是要通过城市文化经营，将城市像品牌产品一样营销出去。城市文化经营归根到底是如何将城市文化的魅力变成城市品牌和城市竞争力。

所谓城市文化聚焦经营，就是选定最能表示城市内涵和魅力的文化标识作为核心，在有限资源的条件下，充分利用各种文化载体和多种媒体手段，使整个城市最有效的文化信息不断在城市文化标识上积聚，使城市文化标识在高度聚焦中闪光发亮，成为看得见、感受得到的城市魅力和城市竞争力。城市文化的聚焦经营，要求找出城市文化的核心内涵，以文化创新设计为手段，有重点、有目标地进行全方位的有效经营；在城市的文化经营的过程中要求保持在空间上聚焦、在时间上连续；城市的文化经营要求在明确的城市文化标识的前提下进行，以形成城市文化经营的聚焦效应。

中国城市文化建设存在形象低俗等八大问题

国家文物局局长单霁翔在《瞭望》新闻周刊上撰文指出，中国当前的城市文化建设存在8个问题。他指出，目前不少城市纷纷提出建立"国际化大都市"的目标，存在盲目攀比、不切实际的倾向。

1. 城市记忆的消失

城市记忆是在历史长河中一点一滴地积累起来的，是一座城市文化价值的重要体现。但是，今天一些城市在所谓的"旧城改造"、"危旧房改造"中，实施过度的商业化运作，采取大拆大建的开发方式，致使一片片积淀丰富人文信息的历史街区被夷为平地。由于忽视对文化遗产的保护，造成这些城市文化空间的破坏、历史文脉的割裂，社区邻里的解体，最终导致城市记忆的消失。

2. 城市面貌的趋同

城市面貌是历史的积淀和文化的凝结。一个城市的文化发育越成熟，历史积淀越深厚，城市的个性就越强，品位就越高，特色就越鲜明。但今天一些城市在建设和发展中，城市面貌正在急速地走向趋同。由于城市规划建设中抄袭、模仿、复制现象十分普遍，布局雷同、风格相仿的城市街区在人们的日常生活中占据着越来越显著的位置，人们感到自己的城市愈来愈陌生，别的城市却愈来愈熟悉，"千城一面"的现象日趋严重。

3. 城市建设的失调

一些城市在建设中缺少科学态度和人文意识，却多了一些盲目决策和浮躁心态。往往采取单一依赖土地经营和房地产开发来拉动经济的增长方式，大幅度扩充城市用地，大面积地增加建设量，导致出现"圈地运动"和"造城运动"，严重损害了民众利益和国家利益。一些城市盲目追求变大、变新、变洋，热衷于建设大广场、大草坪、景观大道、豪华办公楼和"标志性"建筑，而这些项目却往往突出功能主题而忘掉文化责任。

4. 城市形象的低俗

一些城市已经很难找到层次清晰、结构完整、布局生动、充满人性的城市文化形象。不少中小城市盲目模仿大城市，为了气势而不顾城市环境，把高层、超高层建筑当作城市现代化的标志，建筑体量追求高容积率而破坏了原有的城市尺度和轮廓线，寄希望于城市在短时间内能拥有更多"新、奇、怪"的建筑，以迅速改变城市的形象。而大量新建筑不是增强而是削弱了城市的文化身份和特征，使城市景观变得生硬、浅薄和单调。

5. 城市环境的恶化

一些城市环境面临着一系列突出问题：空气污染、土质污染、水体污染、视觉污染、听觉污染；热岛效应加剧、交通堵塞加剧、资源短缺加剧；绿色空间减少、安全空间减少、人的活动空间减少。同时，城市改造中的大拆大建造成巨大的能源、资源浪费和环境污染。错位、超载开发也使不少文化遗产的背景环境出现人工化、商业化、城市化趋势。

6. 城市精神的衰落

一些城市注重物质利益，而忽视文化生态和人文精神。目前不少城市纷纷提出建立"国际化大都市"的目标，存在盲目攀比、不切实际的倾向。一些城市热衷于搞"形象工程"，盲目追求"标志性建筑"的数量，实际上是重经济发展，轻人文精神；重建设规模，轻整体协调；重攀高比新，轻传统特色；重表面文章，轻实际效果；重局部功效，轻长远目标，表现出对文化传统认知的肤浅和对城市发展前途的迷茫。

7. 城市管理的错位

一些城市在管理内容上重表象轻内涵，在管理途径上重人治轻法治，在管理手段上重经验轻科学，在管理效应上重近期轻长远。由于不能在不断发展的形势下，不断从更高层次上寻求城市管理的治本之策，导致往往在城市问题已然成堆、积重难返之际，才开始采取各种应急与补救措施。"城市病"所产生的系列病状及后遗症，病根在于城市管理缺乏长远的战略眼光，缺乏应有的文化视野。

8. 城市文化的沉沦

一些城市面临席卷而来的强势文化，不是深化自身的人文历史，而是浅薄化自己的文化内涵，使思想平庸、文化稀薄、格调低下的行为方式，弥漫在城市的文化生活之中，消解着人们对于优秀传统文化的理解和继承。在文化领域，一些人的价值观扭曲、错位，拜金主义、享乐主义蔓延，"文化危机"问题以及伴随而来的种种不良社会现象日益严重，究其深层次原因，是文化认同感和文化立场的危机。

来源：张晋，《中新网》，2007 年 3 月 20 日。

思考：针对目前城市文化存在的问题，从市政管理和城市文化建设的层面应该如何加强"城市文化"这一"软实力"的建设，提升城市整体的竞争力，塑造中国现代城市的新形象？

第五节　城市经营

城市经营也称经营城市，是改革开放以来，伴随社会主义市场经济体制的逐步建立而出现的一个新生事物。它将"经营"从企业层面延伸到城市层面，把城市当作一种资源，通过市场运作的方式进行经营和管理。城市经营改变了

"政府建市"的传统模式，以市场之手建设城市、管理城市，是一条以新理念、新机制、新举措推动城市现代化建设的思路。

一、城市经营概述

（一）城市经营的概念

城市经营是指城市政府把市场经济中的经营意识、经营机制、经营主体、经营方式等多种要素引入城市管理机制中，全面归集和盘活城市资源，促进城市资源重新配置和优化组合，提高城市资产的综合利用效益，实现城市社会、经济、文化的可持续发展。

城市经营要以城市发展、社会进步、人民物质文化生活水平的提高为目的，以自主管理的形式将城市土地、基础设施、公益事业等资源及资本投向市场，加快城市资产的流转、聚积资金流，实现城市资产的重组、产业结构的更新和城市功能的完善，构成一种和谐的力量，促进城市经济、社会等各项事业的发展。

（二）城市经营的内涵

1. 政府运用市场手段对城市进行管理，尊重市场规律、以法律法规为基础的城市经营管理方式把城市看作一个巨大的、多样性的公共资源和资产来运营。

2. 政府对城市的管理还应包括把城市作为资本来经营，根据市场经济的价值规律、投入产出规律、利润最大化规律、优化组合规律、优胜劣汰规律，实现城市资源的保值增值。

3. 城市经营的全过程和最终目的都要追求社会效益、经济效益、生态效益的统一，坚持公平前提和效益优先原则，充分发挥城市的各种功能，创造城市经济发展的最优环境，从而促进城市现代化的发展。

4. 立足当前城市发展目标，侧重实现城市长期发展效益目标。城市政府管理机构按照法律法规赋予的权力实施合法化城市短期利益发展，在经营理念下设计城市长远目标，通过有效管理实现城市远期规划经营效益目标。

（三）城市经营的主体

城市经营应实行"政府主导，企业参与，市民关心"。城市经营既要依靠政府力量，更要依靠民间力量。就城市经营的主体构成而言，市场经济条件下城市经营管理不仅涵盖城市的开发经营，而且城市经营主体也从单一的政府经营主体走向政府、企事业单位和广大市民等多元城市经营主体，形成城市经营主体的多元复合结构。

1. 政府是城市经营的主导力量。政府依然是城市经营主体，并且是最重要的城市经营主体，它是城市发展的计划制定者、城市建设的主要组织和实施者、城市资产的国有部分代表者、城市基础建设的主要投资和运营者。

2. 企业。企业是城市经营的中坚力量，由于经营理念的经济和产业特性，使得城市资源变成商品，城市发展变成了城市资源的资本运营过程，而这一过程的实施就是依靠各种企业组织来完成的。企业是城市经营的具体实践者、参与者。

3. 市民。城市居民是城市经营的决定力量和最终受益者。城市的发展和城市资本运营必须依靠城市居民的积极参与和居民素质的不断提高来实现，居民的素质和精神状态直接影响着城市经营的成效和后续的发展状况。城市经营获得的收益也最终惠及城市全体居民，随着城市物质文化、精神文明和城市环境的改变，城市居民的生活质量也会大大提高。

（四）城市经营的主要内容

1. 城市自然资源经营。城市经营主体对城市的土地、山川、河流、矿产、物理空间的运营和管理，采取集中竞价、形成竞争机制的方式，进行自然资源经营的流转、租赁、发展、资源价格评估。重点是盘活城市土地等自然资源存量，实现其增值。

2. 城市人文资源的经营。对城市人力资源、城市文化、城市传统、城市教育、城市科技、城市居民素质等方面的发展和运营。重点是塑造城市人文精神，增强城市凝聚力。

3. 城市派生资源的经营。对城市信息、城市品牌、城市知名度的发掘、开发和利用，提高城市形象度，增加城市价值内涵、积淀城市历史内涵。重点是开发城市无形资产，树立城市良好形象。

4. 城市资本经营。健全完善便捷高效的金融市场体系，促进货币资金的流动、转移，使城市成为资金交易与运营的中心，为城市产业与企业提供良好的金融市场系统与投融资服务。

5. 城市基础设施和基本制度建设。对电力、道路、市政公共设施、国有企业的合理建设和运营，推进政府改革、提高政府公信力，改善政府社会管理、公共服务的质量、提高教科文卫和社会保障事业的效率。

（五）城市经营的基本原则

1. 市场化资本运营原则

城市依据其资源的比较优势集聚产业资本，也可以凭借产业资本优势集聚更多的资源和资本。它们分别适合不同的城市自然条件，而促进城市经济的发展。城市经营是城市政府对城市物理功能和可持续发展功能的经营，是以企业经营的视角运用市场经济手段，将城市功能载体、市政公用设施、无形资产等城市资源，进行集聚、重组和营运并从中获得资本收益，进而再投资到城市经营中，实现良性循环滚动发展。积极引导公司资本、市场资本、私人资本、外国资本等进入城市经营产业，为其经营、收益和再投资提供法律保障和制度安排。运用市场供求、价格竞争、市场监督等机制，通过合理、公开、公正的方式竞争、招标等手段引导城市资源流通和配置，城市经营范围内的项目主体、事业主体，除少部分纯公共产品外，都根据其产品和产业特征转化成公司制企业，自主经营、自负盈亏，充分引入市场机制。

2. 功能强化原则

随着金融经济、信息经济和知识经济时代的发展，金融、信息、技术开发、产业营销、物流配送等产业链条逐渐从企业流程中分离出来，成为社会上独立的中介业服务的机构。城市通过这些集聚的服务机构增强城市对周边地区或更大范围意义上的经济活动的控制，更多地体现城市作为社会经济活动中心的辐射力和吸引力。城市经营就是为这些服务业提供必要经济环境和社会环境，进而通过它们发挥城市经济中心作用。城市经营不仅要提供良好的城建基础设施、公用设施、卫生、环保、安全等物质环境，更要提供良好的制度环境、法律环境和政策环境，努力改善城市综合经济环境，降低城市产业资本集聚、进行经济活动的交易成本，提高和强化城市综合服务能力。

3. 效益与竞争原则

通过城市经营，使得政府和其他经营主体的投入得到应有的回报，达到经营主体资本的保值、增值，形成良好的效益循环链条。同时，这种效益原则也是经济效益、社会效益和环境效益统一的有机体。在保证经济效益的前提下，实现社会和环境效益的和谐提升，绝不能只重视运营的资本增值目标而不顾社会公共利益或者为了经济效益而破坏环境，使得城市经营变得不可持续，影响城市的长远发展。在城市经营过程中，形成城市经济活动中心，发展城市功能设施、产业资本和可持续发展潜力，提升城市综合竞争力是最为重要的取向。通过营造城市综合发展环境，提升城市的综合竞争力。从城市管理和长远发展来看，城市竞争力最终还是归结到城市产业资本竞争力。城市对其产业资本发展的扶持和培育有着义不容辞的责任。与此同时，将城市卫生、环保等可持续发展要求、品牌形象的塑造、城市文化的增减和市民素质的提高融入其中，进一步提升城市竞争力。

二、城市经营的完善

（一）城市经营面临的问题和困境

（1）对城市经营的认识水平低。有的把城市经营理解为就是收费，有的把城市经营理解为城市的美观漂亮，追求楼高、路宽、树绿、水清等环境的硬件打造以及追求建造标志性的建筑。没有全面考虑城市的社会经济、历史文化、自然环境等诸多因素。此外，在片面追求基础设施的同时，又将城市品牌建设的推广简单理解为征集一两句宣传口号，摄制几段宣传片。

（2）缺乏长久规划和统一管理。城市规划是城市建设的先导、城市发展的龙头，只有规划得科学合理，城市才能健康发展，不走或少走弯路；如果规划失误，则会带来巨大的浪费。国内这些城市规划成功与失败的例子给了我们有益启示：规划设计必须看远一步、看高一步、看快一步。

（3）城市经营急功近利。有些地方政府在规划土地使用方向时，将城市中环境优美、交通便利、设施齐全的地段规划为高档住宅区、商业区，而不惜将原先的居民拆迁到市郊，没有考虑社会公众的利益，有失公平。有的城市政府甚至将政府大院及一些管理部门迁到远离市中心的地方，以腾出黄金地段搞商业开发。如果将市内污染企业搬出市区或一些效益不佳的工业企业自愿进行土地置换，于情于理还说得过去，但政府部门搬迁，收益虽增加了，却给老百姓办事带来了不方便。

（4）城市经营还没有完全纳入制度，没有完全法制化。许多城市的决策者借着这个名词实施着"卖地生财"的发展思路。于是，地方财政收入对房地产及其相关产业的依赖度非常大，很多正在大干快上的城市建设项目，其资金都来自卖地生财的"土地财政"。可以说，目前"经济利益为中心"的理念是城市经营的最大弊病。

（二）城市经营的完善措施

1. 强化城市经营理念

提高和加深对城市经营战略的认识，改变和调整长期以来计划经济体制下建设与管理的观念和模式，是实施和搞好城市经营的重要前提。应当将长期以来形成的以行政手段为主、政府财政包揽城市发展资金的想法，转变为以经济手段为主，多元化、多渠道、多方式地筹集城市发展资金。还应从"资金导向"的城市经营理念转向"功能导向"的城市经营理念，把城市功能和城市环境放在城市经营的首位。应当将城市经营的理念灌输到整个城市管理与建设队伍中去，使其改变行政管理体制下形成的思维模式、行为习惯，懂得并善于运用城市经营之道，全面提高城市管理者素质。在城市管理机构中引进和培养懂得城市经营的各种专业人才。对现有管理机构进行必要调整，用各种方式提高城市管理人员经营素质。

2. 进行城市经营统筹规划

城市经营并不是把城市的所有资源和资产都拿来经营，这需要政府加强战略谋划。政府应当把传统的由政府直接投资并组织生产的公共产品推向市场，实现从资产向资本的转化，为城市发展和建设积累资金，谋求滚动发展。同时，政府又要注重社会公平，改善生态环境，努力实现可持续发展。城市经营要依靠城市规划引导，以使各种资源聚合、重组并实现外部效应与整体效应的衍生。把城市经营纳入城市规划，使规划内容得以充实。使城市规划必须适应城市经营要求，一要服从城市定位及其远景目标，二要强调城市特色，三要明确步骤，分步实施，不能希望一步到位。通过合理布局，使城市各种要素得到最优配置，城市的整体效能得到充分发挥。应当根据城市功能定位，按照城市环境的要求，以城市经营的理念规划城市，以城市经营的手段建设城市，以城市经营的方向管理城市，以城市经营的谋略推销城市。

3. 完善城市经营体系

必须加快完善城市发展融资机制，实行政企分开。政府要从具体的项目经营中退出来，将角色转变为对城市发展的设计、融资、经营的管理者。城市发展和经营以企业为主，政府应为企业竞争创造优良环境；对国有存量资产，要通过所有权与经营权的分离，组建新的市场主体。还应当大力改革城市管理体制，实行小政府、大社会的管理方式。在管理体制上，变条块分割为条块结合，以块为主。加强集权管理与实行逐级分权、适度管辖权结合。同时，让市民积极、广泛地参与对城市的管理，充分发挥各类专家在城市管理中的智囊作用，实现市政决策的程序化、民主化与科学化。研究制定有关城市各类资产出卖、转让、拍卖、出租、抵押、租赁等方面的法律、法规，要辅之以相应的行政法规与之配套。加强城市经营管理机构的监督。防止城市政府把应该提供的公共性、公益性功能扭曲为经营功能。

4. 拓展城市经营空间

城市经营既包括盘活存量，又包括搞活增量。无论有形资产还是无形资产，凡是可推向市场经营的资产一律要逐步投入市场营运。逐步放开城市经营的范围和领域，在经营土地和基础设施的基础上，逐步扩充到经营河流、道路、桥梁以及上水、下水、煤气、电力直至公共交通和自然环境、人文环境等，都能出让经营权，给投资者以经济回报。通过城市发展投资、融资体制改革，广泛吸纳民间资本，参与城市的建设和经营。打造城市的个性和特色，抓好现代城市形象创新。经营好城市品牌，这是城市经营的最高层次。推广一个城市品牌实质上也是推销一座城市的精神。积极探索对市政公用基础设施在投资、建设、使用、维护全过程的制度创新，实现从政府投资行为到企业经营行为的转变。引入竞争机制，促进公用事业发展。要开辟多元的筹资渠道完善公用事业收费制度。

城市该怎样"经营"：杭州与舟山

在城市文明的大盘子中，不存在单独的经济指标，一个没有文化、没有历史的城市是有缺陷的。"经营城市"的概念一直处于争议的漩涡。有人认为，这是提升城市文明程度的必由途径；也有人认为，这是地方政府借公共资源谋利益，是地价上涨、产生房地产泡沫的重要原因。杭州和舟山的经验体现出一种全新的"经营城市"理念。

杭州：不图房产利益 要谋城市"增值"

杭州西溪国家湿地公园前不久正式对外开放。这个公园由市政府投资 40 亿元进行保护、开发，是中国第一个国家级湿地公园。

杭州近些年来土地价格飞涨，最高曾经拍到 1800 万元一亩。在西溪湿地公园项目动工之前，这块 10 平方公里的土地已经入驻了不少房地产公司，一度被杭州人视为"房地产西进"的标志。每一个项目都意味着巨大的财政收入和 GDP 数字，但杭州市领导在算了另一笔账之后，一一劝说房产项目退出，最终建成了湿地公园。

如果从经济角度讲，眼前以及今后相当长一段时间，杭州真是"亏大了"。市政府有关人士坦言，西溪湿地公园工程要将"生态优先，最小干预"放在首位。在这样的指导思想下，这个"用钱堆出来的工程"在开园之后，不仅没有大肆招徕游客增加旅游收入，反而采取了一系列"拒客"举措。公园以湿地水体能自然降解游客所产生的污染为重要指标，每天将入园游客人数严格控制在 3000 人左右。

既堵死了土地出让款项的来源，又无法通过开放公园赚钱，杭州搞这个项目是金钱的"纯消耗"吗？杭州的政府决策者坦言，杭州市算的不是眼前的小账，而是一笔放眼长远、放眼全局的大账。从西溪湿地这块土地看，政府不仅失去了将土地出让给开发商本应获取的巨额收入，而且还投入了 40 亿元。但从整个城市发展来看，杭州拥有了全国第一个国家湿地公园，这张

"金名片"使整个城市的品位大大提升，整个杭州市都将因此而增值。这种"增值"将惠及子孙后代，远不是40亿元可以衡量的。

舟山：商业诚可贵 大学更重要

我国很多城市存在着这样一种建设思路：在郊外建新区，把高校搬迁过去，既能置换出市中心土地进行商业开发，还能带动新区的人气，也使高校获得更大的发展空间，达到"多赢"。舟山这个海岛城市也曾打算按照上述思路，将舟山最重要的大学——浙江海洋学院从市中心置换到新区去。但是，决策层经过审慎考虑，最终把原方案作废，让浙江海洋学院保留在原址，还在旁边新划出400亩土地，用于建设教学楼和图书馆。新校区完工启用后，学生人数已扩大到上万人。

舟山市有关部门的负责人说，他们算的是城市综合发展的长远经济账。舟山是历史文化名城，需要不断丰富海洋文化内涵，提升城市竞争力。浙江海洋学院是浙江实施建设海洋大省战略的产学研基地，这块金字招牌对舟山意义重大，其价值应不断凸显、强化。大学是体现城市人文特色最重要的文化符号，属于城市的记忆，不能复制和再生。搬迁新区可以扩大、完善功能，但却可能消减大学以至城市的文化属性。

没有文化的城市有缺陷

近些年来，在城市化浪潮中，国内很多地区受到房地产业巨大利润的刺激，从南到北大兴土木，"千城一面"的不良趋势日渐严重。把有历史意义的老房子拆除，盲目崇洋，建设不伦不类、和本地历史文化毫无关联的欧式建筑，甚至连取名都言必称"罗马"；一说建大学城，不论是否适合本地实际，纷纷套搬，一时间，各地都出现"大学城"。实际上，城市的魅力来自于历史文化的积淀，而不是GDP指标，或成片的新花园洋房。说到"经营城市"，一些人就只算眼前的经济账，而忽视城市文明所蕴含的社会、文化、历史等综合效益。这些看似与经济无关的"软实力"，实际却直接决定了经济效益的有和无、大和小。在城市文明的大盘子中，不存在单独的经济指标，一个没有文化，没有历史，只满足物质需求的城市是有缺陷的。每个城市的决策者，在"经营城市"的时候，要把境界放得高些，再高些；在开发建设的大步踩下去的时候，则要小心，再小心些。

来源：新华社华东新闻，2005年07月20日

思考题

一、名词解释

城市竞争力，城市文化，城市经营，城市治理

二、问答题

1. 城市发展战略有什么特征？

2. 城市发展模式有哪些？

3. 影响城市竞争力的因素有哪些？城市竞争力有哪些指标？

4. 城市文化的作用有哪些？

5. 城市经营原则有哪些？

三、论述题

我国城市经营有哪些方面存在问题？你认为如何完善城市经营？

参考文献

1. 马克思、恩格斯，《共产党宣言》，人民出版社，1964 年。

2. 恩格斯，《论住宅问题》，选自《马克思恩格斯选集》，人民出版社，1972年。

3. 夏书章著，《市政学引导》，中央党校出版社，1994 年。

4. 张永桃主编，《市政学》，高等教育出版社，2006 年。

5. 陈振明著，《公共管理前沿》，福建人民出版社，2002 年。

7. 陈富荣著，《公共管理学前沿问题研究》，黑龙江人民出版社，2002 年。

8. 李燕凌、陈冬林编著，《市政学引导与案例》，中国人民大学出版社，2006年。

9. 杨宏山编著，《市政管理学》，中国人民大学出版社，2005 年。

10. 李其荣著，《对立与统一：城市发展历史逻辑新论》，东南大学出版社，2001 年。

11. 张钟汝编著，《城市社会学》，上海大学出版社，2001 年。

12. 康少邦等编译，《城市社会学》，浙江人民出版社，1991 年。

13. 谷迎春主编，《中国的城市"病"：城市社会问题研究》，中国国际广播出版社，1989 年。

14. 张国祺主编，《市政管理学》，四川大学出版社，1995 年。

15. 白建民、王欣、王薇编著，《现代城市管理》，中国科学技术大学出版社，2005 年。

16. 蔡禾主编，《城市社会学：理论与视野》，中山大学出版社，2004 年。

17. 高鉴国著，《新马克思主义城市理论》，商务出版社，2006 年。

18. 赵成根著，《新公共管理改革——不断塑造新的平衡》，北京大学出版社，2007 年。

19. 卢新海、张军编著，《现代城市规划与管理》，复旦大学出版社，2006年。

20. 陈秉钊著，《当代城市规划导论》，中国建筑工业出版社，2003 年。

21. 吴开松编著，《比较城市管理》，科学出版社，2004 年。

22. 高毅存编著，《城市规划与城市化》，机械工业出版社，2005 年。

23. 程道平等编著，《现代城市规划》，科学出版社，2004 年。

24. 程俐骢编著，《城市管理与运行》，苏州大学出版社，2003 年。

25. 姜杰、彭展、夏宁主编，《城市管理学》，山东人民出版社，2005。

26. 洪铁城编，《城市规划 100 问》，中国建筑工业出版社，2003 年。

27. 杨龙、王骚编著，《政府经济学》，天津大学出版社，2004 年。

28. 戴均良著，《中国市制》，中国地图出版社，2000 年。

29. 王谦主编，《现代城市公共管理》，重庆大学出版社，2005 年。

30. 尤建新著，《现代城市管理学》，科学出版社，2003 年。

31. 戴均良著，《中国市制》，中国地图出版社，2000 年。

32. 刘国光主编，《中国城市知识词典》，中国城市出版社，1991 年。

33. 钱振明编著，《城市管理学》，苏州大学出版社，2005 年。

34. 严正主编，《中国城市发展问题报告 问题·现状·挑战·对策》，中国发展出版，2004 年。

35. 王翠文编著，《市政管理》，天津大学出版社，2005 年。

36. 王晶著，《城市财政管理》，经济科学出版社，2002 年。

37. 刘学敏著，《中国价格管理研究——微观规制和宏观调控》，经济管理出版社，2001 年。

38. 王霞、尤建新著，《城市土地经济学》，复旦大学出版社，2004 年。

39. 陆红生主编，《土地管理学总论》，中国农业出版社，2002 年。

40. 连玉明、武建忠主编，《中国政府创新案例》，中国时代经济出版社，2006 年。

41. 邵益生、石楠著，《中国城市发展问题观察》，中国建筑工业出版社，2006 年。

42. 曾思育编著，《环境管理与环境社会科学研究方法》，清华大学出版社，2004 年。

43. 张宝杰主编，《城市生态与环境保护》，哈尔滨工业大学出版社，2002 年。

44. 叶俊荣著，《环境政策与法律》，中国政法大学出版社，2003 年。

45. 潘小娟主编，《市政管理体制改革：理论与实践》，科学文献出版社，1998 年。

46. 毛寿龙等著，《西方政府的治道变革》，中国人民大学出版社，1998 年。

47. 王灿发主编，《环境与自然资源法案例教程》，知识产权出版社，2006 年。

48. 王树义主编，《可持续发展与中国环境法治》，科学出版社，2005 年。

49. 林群慧、金时编著，《新环境问题研究》，中国环境科学出版社，2005 年。

50. 李丽萍著，《城市人居环境》，中国轻工业出版社，2001 年。

51. 杨小波、吴庆书等编著，《城市生态学》，科学出版社，2000 年。

52. 张敦富主编，《城市经济学原理》，中国轻工业出版社，2005 年。

53. 周庆行主编，《现代城市公共管理》，重庆大学出版社，2005 年。

54. 杜莉著，《城市财政学》，复旦大学出版社，2006 年。

55. 肖明著，《信息资源管理》，电子工业出版社，2002 年。

56. （法）潘什梅尔：《法国》，上海译文出版社，1980 年。

57. （美）帕克，《城市社会学》，华夏出版社，1987 年。

58. （荷兰）曼内·彼得·范戴克著，《新兴经济中的城市管理》，中国人民大学出版社，2006 年。

59. （美）戴维·H. 罗森布鲁姆、罗伯特·S. 克拉夫丘克著，《公共行政学：管理、政治和法律的途径》，中国人民大学出版社，2002 年。

60. （美）帕克著，《城市社会学》，华夏出版社，1987 年。

61. （印度）阿玛蒂亚·森著，《以自由看待发展》，中国人民大学出版社，2002 年。

62. （美）曼库尔·奥尔森著，《集体行动的逻辑》，上海三联书店，1995 年。

63. 周英，《城市化模式选择：理论逻辑与内容》，《生产力研究》，2006 年第 3 期。

64. 朱光磊，《“职责同构”的批判》，《北京大学学报》（哲学社会科学版），2005 年第 1 期。

65. 夏卡莉，《对网上公共信息建设政策的思考》，《情报资料工作》，2003 年第 1 期。

66. 张欣毅，《超文本范式——关于公共信息总资源及其认识机制的哲学思考》，《中国图书馆学报》，2003 年第 3 期。

67. 李熠，《数字市政破解“地下迷宫”》，《上海信息化》，2007 年第 5 期。

68. 黄如花，《欧美的公共信息管理及对我们的启示》，《中国图书馆学报》，

2004 年第 4 期。

69. 赵羽、许桂娟，《日本企业的信息管理及启示》，《日本学论坛》，1999 年第 2 期，

70. 陈建强，《试论市场经济下的价格管理》，《中国物价》，2004 年第 6 期。

71. 李新春，《城市主导产业分析研究》，《沿海企业与科技》，2006 年第 3 期。

72. 谢守红，《城市主导产业的选择——以杭州市为例》，《城市问题》，2002 年第 4 期。

73. 王耀、郑秀峰，《论中国城市产业的生态发展》，《中州学刊》，2006 年第 1 期。

74. 周建芬，《城市化进程中的集约用地——市地整理》，城市规划网。

75. 《中国城市发展报告》（2001—2002），西苑出版社，2003 年。

76. 《中国公共服务发展报告 2006》，社会科学文献出版社，2007 年。

77. 《2002 年中国的劳动和社会保障状况》白皮书。

78. 《2006 年度劳动和社会保障事业发展统计公报》。

79. 连玉明主编，《中国城市蓝皮书》，中国时代经济出版社，2003 年。

80. 《国家统计局 2006 年统计年鉴》。

81. 《中国城市发展报告 2006》。

82. Judge, David. Gerry and Harold Wolman. Theories of Urban Politics, London：Sage Publications,1995.

83. McKenzie, R. D, The Metropolitan Community, New York, Russell & Russell, 1967.

84. Duncan, O, Social Organization and Ecosystem, in R. Fairs(ed), Handbook of Modern Sociology, Chicago: Rand McNally, 1964.

85. Saunders, Peter, Social Theory and the Urban Question, London and New York: Rout ledge, 1986.

86. Giddens, Anthony, Sociology. Third Edition, Oxford: Blackwell Publishers Ltd., 1997.

后 记

　　2006 年底，承蒙王骚教授和葛荃教授的提携，有幸得以参与"高等学校行政管理专业系列教材"的编写，主编《市政管理》一书，这对于如我等的晚辈后学来说是一次难得的学术历练，并会积极影响和促进我等的日后学术研究和发展。在编写教材的整个过程里，得到两位著名教授的悉心点拨，获益良多。在此，我谨向王骚教授和葛荃教授表示由衷的感激。

　　感谢学界前辈在市政管理和相关领域的开拓性研究，同时感谢学界精英们的纵深掘进。得益于众多学人的研究成果，我们才有了今天所呈现的教材。教材所列的参考书目，不仅是学术规范的要求，也是对他人成果的尊重和所要感谢的名录。

　　全体编写人员为写作教材付出了辛勤劳动，张乐、周红、孙文平几位老师认真写作，不辞辛苦，在此向参编的这几位老师表示诚挚的谢意。这次愉快的合作也将由于教材的出版而被定格为永久的纪念。

　　在《市政管理》的写作过程中，广东外语外贸大学政治与公共管理学院王达梅老师和山大分校的赵沛教授进行了具体的卓有成效的组织和沟通。刘坤、张庄庄和张金亮等同学，帮助资料校对和一些文字处理工作，在此一并表示感谢。

　　这本教材本该在 2007 年底完成，由于种种原因耽搁了一段时间，对此表示歉意。在这期间，南开大学出版社积极地催促并耐心地等待。对出版社认真高效的工作表示敬意，同时对出版社莫建来先生的指导和帮助表示感谢。

　　各位帮助之恩，铭记于心。值教材付梓之际，向各位诚表谢意，后记于此。

范广垠

2008 年 4 月 20 日